FRAND-Bedingungen bei SEP – Die Lizenzbereitschaftserklärung und das Problem der Bestimmung einer angemessenen Lizenzgebühr

Schriften zum Unternehmens- und Wirtschaftsrecht

Herausgegeben von Marcus Bieder, Andreas Fuchs, Lars Leuschner, Markus Stoffels und Dirk A. Verse

Band 27

PETER LANG

Sara Isabell Heitkamp

FRAND-Bedingungen bei SEP – Die Lizenzbereitschaftserklärung und das Problem der Bestimmung einer angemessenen Lizenzgebühr

PETER LANG

Bibliografische Information der Deutschen Nationalbibliothek
Die Deutsche Nationalbibliothek verzeichnet diese Publikation in der Deutschen Nationalbibliografie; detaillierte bibliografische Daten sind im Internet über http://dnb.d-nb.de abrufbar.

Zugl.: Osnabrück, Univ., Diss., 2019

Gedruckt auf alterungsbeständigem, säurefreiem Papier.
Druck und Bindung: CPI books GmbH, Leck

D 700
ISSN 2364-0863
ISBN 978-3-631-80431-5 (Print)
E-ISBN 978-3-631-80432-2 (E-PDF)
E-ISBN 978-3-631-82273-9 (EPUB)
E-ISBN 978-3-631-82274-6 (MOBI)
DOI 10.3726/b16995

Peter Lang – Berlin · Bern · Bruxelles · New York · Oxford · Warszawa · Wien

Diese Publikation wurde begutachtet.

www.peterlang.com

Vorwort

Die vorliegende Arbeit wurde unter dem Titel „Lizenzbereitschaftserklärungen zu FRAND-Bedingungen bei standardessentiellen Patenten" im Sommersemester 2019 von der Juristischen Fakultät der Universität Osnabrück als Dissertation angenommen. Vollumfänglich ist die Arbeit, insbesondere hinsichtlich der zugrundeliegenden Rechtsprechung und Literatur, auf dem Stand von Februar 2018. Für die Veröffentlichung konnten ausgewählte einzelne instanzgerichtliche Entscheidungen aus den Jahren 2018 und 2019 berücksichtigt werden.

Mein Dank gilt meinem Doktorvater, Prof. Dr. Andreas Fuchs, LL.M., für die Betreuung meines Promotionsvorhabens. Herrn Prof. Dr. Hans-Jürgen Ahrens danke ich für schnelle Erstellung des Zweitgutachtens.

Ohne die vielfältige Unterstützung von Familie und Freunden wäre diese Arbeit so nicht möglich gewesen. Ihnen gilt mein besonderer Dank.

Sara Isabell Heitkamp
Bremen, Dezember 2019

Inhaltsverzeichnis

Abkürzungsverzeichnis

a.A.	andere Ansicht
ABl.	Amtsblatt (der Europäischen Union bzw. der Europäischen Gemeinschaft)
Abs.	Absatz
a.F.	alte Fassung
Antitrust L.J.	Antitrust Law Journal
Art.	Artikel
BB	Betriebs-Berater
BeckRS	Beck online Rechtsprechung
Berkeley Tech. L. J.	Berkeley Technologie Law Journal
Beschl.	Beschluss
BGH	Bundesgerichtshof
BKartA	Bundeskartellamt
BPartG	Bundespatentgericht
bspw.	beispielsweise
bzw.	beziehungsweise
Cal. L. Rev.	California Law Review
CEN	Europäisches Komitee für Normung
CENELEC	Europäisches Komitee für Elektrotechnische Normung
CMA	Competition and Markets Authority
COMLINTL	Competition Law International
d.h.	das heißt
DIN	Deutsches Institut für Normung e.V.
ECJ	European Competition Journal
ECLR	European Competition Law Review
ECSIP	European Competitiveness and Sustainable Industrial Policy Consortium
Ent.	Entscheidung
ESB	Elektronische Schnittstelle für Behörden
ETSI	European Telecommunication Standards Instituite
EuGH	Gericht (der Europäischen Union/ erster Instanz der EuropäischenGemeinschaft)
EuGH	Gerichtshof (der Europäischen Union/ der Europäischen Gemeinschaft)
EWS	Europäisches Wirtschafts- und Steuerrecht

f.	folgende
ff.	fortfolgende
FRAND	Fair, reasonable and non-discriminatory
Geo. Mason L. Rev.	George Mason Law Review
grds.	grundsätzlich
GRUR	Gewerblicher Rechtsschutz und Urheberrecht
GRUR Int	Gewerblicher Rechtsschutz und Urheberrecht, Internationaler Teil
GRUR-Prax	Gewerblicher Rechtsschutz und Urheberrecht, Praxis im Immaterialgüter- und Wettbewerbsrecht
GRUR-RR	Gewerblicher Rechtsschutz und Urheberrecht, Rechtsprechungs-Report
Hrsg.	Herausgeber
i.d.R.	in der Regel
IEC	International Electrotechnical Commission
IIC	International Review of Industrial Property and Copyright Law
insb.	insbesondere
ISO	International Organization for Standardization
i.S.v.	im Sinne von
ITU	International Telecommunication Union
JCLE	Journal of Competition Law & Economics
LG	Landgericht
Minn. L. Rev.	Minnesota Law Review
MR-Int	Medien und Recht International
m.w.N.	mit weiteren Nachweisen
NJW	Neue Juristische Wochenschrift
NZKart	Neue Zeitschrift für Kartellrecht
OECD	Organisation for Economic Co-operation and Development
OFT	Office of Fair Trading
OLG	Oberlandesgericht
RAND	Reasonable and non-discriminatory
Rev. Law Econ.	Review of Law & Economics
SCCHITLJ	Santa Clara Computer & High Technologie Law Journal
Slg.	Sammlung der Rechtsprechung des Europäischen Gerichtshofs und des Europäischen Gerichts Erster Instanz
s.o.	siehe oben

sog.	sogennante(r)
SEP	Standardessentielles Patent
SSO	Standardisierungsorganisation
Urt.	Urteil
vgl.	vergleiche
WRP	Wettbewerb in Recht und Praxis
WuW	Wirtschaft und Wettbewerb
ZWeR	Zeitschrift für Wettbewerbsrecht

Im Übrigen wird auf das Abkürzungsverzeichnis der Rechtsprache, begr. v. *Kirchner, Hilbert*, bearb. v. *Böttcher, Eike*, 8. Aufl., Berlin/Boston 2015 verwiesen.

Kapitel 1 Einleitung

A. Problemstellung

Die Festlegung und Verwendung einheitlicher Standards bzw. Normen[1] ist aus der heutigen Wirtschaft nicht mehr wegzudenken. Insbesondere im Bereich der Informations- und Kommunikationstechnologie (ICT) gewährleisten Standards die aufgrund der wachsenden digitalen Konvergenz benötigte Kompatibilität und Interoperabilität. Sie ermöglichen so den Informationsaustausch und die Datennutzung zwischen den Netzwerken, Systemen sowie Geräten verschiedenster Hersteller.[2] Als Beispiele für Mobilfunkstandards können der UMTS (3G) oder LTE-A (4G) Standard genannt werden.[3] Aktuell wird an der Entwicklung der nächsten Standardgeneration 5G gearbeitet.[4]

Immer größere Bedeutung im Bereich der technischen Normierung kommt der Beteiligung patentrechtlich geschützter Lehren an Standards zu. Als Folge einer solchen Inkorporation ist die Patentnutzung Grundvoraussetzung für die Erfüllung der Standardvoraussetzungen. Normnutzer müssen somit zwingend das als wesentlich oder standardessentiell bezeichnete Patent (SEP) verwenden.[5] Dabei können mittlerweile an einer Norm nicht nur eines oder mehrere, sondern Schutzrechte in vier- bis fünfstelliger Höhe beteiligt sein.[6] So kann zum

1 Die Begriffe werden in der vorliegenden Arbeit synonym verwendet. Für eine ausführliche Begriffsdefinition und -abgrenzung siehe Kapitel 2 A I.

2 *Fröhlich*, GRUR 2008, 205 f.; *Müller*, Kollektive Normung, 2015, S. 1; *Fuchs*, in: *Lange/Klippel/Ohly* (Hrsg.), Geistiges Eigentum und Wettbewerb, 2009, S. 147 (147 f.).

3 *Dorn*, Technische Standardisierung, 2014, S. 76 Fn. 204 und *Körber*, Standardessentielle Patente, 2013, S. 95;
vgl. zu Mobilfunkstandards auch Homepage der Bundesnetzagentur: https://www.bundesnetzagentur.de/DE/Sachgebiete/Telekommunikation/Unternehmen_Institutionen/Technik/Standardisierung/Funkanwendungen/funkanwendungen-node.html.

4 Vgl. zur aktuellen Entwicklung des 5G-Standards Homepage der Bundesnetzagentur: https://www.bundesnetzagentur.de/DE/Sachgebiete/Telekommunikation/Unternehmen_Institutionen/Technik/Standardisierung/Funkanwendungen/5G/5G-node.html.

5 *Picht*, GRUR Int 2014, 1; *ders.*, Strategisches Verhalten, 2013, S. 2 f.; *Fröhlich*, GRUR 2008, 205 (206).

6 *Fuchs*, in FS Ahrens, 2016, S. 79 (82); vgl. für Beispiele *Dorn*, Technische Standardisierung, 2014, S. 76 Fn. 204 und *Körber*, Standardessentielle Patente, 2013, S. 95.

Beispiel die Herstellung eines Mobiltelefons die Nutzung über 1.000 wesentlicher Patente erfordern.[7]

Den Inhabern dieser standardessentiellen Patente kommt aufgrund ihres wesentlichen Schutzrechts eine enorme Bedeutung für den jeweiligen Markt zu. Denn wollen die Standardnutzer keine Patentverletzung begehen, sind sie auf die Lizenzerteilung des SEP-Inhabers angewiesen.[8]

Um den Zugang der Marktteilnehmer zu den zwingend benötigten Schutzrechten zu gewährleisten, werden die Inhaber potenziell wesentlicher Patente vor Festlegung der Norm von der jeweiligen Standardisierungsorganisation aufgefordert, eine sog. FRAND-Lizenzbereitschaftserklärung[9] abzugeben. In dieser erklärt der Patentinhaber, jedem Lizenzsucher ein Nutzungsrecht für sein Schutzrecht zu fairen, angemessenen und nicht-diskriminierenden Bedingungen einzuräumen.[10]

In der Praxis hat sich allerdings gezeigt, dass die FRAND-Erklärung (noch) nicht zur gewünschten Rechtssicherheit geführt hat. Vielmehr ist die Bedeutung dessen, was im Kontext standardessentieller Patente als fair, angemessen und nicht-diskriminierend verstanden wird, hoch umstritten. Denn eine Konkretisierung oder Definition, was unter diesen abstrakten Begriffen zu verstehen ist, ist bislang nicht erfolgt.[11]

Dabei ist die wirtschaftliche Bedeutung der Kernfrage, wann eine Lizenzgebühr für eines oder mehrere Patente im FRAND-Kontext angemessen ist, gerade für die betroffenen Parteien enorm. In den diesbezüglich geführten Patentverletzungsprozessen streiten die Beteiligten zum Teil um Millionen- bzw. Milliardenbeträge.[12]

---

7 *Bodewig*, GRUR Int 2015, 626; *Körber* hält einen fünfstelligen Bereich für möglich, *Körber*, Standardessentielle Patente, 2013, S. 96.

8 *Picht*, GRUR Int 2014, 1; *ders.*, Strategisches Verhalten, 2013, S. 2 f.; *Fröhlich*, GRUR 2008, 205 (206).

9 Für die „FRAND-Erklärung" existierten unterschiedliche Formulierungen wie „FRAND-Selbstverpflichtung" (*Jakobs*, NZKart 2014, 397), „FRAND-Lizenzbereitschaftserklärung" (*Fuchs*, in: FS Ahrens, 2016, S. 79), „FRAND-Lizenzzusage" (*Picht*, GRUR Int 2014, 1), vgl. *Müller*, Kollektive Normung, 2015, S. 3 Fn. 18).
Diese Begriffe werden in der vorliegenden Arbeit synonym verwendet, ohne, dass an den jeweiligen Begriff eine Bewertung der Rechtsnatur der Erklärung geknüpft ist.

10 *Fuchs*, in: FS Ahrens, 2016, S. 79; *Fröhlich*, GRUR 2008, 205 (207); *Burghartz*, Technische Standards, 2011, S. 100.

11 *Müller*, Kollektive Normung, 2015, S. 72; *Heinemann*, GRUR 2015, 855; *Picht*, Strategisches Verhalten, 2013, S. 133 f.

12 *Bodewig*, GRUR Int 2015, 626; *Fröhlich*, GRUR 2008, 205 (2012).

Ebenso sind grundlegende Fragen nach der rechtlichen Verbindlichkeit einer abgegebenen FRAND-Lizenzerklärung oder ihrer kartellrechtlichen Bedeutung Gegenstand der Diskussion in Rechtsprechung und Literatur.[13]

B. Fragestellungen und Ziele der Arbeit/ Themenabgrenzung

In der vorliegenden Arbeit erfolgt eine umfassende Darstellung und Analyse der Lizenzbereitschaftserklärungen zu FRAND-Bedingungen bei standardessentiellen Patenten aus zivil- und kartellrechtlicher Perspektive.

Dabei soll zunächst zur Klärung der grundsätzlichen Fragen beigetragen werden, was genau unter einer FRAND-Lizenzbereitschaftserklärung zu verstehen ist und was die Abgabe einer solchen Erklärung eigentlich für die beteiligten Parteien bedeutet. Dies umfasst insbesondere die Problematik der Rechtsnatur der Erklärung, ihren inhaltlichen Umfang sowie ihre Auswirkungen auf kartellrechtlicher Ebene. Auf immaterialgüterrechtliche Aspekte wie die patentrechtliche Zwangslizenz wird in diesem Rahmen nicht eingegangen.

Im weiteren Verlauf wird die Problematik behandelt, wie im speziellen der Begriff der angemessenen Lizenzgebühr umrissen werden kann. Dabei soll allerdings keine konkrete ökonomische Berechnungsmethode für FRAND-Lizenzgebühren entwickelt werden. Diese Aufgabe fällt in den Bereich der Wirtschaftswissenschaften und bleibt diesen vorbehalten.

Vielmehr ist das Ziel der vorliegenden Untersuchung die Beantwortung der Frage, ob anhand der in der Rechtsprechung und Literatur diskutierten Modelle ein Beurteilungsrahmen für FRAND-Lizenzgebühren geschaffen werden kann, der die Möglichkeit lässt, den individuellen Gegebenheiten und einzelfallbezogenen Konstellationen Rechnung zu tragen.[14] Einen solchen Maßstab könnten die Parteien als Basis für ihre bilateralen Verhandlungen heranziehen bzw. er könnte im Falle des Scheiterns der Verhandlungen Dritten bei der Festsetzung der Lizenzgebühr behilflich sein.[15]

---

13 Vgl. statt vieler: *Fuchs*, in: FS Ahrens, 2016, S. 79 (80); *Körber*, Standardessentielle Patente, 2013, S. 21 ff, 39 ff.; u.a. *EuGH*, Urt. v. 16.7.2015 - C-170/13, GRUR 2015, 764 – *Huawei Technologies/ZTE*. Vgl. zu einer ausführlichen Darstellung die jeweiligen Kapitel der vorliegenden Arbeit.

14 Vgl. zum Erfordernis eines flexiblen Rahmens: *Picht*, Strategisches Verhalten, 2013, S. 541 bzw. allgemeiner „Leitplanken“: *Körber*, Standardessentielle Patente, 2013, S. 83; vgl. auch *Fuchs*, NZKart 2015, 429 (436).

15 Vgl. *Körber*, Standardessentielle Patente, 2013, S. 83.

C. Gang der Untersuchung

Die vorliegende Arbeit gliedert sich in fünf Kapitel. Nach der Einleitung im ersten Teil werden zunächst im folgenden zweiten Kapitel die (begrifflichen) Grundlagen erläutert. Neben den verschiedenen Standardformen werden die mit einer Standardisierung verfolgten Ziele sowie das, formellen Standards zugrundeliegende Festsetzungsverfahren dargestellt. Im weiteren Verlauf wird die besondere Konstellation der Beteiligung von Patenten an Standards erläutert. Neben dem Spannungsverhältnis zwischen Immaterialgüterrechten und Normierung wird auch das Verhältnis zwischen Rechten des Geistigen Eigentums und dem Kartellrecht besprochen. Abschließend werden im zweiten Kapitel die kartellrechtlichen Vorgaben für Standardisierungsvereinbarungen ausgeführt.

Nachdem die FRAND-Erklärung im zweiten Kapitel in den Kontext von Standardisierung und Immaterialgüter- und Kartellrecht gesetzt wurde, ist Schwerpunkt des folgenden dritten Kapitels die FRAND-Erklärung selbst in zivil- und kartellrechtlicher Hinsicht. Zunächst werden ihre Funktion, ihr Zustandekommen sowie ihr Inhalt untersucht. Daran schließt sich eine Diskussion des anwendbaren Rechts sowie der Rechtsnatur der Erklärung an. Ausführlich wird im weiteren Verlauf die kartellrechtliche Bedeutung einer FRAND-Erklärung im Kontext des Missbrauchs einer marktbeherrschenden Stellung nach Art. 102 AEUV/ § 19 GWB, dargestellt. Darüber hinaus werden die zivilrechtlichen Auswirkungen von abgegebenen FRAND-Erklärungen und Verstößen gegen diese aufgeführt.

Das vierte Kapitel widmet sich nach einer Einführung in die grundsätzlichen kartellrechtlichen Regelungen zur Preismissbrauchsaufsicht im europäischen und nationalen Recht den Besonderheiten bei standard-essentiellen Patenten. Daran anschließend werden ausgewählte Konzepte zur Bestimmung von FRAND-Lizenzgebühren vorgestellt. Das Kapitel endet mit einer Bewertung der Methoden zur Festlegung konkretisierender FRAND-Lizenzbedingungen sowie einem Vorschlag zweier diesbezüglicher Kriterienkataloge. Diese werden aus den vorgestellten Methoden heraus entwickelt und sollen idealerweise ihre Vorzüge vereinen und eventuelle Nachteile der einzelnen Methoden entsprechend verringern.

Abschließend erfolgt in Kapitel 5 eine Zusammenfassung der wesentlichen Ergebnisse.

Kapitel 2 Grundlagen: Standards, Immaterialgüter- und Kartellrecht

Die Thematik der vorliegenden Arbeit liegt im Spannungsfeld von Standardisierung, Patent- und Kartellrecht und das folgende Kapitel dient zunächst der Einführung und Begriffsbestimmung. Daneben sollen die aus diesem Spannungsverhältnis resultierenden Problemfelder aufgezeigt und abgegrenzt, sowie Gemeinsamkeiten und Unterschiede der Bereiche herausgearbeitet werden.

Zu Beginn erfolgt eine Erläuterung des Standardbegriffs und eine Darstellung des zugrundeliegenden Prozesses der Standardisierung. Im Anschluss wird auf die spezielle Form der standardessentiellen Patente eingegangen. Daran anknüpfend werden die wettbewerbsrechtliche Bedeutung von Standardisierungen untersucht und die kartellrechtlichen Vorgaben für diesbezügliche Vereinbarungen herausgearbeitet.

A. Standardisierung und Patentrecht

I. Begriff, Erscheinungsformen, Funktion von Standards

1. Begriffsbestimmung

Im Kontext der Standardisierung ist sowohl der Begriff des „Standards“[16] als auch der der „(technischen) Norm“[17] zu finden, ohne dass für beide jeweils einheitliche und abschließende Definitionen vorliegen.[18] Vielmehr herrscht eine Begriffsvielfalt, die so auch die Vielfalt der bestehenden unterschiedlichen Arten und Formen von Standards widerspiegelt.[19]

Divergierende Verwendungen der Begriffe lassen sich bereits abhängig vom jeweils einschlägigen Rechtskreis feststellen. Während im deutschen Rechtsraum der Begriff der Norm wohl für die Festlegung von überwiegend

16 Vgl. statt vieler *Fuchs*, in: *Lange/Klippel/Ohly* (Hrsg.), Geistiges Eigentum und Wettbewerb, 2009, S. 147.

17 *Fuchs*, in: *Lange/Klippel/Ohly* (Hrsg.), Geistiges Eigentum und Wettbewerb, 2009, S. 147.

18 *Burghartz*, Technische Standards, 2011, S. 32 f.; *Dorn*, Technische Standardisierung, 2014, S. 11, vgl. auch *Kübel*, Zwangslizenzen, 2004, S. 7.

19 *Burghartz*, Technische Standards, 2011, S. 32 f.

technischen Spezifikationen vorherrschend ist[20], findet z.B. im anglo-amerikanischen Rechtskreis eine pauschale Umschreibung als Standard für sämtliche Vereinheitlichungsbemühungen statt.[21] Die Belegung der Begriffe mit teilweise unterschiedlichen Bedeutungen erschwert zudem eine einheitliche Begriffsverwendung.[22]

Zum Teil wird von einer notwendigen inhaltlichen Differenzierung ausgegangen, da eine Norm von einer staatlich anerkannten privaten Organisation festgelegt werde, während einem Standard eben diese staatliche Anerkennung der festlegenden Einrichtung fehle.[23] Als Oberbegriff für die sowohl offizielle als inoffizielle Festlegung technischer Lösungen solle dann die Beschreibung als „technische Spezifikation"[24] fungieren.[25]

Überwiegend findet in der Literatur aber eine synonyme Begriffsverwendung von Standard und Norm statt.[26] Dieser liegt in der Regel eine weite Begriffsbestimmung zugrunde, nach der es sich bei einem Standard beziehungsweise einer Norm um eine absichtliche Festlegung einheitlicher Definitionen und (technischer) Spezifikationen für Produkte, Verfahren oder Fertigungsprozesse handelt.[27]

Diese Definition deckt sich inhaltlich mit der Definition der Europäischen Kommission für Vereinbarungen über Normen, die „im Wesentlichen die Festlegung technischer oder qualitätsbezogener Anforderungen an bestehende oder zukünftige Produkte, Herstellungsverfahren, Dienstleitungen und Methoden [bezwecken]"[28]. Eine Differenzierung abhängig von der Organisation der

---

20 *Fuchs*, in: *Lange/Klippel/Ohly* (Hrsg.), Geistiges Eigentum und Wettbewerb, 2009, S. 147; *Loest/Bartlik*, ZWeR 2008, 41 (43 Fn. 7).

21 *Loest/Bartlik*, ZWeR 2008, 41 (43 Rn. 7); *Jakobs*, Standardsetzung, 2012, S. 19; *Dorn*, Technische Standardisierung, 2014, S. 12.

22 *Jakobs*, Standardsetzung, 2012, S. 19.

23 *Maaßen*, Normung, 2006, S. 10 ff.; vgl. auch *Burghartz*, Technische Standards, 2011, S. 32 Fn. 2.

24 *Maaßen*, Normung, 2006, S. 9.

25 *Maaßen*, Normung, 2006, S. 9.

26 *Loest/Bartlik*, ZWeR 2008, 41 (43); *Klees*, EWS 2008, 449; *Fuchs*, in: *Lange/Klippel/Ohly.* (Hrsg.), Geistiges Eigentum und Wettbewerb, 2009, S. 147; *Jakobs*, Standardsetzung, 2012, S. 19 f; vgl. auch *Monopolkommission*, IX. Hauptgutachten, 1990/1991, Tz. 815.

27 *Loest/Bartlik*, ZWeR 2008, 41 (43); *Fuchs*, in: *Lange/Klippel/Ohly* (Hrsg.), Geistiges Eigentum und Wettbewerb, 2009, S. 147; *Jakobs*, Standardisierung, 2012, S. 19 f.

28 *Europäische Kommission*, Mitteilung der Kommission, Leitlinien zur Anwendbarkeit von Art. 101 des Vertrags über die Arbeitsweise der Europäischen Vereinbarungen über horizontale Zusammenarbeit, ABl. C 11 v. 14.1.2011 (2011/C 3/01) (im Folgenden: *Kommission*, Horizontalleitlinien, 2011), Rz. 257.

Festlegung wird nicht vorgenommen, vielmehr führt die Kommission aus, dass die Normierung unterschiedlich formiert sein kann: „von der einvernehmlichen nationalen Festlegung von Normen durch die anerkannten europäischen oder nationalen Normenorganisationen, über Konsortien oder Foren bis hin zu Vereinbarungen zwischen einzelnen Unternehmen."[29]

Standards bzw. Normen sind somit in einer großen Anzahl und vielen Variationen möglich, z.B. kann es sich um eine Größenvorgabe für ein Produkt handeln, aber auch um eine komplexe technische Spezifikation, wie Softwareprotokolle, die die Kompatibilität und Interoperabilität mit anderen Systemen und Produkten voraussetzen.[30]

Eine terminologische Unterscheidung zwischen dem Begriff der Norm und des Standards kann nicht überzeugen, da im Ergebnis kein wesentlicher sachlicher Unterschied zu bestehen scheint,[31] die rechtliche Behandlung beider Standardisierungsarten parallel läuft und in der Regel im Ergebnis einer rechtlichen Gleichbehandlung somit nichts entgegensteht.[32]

Die Begriffe schließen sich nicht gegenseitig aus, sondern können vielmehr synonym verwendet werden. Aufgrund der rechtlichen Gleichbehandlung ist eine begriffliche Differenzierung zwischen Normen und Typen ebenfalls abzulehnen.[33]

Der Arbeit wird aus den genannten Gründen die weite Begriffsbestimmung der vorherrschenden Ansicht zugrunde gelegt und die Begriffe Standard und Norm werden synonym verwendet.

2. Erscheinungsformen

Die vielfältigen Arten und Formen von Standards können nach der Art ihrer Entstehung und ihrem Regelungszweck unterschieden werden.

---

29 *Kommission*, Horizontalleitlinien, 2011, Rz. 257.

30 *Loest/Bartlik*, ZWeR 2008, 41 (43); *Fuchs*, in: *Lange/Klippel/Ohly* (Hrsg.), Geistiges Eigentum und Wettbewerb, 2009, S. 147; *Kommission*, Horizontalleitlinien, 2011, Rz. 257.

31 *Fuchs*, in: *Lange/Klippel/Ohly* (Hrsg.), Geistiges Eigentum und Wettbewerb, 2009, S. 147 Fn. 2.

32 *Burghartz*, Technische Standards, 2011, S. 32 f (Fn. 2); vgl. *Dorn*, Technische Standardisierung, 2014, S. 35.

33 *Jakobs*, Standardsetzung, 2012, S. 19 f.; Wiedemann/*Lübbing*, Kartellrecht, 3. Aufl. (2016), § 9 Rn. 191. Für *Lübbing* handelt es sich aber bei Normen und Typen ausschließlich um Regelungen in technischer Hinsicht.

a) Differenzierung nach Regelungszweck

Basierend auf den zugrundeliegenden unterschiedlichen Regelungsgegenständen können sog. Qualitäts- und Sicherheitsstandards und Netzwerk-, Kompatibilitäts- und Schnittstellenstandards voneinander abgegrenzt werden.[34]

aa) Qualitäts- und Sicherheitsstandards

Durch Qualitätsstandards werden Mindestanforderungen hinsichtlich der Qualität und Leistungsfähigkeit festgelegt und so Transaktionskosten reduziert.[35] Dies ermöglicht den Konsumenten, sich über die Anwendbarkeit von Verfahren und Produkten zu informieren.[36] Qualitätsstandards umfassen auch Gesundheits-, Sicherheits- und Umweltschutznormen, die Gefahren in diesen Bereichen verhindern sollen.[37] In diesem Bereich spielen Zertifizierungen oder das Verleihen von Gütezeichen durch nichtstaatliche Institutionen oder Regulierungsbehörden eine wichtige Rolle.[38]

bb) Netzwerk-, Kompatibilitäts- oder Schnittstellenstandards

Kompatibilitätsstandards zielen darauf ab, Interoperabilität und Kompatibilität herzustellen.[39] Damit die Produkte unterschiedlicher Hersteller zusammenpassen und miteinander kombiniert werden können, bedarf es der Normierung von Schnittstellen verschiedener Komponenten oder Systeme.[40] Durch die Vereinheitlichung technischer Spezifikationen oder Herstellungsverfahren werden der

---

34 *Dorn*, Technische Standardisierung, 2014, S. 16 f.; *Jakobs*, Standardsetzung, 2012, S. 20; *Monopolkommission*, IX. Hauptgutachten, 1990/1991, Rz. 816; *Lemley*, 90 Cal. L. Rev. 1889, 1897 (2002); Burghartz, Technische Standards, 2011, S. 34.

35 *Lemley*, 90 Cal. L. Rev. 1889, 1897 f. (2002); *Jakobs*, Standardsetzung, 2012, S. 20; *Monopolkommission*, IX. Hauptgutachten, 1990/1991, Tz. 816.

36 *Jakobs*, Standardsetzung, 2012, S. 20; *Monopolkommission*, IX. Hauptgutachten, 1990/1991, Tz. 816.

37 *Falke*, in: *Vieweg* (Hrsg.), Techniksteuerung und Recht, 2000, S. 177 (178); *Ullrich*, GRUR 2007, 817 (818); *Jakobs*, Standardsetzung, 2012, S. 20; *Monopolkommission*, IX. Hauptgutachten, 1990/1991, Tz. 816.

38 *Jakobs*, Standardsetzung, 2012, S. 20; vgl. auch *Ullrich*, GRUR 2007, 817(818).

39 *Lemley*, 90 Cal. L. Rev. 1889, 1897 f. (2002); *Teece/Sherry*, 87 Minn. L. Rev., 1913, 1915(2002–2003); *Burghartz*, Technische Standards, 2011, S. 34; *Jakobs*, Standardsetzung, 2012, S. 20, *Monopolkommission*, IX. Hauptgutachten, 1990/1991, Tz. 816.

40 *Jakobs*, Standardsetzung, 2012, S. 20; *Falke*, in: *Vieweg* (Hrsg.), Techniksteuerung und Recht, 2000, S. 177 (178); *Monopolkommission*, IX. Hauptgutachten, 1990/1991, Tz. 816.

Austausch und die Nutzung von Informationen zwischen verschiedenen Netzwerken und Systemen unterschiedlicher Hersteller und damit die Zusammenarbeit verschiedener Produkte möglich.[41]

b) Differenzierung nach Art der Entstehung

Standards können auch nach der Art ihrer Entstehung bzw. ihrer Festlegung unterschieden werden, welche zudem ausschlaggebend für die den Normen zukommende Verbindlichkeit ist.[42]

aa) Formelle Standards

Formelle Standards (zum Teil auch de jure-Standards genannt)[43] werden im Rahmen eines institutionalisierten Verfahrens von (öffentlich anerkannten)[44] Standardisierungsorganisationen („Standard-Setting Organizations“[45] (SSO)) festgelegt.[46] Es handelt sich insbesondere um technische und überbetriebliche Normen, die sowohl auf nationaler als auch internationaler Ebene vorkommen können.[47] Dabei sind diese Normen rechtlich unverbindlich und werden lediglich durch die SSO empfohlen, ihre Einhaltung erfolgt auf freiwilliger Basis.[48] Aus diesem Grund ist die Bezeichnung als formeller Standard im Gegensatz zur Formulierung „de jure-Standard“ zu bevorzugen, da letzterer irreführend hinsichtlich der Verbindlichkeit der Norm sein kann.[49]

Allerdings kann auch diesen, lediglich auf Empfehlungen beruhenden, formellen Normen eine Tendenz zur Durchsetzung am Markt zukommen, da auf der Nachfrageseite ein hohes Bedürfnis (Präferenz) nach normkonformen

---

41 *Fuchs*, in: *Lange/Klippel/Ohly* (Hrsg.), Geistiges Eigentum und Wettbewerb, 2009, S. 147 (148); *Jakobs*, Standardsetzung, 2012, S. 20.

42 Vgl. *Dorn*, Technische Standardisierung, 2014, S. 17.

43 Vgl. *Klees*, EWS 2008, 449.

44 Öffentliche Anerkennung nicht notwendige Voraussetzung, vgl. *Burghartz*, Technische Standards, 2011, S. 35, 48.

45 *Loest/Bartlik*, ZWeR 2008, 41 (44).

46 *Loest/Bartlik*, ZWeR 2008, 41 (44); *Dorn*, Technische Standardisierung, 2014, S. 22; *Fuchs*, in: *Lange/Klippel/Ohly* (Hrsg.), Geistiges Eigentum und Wettbewerb, 2009, S. 147 (154 f., vgl. auch Fn. 26); *Ullrich*, GRUR 2007, 817 (818).

47 *Jakobs*, Standardsetzung, 2012, S. 21.

48 *Fuchs*, in: *Lange/Klippel/Ohly* (Hrsg.), Geistiges Eigentum und Wettbewerb, 2009, S. 147 (154 Fn. 26); *Jakobs*, Standardsetzung, 2012, S. 21; *Dorn*, Technische Standardisierung, S. 19.

49 *Fuchs*, in: *Lange/Klippel/Ohly* (Hrsg.), Geistiges Eigentum und Wettbewerb, 2009, S. 147 (154 Fn. 26); *Ullrich*, GRUR 2007, 817 (818).

Gütern besteht.[50] Ein gutes Beispiel dafür sind die WLAN-Standards.[51] Produkte wie Laptops, Drucker, Mobiltelefone oder auch Fernseher werden heutzutage auf dem Markt kaum noch Abnehmer finden, wenn mit ihnen kein drahtloser Internetzugang basierend auf dem WLAN-Standard möglich ist.[52] Die in diesen Bereichen tätigen Unternehmen sind durch den festgelegten Standard zwar nicht verpflichtet normkonforme Produkte herzustellen. Wollen sie aber konkurrenzfähige Produkte auf dem Markt platzieren, kommen sie faktisch um eine Standardnutzung nicht umhin. Der Standard hat sich so auf dem Markt durchgesetzt, dass im Ergebnis nur normkonforme Produkte marktfähig sind.[53]

Ausnahmsweise können formelle Standards jedoch durch Verweisungen oder Einarbeitung in Gesetze auch mittelbare oder unmittelbare rechtliche Bindungswirkung entfalten.[54] So handelt es sich bei der Elektronischen Schnittstelle für Behörden (ESB) zur Übermittlung von Daten nach dem TKÜV um einen ETSI[55] Standard. Die Technische Richtlinie der Bundesnetzagentur zur Umsetzung gesetzlicher Maßnahmen zur Telekommunikationsüberwachung und Erteilung von Auskünften (TR TKÜV)[56] sieht eine Übermittlung nach dem ETSI-ESB-Standard vor.[57]

---

50 *Gallego*, GRUR Int. 2006, 16 (22).

51 Vgl. zu näheren Einzelheiten der WLAN- bzw. IEEE 802.11b-Standards: http://emf2.bundesnetzagentur.de/pdf/WLAN-BNetzA.pdf (zuletzt abgerufen am 29.01.2018).

52 Vgl. *Blind/Pohlmann*, GRUR 2014, 713.

53 Vgl. *Hartmann*, Patenthinterhalte, 2016, S. 88; *Burghartz*, Technische Standards, 2011, S. 47 f.

54 *Fuchs*, in: FS Ahrens, 2016, S. 79 (84 Fn. 26); *Verbruggen/Lõrincz*, GRUR Int. 2002, 815 (819); *Müller*, Kollektive Normung, 2015, S. 43; *Hartmann*, Patenthinterhalte, 2016, S. 88.

55 ETSI = European Telecommunication Standards Institute, vgl. auch S. 21.

56 https://www.bundesnetzagentur.de/SharedDocs/Downloads/DE/Sachgebiete/Telekommunikation/Unternehmen_Institutionen/Anbieterpflichten/OeffentlicheSicherheit/TechnUmsetzung110/Downloads/TR%20TKUEV%20Version%207.0%20pdf%20deutsch.pdf?__blob=publicationFile&v=1 (zuletzt abgerufen am 24.02.2018).

57 „Die Rahmenbedingungen der ETSI-ESB Schnittstelle wurden als ETSI-konformer Standard festgelegt und durch die Bundesnetzagentur im Rahmen der TR TKÜV in einer nationalen Richtlinie umgesetzt.“ Antwort der Bundesregierung auf die Kleine Anfrage der Abgeordneten Andrej Hunko, Jan Korte, Frank Tempel, weiterer Abgeordneter und der Fraktion DIE LINKE. – Drucksache 18/6723 – Punkt 18 (online abrufbar unter http://dip21.bundestag.de/dip21/btd/18/068/1806890.pdf., zuletzt abgerufen am 24.02.2018).

Kartellrechtlich ist die Vereinbarung eines Standards im Rahmen einer SSO nicht unbedenklich. Denn Marktteilnehmer, die außerhalb der SSO üblicherweise in einem Konkurrenzverhältnis zueinanderstehen, treffen eine koordinierte Vereinbarung. Dabei kann ein nach Art. 101 AEUV bzw. §§ 1, 2 GWB verbotenes Kartell vorliegen.[58] Auf diese Problematik und die daraus resultierenden kartellrechtlichen Vorgaben für Standardisierungsvereinbarungen wird in diesem Kapitel in Abschnitt C noch näher eingegangen.

bb) De facto-Standards

Bei einem sog. de facto-Standard (oder auch Industriestandard)[59] findet hingegen keine offizielle oder institutionalisierte Normfestsetzung statt. Vielmehr handelt es sich bei einem Industriestandard um das Ergebnis von Marktprozessen, indem eine selbstständige Entwicklung aus der (technischen) Lösung eines Marktteilnehmers stattgefunden hat. Durch die tatsächliche Übung, Anwendung und Übernahme durch andere Marktteilnehmer hat sich der Standard als solcher auf dem Markt etabliert.[60] Es hat unter den Marktteilnehmern keine diesbezügliche Vereinbarung gegeben. Der Industriestandard resultiert vielmehr aus der erfolgreichen Durchsetzung z.B. einer bestimmten Technologie auf dem Markt. Für die Beurteilung ab wann genau aus einer entwickelten und am Markt angewendeten Lösung ein Industriestandard geworden ist, ist die Wahrnehmung der Teilnehmer auf dem relevanten Markt ausschlaggebend.[61] Insbesondere Netzwerkeffekte[62] und Wechselkosten[63] können Einfluss auf die Entstehung solcher de facto-Standards haben.[64]

De facto Standards sind wie formelle Standards in rechtlicher Hinsicht nicht verbindlich, allerdings kann auch bei ihnen eine faktische Verbindlichkeit durch

---

58 *Fuchs*, in: *Lange/Klippel/Ohly* (Hrsg.), Geistiges Eigentum und Wettbewerb, 2009, S. 147 (155); *Koenig/Neumann*, WuW 2009, 382 (383); vgl. dazu ausführlich Kap. 2 C. II.

59 *Walther/Baumgartner*, WuW 2008, 158 (159); *Jakobs*, Standardsetzung, 2012, S. 22; *Dorn*, Technische Standardisierung, 2014, S. 30 f.

60 *Walther/Baumgartner*, WuW 2008, 158 (159); *Verbruggen/Lorincz*, GRUR Int. 2002, 815 (818); *Loest/Bartlik*, ZWeR 2008, 41 (44); *Klees*, EWS 2008, 449; *Dorn*, Technische Standardisierung, 2014, S. 30 f; *Gallego*, GRUR Int. 2006, 16 (22); *Geradin/Rato*, 3 ECJ 101, 104 (2007).

61 *Hartmann*, Patenthinterhalte, 2016, S. 98; *Maaßen*, Normung, 2006, Rn. 28.

62 Siehe zu Netzwerkeffekten Kapitel 2 A. I 3. und C. I.

63 Siehe zu Wechselkosten Kapitel 2 C. I.

64 *Jakobs*, Standardsetzung, 2012, S. 22; *Gallego*, GRUR Int. 2006, 16 (22); *Dorn*, Technische Standardisierung, 2014, S. 31.

ihre Verbreitung und Etablierung auf dem Markt entstehen.[65] So hat sich bspw. das von Microsoft entwickelte Betriebssystem Windows als Industriestandard am Markt durchgesetzt.[66]

Kartellrechtlich ist ein Industriestandard anders zu beurteilen als ein formeller Standard. Entwickelt sich der de facto-Standard zu einem solchen ohne missbräuchliche Ausnutzung der marktbeherrschenden Stellung seitens des Unternehmens gem. Art. 102 AEUV bzw. § 19 GWB stellt seine Entstehung keinen Verstoß gegen das Kartellrecht dar.[67]

cc) De jure-Standards

Eine Festlegung von Standards ist darüber hinaus durch amtliche Organe, z.B. in Gesetzen oder Verordnungen, möglich. Im Gegensatz zu den, von privaten Standardisierungsorganisationen entwickelten Normen, handelt es sich bei diesen „echten" de jure-Standards um rechtlich verbindliche Normen, deren Einhaltung durchsetzbar ist.[68] Eine staatliche Festlegung von Normen ist insbesondere in den Bereichen angezeigt, in denen die private Standardsetzung aufgrund mangelnden Anreizes für die entsprechenden Marktteilnehmer nicht erfolgt.[69]

Aus kartellrechtlicher Sicht ist die Entstehung von de jure-Standards durch staatliche Normfestsetzung unproblematisch.[70]

c) Weitere Formen/ Differenzierungen

Weitere mögliche Formen sind sog. unternehmenseigene Standards. Neben überbetrieblichen Normen, wie sie durch Standardisierungsorganisationen

---

65 *Burghartz*, Technische Standards, 2011, S. 47 f.; vgl. auch zur faktischen Verbindlichkeit, *Müller*, Kollektive Normung, 2015, S. 46.

66 *Hartmann*, Patenthinterhalte, 2016, S. 99; *Lemley*, 90 Cal. L. Rev. 1889, 1896 (2002); *Fuchs*, in: *Lange/Klippel/Ohly* (Hrsg.), Geistiges Eigentum und Wettbewerb, 2009, S. 147 (155).

67 *Fuchs*, in: *Lange/Klippel/Ohly* (Hrsg.), Geistiges Eigentum und Wettbewerb, 2009, S. 147 (155 f.).

68 Vgl. *Fuchs*, in: *Lange/Klippel/Ohly* (Hrsg.), Geistiges Eigentum und Wettbewerb, 2009, S. 147 (156); *Burghartz*, Technische Standards, 2011, S. 35 f.; *Fischmann*, GRUR Int. 2010, 185 (187); *Hartmann*, Patenthinterhalte, 2016, S. 100.

69 Vgl. *Hartmann*, Patenthinterhalte, 2016, S. 100 m.w.N.

70 *Fuchs*, in: *Lange/Klippel/Ohly* (Hrsg.), Geistiges Eigentum und Wettbewerb, 2009, S. 147 (156).

festgesetzt werden, können Unternehmen auch eigene innerbetriebliche Werksnormen entwickeln.[71]

Darüber hinaus können Normen anhand ihres Inhalts differenziert werden. So liegen technische Standards vor, wenn es sich um die Regelung von Gegenständen oder Prozessen technischer Art im Gegensatz zu Prozessen oder Beschaffenheiten natürlicher Art handelt.[72]

Neben betriebsinternen Standards können Unternehmen auch ohne Beteiligung einer Standardisierungsorganisation Vereinbarungen über Normen treffen. Diese fallen mangels eines institutionalisierten Prozesses allerding nicht unter die formellen Standards. Sie können aber auch nicht als de facto-Standard deklariert werden, da sie in der Regel verbindlicher als diese sind und die Möglichkeit besteht, dass über den Standard hinausgehende (Neben-)Verpflichtungen der beteiligten Unternehmen vereinbart wurden.[73] Beispiele für derartige Industriekonsortien sind unter anderem DVB oder die BlueRay Disc Association.[74]

Da diese Standards auf Vereinbarungen zwischen Unternehmen basieren, ist die Zulässigkeit der Standardisierung wie bei formellen Standards nach Art. 101 AEUV bzw. §§ 1, 2 GWB zu beurteilen.[75] Dabei sind jedoch die Besonderheiten der Verbindlichkeit für die beteiligten Unternehmen und (Neben-)Verpflichtungen zu berücksichtigen.[76]

d) Zusammenfassung

Für alle kartellrechtlich relevanten Standardformen (formeller, de facto-oder zwischenbetrieblich vereinbarter Standard) ist ausschlaggebend, inwieweit sich die vereinbarte oder einseitig entwickelte Lösung am Markt durchsetzt.[77] So können, obwohl grundsätzlich unverbindlich, formelle Normen und de facto-Standards erhebliche faktische Bindungswirkung entfalten. Dabei kann der Übergang von der einen in eine andere Form auch fließend sein. So ist es möglich, dass sich ein formeller Standard derart am Markt durchsetzt, dass er zu einem Industriestandard wird.[78]

---

71 *Burghartz*, Technische Standards, 2011, S. 36; *Dorn*, Technische Standardisierung, 2014, S. 17 f.

72 *Dorn*, Technische Standardisierung, 2014, S. 10; *Maaßen*, Normung, 2006, S. 10.

73 *Loest/Bartlik*, ZWeR 2008, 41 (44); *Hartmann*, Patenthinterhalte, 2016, S. 99.

74 *Loest/Bartlik*, ZWeR 2008, 41 (44).

75 *Fuchs*, in: *Lange/Klippel/Ohly* (Hrsg.), Geistiges Eigentum und Wettbewerb, 2009, S. 147 (155).

76 *Loest/Bartlik*, ZWeR 2008, 41 (44).

77 Vgl. *Hartmann*, Patenthinterhalte, 2016, S. 99.

78 *Hartmann*, Patenthinterhalte, 2016, S. 88.

Kartellrechtliches Eingreifen ist dort angezeigt, wo es im Rahmen der Standardisierung trotz der grundsätzlich positiven Wirkungen der Standardisierung zu negativen wettbewerblichen Folgen kommt. Dies kann insbesondere bei der Festlegung einer Norm im Rahmen eines koordinierten Standardisierungsverfahrens der Fall sein.[79]

3. *Ziele und Vorteile von Standardisierung*

Standards sind in einigen Bereichen der heutigen Industrie, wie z.B. im Mobilfunkbereich, wesentliche Bestandteile und aus diesen kaum mehr wegzudenken.[80] Gerade der weltweite Handel setzt ein gewisses Maß an technischer Harmonisierung voraus.[81] Aber auch auf kleinerer Ebene besteht das Bedürfnis nach einheitlichen Spezifikationen, wobei aber Umfang und Notwendigkeit dieser stark vom jeweils einschlägigen Markt bzw. Produkt abhängig sind.[82]

Mithilfe der einheitlichen Festlegung von Spezifikationen werden (technische) Probleme gelöst. Durch die vereinheitlichte Form wird eine wiederholte und allgemeine Nutzung dieser Lösung ermöglicht und zielgerichtetes Handeln rationalisiert.[83] Dies führt zu vielfältigen Vorteilen, sowohl aus betriebs- und volkswirtschaftlicher als auch aus wettbewerblicher Sicht.[84]

Innerbetrieblich können Produktions- und Betriebsabläufe vereinfacht und rationalisiert werden. Dies führt zur Verringerung von Produktionskosten und vorteilhaften Skaleneffekten.[85] Serienproduktionen werden so gefördert und Lagerkosten können gesenkt werden.[86]

---

79 *Fuchs*, in: *Lange/Klippel/Ohly* (Hrsg.), Geistiges Eigentum und Wettbewerb, 2009, S. 147 (156).

80 *Fuchs*, in: *Lange/Klippel/Ohly* (Hrsg.), Geistiges Eigentum und Wettbewerb, 2009, S. 147 (148).

81 *Jakobs*, Standardsetzung, 2012, S. 24.

82 *Fuchs*, in: *Lange/Klippel/Ohly* (Hrsg.), Geistiges Eigentum und Wettbewerb, 2009, S. 147 (148).

83 *Ullrich*, GRUR 2007, 817 (818); *Maaßen*, Normung, 2006, S. 17, 32.

84 Vgl. *Dorn*, Technische Standardisierung, 2014, S. 37.

85 *Fuchs*, in: *Lange/Klippel/Ohly* (Hrsg.), Geistiges Eigentum und Wettbewerb, 2009, S. 147 (148); *Dorn*, Technische Standardisierung, 2014, S. 37 f; *Nordemann*, in: *Loewenheim/Meessen/Riesenkampff/Kersting/Meyer-Lindemann*, 3. Aufl. (2016), AEUV, Art. 101 Abs. 3 Rn. 126; *Burghartz*, Technische Standards, 2011, S. 39.

86 *Burghartz*, Technische Standards, 2011, S. 40; *Nordemann*, in: *Loewenheim/Meessen/Riesenkampff/Kersting/Meyer-Lindemann,* 3. Aufl. (2016), AUEV, Art. 101 Abs. 3 Rn. 126.

Überbetriebliche Standards können zudem zur Reduzierung von Transaktionskosten führen und die Produktqualität erhöhen.[87] Für die Abnehmer ergeben sich bei technischen Normen eine bessere Kompatibilität und Interoperabilität der Produkte unterschiedlicher Hersteller und eine erhöhte Markttransparenz, da ein Vergleich der Produkte verschiedener Produzenten möglich wird.[88] Darüber hinaus wird auch die Austauschbarkeit von Produktbestandteilen oder ganzen Produkten gefördert, womit einer Herstellerabhängigkeit der Käufer entgegengewirkt wird.[89]

Durch die Festlegung von Normen werden wirtschaftlicher und technischer Fortschritt unterstützt und Innovationen ermöglicht.[90] Gerade die Gewährleistung von sowohl vertikaler als auch horizontaler Interoperabilität, also dem möglichen Austausch von Informationen zwischen den Systemen, Produkten und Netzwerken unterschiedlicher Hersteller und deren Nutzung, schafft Innovationsanreize.[91] Neben den Netzwerkvorteilen kann außerdem doppelter Arbeitsaufwand vermieden werden.[92]

Netzwerkeffekten kommt im Rahmen von Standardisierung eine wichtige Rolle zu.[93] Sie kennzeichnen einen Zustand auf dem Markt, bei dem der Nutzen bzw. Wert eines Produktes für einen Konsumenten abhängig von der Anzahl seiner Nutzer ist. Durch die vermehrte Nutzung anderer Konsumenten und Verbreitung des Produkts steigt auch der individuelle Nutzen für den einzelnen Konsumenten.[94] Dabei können direkte von indirekten Netzwerkeffekten unterschieden werden. Direkte Netzwerkeffekte zeichnen sich durch das

---

87 *Dorn*, Technische Standardisierung, 2014, S. 38; *Fuchs*, in: *Immenga/Mestmäcker*, GWB/Teil 1, 5. Aufl. (2014), § 2 Rn. 126.

88 *Fuchs*, in: *Immenga/Mestmäcker*, GWB/Teil 1, 5. Aufl. (2014), § 2 Rn. 126; *ders.*, in: *Lange/Klippel/Ohly* (Hrsg.), Geistiges Eigentum und Wettbewerb, 2009, S. 147 (148 f.); *Nordemann*, in: *Loewenheim/Meessen/Riesenkampff/Kersting/Meyer-Lindemann*, 3. Aufl. (2016), AEUV, Art. 101 Abs. 3 Rn. 126.

89 *Nordemann*, in: *Loewenheim/Meessen/Riesenkampff/Kersting/Meyer-Lindemann*, 3. Aufl. (2016), AEUV, Art. 101 Abs. 3 Rn. 126.

90 *Loest/Bartlik*, ZWeR 2008, 41 (44).

91 *Koenig/Neumann*, WuW 2009, 382; *Fröhlich*, GRUR 2005, 205 (206).

92 *Burghartz*, Technische Standards, 2011, S. 39; *Fuchs*, in: *Lange/Klippel/Ohly* (Hrsg.), Geistiges Eigentum und Wettbewerb, 2009, S. 147 (148 f.).

93 Vgl. *Picht*, Strategisches Verhalten, 2013, S. 185 ff.

94 *Fischmann*, GRUR Int. 2010, 185 (186); *Fuchs*, in: *Lange/Klippel/Ohly* (Hrsg.), Geistiges Eigentum und Wettbewerb, 2009, S. 147 (151 Fn. 15); *Pohlmeier*, Netzwerkeffekte und Kartellrecht, 2004, S. 29; *Burghartz*, Technische Standards, 2011, S. 37.

Vorhandensein eines echten Netzes, wie z.B. Telefon- oder Schienennetz, und direkter Verbundenheit zu den Konsumenten aus.[95] Der Wert direkter Netzwerkmärkte steigt mit jedem weiteren Konsumenten an.[96] Indirekte Netzwerkeffekte sind ebenfalls durch eine Vergrößerung des Netzes gekennzeichnet, hängen aber bspw. von der Verbreitung eines Produktes ab (z.B. Software) und stehen nur in mittelbarem Zusammenhang zu den Konsumenten. Auch hier steigt der Nutzen durch jeden weiteren Teilnehmer an, allerdings wird dieser Wert indirekt weitergegeben.[97] Der erhöhte Nutzen zeigt sich in den sog. „economies of scale" (Skaleneffekte)[98], den entstehenden Größenvorteilen auf der Nachfragerseite, die sich in der Erweiterung des Angebots an verbesserten komplementären Produkten zeigen.[99]

Standards können Netzwerkeffekte ermöglichen und begünstigen. Durch die Schaffung von kompatiblen Produkten und Interoperabilität können insbesondere indirekte Netzwerkeffekte geschaffen werden, die wiederum die Attraktivität des Standards fördern.[100]

Für die Europäische Kommission liegt der Vorteil von Normen insbesondere in der Förderung der Durchdringung des Binnenmarkes und der Erschließung neuer Märkte.[101] Voraussetzung für eine Erleichterung des Markzutritts ist, dass die Informationen auch für Marktneulinge zur Verfügung stehen.[102] So können gerade auch kleinere Unternehmen ohne Investition von eigenen Forschungs- und Entwicklungskosten den Standard übernehmen.[103]

---

95 *Fischmann*, GRUR Int. 2010, 185 (186); *Fuchs*, in: *Lange/Klippel/Ohly* (Hrsg.), Geistiges Eigentum und Wettbewerb, 2009, S. 147 (151 Fn. 15); *Pohlmeier*, Netzwerkeffekte und Kartellrecht, 2004, S. 29.

96 *Pohlmeier*, Netzwerkeffekte und Kartellrecht, 2004, S. 29.

97 *Pohlmeier*, Netzwerkeffekte und Kartellrecht, 2004, S. 32; *Picht*, Strategisches Verhalten, 2013, S. 185; *Fischmann*, GRUR Int. 2010, 185 (186).

98 *Burghartz*, Technische Standards, 2011, S. 39; *Pohlmeier*, Netzwerkeffekte und Kartellrecht, 2004, S. 33.

99 *Pohlmeier*, Netzwerkeffekte und Kartellrecht, 2004, S. 33; *Fuchs*, in: *Lange/Klippel/Ohly* (Hrsg.), Geistiges Eigentum und Wettbewerb, 2009, S. 147 (151 Fn. 15).

100 *Picht*, Strategisches Verhalten, 2013, S. 186 f; *Fischmann*, GRUR Int. 2010, 185 (186 f).

101 *Kommission*, HorizontalLL, Rz. 263.

102 *Nordemann* in: *Loewenheim/Meessen/Riesenkampff/Kersing/Meyer-Lindemann*, 3. Aufl. (2016), AEUV Art. 101 Abs. 3 Rn. 126; *Fuchs*, in: *Immenga/Mestmäcker*, GWB/Teil 1, 5. Aufl. (2014), § 2 Rn. 126; *Kommission*, Horizontalleitlinien, 2011, Rz. 308.

103 *Walther/Baumgartner*, WuW 2008, 158 (160).

Dies kurbelt wiederum den Produkt- und Preiswettbewerb auf den betroffenen Märkten an.[104]

Insgesamt können so mithilfe von Standardisierungen erhebliche Effizienzgewinne generiert werden.[105]

Entscheidend für den Erfolg eines Standards ist allerdings seine Anwendung und Verbreitung auf dem Markt. Umso verbreiteter er ist und umso häufiger er angewandt wird, umso erfolgreicher ist der Standard und umso höher sein potenzieller Nutzen.[106]

4. *Verfahren zur Festlegung von formellen Standards*

Im Folgenden wird das grundlegende Verfahren zur Festlegung von formellen Standards im Rahmen von Standardisierungsorganisationen, sowie einige ausgewählte Standardisierungsorganisationen und ihre Verfahrensgrundsätze vorgestellt.

a) *Standardisierungsorganisationen*

Standardisierungsorganisationen sind sowohl auf nationaler als auch europäischer und internationaler Ebene vorhanden.[107] Auf allen Ebenen ist zwischen offiziellen, d.h. staatlich anerkannten und inoffiziellen Organisationen zu unterscheiden. Bei Letzteren sind in der Regel wirtschaftliche Interessen für die Normtätigkeit ausschlaggebend. Sie bilden sich am Markt und werden ohne staatlichen Auftrag tätig. Offizielle SSO hingegen verfolgen auch gemeinnützige Interessen und erhalten regelmäßig staatliche Aufforderungen zur Erarbeitung von Normen.[108] Im Folgenden werden im Zusammenhang mit formeller Normung einige der anerkannten Standardisierungsorganisationen vorgestellt, wobei die Darstellung nicht abschließend ist.

---

104 *Walther/Baumgartner*, WuW 2008, 158 (160); *Klees*, EWS 2008, 449.

105 *Fuchs*, in: *Lange/Klippel/Ohly* (Hrsg.), Geistiges Eigentum und Wettbewerb, 2009, S. 147 (148).

106 *Fuchs*, in: *Lange/Klippel/Ohly* (Hrsg.), Geistiges Eigentum und Wettbewerb, 2009, S. 147 (149); *Fröhlich*, GRUR 2008, 205 (206).

107 Vgl. *Ullrich*, GRUR 2007, 817 (818); *Picht*, Strategisches Verhalten, 2013, S. 189 ff; *Kübel*, Zwangslizenzen, 2004, S. 11 ff.

108 *Burghartz*, Technische Standards, 2011, S. 48 f.

aa) Nationale SSO

Auf nationaler Ebene zeichnet sich das Verfahren der Standardisierung durch Dachorganisationen aus. Diese besitzen Haupt- und Untergliederungen, in denen die Normarbeit stattfindet.[109] Diese Standardisierungsorganisationen sind überwiegend nach den Regeln der Selbstverwaltung des Vereins- und Verbandsrechts organisiert. Sie können aber auch gesellschaftsrechtlich ausgestaltet sein.[110]

Eine der bekanntesten deutschen Standardisierungsorganisationen ist das Deutsche Institut für Normung e.V. (DIN).[111] Der privatrechtliche Verein wurde 1917 gegründet und verfolgt ausschließlich gemeinnützige Zwecke. 1975 schlossen die Bundesregierung und das DIN einen Normenvertrag, indem das DIN als zuständige Normenorganisation anerkannt wird.[112] Durch die staatliche Anerkennung sind dem DIN allerdings keine Hoheitsrechte übertragen worden, sodass die von ihm erlassenen Normen rein empfehlender Natur sind.[113]

Die Satzung[114], Geschäftsordnungen und einzelne Teile der DIN 820, auch „Grundgesetz"[115] der DIN-Normung genannt, legen Arbeitsweise und Organisation des DIN fest.[116]

Im Falle der öffentlichen Anerkennung einer Organisation, wie bei dem DIN, unterliegen diese SSO der Verpflichtung zur Einhaltung gewisser Grundsätze, wie der internationalen Zusammenarbeit, Transparenz und Neutralität sowie der Förderung des Gemeinwohls. Voraussetzung ist auch die Beteiligung interessierter Kreise. Dies führt dazu, dass zum einen einzelne Unternehmen als Mitglieder in der Organisation an der Normarbeit beteiligt sind, und zum anderen

---

109 *Picht*, Strategisches Verhalten, 2013, S. 204.

110 *Ullrich*, GRUR 2007, 817 (818); *Burghartz*, Technische Standards, 2011, S. 49 f.

111 DIN Satzung, 2015, S. 3 1.1.; *Maaßen*, Normung, 2006, S. 24; *Burghartz*, Technische Standards, 2011, S. 50; *Kübel*, Zwangslizenzen, 2004, S. 11.

112 DIN Vertrag, 1975, § 1; *Kübel*, Zwangslizenzen, 2004, S. 13; *Burghartz*, Technische Standards, 2011, S. 50.

113 *Burghartz*, Technische Standards, 2011, S. 50, 48; *Maaßen*, Normung, 2006, S. 26 f.

114 DIN Satzung, 2015.

115 *Kübel*, Zwangslizenzen, 2004, S. 11.

116 Vgl. zu DIN-820 Grundlagen Normungsarbeit: http://www.din.de/de/ueber-normen-und-standards/din-norm/regeln-der-normung-187188 (zuletzt abgerufen am 19.07.2017); *Kübel*, Zwangslizenzen, 2004, S. 11.

Unternehmen ohne Mitgliedschaft unter freier Beteiligung in den Fachausschüssen sitzen.[117]

bb) Europäische SSO

Auf europäischer Ebene gibt es große Standardisierungsorganisationen, die als Dachverbände fungieren und in die Delegationen von den nationalen SSO entsendet werden.[118] Eine Beteiligung interessierter Unternehmen an der Normarbeit findet damit nicht direkt, sondern mediatisiert statt.[119]

Die drei größten europäischen Standardisierungsorganisationen sind ETSI, CEN und CENELEC.[120] Während das Europäische Komitee für Normung (CEN – Comité Européen de Normalisation)[121] Standards für nicht-elektronische Gegenstände sowohl materieller als auch immaterieller Natur ausarbeitet, widmet sich das Europäische Komitee für Elektrotechnische Normung (CENELEC – Comité Européen de Normalisation Electrotechnique[122]) den elektrotechnischen Standards, allerdings ohne den Telekommunikationsbereich.[123] Beide SSO sind als Vereine nach belgischem Recht ausgestaltet und arbeiten mit gemeinsamer Geschäftsordnung zusammen.[124]

Dem Europäischen Institut für Telekommunikationsnormen (ETSI – European Telecommunication Standards Institute[125]) mit Sitz in Frankreich obliegt die Standardisierung im Bereich der Telekommunikationsendgeräte und Telekommunikationsnetze.[126] Dabei kommt dem ETSI im Bereich der europäischen Standardisierungsorganisationen eine Sonderrolle zu, da in dieser SSO eine

---

117 Vgl. zu Grundsätzen der Normungsarbeit bei DIN: http://www.din.de/de/ueber-normen-und-standards/din-norm/grundsaetze (zuletzt abgerufen am 19.07.2017); *Ullrich*, GRUR 2007, 817 (818).

118 *Ullrich*, GRUR 2007, 817(818); *Picht*, Strategisches Verhalten, 2013, S. 204

119 *Ullrich*, GRUR 2007, 817 (818); *Fröhlich*, GRUR 2008, 205 (207).

120 Vgl. *Picht*, Strategisches Verhalten, 2013, S. 204; *Kübel*, Zwangslizenzen, 2004, S. 13; *Fröhlich*, GRUR 2008, 205 (207).

121 CEN Satzung, 2015, Artikel 2; *Picht*, Strategisches Verhalten, 2013, S. 206.

122 CENELEC Satzung, 2015, Artikel 1; *Picht*, Strategisches Verhalten, 2013, S. 207.

123 *Kübel*, Zwangslizenzen, 2004, S. 13 f.; *Fröhlich*, GRUR 2008, 205 (207), *Picht*, Strategisches Verhalten, 2013, S. 206 f.

124 CEN/CENELEC Geschäftsordnung Teil 1–3, *Burghartz*, Technische Standards, 2011, S. 51; *Kübel*, Zwangslizenzen, 2004, S. 14.

125 ETSI Statutes, 2017, S. 5; *Picht*, Strategisches Verhalten, 2013, S. 205.

126 *Kübel*, Zwangslizenzen, 2004, S. 14; *Fröhlich*, GRUR 2008, 205 (206); *Burghartz*, Technische Standards, 2011, S. 52; *Picht*, Strategisches Verhalten, 2013, S. 205

direkte Mitgliedschaft von Unternehmen oder sonstigen interessierten Kreisen möglich ist und somit auch eine direkte Beteiligung an der Normarbeit.[127]

cc) Internationale SSO

Auf internationaler Ebene findet sich eine, den europäischen Zuständigkeiten vergleichbare Aufgabenteilung der Standardisierungsorganisationen.[128] Die Internationale Standardisierungsorganisation ISO (International Organization for Standardization[129]) ist für die Entwicklung und Vermarktung nichtelektrotechnischer internationaler Standards zuständig.[130] Die ISO arbeitet eng mit der IEC (International Electrotechnical Commission[131]) zusammen, die sich elektrotechnischer und elektronischer Normung widmet.[132] Beide Organisationen haben gemeinsame „Directives"[133] und tragen in der Praxis die Bezeichnung „Internationale Normungsunion ISO/IEC".[134] Eine Beteiligung an der Normungsarbeit findet nur über die Mitgliedschaft der nationalen SSO bzw. nationalen elektrotechnischen Komitees statt.[135]

Die Organisation, die mit der Erarbeitung internationaler Telekommunikationsnormen befasst ist, nimmt eine Sonderrolle ein. Die ITU (International Telecommunications Union[136]) ermöglicht nicht nur allen interessierten Kreisen und nationalen Verwaltungen eine Mitgliedschaft, sondern ist im Unterschied zur ISO und IEC keine privatrechtliche Organisation. Vielmehr handelt es sich um eine im Rahmen der Vereinten Nationen internationale zwischenstaatliche Organisation.[137]

---

127 *Fröhlich*, GRUR 2008, 205 (207); *Kübel*, Zwangslizenzen, 2004, S. 14 f; *Burghartz*, Technische Standards, 2011, S. 52.

128 *Kübel*, Zwangslizenzen, 2004, S. 15.

129 ISO Statutes, 2016, Article 1; *Picht*, Strategisches Verhalten, 2013, S. 209.

130 *Burghartz*, Technische Standards, 2011, S. 53; *Kübel*, Zwangslizenzen, 2004, S. 15.

131 IEC Statutes, 2015, Article 1; *Picht*, Strategisches Verhalten, 2013, S. 210.

132 *Picht*, Strategisches Verhalten, 2013, S. 210; Kübel, Zwangslizenzen, 2004, S. 15; *Burghartz*, Technische Standards, 2011, S. 53.

133 ISO/IEC Directives, Part 1, 2016; *Kübel*, Zwangslizenzen, 2004, S. 16.

134 *Burghartz*, Technische Standards, 2011, S. 54; *Kübel*, Zwangslizenzen, 2004, S. 16.

135 *Kübel*, Zwangslizenzen, 2004, S. 16.

136 ITU, About ITU http://www.itu.int/en/about/Pages/default.aspx (zuletzt abgerufen am 19.07.2017); *Picht*, Strategisches Verhalten, 2013, S. 210.

137 *Burghartz*, Technische Standards, 2011, S: 54; *Kübel*, Zwangslizenzen, 2004, S. 15 f.; *Picht*, Strategisches Verhalten, 2013, S. 2010.

Zusammen bilden alle drei Organisationen die World Standards Cooperation (WSC).[138] Seit 2007 haben die drei Organisationen gemeinsame Regelungen hinsichtlich des Umgangs mit geschützten, standardrelevanten Technologien.[139]

b) *Verfahrensablauf und -grundsätze*

Allen offiziellen Standardisierungsorganisationen sind gewisse Grundprinzipien bei der Erarbeitung von Standards gemein und insbesondere der europäische Normungsprozess lässt sich grob in vier Abschnitte gliedern.[140] Die individuellen Verfahrensschritte werden durch die Geschäftsordnungen oder Directives[141] der jeweiligen SSO festgelegt.[142]

Im Folgenden sollen nur die wesentlichen übereinstimmenden Grundzüge eines Normungsprozesses dargestellt werden. Auf die individuellen Besonderheiten der unterschiedlichen Standardisierungsorganisationen wird in diesem Rahmen nicht eingegangen.

aa) Projektauswahl

Der Anstoß bzw. die Aufforderung zur Erarbeitung eines neuen Standards kann beispielsweise von einem Mitgliedsunternehmen der SSO, der Europäischen Kommission oder einer europäischen oder internationalen (z.B. Wirtschafts- oder Berufs-) Organisation kommen.[143] Im nationalen Verfahren ist sogar die Einreichung eines Normungsantrags durch jedermann möglich.[144]

Wird durch den zuständigen Ausschuss festgestellt, dass ein Standardisierungsbedürfnis vorliegt, findet die Zuweisung des Standardisierungsprojektes zu einer Arbeitsgruppe statt. Zuvor wird allerdings überprüft, ob an vergleichbaren

---

138 WSC, About https://www.worldstandardscooperation.org/about/ (zuletzt abgerufen am 19.07.2017); *Burghartz*, Technische Standards, 2011, S. 54.

139 ISO Standards and Patents, https://www.iso.org/iso-standards-and-patents.html (zuletzt abgerufen am 19.07.2017); *Picht*, Strategisches Verhalten, 2013, S. 211.

140 *Breulmann*, Normung und Rechtsangleichung, 1993, S. 60; *Hartlieb/Kiehl/Müller*, Normung und Standardisierung, 2009, S. 31; *Wiesendahl*, Technische Normung, 2007, S. 117.

141 Z.B. ETSI Directives, 2017.

142 *Hartlieb/Kiehl/Müller*, Normung und Standardisierung, 2009, S. 31; *Maaßen*, Normung, 2006, S. 32.

143 *Wiesendahl*, Technische Normung, 2007, S. 118; *Maaßen*, Normung, 2006, S. 32, *Hartlieb/Kiehl/Müller*, Normung und Standardisierung, 2009, S. 43.

144 *Hartlieb/Kiehl/Müller*, Normung und Standardisierung, 2009, S. 43; *Maaßen*, Normung, 2006, S. 32.

Standards bereits auf europäischer oder internationaler Ebene gearbeitet wird. Sollte dies der Fall sein, greift die sog. „Stillhaltevereinbarung“[145] und die nationale Normarbeit wird ausgesetzt.[146] Bei umfangreicheren Vorhaben wird vor Aufnahme der Normarbeit zudem überprüft, ob die Finanzierung der jeweiligen Arbeitsgruppe gesichert ist.[147]

bb) Erarbeitung eines Normentwurfes und Stellungnahmeverfahren

Die eigentliche Normungsarbeit findet dann durch die Mitglieder der zuständigen Arbeitsgruppe statt, die einen Entwurf einer (technischen) Lösung erarbeiten.[148]

CEN/CENELEC veröffentlichen eine Entwurfsfassung, die den nationalen Normungsorganisationen vorgelegt wird und die Möglichkeit zur Stellungnahme gibt.[149] Die CEN und CENELEC bedienen sich zur Überprüfung der Konsensfähigkeit einer Norm zweier alternativer Verfahren, dem sog. „Fragebogenverfahren“[150], welches sich auf ein bereits bestehendes Dokument bezieht und die sog. „CEN/CENELEC-Umfrage“[151], welche Dokumente betrifft, die von CEN/CENELEC in Eigenregie erarbeitet wurden.[152]

Bei DIN-Entwürfen findet ebenfalls eine Veröffentlichung statt und im Anschluss hat jedermann die Möglichkeit zur Stellungnahme.[153] Unter Einarbeitung der eingegangenen Stellungnahmen wird im Anschluss ein erneuter Normentwurf erstellt. Bei erheblichen Abweichungen zur ersten Entwurfsfassung wird nochmals ein Stellungnahmeverfahren durchgeführt.[154]

---

145 CEN/CENELEC Geschäftsordnung, Teil 2, 2017, S. 25 Pkt. 5; *Breulmann*, Normung und Rechtsangleichung, 1993, S. 64.

146 CEN/CENELEC Geschäftsordnung, Teil 2, 2017, S. 25 Pkt. 5; *Maaßen*, Normung, 2006, S. 32; *Hartlieb/Kiehl/Müller*, Normung und Standardisierung, 2009, S. 35; *Breulmann*, Normung und Rechtsangleichung, 1993, S. 64.

147 *Maaßen*, Normung, 2006, S. 32; *Hartlieb/Kiehl/Müller*, Normung und Standardisierung, 2009, S. 35.

148 *Maaßen*, Normung, 2006, S. 32.

149 *Hartlieb/Kiehl, Müller*, Normung und Standardisierung, 2009, S. 44.

150 CEN/CENELEC Geschäftsordnung, Teil 2, 2017, S. 36 Pkt. 11.2.4.1.; *Breulmann*, Normung und Rechtsangleichung, 1993, S. 62; *Wiesendahl*, Technische Normung, 2007, S. 118.

151 CEN/CENELEC Geschäftsordnung, Teil 2, 2017, S. 35 Pkt. 11.2.2.; *Breulmann*, Normung und Rechtsangleichung, 1993, S. 63.

152 *Breulmann*, Normung und Rechtsangleichung, 1993, S. 63; *Wiesendahl*, Technische Normung, 2007, S. 118 f.

153 *Hartlieb/Kiehl/Müller*, Normung und Standardisierung, 2009, S. 36.

154 *Dorn*, Technische Standardisierung, 2014, S. 26 f.

Bei der Formulierung eines Normentwurfes geht es nicht um Forschungsarbeit und die Erlangung neuer Erkenntnisse, sondern es soll aus den bereits bestehenden Lösungen ein Standard herausgearbeitet werden. Anders ist die Situation bei einer entwicklungsbegleitenden Standardisierung, dort wird die eigentliche Forschung aber von Unternehmen und nicht der Organisation selbst durchgeführt.[155]

cc) Abstimmungsverfahren und Veröffentlichung

Basierend auf den nationalen Stellungnahmen verfassen die Arbeitsgruppen der CEN/ CENELEC einen Schlussentwurf.[156] Über die Annahme des endgültigen Entwurfes als Norm wird im Rahmen einer Abstimmung der Mitgliedsverbände entschieden.[157] Beim ETSI können sowohl die Voll- als auch die assoziierten Mitglieder an der Abstimmung teilnehmen, sodass ein unmittelbarer Einfluss auf die Norm möglich ist.[158]

Auf nationaler Ebene findet kein Abstimmungsverfahren statt, sondern die endgültige Manuskriptfassung wird verabschiedet und veröffentlicht.[159]

dd) Berufungsverfahren

Jedes Mitglied der SSO CEN/ CENELEC ist berechtigt, Einspruch einzulegen und so eine erneute Überprüfung eines Beschlusses herbeizuführen.[160]

Auf nationaler Ebene besteht die Möglichkeit von Schlichtungs- und Schiedsverfahren.[161]

ee) Grundsätze der Normarbeit

Grundsätze der Arbeit des DIN sind das Konsensprinzip und die Erarbeitung von Normen unter Beteiligung der interessierten Kreise und der Öffentlichkeit.[162]

---

155 *Maaßen*, Normung, 2006, S. 32 f.

156 CEN/CENELEC Geschäftsordnung, Teil 2, 2017, S. 56 Pkt. 2.11; *Hartlieb/Kiehl/Müller*, Normung und Standardisierung, 2009, S. 44.

157 CEN/CENELEC Geschäftsordnung, Teil 2, 2017, S. 27 f. Pkt. 6; *Wiesendahl*, Technische Normung, 2007, S. 119.

158 ETSI Rules of Procedure, 2017, Article 11.1.2.; *Wiesendahl*, Technische Normung, 2007, S. 123 ff.

159 *Dorn*, Technische Standardisierung, 2014, S. 26 f.

160 CEN/CENELEC Geschäftsordnung, Teil 2, 2017, S. 29 f. Pkt. 7; *Wiesendahl*, Technische Normung, 2007, S. 120; *Breulmann*, Normung und Rechtsangleichung, 1993, S. 67.

161 *Dorn*, Technische Standardisierung, 2014, S. 27.

162 DIN Grundsätze der Normungsarbeit: http://www.din.de/de/ueber-normen-und-standards/din-norm/grundsaetze (zuletzt abgerufen am 19.07.2017); *Dorn*,

Ebenso sind die europäischen Standardisierungsorganisationen um die Herbeiführung eines Konsenses bemüht, auch wenn die endgültige Normentscheidung mithilfe eines Abstimmungsverfahrens stattfindet.[163]

Eine auf einer Mehrheitsentscheidung beruhende Norm läuft Gefahr, in der Praxis nicht gut angenommen zu werden. Da die Befolgung des Standards freiwillig ist, ist eine höhere Akzeptanz der Adressaten bei Konsensentscheidungen zu erwarten.[164]

II. Standardessentielle Patente

Ein besonderer Fall der Standardisierung liegt bei einer Einbeziehung von Immaterialgüterrechten in eine Norm vor. Dies hat zur Konsequenz, dass für Standardnutzer zur Erfüllung der festgesetzten Norm die Verwendung eines immateriellen Schutzrechts unumgänglich ist.[165] Insbesondere im Bereich der technischen Normierung kommt der Beteiligung patentrechtlich geschützter Lehren eine immer umfangreichere Rolle zu. Häufig beinhaltet ein einzelner technischer Standard heutzutage beispielsweise nicht nur ein einzelnes oder eine Hand voll patentrechtlicher Schutzrechte, sondern umfasst hunderte oder tausende Patente, deren Nutzung Grundvoraussetzung für die Erfüllung der Norm ist.[166]

In einer solchen Konstellation entstehen aufgrund des Aufeinandertreffens divergierender Interessen Konfliktfelder hinsichtlich der Nutzung und des Zugangs zu dem Standard.[167]

1. *Spannungsverhältnis Immaterialgüterrecht und Standardisierung*

Der Begriff der Immaterialgüterrechte umfasst die Materien des gewerblichen Rechtsschutzes und des Urheberrechtes. Als Oberbegriff der beiden Bereiche wird auch von Geistigem Eigentum gesprochen.[168]

Technische Standardisierung, 2014, S. 27; vgl. auch *Hartlieb/Kiehl/Müller*, Normung und Standardisierung, 2009, S. 31.

163 *Wiesendahl*, Technische Normung, 2007, S. 117 und 123.

164 *Maaßen*, Normung, 2006, S. 33; vgl. auch *Hartlieb/Kiehl/Müller*, Normung und Standardisierung, 2009, S. 31.

165 *Dorn*, Technische Standardisierung, 2014, S. 59.

166 *Fuchs*, in: FS Ahrens, 2016, S. 82.

167 Vgl. *Jakobs*, Standardsetzung, 2012, S. 35.

168 *Pierson*, in: *Pierson/Ahrens/Fischer*, Recht des geistigen Eigentums, 3. Aufl. (2014), S. 39; *Götting*, Gewerblicher Rechtsschutz, 10. Aufl. (2014), S. 1 f. Vgl. zur Diskussion

Dem Bereich des gewerblichen Rechtsschutzes sind alle Gesetze zuzuordnen, die geistig-gewerbliches Schaffen in einem wirtschaftlich-technischen Gebiet schützen.[169] Darunter fallen das Patent- und Gebrauchsmusterrecht sowie das Design- (ehemals Geschmacksmuster-) und Markenrecht. Ebenfalls erfasst werden das Sortenschutz- und Topographieschutzrecht.[170] Zum Teil wird das Gesetz gegen den unlauteren Wettbewerb noch als ein Sondergebiet des gewerblichen Rechtsschutzes verstanden.[171]

Daneben besteht der Bereich des Urheberrechtes, welches ebenfalls auf den Schutz geistiger Leistungen gerichtet ist, allerdings im traditionellen Sinne eher dem kulturellen als dem gewerblichen Sektor zugeordnet wird.[172]

Immaterialgüterrechte verleihen ihrem Inhaber absolute Ausschließlichkeitsrechte. D.h. der Rechteinhaber ist aufgrund eines negativen Verbietungsrechts berechtigt, jeden Dritten von der Einwirkung auf sein Recht auszuschließen, und er ist aufgrund des positiven Nutzungsrechts ausschließlicher Befugnisinhaber zur Verwertung des Rechts.[173] Diese Position des Schutzrechtsinhabers ist auch verfassungsrechtlich durch Art. 14 GG gesichert.[174] Die Rechte sind allerdings zum Teil zeitlich begrenzt.[175]

Begründet wird die Verleihung dieser umfassenden Rechte mit verschiedenen Zielen und Theorien.[176] Zum einen wird nach der Eigentums- oder Naturrechtstheorie, die insbesondere im Urheberrecht Anwendung findet, auf den natürlichen Anspruch des Schöpfers der geistigen Leistung verwiesen. Aufgrund des

---

um den Begriff des Geistigen Eigentums auch den Aufsatz von *Götting*, GRUR 2006, 353 ff.

169 *Götting*, Gewerblicher Rechtsschutz, 10. Aufl. (2014), S. 4.

170 *Götting*, Gewerblicher Rechtsschutz, 10. Aufl. (2010), S. 6 f.; *Pierson*, in: *Pierson/Ahrens/Fischer*Recht des geistigen Eigentums, 3. Aufl. (2014), S. 39.

171 *Pierson*, in: *Pierson/Ahrens/Fischer*, Recht des geistigen Eigentums, 3. Aufl. (2014), S. 39.

172 *Götting*, Gewerblicher Rechtsschutz, 10. Aufl. (2010), S. 4.

173 *Pierson*, in: *Pierson/Ahrens/Fischer*, Recht des geistigen Eigentums, 3. Aufl. (2014), S. 40.

174 *Nordemann*, in: *Loewenheim/Meessen/Riesenkampff/Kersting/Meyer-Lindemann*, 3. Aufl. (2016), 3. Teil GRUR Rn. 1; Jung, ZWeR 2004, 379 (382).

175 Der Patentschutz ist bspw. grds. 20 Jahre beschränkt nach § 16 PatG bzw. Art. 63 Abs. 1 EPÜ, *Ahrens*, in: *Pierson/Ahrens/Fischer*, Recht des geistigen Eigentums, 3. Aufl. (2014), S. 123.

176 *Nordemann*, in: *Loewenheim/Meessen/Riesenkampff/Kersting/Meyer-Lindemann*, 3. Aufl. (2016), 3. Teil GRUR Rn. 1.

naturgegebenen Rechtes des geistigen Eigentums bestehe der Anspruch, dieses auch rechtlich eigentumsähnlich auszugestalten.[177]

Zum anderen beinhalten Immaterialgüterrechte aber auch eine Ansporn- und Belohnungsfunktion.[178] Der Schöpfer bzw. Erfinder sei aus Gründen der Gerechtigkeit für seine geistige Leistung und den damit zusammenhängenden Aufwand zu belohnen, da seine Leistung nach deren Offenlegung der Allgemeinheit zugutekomme. Eine Belohnung sei in diesem Fall am besten durch das ausschließliche Recht der wirtschaftlichen Verwertung der eigenen Leistung zu gewährleisten.[179]

Durch den in Aussicht gestellten wirtschaftlichen Ertrag einer Leistung und den Schutz vor kostenloser Übernahme durch Konkurrenten entstehe zudem der Anreiz für die Schaffung von Innovationen. Insbesondere im Patentrecht könne der technische Fortschritt so gefördert werden.[180]

Als Gegenleistung für die ihm gewährten Rechte müsse der Schutzrechtsinhaber der Allgemeinheit seine Erfindung bzw. geistige Leistung allerdings offenlegen (Offenbarungs- oder Vertragstheorie).[181]

Immaterialgüterrechte verfolgen damit sowohl Interessen der Allgemeinheit hinsichtlich Fortschritt und Innovation, als auch Individualinteressen bezüglich des wirtschaftlichen Nutzens geistiger Leistung.[182] Allerdings steht die Verleihung von Ausschließlichkeitsrechten in einem gewissen Spannungsverhältnis zu den durch Standardisierung verfolgten Zielen.[183]

---

177 *Nordemann*, in: *Loewenheim/Meessen/Riesenkampff/Kersting/Meyer-Lindemann*, 3. Aufl. (2016), 3. Teil Rn. 1; *Dreier*, in: *Dreier/Schulze*, UrhG, 5. Aufl. (2015), Einl. Rn. 10; Busse/*Keukenschrijver*, PatentG, 7.Aufl. (2013), Einleitung Rn. 59.

178 *Nordemann*, in: *Loewenheim/Meessen/Riesenkampff/Kersting/Meyer-Lindemann*, 3. Aufl. (2016), 3. Teil GRUR Rn. 1; *Heinemann*, GRUR 2006, 705 (705); für das Patentrecht: *Kraßer/Ann*, Patentrecht, 7. Aufl. (2016) § 3 Rn. 9, 10; *Wolf*, in: MüKo WettbR, Bd. 1/EU, 2. Aufl. (2015), Einl. 1338.

179 *Kraßer/Ann*, Patentrecht, 7. Aufl. (2016), § 3 Rn. 9; *Jung*, ZWeR 2004, 379 (381).

180 *Nordemann*, in: *Loewenheim/Meessen/Riesenkampff/Kersting/Meyer-Lindemann*, 3. Aufl. (2016), 3. Teil GRUR Rn. 1; *Kraßer/Ann*, Patentrecht, 7. Aufl. (2016), § 3 Rn. 9, 10; *Heinemann*, GRUR 2006, 705; *Jung*, ZWeR 2004, 379 (381).

181 *Nordemann*, in: *Loewenheim/Meessen/Riesenkampff/Kersting/Meyer-Lindemann*, 3. Aufl. (2016), 3. Teil GRUR Rn. 1; *Kraßer/Ann*, Patentrecht, 7. Aufl. (2016), § 3 Rn. 11; *Jung*, ZWeR 2004, 379 (381).

182 *Kraßer/Ann*, Patentrecht, 7. Aufl. (2016) § 3 Rn. 1, 5 f.; vgl. auch *Fuchs*, NZKart 2015, 429 (430).

183 *Fuchs*, in: *Lange/Klippel/Ohly* (Hrsg.), Geistiges Eigentum und Wettbewerb, 2009, S. 147 (149); Fröhlich, GRUR 2008, 205 f.; vgl. für Spannungsverhältnis zwischen Standardisierung und Patentrecht: *Burghartz*, Technische Standards, 2011, S. 88 ff.

Während die Interessen der Allgemeinheit an einer möglichst weiten Nutzung und Verbreitung des Standards interessiert sind, ermöglichen Immaterialgüterrechte dem Schutzrechtsinhaber, sein Recht auch dergestalt zu gebrauchen, andere von der Nutzung auszuschließen.[184]

Kommt es nun zu einer Implementierung von Immaterialgüterrechten in einen Standard, treffen kollektive Standardisierungsinteressen und individuelle Verwertungsinteressen aufeinander.[185]

2. *Standardisierung unter Beteiligung von Immaterialgüterrechten*

Eine Beteiligung von Rechten des Geistigen Eigentums an einer Norm liegt vor, wenn zur Erfüllung der Standardvoraussetzungen die Nutzung einer immaterialgüterrechtlich geschützten (technischen) Lehre zwingend erforderlich ist.[186] Diese Schutzrechte werden auch als „essential IPR"[187] bezeichnet.[188] Ein wesentliches Immaterialgüterrecht hat zur Folge, dass ohne die Zustimmung des jeweiligen Rechteinhabers die Anwendung des Standards eine Schutzrechtsverletzung impliziert.[189]

a) Wesentliche Patente und technische Normen

Besondere Bedeutung kommt dabei insbesondere der Beteiligung von patentrechtlich geschützten Technologien an technischen Normen zu.[190] Gerade im

---

184 *Fuchs*, in: *Lange/Klippel/Ohly* (Hrsg.), Geistiges Eigentum und Wettbewerb, 2009, S. 147 (149); *Burghartz*, Technische Standards, 2011, S. 89; *Fröhlich*, GRUR 2008, 205 (206).

185 *Fröhlich*, GRUR 2008, 205 (206); *Fuchs*, in: *Lange/Klippel/Ohly* (Hrsg.), Geistiges Eigentum und Wettbewerb, 2009, S. 147 (149); *Burghartz*, Technische Standards, 2011, S. 89.

186 *Dorn*, Technische Standardisierung, 2014, S 59; *Fröhlich*, GRUR 2008, 205 (206); vgl. auch: *Gallego*, GRUR Int. 2006, 16 (22); vgl. zu einer Beteiligung von Urheberrechten: *Kübel*, Zwangslizenzen, 2004, S. 41 ff.; *Fröhlich*, GRUR 2008, 205 (206 Fn 3 und 4); *Fräßdorf*, Rechtsfragen, 2009, S. 22; Jakobs, Standardsetzung, 2012, S. 39.

187 *Dorn*, Technische Standardisierung, 2014, S 59.

188 *Fröhlich*, GRUR 2008, 205 (206); *Dorn*, Technische Standardisierung, 2014, S. 59. Das ETSI definiert diesen Begriff in seiner IPR Policy Clause 15.6 und erklärt in Clause 15.7 ausdrücklich, dass der Begriff IPR jedes Immaterialgüterrecht einschließlich Anmeldungen außer Marken umfasst, ETSI IPR Policy, 2017, Clause 15.6, 15.7; vgl. dazu auch: *Fröhlich*, GRUR 2008, 205 (206 Fn. 4); *Dorn*, Technische Standardisierung, 2014, S. 59 Fn. 156.

189 *Fröhlich*, GRUR 2008, 205 (206); *Dorn*, Technische Standardisierung, 2014, S. 59.

190 *Jakobs*, Standardsetzung, 2012, S. 37.

Bereich der Informations-, Telekommunikations- und Netzwerktechnologie sind technische Standards verbreitet, um die notwendige Kompatibilität zu ermöglichen.[191]

Nach § 1 PatG schützt das Patentrecht neue technische Erfindungen, die auf einer erfinderischen Tätigkeit beruhen, welche über den Stand der Technik hinausgeht.[192] Kommt es nun zu einer Implementierung einer solchen geschützten Erfindung in eine technische Norm, liegt ein sog. standardessentielles Patent (SEP) vor, ohne dessen Nutzung keine standardkonformen Produkte erzeugt werden können.[193] Bei einer Kombination von formeller Norm mit geschütztem technischen Inhalt kommt dem, auch als wesentliches Patent bezeichneten, Schutzrecht das Potential zu, die Umsetzung des Standards zu erschweren oder zu blockieren und Interoperabilität zu verhindern, z.B. wenn der Schutzrechtsinhaber den Zugang zum Standard erschwert oder unmöglich macht.[194]

b) Auswirkungen auf den Zugang zum Standard

Ziel der Standardisierung ist die Schaffung einer allgemeinzugänglichen offenen Norm.[195] Dabei kann ein offener Standard komplett frei von Einschränkungen sein, d.h. ohne die Beteiligung von Schutzrechten und ohne zusätzliche Zugangserfordernisse wie Gebühren.[196] Eine solche Norm kann allerdings auch relativ offen sein, d.h. die Nutzung ist eventuell durch Gebühren oder inhaltliche Begrenzungen eingeschränkt, aber grundsätzlich für jedermann zugänglich.[197]

Die Implementierung von geschützten technischen Erfindungen in einen Standard hat erhebliche Auswirkungen auf den Zugang zu diesem. Ist zur Normerfüllung die Nutzung eines oder mehrerer bestimmter Patente erforderlich, kommt dem oder den jeweiligen Schutzrechtsinhabern die Möglichkeit der

---

191 *Jakobs*, Standardsetzung, 2012, S. 39; *Fuchs*, in: *Lange/Klippel/Ohly* (Hrsg.), Geistiges Eigentum und Wettbewerb, 2009, S. 147 f.

192 Vgl. auch *Götting*, GRUR 2006, 353.

193 *Jakobs*, NZKartR 2014, 394; *Fuchs*, in: FS Ahrens, 2016, S. 79.

194 *Fröhlich*, GRUR 2008, 205 (206); *Verbruggen/Lorincz*, GRUR Int 2002, 815 ff.; vgl. auch *Burghartz*, Technische Standards, 2011, S. 91; *Hartmann*, Patenthinterhalte, 2016, S. 1.

195 *Ullrich*, in: *Leistner* (Hrsg.), Europäische Perspektiven des Geistigen Eigentums, 2010, S. 14 (S. 18, siehe auch Fn. 17); *ders*. GRUR 2007,817 (820, auch Fn. 42); *Burghartz*, Technische Standards, 2011, S. 89.

196 *Jakobs*, Standardsetzung, 2012, S. 40 f.

197 *Ullrich*, in: *Leistner* (Hrsg.), Europäische Perspektiven des Geistigen Eigentums, 2010, S. 14 (S. 18 f, siehe auch Fn. 17); *ders*. GRUR 2007,817 (820, auch Fn. 42); *Burghartz*, Technische Standards, 2011, S. 89.

Kontrolle über den Zugang zur Norm zu, da sie die Erteilung einer entsprechenden Lizenz zur Nutzung verweigern können. Aus dem ursprünglich offenen wird ein sog. proprietärer Standard.[198] Wobei die Beziehung zwischen diesen beiden Zugangsarten nicht absolut, sondern relativ ist, da wie bereits erwähnt der Zugang zum offenen Standard teilweise eingeschränkt sein kann.[199]

3. Patent- und Lizenzregelungen der Standardisierungsorganisationen

Rechte des Geistigen Eigentums können im Rahmen des formellen Normungsprozesses sowohl bewusst als auch unbewusst in einen Standard miteinbezogen werden.[200] Um Konflikten und einer missbräuchlichen Einsetzung von Patenten und anderen Rechten des Geistigen Eigentums bei der Standardisierung vorzubeugen, haben die meisten Normungsorganisationen sog. IPR-Policies aufgestellt.[201] Diese Patent- und Lizenzregeln (auch patent policies genannt)[202] sind Bestandteil der allgemeinen Verfahrensregelungen von Standardisierungsorganisationen und beinhalten interne Regelungen für den Umgang mit einer Beteiligung von Immaterialgüterrechten an Normsetzungen. Darüber hinaus können sie Vorschriften für das Verhalten der an der Standardisierung beteiligten Unternehmen enthalten.[203]

Die konkrete inhaltliche Ausgestaltung der IPR-Regelungen ist abhängig von der jeweiligen Standardisierungsorganisation. Aufgrund der unterschiedlichen Ansichten der Organisationen und ihrer Mitglieder über die Problematik der Beteiligung von Immaterialgüterrechten an Standardisierung weichen die IPR-Regelungen der SSO zum Teil erheblich voneinander ab.[204] Auch die

---

198 *Burghartz*, Technische Standards, 2011, S. 89; *Ullrich*, GRUR 2007, 817 (820 f). *Jakobs*, Standardsetzung, 2012, S. 40 ff.

199 *Ullrich*, GRUR 2007, 817 (820 f).

200 Vgl. *Kübel*, Zwangslizenzen, 2004, S. 64 ff.

201 Vgl. ETSI IPR Policy, 2017; *Maaßen*, Normung, 2006, S. 261; *Burghartz*, Technische Standards, 2011, S. 91; *Ullrich*, in: *Leistner* (Hrsg.), Europäische Perspektiven des Geistigen Eigentums, 2010, S. 14 (20); *Müller*, Kollektive Normung, 2015, S. 47; vgl. *Picht*: Die Mehrheit der SSO verfügt über IPR-Regeln, aber es existieren noch Organisationen ohne derartige Regelungen (*Picht*, Strategisches Verhalten, 2013, S. 220).

202 *Maaßen*, Normung, 2006, S. 261.

203 *Maaßen*, Normung, 2006, S. 261; *Burghartz*, Technische Standards, 2011, S. 91; *Ullrich*, in: *Leistner* (Hrsg.), Europäische Perspektiven des Geistigen Eigentums, 2010, S. 14 (20); *Müller*, Kollektive Normung, 2015, S. 47 f.; vgl. auch für die Regelungen des ETSI: *Straus*, GRUR Int 2011, 469 (471).

204 *Maaßen*, Normung, 2006, S. 262.

Detailliertheit der Regelungen ist sehr unterschiedlich ausgestaltet. Während einige SSO lediglich allgemeine Aussagen treffen, verfügen andere neben grundsätzlichen Regelungen auch über spezifische Angaben zur Lösung eingetretener Konflikte, zur Ausgestaltung einer Lizenzbereitschaftserklärung oder Informierung der Teilnehmer des Standardisierungsprozesses.[205]

Doch unabhängig vom Detailgrad der Vorschriften und den unterschiedlichen Sichtweisen können übereinstimmende Grundlagen der Patentpolitik festgestellt werden.[206] Alle Organisationen sehen, wenn auch in verschiedenen Formen, sowohl eine Offenlegung potenziell wesentlicher Schutzrechte der an dem Normungsprozess beteiligten Unternehmen als auch die Abgabe einer Lizenzbereitschaftserklärung zu FRAND-Bedingungen im Standardisierungsprozess vor.[207]

Daneben ist allen SSO gemein, dass kein generelles Verbot der Implementierung wesentlicher Schutzrechte in eine Norm besteht.[208] Der Grundsatz, Patente nur in unvermeidbaren Fällen einzubeziehen, wurde aufgegeben.[209] Jedoch existieren bei einigen SSO Vorschriften, die die Zulässigkeit einer Integration abhängig von der Angewiesenheit des Standards auf das wesentliche Schutzgut machen oder eine Zulässigkeit an die Abgabe einer Lizenzbereitschaftserklärung knüpfen.[210]

a) Gebot bzw. Pflicht der Offenlegung

Nach dem Gebot der Offenlegung sind die an der Standardisierung beteiligten Schutzrechtsinhaber gehalten, eigene, potenziell wesentliche Patente während des Normungsprozesses offenzulegen.[211]

---

205 *Picht*, Strategisches Verhalten, 2013, S. 221.

206 *Kübel*, Zwangslizenzen, 2004, S. 59; *Burghartz*, Technische Standards, 2011, S. 100; *Ullrich*, in: *Leistner* (Hrsg.), Europäische Perspektiven des Geistigen Eigentums, 2010, S. 14 (20).

207 *Ullrich*, in: *Leistner* (Hrsg.), Europäische Perspektiven des Geistigen Eigentums, 2010, S. 14 (20); *Burghartz*, Technische Standards, 2011, S. 92; *Kübel*, Zwangslizenzen, 2004, S. 59; *Picht*, Strategisches Verhalten, 2013, S. 222 ff. Siehe zur Offenlegungspflicht und FRAND-Erklärung auch Kapitel 3. Vgl. bspw. für Regelungen bei ETSI: ETSI IPR Policy, 2017.

208 *Picht*, Strategisches Verhalten, 2013, S. 222.

209 *Ullrich*, in: *Leistner* (Hrsg.), Europäische Perspektiven des Geistigen Eigentums, 2010, S. 14 (23 Rn. 33).

210 *Picht*, Strategisches Verhalten, 2013, S. 222.

211 *Burghartz*, Technische Standards, 2011, S. 92; *Ullrich*, in: *Leistner* (Hrsg.), Europäisches Perspektiven des Geistigen Eigentums, 2010, S. 14 (20).

Mittels einer frühzeitigen Offenlegung wird den an der Standardisierung Beteiligten die Möglichkeit eröffnet, vor Festlegung der Norm eine Abwägung der möglichen Schutzrechtsbelastung vorzunehmen und eine bewusste Entscheidung für oder gegen die Einbeziehung einer geschützten technischen Lehre in den Standard zu treffen.[212]

Die Standardisierungsorganisationen selbst nehmen hingegen keine Anstrengungen oder Recherchen vor, um eventuell relevante Patente zu ermitteln und auch von den Unternehmen wird keine umfassende Patentrechtsrecherche im technischen Sinne gefordert.[213]

Dabei sind sowohl die Pflicht zur Offenlegung als auch ihr jeweiliger Umfang in den Regularien der SSO wieder sehr unterschiedlich ausgestaltet.[214] Einige „wünschen“[215] lediglich die Offenlegung eigener Patente oder „ermutigen“[216] ihre Mitglieder zu einer solchen.[217] Andere Organisationen legen hingegen, wenn auch seltener, eine ausdrückliche Pflicht zur Offenlegung fest.[218] Eine Verpflichtung zur Offenbarung fremder Patente ist seltener in den Regelungen zu finden.[219]

Unklar ist jedoch der für die Offenlegung relevante Zeitpunkt und der Umfang der von der Offenlegung erfassten Patente. Patentanmeldungen sind nicht immer einbezogen.[220]

Das ETSI beispielsweise verpflichtet seine Mitglieder auf einer bona-fide-Basis hinsichtlich eigener Standardisierungsvorschläge, potenziell wesentliche Patente zu offenbaren.[221] Davon umfasst sind bei ETSI auch Patentanmeldungen.[222] Für die Identifizierung wesentlicher Patente, die den Vorschlag eines

212 *Fischmann*, GRUR Int. 2010, 185 (190); *Klees*, EWS 2008, 449 (450); *Dobler/Sattler*, in: FS Canenbley, 2012, S. 139 (148); vgl. auch: *Fröhlich*, GRUR 2008, 205 (208).

213 *Picht*, Strategisches Verhalten, 2013, S. 222; siehe hinsichtlich ETSI: *Fröhlich*, GRUR 2008, 205 (208),

214 *Picht*, Strategisches Verhalten, 2013, S. 222; *Dobler/Sattler*, in: FS Canenbley, 2012, S. 139 (148); *Burghartz*, Technische Standards, 2011, S. 101.

215 *Picht*, Strategisches Verhalten, 2013, S. 223.

216 *Picht*, Strategisches Verhalten, 2013, S. 223.

217 *Picht*, Strategisches Verhalten, 2013, S. 223.

218 *Picht*, Strategisches Verhalten, 2013, S. 223 Fn. 1016.

219 *Picht*, Strategisches Verhalten, 2013, S. 223.

220 *Picht*, Strategisches Verhalten, 2013, S. 223; *Hartmann*, Patenthinterhalte, 2006, S. 107; *Maaßen*, Normung, 2006, S. 285 Rn. 663.

221 ETSI IPR Policy, 2017, Clause 4.1.

222 ETSI IPR Policy, 2017, Clause 15.7; *Hartmann*, Patenthinterhalte, 2016, S. 107 Fn. 32; *Fröhlich*, GRUR 2008, 205 (208).

anderen Mitglieds betreffen, hat das Unternehmen hingegen lediglich „*zumutbare Anstrengungen*“[223] zur Offenlegung zu unternehmen und diese auch nur bei Beteiligung des Unternehmens an der Standardisierungsarbeit, wenn die Möglichkeit der Kenntnisnahme vorgeschlagener Standards besteht. Eine Schutzrechtsrecherche im Patentportfolio innerhalb des Unternehmens wird hingegen in der IPR Policy des ETSI explizit nicht verlangt.[224] Zugrunde liegt hier, dass Unternehmen zu einer Mitarbeit am Standardisierungsverfahren angeregt werden sollen. Dem stünde der zeitliche und finanzielle Aufwand einer solchen Recherche entgegen.[225]

Neben den Aspekten der Finanzierung ist auch eine etwaige Haftung ein Grund dafür, dass ETSI selbst grundsätzlich keine Schutzrechtsrecherchen durchführt. Lediglich in Ausnahmekonstellationen, in denen die Europäische Kommission oder die EFTA auf ihre Kosten eine solche Recherche beauftragt, wird ETSI tätig.[226]

Schwierig gestaltet sich die Durchsetzung bzw. Überwachung der von den Standardisierungsorganisationen geforderten oder gewünschten Offenlegung, da keine Zwangsmaßnahmen zur Durchsetzung vorhanden sind. Vielmehr sind die Organisationen auf die Verantwortung ihrer Mitglieder angewiesen.[227]

b) Lizenzbereitschaftserklärung[228]

Durch die Offenlegung schutzrechtsrelevanter Patente wird die Einholung sog. Lizenzbereitschaftserklärungen zu FRAND-Bedingungen vorbereitet.[229] Mit

223 *Fröhlich*, GRUR 2008, 205 (208). („reasonable endeavours“: ETSI IPR Policy, 2017, Clause 4.1.)

224 ETSI IPR Policy, 2017, Clause 4.2; *Pregartbauer*, Der Anspruch auf Unterlassung aus standardessentiellen Patenten im Telekommunikationssektor, 2017, S. 46; *Fröhlich*, GRUR 2008, 205 (208); vgl. auch *Fischmann*, GRUR Int. 2010, 185 (190). Anders verlangt die inoffizielle, aus Unternehmen zusammengesetzte Standardisierungsorganisation VITA (VMEbus International Trade Association) eine Schutzrechtsrecherche im gesamten Portfolio ihrer Mitglieder, siehe: *Burghartz*, Technische Standards, 2011, S. 56, 101.

225 *Pregartbauer*, Der Anspruch auf Unterlassung aus standardessentiellen Patenten im Telekommunikationssektor, 2017, S. 46.

226 ETSI IPR Policy, 2017, Clause 6.4; *Fröhlich*, GRUR 2008, 205 (208); *Pregartbauer*, Der Anspruch auf Unterlassung aus standardessentiellen Patenten im Telekommunikationssektor, 2017, S. 46; *Hartmann*, Patenthinterhalte, 2016, S. 105.

227 *Fröhlich*, GRUR 2008, 205 (209); ausführlich dazu *Maaßen*, Normung, 2006, S. 292 ff.

228 Siehe ausführlich zu Lizenzbereitschaftserklärung zu FRAND-Bedingungen Kapitel 3.

229 *Fröhlich*, GRUR 2008, 205 (208); *Klees*, EWS 2008, 449 (450).

einer solchen Erklärung verpflichtet sich der Patentinhaber eines offen gelegten wesentlichen Schutzrechts, zukünftigen Standardnutzern eine Lizenz zu fairen, angemessenen und nicht-diskriminierenden Bedingungen einzuräumen.[230] Die Standardisierungsorganisationen möchten mittels der geforderten FRAND-Erklärungen vor Festsetzung des Standards den Zugang zu diesem sicherstellen und einer Beeinflussung der Standardfestsetzung und -nutzung durch den Schutzrechtsinhaber vorbeugen.[231]

Die konkrete Ausgestaltung der FRAND-Erklärung ist ebenso wie die Offenlegungspflicht abhängig von den jeweiligen IPR-Policies der Standardisierungsorganisationen.[232] Allerdings handelt es sich aufgrund des Grundsatzes der Freiwilligkeit im Normungsverfahren bei einer FRAND-Erklärung um eine Obliegenheit und nicht um eine von den SSO einforderbare Verpflichtung. Die Unternehmen und sonstigen Standardisierungsteilnehmer sind nicht verpflichtet, ihre Schutzrechte mittels einer FRAND-Erklärung der zu verabschiedenden Norm zu unterstellen. Sie können zur Abgabe einer solchen Erklärung auch nicht durch die Standardisierungsorganisation während des Normungsverfahrens gezwungen werden. Die SSO können aus einer Erklärungsverweigerung aber dergestalt Konsequenzen ziehen, dass im Verfahren auf ein anderes Schutzrecht ausgewichen oder das Standardisierungsverfahren komplett aufgegeben wird.[233]

B. Verhältnis Immaterialgüter- und Kartellrecht

Im Kontext standardessentieller Schutzrechte spielt das Verhältnis zwischen den Rechten des Geistigen Eigentums und dem Kartellrecht eine wichtige Rolle.

I. (Spannungs-)Verhältnis der beiden Rechtsgebiete

Während in der früheren Diskussion der Schwerpunkt auf dem Spannungsverhältnis zwischen dem Recht des Geistigen Eigentums und dem Wettbewerbsrecht lag, rücken heute immer mehr die zwar gegensätzlichen, aber sich

230 *Fröhlich*, GRUR 2008, 205 (207); *Burghartz*, Technische Standards, 2011, S. 102.
231 *Fröhlich*, GRUR 2008, 205 (207); *Burghartz*, Technische Standards, 2011, S. 102
232 *Burghartz*, Technische Standards, 2011, S. 103.
233 *Ullrich*, in: *Leistner* (Hrsg.), Europäisches Perspektiven des Geistigen Eigentums, 2010, S. 14 (27 f.); *ders.*, GRUR 2007, 817 (822).

ergänzenden und gleiche Ziele verfolgenden Elemente, die komplementären Zusammenhänge, in den Vordergrund.[234]

Das Immaterialgüterrecht verleiht seinem Inhaber ein Ausschließlichkeitsrecht und damit eine rechtliche, im Falle des Patentrechts zeitlich befristete Monopolstellung, die es ihm ermöglicht, andere von der Nutzung seines Rechts auszuschließen bzw. über die Nutzung durch andere zu entscheiden.[235] Wie oben bereits ausgeführt, dient die Einräumung einer derartigen Position dazu, einen Anreiz für schöpferische und erfinderische Leistungen zu schaffen und diese zu belohnen.[236]

Das Kartellrecht wiederum hat zum Ziel, den Schutz eines effektiven und funktionsfähigen Wettbewerbs zu gewährleisten.[237] Nur ein freier Wettbewerb kann die ihm zukommenden Funktionen, wie unter anderem das Hervorbringen von Innovationen, erfüllen.[238] Mittels einer Verhaltens- und Strukturkontrolle sollen daher wettbewerbsbeschränkende Auswirkungen verhindert werden.[239]

Durch das Kartellrecht wird die Innovationstätigkeit am Markt durch einen freien Wettbewerb ebenso gefördert werden wie durch gewerbliche Schutzrechte. Denn diese schränken lediglich den Imitationswettbewerb ein, fördern aber wiederum den Substitutionswettbewerb. Die Möglichkeit des Innovationswettbewerbs bleibt uneingeschränkt bestehen, vielmehr wird dieser sogar noch angeregt, da es die technische Erfindung des Wettbewerbers zu übertreffen gilt.[240] Beide Zielsetzungen stehen komplementär zueinander und ergänzen sich.

---

234 *Heinemann*, MR-Int 2014, 85; *Fuchs*, in: *Immenga/Mestmäcker*, EU/Teil 1, 5. Aufl. (2012), Einl TT-GVO, Rn. 1; *Schmidtchen*, in: *Lange/Klippel/Ohly* (Hrsg.), Geistiges Eigentum und Wettbewerb, 2009, S. 27 (28).

235 *Kübel*, Zwangslizenzen, 2004, S. 176; *Fuchs*, in: *Immenga/Mestmäcker*, EU/Teil 1, 5. Aufl. (2012), Einl TT-GVO, Rn. 1; *Hartmann*, Patenthinterhalte, 2016, S. 200; *Pierson*, in: *Pierson/Ahrens/Fischer*, Recht des geistigen Eigentums, 3. Aufl. (2014), S. 40; *Werner*, in: FK KartR, 71. Lfg. 2010, Fallgruppen IV Gewerbl. Schutzrechte, Rn. 8; *Ullrich*, in *Immenga/Mestmäcker*, EU/Teil 2, 5. Aufl. (2012), GRUR A Rn. 2.

236 Vgl. Kapitel 2 A II. 1; *Kübel*, Zwangslizenzen, 2004, S. 176; *Jestaedt*, in: *Langen/Bunte*, Bd. 2/EU, 12. Aufl. (2014), Nach Art. 101 AEUV Rn. 1236.

237 *Fuchs*, in: *Immenga/Mestmäcker*, EU/Teil 1, 5. Aufl. (2012), Einl TT-GVO, Rn. 1.

238 *Heinemann*, Immaterialgüterschutz, 2002, S. 27; *Hartmann*, Patenthinterhalte, 2016, S. 201: *Bunte*, in: *Langen/Bunte*, Bd. 2/EU, 12. Aufl. (2014), Einl. Rn. 35.

239 *Wiedemann*, Kartellrecht, 3. Aufl. (2016), § 1 Rn. 1; *Hartmann*, Patenthinterhalte, 2016, S. 201.

240 *Fuchs*, in: *Immenga/Mestmäcker*, EU/Teil 1, 5. Aufl. (2012), Einl TT-GVO, Rn. 1; *Nordemann*, in: *Loewenheim/Meessen/Riesenkampff/Kerstin/Meyer-Lindemann*, 3. Aufl. (2016), 3. Teil. GRUR Rn. 9; *Schmidtchen*, in: *Lange/Klippel/Ohly* (Hrsg.), Geistiges

Durch das Kartellrecht allein können keine ausreichenden Innovationsanreize geschaffen werden, aber die positiven Wirkungen der Immaterialgüterrechte entfalten nur ihre vollständige Kraft, wenn eine Gewährleistung und Sicherung des Innovationswettbewerbs durch das Kartellrecht erfolgt.[241]

Kartellrechtlich sind Monopole zwar nicht grundsätzlich verboten, allerdings auch nicht gerade erwünscht, und unterliegen der Kontrolle und Überwachung durch das Wettbewerbsrecht.[242] Aus der rechtlichen[243] Monopolstellung des Schutzrechtsinhabers an sich ergibt sich allerdings nicht zwangsläufig auch eine kartellrechtswidrige Wettbewerbs-beschränkung.[244] Denn aus dem rechtlichen Monopol wird erst durch mangelnden Substitionswettbewerb auch ein wirtschaftliches Monopol.[245] Die kartellrechtliche Kontrolle soll somit verhindern, dass Immaterialgüterrechte dergestalt wettbewerbsbeschränkend ausgeübt werden, dass es zu einer Beeinträchtigung des Innovationswettbewerbs kommt.[246] Eine solche Einschränkung der Innovationstätigkeit am Markt resultiert aber nicht aus dem Schutzrecht selbst, sondern ist in seiner wettbewerbswidrigen Ausübung begründet.[247]

Beide Rechtsgebiete zielen damit auf eine Steigerung der allgemeinen Wohlfahrt und der Wirtschaftsförderung im Sinne einer effizienzsteigernden Ressourcenallokation ab.[248]

Eigentum und Wettbewerbsrecht, 2009, S. 27 (28); *Drexl*, GRUR Int. 2004, 716 (721); vgl. zur gleichen Zielsetzung auch *Heutz*, Spannungsverhältnis, 2010, S. 74 f.

241 *Drexl*, GRUR Int. 2004, 716 (721); vgl. auch *Jestaedt*, in: *Langen/Bunte*, Bd. 2/EU, 12. Aufl. (2014), Nach Art. 101 AEUV Rn. 1236.

242 *Kübel*, Zwangslizenzen, 2004, S. 176.

243 *Fuchs*, in: Immenga/Mestmäcker, EU/Teil 1, 5. Aufl. (2012), Einl. TT-GVO, Rn. 1; *Hartmann*, Patenthinterhalte, 2016, S. 200.

244 *Jestaedt*, in: *Langen/Bunte*, Bd. 2/EU, 12. Aufl. (2014), Nach Art. 101 AEUV Rn. 1236.

245 *Hartmann*, Patenthinterhalte, 2016, S. 200; *Burghartz*, Technische Standards, 2011, S. 84 f.

246 *Hartmann*, Patenthinterhalte, 2016, S. 202.

247 Vgl. *Jestaedt*, in: *Langen/Bunte*, Bd. 2/EU, 12. Aufl. (2014), Nach Art. 101 AEUV Rn. 1234; *Hartmann*, Patenthinterhalte, 2016, S. 202; *Burghartz*, Technische Standards, S. 84.

248 *Fuchs*, in: *Immenga/Mestmäcker*, EU/Teil 1, 5. Aufl. (2012), Einl TT-GVO, Rn. 1; *Kübel*, Zwangslizenzen,2004, S. 176; *Drexl*, GRUR Int. 2004, 716 (721); vgl. auch *Hartmann*, Patenthinterhalte, 2016, S. 201.

II. Anwendbarkeit des Kartellrechts auf Immaterialgüterrechte

Lange Zeit wurde allerdings diskutiert, ob und wenn ja, inwieweit das Kartellrecht überhaupt auf Immaterialgüterrechte angewendet werden kann und darf. Nach der früher vertretenen Inhaltstheorie war den gewerblichen Schutzrechten vielmehr ein kartellrechtsfreier Bereich immanent. Durch ihren inhaltlichen Umfang haben sie die Grenzen des Anwendungsbereichs des Wettbewerbsrechts bestimmt. Diese Auffassung wird mittlerweile weitgehend abgelehnt. Dafür spricht auch die ersatzlose Streichung der §§ 17, 18 GWB a.F. durch die 7. GWB-Novelle, denn jenen lizenzkartellrechtlichen Vorschriften lag noch die Inhaltstheorie zugrunde. Begründet wird die Ablehnung dieser Theorie damit, dass es durch sie zu einer Überdehnung des immaterialgüterrechtlich gewährten Schutzumfangs komme.[249]

Allerdings ist eine Grundidee der Inhaltstheorie auch im europäischen Recht zu finden, denn der Schutzzweck von Immaterialgüterrechten stellt eine kartellrechtlich zu berücksichtigende Besonderheit dar. Allerdings begründet diese keine Anwendungsimmunität im Sinne einer Sperrwirkung gegenüber dem Kartellrecht.[250]

1. Gemeinschaftsrecht und Geistiges Eigentum (Territorialitätsprinzip und Erschöpfungsgrundsatz)

Bei der Anwendbarkeit von Gemeinschaftsrecht auf Immaterialgüterrechte ist zu beachten, dass ein Spannungsverhältnis zwischen dem Schutz des freien und unverfälschten Wettbewerbs im Binnenmarkt, insb. die Gewährleistung von Warenverkehrs- und Dienstleistungsfreiheit nach Artt. 34 und 56 AEUV, und den nationalen Immaterialgüterrechten besteht.[251]

Grundsätzlich verfolgt das Unionsrecht das Ziel, einen einheitlichen Binnenmarkt zu schaffen. So soll der freie Warenverkehr nach Artt. 34 ff. vor Handelshemmnissen aufgrund staatlicher Beschränkungen geschützt werden.[252]

---

249 *Fuchs*, in: *Immenga/Mestmäcker*, EU/Teil 1, 5. Aufl. (2012), Einl TT-GVO, Rn. 2; *Nordemann*, in: *Loewenheim/Meessen/Riesenkampff/Kerstin/Meyer-Lindemann,* 3. Aufl. (2016), 3. Teil. GRUR Rn. 10; vgl. auch *Ullrich*, in: *Immenga/Mestmäcker*, EU/Teil 2, 5. Aufl. (2012), GRUR A Rn. 1.

250 *Fuchs*, in: *Immenga/Mestmäcker*, EU/Teil 1, 5. Aufl. (2012), Einl TT-GVO Rn. 2 f.; *Nordemann*, in: *Loewenheim/Meessen/Riesenkampff/Kersting/Meyer-Lindemann,* 3. Aufl. (2016), 3. Teil GRUR Rn. 11; *Dobler/Sattler*, in: FS Canenbley, 2012, S. 139 (143).

251 *Werner*, in: FK KartR, 71. Lfg. 2010, Fallgruppen IV Gewerbl. Schutzrechte, Rn. 9; *Ullrich*, in: *Immenga/Mestmäcker*, EU/Teil 2, 5. Aufl. (2012), GRUR A Rn. 1.

252 *Wolf*, in: MüKo WettbR, Bd. 1/EU, 2. Aufl. (2015), Einl. Rn. 1224 f.,1229, 1336.

Nationale Schutzrechte können allerdings genau so eine Beschränkung darstellen.[253]

Rechte des Geistigen Eigentums sind aufgrund des Territorialitätsprinzips national begrenzt. Sie werden durch nationale gesetzliche Vorschriften begründet und ihr Schutz ist auf dieses nationale Gebiet bezogen.[254] Diese territoriale Begrenzung kann von Unternehmen strategisch genutzt werden und eine Marktaufteilung bewirken. Beispielsweise kann es zu einer Steuerung der Lieferungen zwischen Mitgliedsstaaten aufgrund paralleler nationaler Immaterialgüterrechte kommen. Ebenso kann eine Marktabschottung bewirkt werden, wenn der Import von Produkten behindert wird, indem sich der Schutzrechtsinhaber auf sein Recht beruft.[255] Denn das Territorialitätsprinzip hat zur Folge, „dass Waren, die in einem Land vom Inhaber unter Ausübung seines Rechts in Verkehr gebracht worden sind, grundsätzlich nicht ohne seine Zustimmung in ein anderes Land eingeführt werden dürfen, in dem ein Parallelrecht besteht“[256]. Durch eine derartige Aufteilung der nationalen Märkte können unterschiedliche Preislevel ausgenutzt werden und es kann eine gezielte Politik der Differenzierung der Preise betrieben werden.[257]

Aufgrund der Erstreckung des Erschöpfungsgrundsatzes von rein nationaler auch auf gemeinschaftsweite Ebene sind diese Gefahren allerdings nur noch relevant für das Verhältnis zu Drittstaaten.[258] Grundsätzlich gilt auf nationaler Ebene, dass eine Erschöpfung des verliehenen Ausschließlichkeitsrechtes eintritt, sobald das Produkt im territorialen Geltungsbereich eingeführt wurde. Weitere Veräußerungen oder Nutzungen durch Dritte können dann nicht mehr

---

253 Vgl. *Wolf*, in: MüKo WettbR, Bd. 1/EU, 2. Aufl. (2015), Einl. Rn. 1221, 1224.

254 *Pierson*, in: *Pierson/Ahrens/Fischer*, 3. Aufl. (2014), S. 55; *Jestaedt*, in: *Langen/Bunte*, Bd. 2/EU, 12. Aufl. (2014), Nach Art. 101 AEUV Rn. 1235; *Werner*, in: FK KartR, 71. Lfg. 2010, Fallgruppen IV. Gewerbl. Schutzrechte Rn. 2, 6.

Vgl. zu Besonderheiten bei Gemeinschaftsschutzrechten *Pierson*, in: *Pierson/Ahrens/Fischer*, 3. Aufl. (2014), S. 64 f. und *Jestaedt*, in: *Langen/Bunte*, Bd. 2/EU, 12. Aufl. (2014), Nach Art. 101 AEUV Rn. 1235.

255 *Jestaedt*, in: *Langen/Bunte*, Bd. 2/EU, 12. Aufl. (2014), Nach Art. 101 AEUV Rn. 1235; *Werner*, in: FK KartR, 71. Lfg. 2010, Fallgruppen IV. Gewerbl. Schutzrechte, Rn. 6.

256 *Mestmäcker/Schweitzer*, Europäisches Wettbewerbsrecht, 3. Aufl. (2014), § 28 Rn. 7.

257 *Mestmäcker/Schweitzer*, Europäisches Wettbewerbsrecht, 3. Aufl. (2014), § 28 Rn. 9.

258 *Mestmäcker/Schweitzer*, Europäisches Wettbewerbsrecht, 3. Aufl. (2014), § 28 Rn. 8; *Ullrich/Konrad*, in: *Dauses*, EU-Wirtschafrecht, 8. EL 1999, C III Rn. 21.

aufgrund des Schutzrechts unterbunden werden, es sei denn die rechtmäßige erste Einführung fand im Ausland statt.[259]

Jedoch erstreckt sich der Erschöpfungsgrundsatz nationaler Immaterialgüterrechte mittlerweile auch auf unionsrechtliche Ebene. Denn durch das Inverkehrbringen seines Produktes im Binnenmarkt hat der Schutzrechtsinhaber, unabhängig davon, ob dies rechtmäßig von ihm selbst oder aufgrund seiner Zustimmung mittels eines Dritten geschieht, die Möglichkeit verloren, auf den zwischenstaatlichen Handel Einfluss zu nehmen.[260] Der EuGH hat klargestellt, dass es gegen Art. 34 AEUV verstößt, wenn der Inhaber des Geistigen Eigentums in einem solchen Fall sein nationales Recht benutzt, um den Vertrieb von Produkten zu verhindern, denn so könne er die nationalen Märkte abriegeln.[261]

2. *Bestand und Ausübung des Schutzrechts sowie sein spezifischer Gegenstand*

Bei der Anwendbarkeit wettbewerblicher Vorschriften auf Rechte des Geistigen Eigentums unterscheidet der EuGH zwischen dem Bestand und der Ausübung der Schutzrechte.[262] Diese Differenzierung stützte er 1966 in der Entscheidung *Consten und Grundig*[263] und 1971 in der Entscheidung *Sirena/Eda*[264] auf die Artt. 222, 36 EWGV (heute Artt. 345, 36 AEUV).[265] Nach Art. 36 S. 1 AEUV

---

259 *Axster/Schütze*, in: *Loewenheim/Meessen/Riesenkampff*, 2. Aufl. (2009), GRUR Rn. 23; *Ullrich/Konrad*, in: *Dauses*, EU-WirtschaftsR, 8. EL 1999, C III Rn. 18; *Sack*, GRUR Int 2010, 610.

260 *Fuchs*, in: *Immenga/Mestmäcker*, EU/Teil 1, 5. Aufl. (2012), Einl TT-GVO, Rn. 4.; *Jestaedt*, in: *Langen/Bunte*, Bd. 2/EU, 12. Aufl. (2014), Nach Art. 101 AEUV Rn. 1239; *Ullrich/Konrad*, in: *Dauses*, EU-WirtschaftsR, 8. EL 1999, C III Rn. 19.

261 Für Patente: *EuGH*, Urt. v. 31.10.1974 – T 15/74, Slg. 1974, 1147 Rn. 10/12 - *Centrapharm/Sterling Drug*; *Jestaedt*, in: *Langen/Bunte*, Bd. 2/EU, 12. Aufl. (2014), Nach Art. 101 AEUV Rn. 1239; *Fuchs*, in: *Immenga/Mestmäcker*, EU/Teil 1, 5. Aufl. (2012), Einl. TT-GVO, Rn. 4; *Mestmäcker/Schweitzer*, Europäisches Wettbewerbsrecht, 3. Aufl. (2014), § 29 Rn. 47.

262 Vgl. statt vieler: *EuGH*, Urt. v. 13.7.1966, 56 und 58/64, Slg. 1966, 321 (394) – *Consten und Grundig*; Urt. v. 31.10.1974 – T 15/74, Slg. 1974, 1147 Rn. 6/8 - *Centrapharm/Sterling Drug*; *Fuchs*, in: *Immenga/Mestmäcker*, EU/Teil 1, 5. Aufl. (2012), Einl TT-GVO, Rn. 4; *Jestaedt*, in: *Langen/Bunte*, Bd. 2/EU, 12. Aufl. (2014), Nach Art. 101 AEUV Rn. 1240.

263 *EuGH*, Urt. v. 13.7.1966, 56 und 58/64, Slg. 1966, 321 – *Consten und Grundig*.

264 *EuGH*, Urt. v. 11.2.1971 – 40/70, Slg. 1971, 69 – *Sirena/Eda*.

265 *EuGH*, Urt. v. 13.7,1966, 56 und 58/64, Slg. 1966, 321 (394) – *Consten und Grundig* Urt. v. 11.2.1971 – 40/70, Slg. 1971, 69 Rn. 5 – *Sirena/Eda; Heinemann*,

sind Beschränkungen des Warenverkehrs aufgrund von gewerblichem Eigentum gerechtfertigt. Allerdings nur soweit sie nicht als Mittel zur Diskriminierung oder Beschränkung des Handels zwischen den Mitgliedsstaaten benutzt werden, Art. 36 S. 2 AEUV. Es handelt sich dabei aber nicht um eine absolute Bereichsausnahme, die die kartellrechtlichen Vorschriften für grundsätzlich unanwendbar erklärt. Vielmehr ist danach der Bestand der nationalen Immaterialgüterrechte durch Art. 36 AEUV gesichert und eine Anwendung der kartellrechtlichen Gemeinschaftsregelungen darauf nicht möglich. Hingegen fällt die wirtschaftliche Ausübung der Schutzrechte in den Anwendungsbereich der Artt. 34, 56, 101 und 102 AEUV.[266]

Der EuGH begründet seine Entscheidung damit, dass es mit der gemeinschaftlichen Wettbewerbsordnung nicht vereinbar sei, dass die sich aus nationalem Immaterialgüterrecht ergebenden Ansprüche dergestalt missbräuchlich ausgeübt werden, dass sie gemeinschaftlichem Kartellrecht entgegenstehen.[267] Diese Ansicht wird durch S. 2 des Art. 36 AEUV gestützt.[268]

Der EuGH hat seine Ausführungen später dahingehend konkretisiert, dass der Anwendungsbereich der Artt. 101 ff. AEUV dann bei der Ausübung geistiger Eigentumsrechte eröffnet ist, wenn es sich dabei um den Gegenstand, das Mittel oder die Folgen einer kartellrechtlichen Absprache handelt, welche zu einer Aufteilung des Binnenmarktes führt.[269]

Allerdings ist damit noch nicht die konkrete Abgrenzung erfolgt, wann es sich um den geschützten Bestand und wann um die Ausübung des Schutzrechtes handelt. Einschränkungen der Artt. 34 und 56 AEUV und ihre Rechtfertigung richten sich nach Ansicht des EuGH nach dem spezifischen Gegenstand des

---

Immaterialgüterschutz, 2002, S. 291, 294; *Kempel*, Die Anwendung von Art. 102 AEUV auf geistiges Eigentum und Sacheigentum, 2011, S. 10; *Kaestner*, Missbrauch von Immaterialgüterrechten, 2005, S. 102 f.

266 *Jestaedt*, in: *Langen/Bunte*, Bd. 2/EU, 12. Aufl. (2014), Nach Art. 101 AEUV Rn. 1240, 1241; *EuGH*, Urt. v. 13.7,1966, 56 und 58/64, Slg. 1966, 321 (394) – *Consten und Grundig;* Urt. v. 11.2.1971 – 40/70, Slg. 1971, 69 Rn. 5 – *Sirena/Eda.*

267 *EuGH*, Urt. v. 13.7.1966, 56 und 58/64, Slg. 1966, 321 (394) – *Consten und Grundig*; Urt. v. 11.2.1971 – 40/70, Slg. 1971, 69 Rn. 5– *Sirena/Eda; Jestaedt*, in: *Langen/Bunte*, Bd. 2/EU, 12. Aufl. (2014), Nach Art. 101 AEUV Rn. 1240.

268 Vgl. auch *Jestaedt*, in: *Langen/Bunte*, Bd. 2/EU, 12. Aufl. (2014), Nach Art. 101 AEUV Rn. 1240.

269 *EuGH*, Urt. v. 8.6.1971 – 78/70, Slg. 1971, 487 3. Leitsatz– *Deutsche Grammophon/Metro*; *EuGH*, Urt. v. 8.6.1982 – 258/78, Slg. 1982, 2015 Rn. 28 – *Nungesser*; *Fuchs*, in: *Immenga/Mestmäcker*, EU/Teil 1, 5. Aufl. (2012), Einl TT-GVO, Rn. 4; *Jestaedt*, in: *Langen/Bunte*, Bd. 2/EU, 12. Aufl. (2014), Nach Art. 101 AEUV Rn. 1240.

jeweiligen Schutzrechtes.[270] Der EuGH stellt sich damit in die Nähe der Inhaltstheorie und berücksichtigt die Besonderheiten der Immaterialgüterrechte, allerdings sind der unionsrechtlich gesicherte Bestand und der nationale Inhalt der Rechte des Geistigen Eigentums nicht deckungsgleich.[271] Man kann daher nicht von einer Übernahme der Inhaltstheorie sprechen.[272]

Der konkrete spezifische Gegenstand des Geistigen Eigentums ist anhand der jeweiligen Funktion des Immaterialgüterrechtes und unter Berücksichtigung „der allg. Zielsetzung des AEU-Vertrages“[273] zu ermitteln.[274] Bei der Identifizierung des spezifischen Gegenstandes ist nach Ansicht des EuGH die Hauptfunktion der Immaterialgüterrechte, „das ausschließliche Recht des Inhabers, die Erzeugnisse erstmalig in den Verkehr zu bringen und dabei das Schutzrecht zu benutzen“[275], ausschlaggebend.[276] Entscheidend ist dabei die vorzunehmende Interessenabwägung zwischen den individuellen Interessen des Schutzrechtsinhabers an seinem Ausschließlichkeitsrecht und dem Interesse der Allgemeinheit an einem uneingeschränkten Binnenmarkt.[277]

Was „zum Bestand als wesentlichem Kern eines Schutzrechtes“[278] gehört, genießt Bestandsschutz und fällt nicht in den Anwendungsbereich des Kartellrechts.[279] Dazu gehört die Existenz des geschützten Rechts sowie das exklusive

---

270 *Mestmäcker/Schweiter*, Europäisches Wettbewerbsrecht, 3. Aufl. (2014), § 29 Rn. 32; *Jestaedt*, in: *Langen/Bunte*, Bd. 2/EU, 12. Aufl. (2014), Nach Art. 101 AEUV Rn. 1241.

271 *Jestaedt*, in: *Langen/Bunte*, Bd. 2/EU, 12. Aufl. (2014), Nach Art. 101 AEUV Rn. 1241; *Fuchs*, in: *Immenga/Mestmäcker*, EU/Teil 1, 5. Aufl. (2012), Einl TT-GVO, Rn. 3.

272 *Jestaedt*, in: *Langen/Bunte*, Bd. 2/EU, 12. Aufl. (2014), Nach Art. 101 AEUV Rn. 1241.

273 *Jestaedt*, in: *Langen/Bunte*, Bd. 2/EU, 12. Aufl. (2014), Nach Art. 101 AEUV Rn. 1241.

274 *Jestaedt*, in: *Langen/Bunte*, Bd. 2/EU, 12. Aufl. (2014), Nach Art. 101 AEUV Rn. 1241.

275 *EuGH*, Urt. v. 23.5.1978 – 102/11, Slg. 1978, 1139 Rn 7 – *Hoffmann-La Roche/Centrafarm*; *Jestaedt*, in: *Langen/Bunte*, Bd. 2/EU, 12. Aufl. (2014), Nach Art. 101 AEUV Rn. 1241; *Fuchs*, in: *Immenga/Mestmäcker*, EU/Teil 1, 5. Aufl. (2012), Einl TT-GVO, Rn. 3.

276 *Fuchs*, in: *Immenga/Mestmäcker*, EU/Teil 1, 5. Aufl. (2012), Einl TT-GVO, Rn. 3; *Jestaedt*, in: *Langen/Bunte*, Bd. 2/EU, 12. Aufl. (2014), Nach Art. 101 AEUV Rn. 1241.

277 *Jestaedt*, in: *Langen/Bunte*, Nach Art. 101 AEUV Rn. 1241.; *Mestmäcker/Schweitzer*, Europäisches Wettbewerbsrecht, 3. Aufl. (2014), § 29 Rn. 32; *Nordemann*, in: *Loewenheim/Meessen/Riesenkampff/Kersting/Meyer-Lindemann*, 3. Aufl. (2016), 3. Teil GRUR Rn. 11.

278 *Fuchs*, in: *Immenga/Mestmäcker*, EU/Teil 1, 5. Aufl. (2012), Einl TT-GVO, Rn. 3.

279 *Fuchs*, in: *Immenga/Mestmäcker*, EU/Teil 1, 5. Aufl. (2012), Einl TT-GVO, Rn. 3; *Jestaedt*, in: *Langen/Bunte*, Bd. 2/EU, 12. Aufl. (2014), Nach Art. 101 AEUV Rn. 1241.

Eigentum an diesem.[280] Hingegen unterliegen alle darüberhinausgehenden Handlungen der Kontrolle durch die Artt. 101 ff. AEUV.[281] Der spezifische Schutzrechtsgegenstand öffnet die Immaterialgüterrechte dahingehend, dass eine kartellrechtliche Einschränkung ihrer Ausübung möglich ist, wenn diese wiederum Wirkungen entfaltet, die unvereinbar mit dem Binnenmarkt sind und der spezifische Gegenstand diese Wirkungen auch nicht zu rechtfertigen vermag.[282]

Somit besteht im Ergebnis keine umfassende Immunität der Immaterialgüterrechte vor den Regelungen des Kartellrechts, allerdings unterliegt lediglich die Ausübung der Rechte jedoch nicht ihr Bestand umfassend den wettbewerbsrechtlichen Vorschriften. Entscheidend für den EuGH ist im Rahmen der materiellen Bewertung jedoch vorrangig der im Einzelfall bestehende wirtschaftliche und rechtliche Zusammenhang.[283] Für die Prüfung eines kartellrechtlichen Verstoßes sind die Gegebenheiten des Einzelfalls entscheidend.[284]

3. *Ergebnis*

Während die Grundfreiheiten vor staatlichen Handelshemmnissen schützen, verhindert das Kartellrecht, dass stattdessen von Privaten Wettbewerbsschranken aufgebaut werden.[285]

Zwar ist der Bestand der nationalen Schutzrechte mit dem Unionsrecht nach Art. 36 AEUV vereinbart, die Ausübung dieser Rechte unterliegt allerdings Beschränkungen. So verhindert die Anwendung des Kartellrechts, dass die Inhaber gewerblicher Schutzrechte diese zur Marktabschottung oder ähnlichem benutzen.[286]

Dabei war die Rechtsprechung des EuGH missverständlich formuliert. Denn der Bestand des Schutzrechts ist nicht als unantastbarer Kernbereich zu verstehen, sondern vielmehr als Existenzberechtigung dieser nationalen Rechte.

---

280 *Röhling/Nagel*, in: MüKo WettbR, Bd. 1/EU, 2. Aufl. (2015), Einl. GVO Nr. 316/2014, Rn. 3.

281 *Fuchs*, in: *Immenga/Mestmäcker*, EU/Teil 1, 5. Aufl. (2012), Einl TT-GVO, Rn. 3; *Jestaedt*, in: *Langen/Bunte*, Bd. 2/EU, 12. Aufl. (2014), Nach Art. 101 AEUV Rn. 1241.

282 *Mestmäcker/Schweitzer*, Europäisches Wettbewerbsrecht, 3. Aufl. (2014), § 29 Rn. 32; vgl. auch *Röhling/Nagel*, in: MüKo WettbR, Bd. 1/EU, 2. Aufl. (2015), Einl. GVO Nr. 316/2014, Rn. 5.

283 *Fuchs*, in: *Immenga/Mestmäcker*, EU/Teil 1, 5. Aufl. (2012), Einl TT-GVO, Rn. 3.

284 *Dobler/Sattler*, in: FS Canenbley, 2012, S. 139 (144).

285 *Wolf*, in: MüKo WettbR, Bd. 1/EU, 2. Aufl. (2015), Einl. Rn. 1336.

286 Vgl. Kapitel 2 B. II. 2.

Bei der Ausgestaltung dieser Rechte findet das Unionsrecht weiterhin Anwendung. Während die Mitgliedstaaten entscheiden können, ob sie überhaupt ein Schutzrecht gewähren, sind bei der inhaltlichen Ausgestaltung „die Grenzen der Grundfreiheiten"[287] zu beachten.[288]

C. Kartellrechtliche Vorgaben für Standardisierungsvereinbarungen

Standards können sowohl in positiver als auch negativer Hinsicht erhebliche Auswirkungen auf den Wettbewerb haben. In kartellrechtlicher Hinsicht spielen Normen bzw. Normenvereinbarungen aufgrund der möglichen wettbewerbsbeschränkenden Wirkungen sowie struktureller Beeinträchtigungen eine große Rolle.[289]

Denn während das Ziel des Kartellrechts die Gewährleistung wirksamen Wettbewerbs ist, werden durch Standardfestlegungen wettbewerbsbeschränkende Vereinbarungen getroffen.[290] Zur kartellrechtskonformen Ausgestaltung von Standardisierungsvereinbarungen sind daher unterschiedliche wettbewerbsrechtliche Vorgaben zu beachten.[291] So sind z.B. auch die IPR-Regelungen der Standardisierungsorganisationen Ausdruck des Bestrebens, wettbewerbsrechtlichen Risiken vorzubeugen und die Einhaltung der kartellrechtlichen Vorgaben zu gewährleisten.[292]

I. Risiken von Standardisierungen für den Wettbewerb

Neben den oben angesprochenen positiven Effekten von Standards, wie unter anderem die Reduzierung von Transaktionskosten, die Gewährleistung von Kompatibilität und Interoperabilität sowie Netzwerkvorteilen, birgt die Festlegung einheitlicher Spezifikationen auch wettbewerbliche Gefahren und Risiken.[293]

Die Vereinbarung gemeinsamer Standards von eigentlich miteinander in Konkurrenz stehenden Unternehmen begründet die für die Marktgegenseite

---

287 *Wolf*, in: MüKo WettbR, Bd. 1/EU, 2. Aufl. (2015), Einl. Rn. 1241

288 So *Wolf*, in: MüKo WettbR, Bd. 1/EU, 2. Aufl. (2015), Einl. Rn. 1241.

289 *Kommission*, Horizontalleitlinien, 2011, Rz. 263 ff.; *Loest/Bartlik*, ZWeR 2008, 41 (45).

290 *Loest/Bartlik*, ZWeR 2008, 41 (45); *Burghartz*, Technische Standards, 2011, S. 85.

291 Vgl. Vorgaben der *Kommission*, Horizontalleitlinien, 2011, Rz. 257 ff.

292 Vgl. *Burghartz*, Technische Standards, 2011, S. 100.

293 *Loest/Bartlik*, ZWeR 2008, 41 (45); *Fuchs*, in: *Lange/Klippel/Ohly* (Hrsg.), Geistiges Eigentum und Wettbewerb, 2009, S. 147 (150 f.).

nachteilige Gefahr der Kollusion. Den beteiligten Unternehmen bietet sich durch die Zusammenarbeit ein „Forum“[294], in dem sensible Daten ausgetauscht und wettbewerbsschädliche Vereinbarungen getroffen werden können. Die Beteiligten schöpfen dann die ihnen zur Verfügung stehenden wettbewerblichen Möglichkeiten nicht mehr aus, sondern treten vielmehr koordiniert auf dem Markt auf.[295]

Durch Festsetzung der Norm endet in der Regel der vormalige Wettbewerb konkurrierender Technologien.[296] Die nachteiligen Wirkungen für die Marktgegenseite können sich in einem verringerten Preis- und Qualitätswettbewerb niederschlagen.[297]

Daneben besteht die Gefahr der Marktabschottung bzw. Exklusion.[298] Standards können zu erhöhten Marktzutrittsschranken führen und Wettbewerber sowohl vom Markt verdrängen als sie auch grundsätzlich von diesem fernhalten. Potenziell konkurrenzfähige Technologien können sich mitunter gar nicht oder nur sehr schwer am Markt durchsetzen, was wiederum zu einer Verringerung der Produktvielfalt führt und Innovationstätigkeiten hemmt.[299]

Netzwerkeffekte wirken als Marktzutrittsschranken, da der Anreiz, ein Produkt auszutauschen immer geringer wird, je weiter verbreitet dieses ist. Selbst Produkte, die qualitativ besser als die standardisierten sind, können sich nicht durchsetzen. Nachteile werden von den Marktteilnehmern vielmehr in Kauf genommen, da der Netzwerknutzen für die standardisierten Produkte höher bewertet wird (sog. „Pfadabhängigkeit“).[300]

Der Marktzutritt neuer, nicht genormter Produkte kann zudem durch erhebliche Umstellungskosten verhindert werden. Die Höhe dieser Kosten ist abhängig von der Dauer der Systemnutzung. Wurde lange mit einem Normsystem

---

294 *Fuchs*, in: *Lange/Klippel/Ohly* (Hrsg.), Geistiges Eigentum und Wettbewerb, 2009, S. 147 (150).

295 *Fuchs*, in: *Lange/Klippel/Ohly* (Hrsg.), Geistiges Eigentum und Wettbewerb, 2009, S. 147 (150); *Loest/Bartlik*, ZWeR 2008, 41 (45).

296 *Klees*, EWS 2008, 449 (449 f).

297 *Fuchs*, in: *Immenga/Mestmäcker*, GWB/Teil 1, 5. Aufl. (2014), § 2 Rn. 123.

298 *Loest/Bartlik*, ZWeR 2008, 41 (45).

299 *Fuchs*, in: *Lange/Klippel/Ohly* (Hrsg.), Geistiges Eigentum und Wettbewerb, 2009, S. 147 (150 f.); *ders.*, in: *Immenga/Mestmäcker*, GWB/Teil 1, 5. Aufl. (2014), § 2 Rn. 123 f.

300 *Picht*, Strategisches Verhalten, 2013, S. 186; *Fischmann*, GRUR Int. 2010, 185 (186, 187).

gearbeitet, entstehen hohe Kosten für die Einführung eines neuen Systems und die Attraktivität der Umstellung verringert sich.[301]

Treten nun Netzwerkeffekte und Umstellungskosten (Wechselkosten) zusammen auf, bestehen für Produzenten in der Regel wenig Anreize zur Entwicklung und Einführung neuer Produkte (sog. „*Lock-in*-Effekt“[302]).[303] Das neue Produkt müsste nicht nur erheblich innovativer sein, um das standardisierte Produkt zu ersetzen, sondern zudem noch die Wechselkosten der Nachfrager ausgleichen, d.h. die Investitionskosten in ein neues Netz und die Kosten aufgrund entgangenen Nutzens bei Verzicht auf Verwendung des bestehenden Systems (sog. Opportunitätskosten) aufwiegen.[304]

Daneben kann die Beteiligung von wesentlichen Schutzrechten an einer Norm noch weitere Zugangsproblematiken zum Standard und damit auch zum genormten Markt begründen. Der Schutzrechtsinhaber kann mittels überhöhter Lizenzgebühren oder der Verweigerung der Erteilung notwendiger Lizenzen den Zugang erheblich erschweren oder gar ganz verhindern. Die dem SEP-Inhaber zukommende Kontrollmöglichkeit des Standards wird auch als „Hold-up-Situation“[305] bezeichnet.[306]

Letzteres hat wiederum Auswirkungen auf den Imitationswettbewerb. Insbesondere auf einem von Netzwerkeffekten beeinflussten Markt kann die Innovationstätigkeit zurückgehen und der Wettbewerber versuchen, auf den Imitationswettbewerb auszuweichen, was wiederum durch Beteiligung von Rechten des Geistigen Eigentums am Standard verhindert werden kann.[307] Es kommt zu einer Verschiebung des Wettbewerbs: Er findet nicht mehr „auf dem Markt“, sondern „um den Markt“ statt.[308]

---

301 *Fischmann*, GRUR Int. 2010, 185 (187).

302 *Fuchs*, in: *Lange/Klippel/Ohly* (Hrsg.), Geistiges Eigentum und Wettbewerb, 2009, S. 147 (151).

303 *Fischmann*, GRUR Int. 2010, 185 (187); *Fuchs*, in: *Lange/Klippel/Ohly* (Hrsg.), Geistiges Eigentum und Wettbewerb, 2009, S. 147 (151).

304 *Fuchs*, in: *Lange/Klippel/Ohly* (Hrsg.), Geistiges Eigentum und Wettbewerb, 2009, S. 147 (151); *Gallego*, GRUR Int. 2009, 16 (23).

305 *Fuchs*, in: *Immenga/Mestmäcker*, GWB/Teil 1, 5. Aufl. (2014), § 2 Rn. 123.

306 *Fuchs*, in: *Lange/Klippel/Ohly* (Hrsg.), Geistiges Eigentum und Wettbewerb, 2009, S. 147 (150 f, 152); *ders.*, in: *Immenga/Mestmäcker*, GWB/Teil 1, 5. Aufl. (2014), § 2 Rn. 123; *Loest/Bartlik*, ZWeR 2008, 41 (45).

307 *Fuchs*, in: *Lange/Klippel/Ohly* (Hrsg.), Geistiges Eigentum und Wettbewerb, 2009, S. 147 (151 f.).

308 *Klees*, EWS 2008, 449 (450).

II. Standardisierung und Kartellverbot

Standardisierung unterliegt grundsätzlich den Regelungen des Wettbewerbsrechts und der diesbezüglichen Kontrolle.[309] Das Kartellrecht kann auf die, mit der Normierung einhergehenden wettbewerblichen Auswirkungen reagieren und sowohl Gegenstand als auch Umfang der Normierung und die daran anschließende Praktizierung der Norm begrenzen.[310]

In einem Standardisierungsverfahren arbeiten in der Regel Unternehmen zusammen, die sich eigentlich auf dem Markt als Konkurrenten in einer wettbewerblichen Beziehung gegenüberstehen.[311] Durch das Treffen einer Normungsvereinbarung kommt es zu einer Koordinierung der Marktteilnehmer, was die Gefahr der Marktverschließung begründen kann.[312]

Voraussetzung für einen Verstoß gegen das Kartellverbot nach Art. 101 AEUV ist das Vorliegen von Vereinbarungen oder abgestimmten Verhaltensweisen zwischen Unternehmen oder Unternehmensvereinigungen, die geeignet sind, den Handel zwischen den Mitgliedstaaten zu beeinträchtigen und eine Beeinträchtigung des Wettbewerbs bezwecken oder bewirken. Durch die 7. GWB-Novelle ist die Umsetzung im nationalen Recht in §§ 1, 2 GWB mittlerweile weitgehend angeglichen. Abgesehen von der Zwischenstaatlichkeitsklausel ist § 1 GWB identisch mit Art. 101 Abs. 1 AEUV und erfasst wie das europäische Pendant sowohl horizontale als auch vertikale Beschränkungen des Wettbewerbs. Art. 101 Abs. 3 AEUV entspricht im nationalen Recht § 2 Abs. 1 GWB.[313]

Die Festlegungen von Standards fallen in diesen Anwendungsbereich, wenn sie nicht durch staatliche Vorgaben erfolgen, sondern im Rahmen kooperativer Vereinbarungen getroffen werden.[314] Das Standardisierungsverfahren, inklusive der Ausgestaltung der Standardisierungsorganisation, sowie der eigentliche

---

309 *Dobler/Sattler*, in FS Canenbley, 2012, S. 139 (145).

310 *Loest/Bartlik*, ZWeR 2008, 41 (45); *Fuchs*, in: *Lange/Klippel/Ohly* (Hrsg.), Geistiges Eigentum und Wettbewerb, 2009, S. 147 (154).

311 *Koenig/Neumann*, WuW 2009, 382 (383); *Dobler/Sattler*, in FS Canenbley, 2012, S. 139 (145).

312 *Loest/Bartlik*, ZWeR 2008, 41 (45); *Dobler/Sattler*, in FS Canenbley, 2012, 139 (145); *Picht*, Strategisches Verhalten, 2013, S. 147.

313 *Bechtold/Bosch*, GWB, 8. Aufl. (2015), § 1 Rn. 1; *Nordemann*, in: *Loewenheim/Meessen/Riesenkampff/Kerstin/Meyer-Lindemann*, 3. Aufl. (2016), § 2 GWB Rn. 20.

314 *Ullrich/Heinemann*, in: *Immenga/Mestmäcker*, EU/Teil 2, 5. Aufl. (2012), GRUR B Rn. 37a.

Normungsvorgang unterliegen dann dem Verbot wettbewerbsbeschränkender Vereinbarungen nach Art. 101 AEUV bzw. §§ 1, 2 GWB.[315]

Die Europäische Kommission hat in ihren Leitlinien über die horizontale Zusammenarbeit Grundsätze für die Einschätzung der Wettbewerbswidrigkeit von Standardisierungsvereinbarungen aufgestellt.[316] Dabei hat sich die Kommission eines „*safe harbour*"[317]-Konzeptes bedient, indem sie aufzeigt, unter welchen Voraussetzungen kein Verstoß gegen das Kartellverbot vorliegt. Allerdings ist im Umkehrschluss nicht automatisch ein Verstoß gegeben, wenn diese Voraussetzungen nicht eingehalten werden.[318] Mit diesem Konzept soll den vielfältigen Standardisierungssituationen und –fällen Rechnung getragen werden.[319]

Es können aber auch Vereinbarungen auf vertikaler Ebene zwischen Teilnehmern, die sich am Markt durch Angebot und Nachfrage von Produkten gegenüberstehen, getroffen werden.[320]

1. *Bezweckte Wettbewerbsbeschränkung*

Eine bezweckte Wettbewerbsbeschränkung ist bei Vereinbarungen gegeben, die ihrem Wesen nach geeignet sind, den Wettbewerb i.S.d. Art. 101 Abs. 1 AEUV zu beschränken.[321] Die Prüfung potenzieller oder tatsächlicher Auswirkungen auf den Markt entfällt, sobald der wettbewerbswidrige Zweck einer Vereinbarung festgestellt worden ist.[322] So bezwecken Normenvereinbarungen, die Bestandteil einer umfassenderen restriktiven Vereinbarung mit Ziel des Ausschlusses von tatsächlichem oder zukünftigem Wettbewerb sind, eine Wettbewerbsbeschränkung

---

315 *Picht*, Strategisches Verhalten, 2013, S. 147; *Dobler/Sattler*, in FS Canenbley, 2012, S. 139 (145).

316 *Kommission*, Horizontalleitlinien, 2011, Rz. 280 ff.; vgl. auch *Fuchs*, in: *Lange/Klippel/Ohly* (Hrsg.), Geistiges Eigentum und Wettbewerb, 2009, S. 147 (157); *Dobler/Sattler*, in FS Canenbley, 2012, S. 139 (145).

317 *Dobler/Sattler*, in: FS Canenbley, 2012, S. 139 (145). Vgl. auch: *Nordemann*, in: *Loewenheim/Meessen/Riesenkampff/Kerstin/Meyer-Lindemann*, 3. Aufl. (2016), Art. 101 Abs. 3 AEUV Rn. 121

318 *Dobler/Sattler*, in: FS Canenbley, 2012, S. 139 (145); *Kommission*, Horizontalleitlinien, 2011, Rz. 279.

319 *Dobler/Sattler*, in: FS Canenbley, 2012, S. 139 (146).

320 *Koenig/Neumann*, WuW 2009, 382 (383).

321 *Kommission*, Horizontalleitlinien, 2011, Rz. 24; *Braun*, in: *Lange/Bunte*, Bd. 2/EU, 12. Aufl. (2014), Nach Art. 101 AEUV Rn. 252.

322 *Kommission*, Horizontalleitlinien, 2011, Rz. 24.

und ein Verstoß gegen das Kartellverbot ist in der Regel gegeben.[323] Darunter fallen auch Vereinbarungen, die vor Normannahme eine Offenlegung wesentlicher Schutzrechte oder Lizenzregelungen fordern, wenn sie damit das Ziel der Festlegung gemeinsamer Preise für nachgelagerte Produkte oder substituierbare Technologien bzw. geistiges Eigentum verfolgen.[324]

2. Bewirkte Wettbewerbsbeschränkung

Liegt keine bezweckte Wettbewerbsbeschränkung vor, müssen die potenziellen und tatsächlichen Auswirkungen der Normenvereinbarung geprüft werden, wobei der wirtschaftliche und rechtliche Zusammenhang zu berücksichtigen ist. Voraussetzung ist allerdings nach Ansicht der Kommission das Vorliegen von Marktmacht bzw. die Gefahr der Entstehung von Marktmacht[325], wobei die Kommission diese als „Fähigkeit, die Preise über einen gewissen Zeitraum hinweg gewinnbringend oberhalb des Wettbewerbsniveaus oder die Produktionsmenge, Produktqualität, Produktvielfalt bzw. Innovation für einen gewissen Zeitraum gewinnbringend unterhalb des Wettbewerbsniveaus zu halten“[326], definiert.[327] Nach Auffassung der Kommission könne eine Normenvereinbarung keine wettbewerbsbeschränkende Auswirkung haben, wenn keine Marktmacht bestehe. Beispielsweise sei das Vorliegen von Marktmacht und damit wettbewerbsbeschränkender Auswirkungen sehr unwahrscheinlich, wenn zwischen mehreren freiwillig verabschiedeten Normen ein wirksamer Wettbewerb herrsche.[328]

Für Normenvereinbarungen, die die Gefahr der Marktmachtentstehung begründen, stellt die Kommission Kriterien auf, nach denen diese Vereinbarungen, die dann in den Anwendungsbereich des Art. 101 Abs. 1 AEUV fallen, keine wettbewerbsbeschränkenden Auswirkungen haben.[329]

Keine wettbewerbsbeschränkenden Wirkungen entfalten Normenvereinbarungen, die keine Verpflichtung zur Einhaltung der Norm enthalten und den Normzugang für Dritte zu fairen, zumutbaren und diskriminierungsfreien

---

323 *Kommission*, Horizontalleitlinien, 2011, Rz. 24; *Braun*, in: *Lange/Bunte*, Bd. 2/EU, 12. Aufl. (2014), Nach Art. 101 AEUV Rn. 252.

324 *Kommission*, Horizontalleitlinien, 2011, Rz. 274.

325 *Kommission*, Horizontalleitlinien, 2011, Rz. 277 f.

326 *Kommission*, Horizontalleitlinien, 2011, Rz. 37.

327 *Kommission*, Horizontalleitlinien, 2011, Rz. 277.

328 *Kommission*, Horizontalleitlinien, 2011, Rz. 277.

329 *Kommission*, Horizontalleitlinien, 2011, Rz. 278, 280 ff.

Bedingungen gewährleisten, wenn allen potenziellen Anwendern die Möglichkeit der uneingeschränkten Mitwirkung am Standardisierungsprozess offensteht und es sich um ein transparentes Normannahmeverfahren handelt.[330]

Daher entfalten Vereinbarungen über Normfestlegungen i.S.v. Produktstandards keine beschränkende Wirkung, solange der Inhalt der Vereinbarung für Dritte frei zugänglich und nicht verbindlich ist. Den Wettbewerbern muss die freie Möglichkeit der (nicht) Anpassung ihrer Produkte an die Standards gegeben sein.[331]

3. *Spezifische Anforderungen an das Standardisierungsverfahren*

Voraussetzung für ein kartellkonformes Standardisierungsverfahren ist seine nicht diskriminierende, offene und transparente Ausgestaltung.[332] Die Regelungen der Standardisierungsorganisationen müssen für das Erfordernis der uneingeschränkten Beteiligungsmöglichkeit am Normungsprozess sicherstellen, dass dieses für alle von der Norm betroffenen Marktteilnehmer gegeben ist.[333] Die Stimmrechtszuweisung sollte nach Ansicht der Kommission in einem objektiven, diskriminierungsfreien Verfahren ablaufen und es sollte gegebenenfalls eine Anwendung „objektiver Kriterien für die Auswahl der für den Standard relevanten Technik“[334] durch die Normungsorganisation stattfinden.[335] Dass ein Wettbewerber auf das Verfahren nicht wie von ihm erwünscht Einfluss nehmen kann, bedeutet allerdings nicht gleich seine Diskriminierung.[336]

Transparenz ist gegeben, wenn die Standardisierungsorganisation ein Verfahren zur Verfügung stellt, das Informationsmöglichkeiten über anstehende,

---

330 *Kommission*, Horizontalleitlinien, 2011, Rz. 280; *Braun*, in: *Lange/Bunte*, Bd. 2/EU, 12. Aufl. (2014), Nach Art. 101 AEUV Rn. 254.

331 *Braun*, in: *Lange/Bunte*, Bd. 2/EU, 12. Aufl. (2014), Nach Art. 101 AEUV Rn. 255.

332 *Braun*, in: *Lange/Bunte*, Bd. 2/EU, 12. Aufl. (2014), Nach Art. 101 AEUV Rn. 256; *Fuchs*, in: *Lange/Klippel/Ohly* (Hrsg.), Geistiges Eigentum und Wettbewerb, 2009, S. 147 (157); Bekanntmachung der Kommission, Leitlinien zur Anwendbarkeit von Artikel 81 EG-Vertrag auf Vereinbarungen über horizontale Zusammenarbeit, ABl. C 3 v. 6.1.2001 (2001/C 3/02), Rz. 163; vgl. auch *Kommission*, Horizontalleitlinien, 2011, Rz. 280 f.

333 *Kommission*, Horizontalleitlinien, 2011, Rz. 281.

334 *Kommission*, Horizontalleitlinien, 2011, Rz. 281.

335 *Kommission*, Horizontalleitlinien, 2011, Rz. 281.

336 *Braun*, in: *Lange/Bunte*, Bd. 2/EU, 12. Aufl. (2014), Nach Art. 101 AEUV Rn. 256; *Europäische Kommission*, Ent. v. 28.09.2005, COMP/F-2/38.401, Rn. 99 - *EMC/European Cement Producers*.

laufende oder abgeschlossene Normungsarbeit ermöglicht.[337] Personelle Verbindungen zwischen der Normungsorganisation und einem Wettbewerber führen nicht zwangsläufig zu einem Verstoß gegen das Transparenzgebot.[338]

Die Kommission setzt weiter voraus, dass die Regelungen der Standardisierungsorganisationen einen effektiven Zugang zum Standard unter den genannten Bedingungen fair, zumutbar und diskriminierungsfrei gewährleisten.[339]

a) Normgegenstand

Aufgrund der Auswirkungen auf den Wettbewerb und die Innovationstätigkeit am Markt sollte die Festlegung der Norm auf die Zweckerfüllung beschränkt sein, wie z.B. Schaffung technischer Interoperabilität und Kompatibilität oder Gewährleistung eines Qualitätsniveaus.[340]

Zudem sollte berücksichtigt werden, dass mittels technologieneutraler Normen eventuell größere Effizienzgewinne generiert werden können und solche Standards unter Umständen zu bevorzugen sind.[341] Ist allerdings nur eine Lösung mit technischem Inhalt im Interesse der Wirtschaft oder Verbraucher, ist die Voraussetzung der diskriminierungsfreien Normsetzung zu beachten.[342]

b) Teilnehmerkreis

Die Zusammenstellung der am Standardisierungsverfahren Beteiligten kann Auswirkungen auf die Qualität der verabschiedeten Norm haben.[343] Die Kommission setzt voraus, dass alle standardbetroffenen Wettbewerber auf dem entsprechenden normeinschlägigen Markt die Möglichkeit haben, sich am Normierungsprozess zu beteiligen. Eine Ausnahmesituation kann aber vorliegen,

---

337 *Kommission*, Horizontalleitlinien, 2011, Rz. 282.

338 *Braun*, in: *Lange/Bunte*, Bd. 2/EU, 12. Aufl. (2014), Nach Art. 101 AEUV Rn. 256; *Europäische Kommission*, Ent. v. 28.09.2005, COMP/F-2/38.401, Rn. 100 - *EMC/European Cement Producers.*

339 *Kommission*, Horizontalleitlinien, 2011, Rz. 284.

340 *Kommission*, Horizontalleitlinien, 2011, Rz. 317; *Fuchs*, in: *Lange/Klippel/Ohly* (Hrsg.), Geistiges Eigentum und Wettbewerb, 2009, S. 147 (159); *Loest/Barlik*, ZWeR 2008, 41 (46).

341 *Kommission*, Horizontalleitlinien, 2011, Rz. 317; *Fuchs*, in: *Lange/Klippel/Ohly* (Hrsg.), Geistiges Eigentum und Wettbewerb, 2009, S. 147 (159); *Loest/Barlik*, ZWeR 2008, 41 (46).

342 *Kommission*, Horizontalleitlinien, 2011, Rz. 317.

343 *Fuchs*, in: *Lange/Klippel/Ohly* (Hrsg.), Geistiges Eigentum und Wettbewerb, 2009, S. 147 (159).

wenn die Parteien den Nachweis der Ineffizienz eines solchen Vorgehens erbringen oder eine kollektive Interessenvertretung durch anerkannte Verfahren vorgesehen ist.[344]

Für eine effektive Zusammenarbeit kann es erforderlich sein, die Teilnehmerzahl am Standardisierungsverfahren zu beschränken. Eine übergroße Mitgliederanzahl kann für die Organisation der Arbeit sowohl praktische als auch logistische Schwierigkeiten hervorrufen und zu einer Nichtberücksichtigung geeigneter Vorschläge führen. Ebenso kann die Qualität der Standardisierungstätigkeit bei zu hoher Teilnehmerzahl vermindert werden. Denn ein produktiver und ergebnisorientierter Normierungsprozess ist nur bei technischer Kompetenz, Know-how und Engagement der Mitglieder der Standardisierungsgremien möglich.[345]

Durch eine frühzeitige Offenlegung der Arbeitsergebnisse in einem solchen Fall kann dem Vorwurf des kollusiven Zusammenarbeitens vorgebeugt werden.[346]

Entsprechende Verfahrensgestaltungen, die eine kollektive Interessenvertretung gewährleisten, kommen insbesondere für pluralistisch besetzte Standardisierungsorganisationen in Betracht. Beispielsweise kann eine Berücksichtigung der Allgemeininteressen an der Durchsetzung der effektivsten oder auch wirtschaftlichsten technologischen Lösung durch die frühzeitige Beteiligung von Abnehmern und Verbrauchern erreicht werden.[347]

c) Austausch von Informationen

Im Rahmen des Standardisierungsverfahrens kommt es zwangsläufig zum Austausch von Informationen. Dieser sollte sich allerdings auf das unbedingt Notwendige beschränken, um der Gefahr der Kollusion entgegenzuwirken.

---

344 *Kommission*, Horizontalleitlinien, 2011, Rz. 316.

345 *Kommission*, Horizontalleitlinien, 2011, Rz. 316; *Europäische Kommission*, Ent. v. 15.12.1986, IV/31.458, ABl. Nr. L 35/36 v. 6.2.1987, Rn. 45 – *X/Open Group*; *Loest/Barlik*, ZWeR 2008, 41 (46); *Fuchs*, in: *Lange/Klippel/Ohly* (Hrsg.), Geistiges Eigentum und Wettbewerb, 2009, S. 147 (159).

346 *Loest/Barlik*, ZWeR 2008, 41 (46); *Fuchs*, in: *Lange/Klippel/Ohly* (Hrsg.), Geistiges Eigentum und Wettbewerb, 2009, S. 147 (159); vgl. auch *Europäische Kommission*, Ent. v. 15.12.1986, IV/31.458, ABl. Nr. L 35/36 v. 6.2.1987, Rn. 42 – *X/Open Group.*

347 *Loest/Barlik*, ZWeR 2008, 41 (46 f.); *Fuchs*, in: *Lange/Klippel/Ohly* (Hrsg.), Geistiges Eigentum und Wettbewerb, 2009, S. 147 (159).

Grundsätzlich sollte es zwischen den Beteiligten nur zum Austausch von technischen Informationen und Erfahrungen kommen.[348]

Unter Umständen können jedoch auch aktuelle Marktdaten für die Erarbeitung der Norm erforderlich sein. In einem solchen Fall ist die Gefahr der abgestimmten Verhaltensweisen der beteiligten Wettbewerber am Markt durch den Austausch dieser sensitiven Wettbewerbsinformationen sehr groß. Eine Beschränkung auf das nur unbedingt Erforderliche ist gerade in solchen Fällen notwendig. Denn der Kartelltatbestand ist bei jeder auch nur mittelbaren Berührung des Wettbewerbs erfüllt, wenn die Eignung zur Regelung des aktuellen oder potenziellen Verhaltens am Markt und die Eignung zur Herbeiführung von Transparenz der wettbewerblichen Risiken vorliegt. Der Gefahr des unzulässigen Austauschs von Informationen kann durch bewusste Auswahl der Standardisierungsbeteiligten begegnet werden. Mitarbeiter mit Preis- oder Produktverantwortung im operativen Geschäft sollten von der Normarbeit ausgeschlossen werden. Zudem empfiehlt sich die Aufstellung von Sicherheitsmaßnahmen wie beispielsweise eines Verhaltenskodexes für die Beteiligten, der sie für die Gefahren sensibilisiert und Verhaltensanweisungen gibt.[349]

4. *Zusätzliche Vorgaben bei der Beteiligung von Gewerblichen Schutzrechten*

Dem Erfordernis der Gewährleistung des Zugangs zum Standard kommt bei einer Beteiligung von Rechten des Geistigen Eigentums an der Norm eine besondere Bedeutung zu. Die Wahrscheinlichkeit des tatsächlichen Zugangs erhöht sich nach Ansicht der Kommission in einem solchen Fall durch „ein klares, ausgewogenes und auf Rechte des geistigen Eigentums ausgelegtes Konzept, das auf die betreffende Branche und den Bedarf der jeweiligen Normenorganisation zugeschnitten ist.“[350] Die Kommission hat zwei Bedingungen hinsichtlich des Konzeptes aufgestellt, die erfüllt sein müssten, damit auch bei einer Beteiligung von Gewerblichen Schutzrechten an der Norm die Vorgabe eines offenen, transparenten und diskriminierungsfreien Verfahrens gewahrt ist.[351]

---

348 *Loest/Bartlik*, ZWeR 2008, 41 (47 f.); *Fuchs*, in: *Lange/Klippel/Ohly* (Hrsg.), Geistiges Eigentum und Wettbewerb, 2009, S. 147 (160).

349 *Loest/Bartlik*, ZWeR 2008, 41 (47 f.); *Fuchs*, in: *Lange/Klippel/Ohly* (Hrsg.), Geistiges Eigentum und Wettbewerb, 2009, S. 147 (160).

350 *Kommission*, Horizontalleitlinien, 2011, Rz. 284.

351 *Braun*, in: *Lange/Bunte*, Bd. 2/EU, 12. Aufl. (2014), Nach Art. 101 AEUV Rn. 256; *Kommission*, Horizontalleitlinien, 2011, Rz. 284 – 286.

Es handelt sich dabei um die bereits im Rahmen der IPR-Policies erwähnten Punkte der Offenlegungspflicht und FRAND-Selbstverpflichtungserklärung. Mithilfe dieser Regelungen sollen hold-up-Situationen und Patenthinterhalten vorgebeugt werden.[352]

Im Gegensatz zur Hold-up-Problematik verschweigt der Patentinhaber bei einem sog. patent ambush[353] bereits vorab sein bestehendes, für den Standard wesentliches Patent oder die Anmeldung eines potenziell essentiellen Schutzrechts um nach Annahme und Etablierung der Norm auf dem Markt überhöhte Lizenzgebühren zu fordern.[354]

Diese von der Kommission vorgeschlagenen Regelungen sind allerdings nicht zwingend und den SSO ist es freigestellt, andere Regelungen festzuschreiben, solange diese keinen Wettbewerbsverstoß darstellen.[355]

a) *Gutgläubige Offenlegung*

Die Regeln der Standardisierungsorganisation müssen ihre Mitglieder zur gutgläubigen Offenlegung standard-essentieller Schutzrechte verpflichten.[356] Dies würde eine fundierte Technologieentscheidung begünstigen und zu dem Normzugang beitragen.[357]

Während im Entwurf der Horizontalleitlinien noch eine verschärftere Offenlegungspflicht vorgesehen war, ist die endgültige Ausgestaltung milder ausgefallen. Die Erklärung eines Mitglieds, dass es wahrscheinlich Schutzrechte bei einer bestimmten Technologie geltend machen wird, ist bereits ausreichend. Eine konkrete Anspruchsnennung oder Bezeichnung des Verwertungszwecks ist nicht erforderlich. Ebenfalls verlangt die Kommission keine Patentrecherche oder die Offenlegung unveröffentlichter Patentanmeldungen.[358] Die Offenlegungspflicht sollte laufend während der Normentwicklung bestehen und auch die angemessene Bemühung umfassen, über bestehende oder auch beantragte Schutzrechte zu informieren, die Normrelevant sein könnten. Standardisierungsorganisationen,

---

352 *Fuchs*, in: FS Ahrens, 2016, S. 79.

353 Für eine vertiefte Darstellung zum Thema patent ambush vgl. *Hartmann*, Patenthinterhalte, 2016.

354 *Fuchs*, in: FS Ahrens, 2016, S. 79 Fn. 4.

355 *Kommission*, Horizontalleitlinien, 2011, Rz. 279.

356 *Kommission*, Horizontalleitlinien, 2011, Rz. 286; *Auf'mkolk*, WuW 2011, 699 (708).

357 *Kommission*, Horizontalleitlinien, 2011, Rz. 286.

358 *Kommission*, Horizontalleitlinien, 2011, Rz. 286 (auch Fn. 4) und Rz. 267 mit Fn. 2; *Auf'mkolk*, WuW 2011, 699 (708).

die lediglich mit gebührenfreien Lizenzen arbeiten, müssen keine Offenlegungspflicht in ihre Regelungen mit aufnehmen.[359]

b) FRAND-Selbstverpflichtung

Um den Zugang zur Norm zu gewährleisten, müssen die Standardisierungsorganisationen in ihren Regelungen die Abgabe einer FRAND-Selbstverpflichtung vorsehen. Alle Beteiligten, deren Schutzrechte Normbestandteil werden sollen, müssen sich schriftlich und unwiderruflich zu einer Lizenzerteilung an Dritte zu fairen, zumutbaren und diskriminierungsfreien Bedingungen verpflichten. Wobei von FRAND auch gebührenfreie Lizenzen mitumfasst werden. Die Abgabe der Erklärung sollte vor Annahme der Norm erfolgen und die Inhaber der geistigen Schutzrechte, die eine solche Erklärung abgegeben haben, sollten sicherstellen, dass im Fall einer Rechteübertragung diese Verpflichtung auch für das erwerbende Unternehmen gilt. Dabei haben die Schutzrechtsinhaber die Möglichkeit, gewisse Technologien von der Normierung auszuschließen, so dass keine Lizenzangebotspflicht entsteht. Dies gilt allerdings nur für das frühe Stadium der Normentwicklung.[360]

Die Ausgestaltung der FRAND-Verpflichtung kann so weit gehen, dass eine vorherige Offenlegung der restriktivsten Lizenzbedingungen inklusive der höchsten Lizenzgebühren, die der Rechteinhaber verlangen würde, gefordert werden kann. Allerdings darf diese nicht zur gemeinsamen Preisfestsetzung dienen.[361]

Der FRAND Begriff bleibt in den Horizontalleitlinien der Kommission aber unbestimmt. Die Überprüfung, ob die Lizenzbedingungen und –gebühren den FRAND-Maßstab erfüllen, obliegt nach Auffassung der Kommission den Beteiligten.[362]

c) Umsetzung in IPR-Policies

Das Konzept der Offenlegungspflicht und der FRAND-Selbstverpflichtungserklärung ist in vielen IPR-Policies der Standardisierungsorganisationen umgesetzt (vgl. Kapitel 2 A. II. 3.). Sie dienen damit auch der Einhaltung kartellrechtlicher Vorgaben und beugen wettbewerblichen Gefahren vor.[363]

---

359 *Kommission*, Horizontalleitlinien, 2011, Rz. 286.

360 *Kommission*, Horizontalleitlinien, 2011, Rz. 285; *Auf'mkolk*, WuW 2011, 699 (709).

361 *Kommission*, Horizontalleitlinien, 2011, Rz. 299 und Fn. 1, *Auf'mkolk*, WuW 2011, 699 (709).

362 *Kommission*, Horizontalleitlinien, 2011 Rz. 288.

363 Vgl. *Burghartz*, Technische Standards, 2011, S. 100.

Nach einer verbreiteten Ansicht der Normierungsorganisationen handelt es sich bei der Pflicht zur Offenlegung wesentlicher Patente und der Abgabe einer Verpflichtungserklärung zu FRAND-Bedingungen um die erforderlichen und gleichzeitig effektivsten Vorkehrungen, um ein Hold-up zu vermeiden.[364] So ist die FRAND-Erklärung nicht nur Bestandteil der IP-Regelungen, um für einen gerechten Ausgleich zwischen den Interessen der beteiligten Parteien zu sorgen, sondern auch, um der Erfüllung des Kartellverbotstatbestandes vorzubeugen und die kartellrechtlichen Vorgaben zu erfüllen.[365]

Dass diese Konzepte von den SSO in ihren IPR-Policies überwiegend lediglich als Obliegenheiten ausgestaltet sind, steht den Forderungen der Kommission dabei nicht entgegen. Eine Nichteinhaltung der Offenlegungs- und FRAND-Pflicht führt nicht zur Annahme einer Wettbewerbseinschränkung im Sinne des Art. 101 AEUV.[366] (vgl. safe harbour-Konzept)

Zudem führt die Kommission aus, dass die Normenorganisationen zur Einhaltung des Art. 101 AEUV nicht selbst überprüfen müssen, ob die FRAND-Grundsätze bei der Lizenzvergabe eingehalten werden.[367] Jedoch kommt in diesen Fällen den Beteiligten selbst die Pflicht zu, zu prüfen, ob die Vereinbarung unter Art. 101 Abs. 1 AEUV fällt und in diesem Fall Freistellungsmöglichkeiten nach Abs. 3 einschlägig sind.[368]

Für die SSO ist es somit vorteilhaft, sich nach den Empfehlungen der Kommission zu richten, da die ausgearbeiteten Vereinbarungen in diesem Fall, unabhängig von etwaigen Freistellungsvoraussetzungen, mit dem Kartellrecht vereinbar sind.[369]

d) *Stellungnahme*

Die Vorgaben der Kommission hinsichtlich der Offenlegung wesentlicher Patente sowie der Einholung einer FRAND-Selbstverpflichtungserklärung werden von den meisten SSO in ihren IPR-Policies zwar vollumfänglich umgesetzt, allerdings bestehen kaum Möglichkeiten, diese Regelungen auch gegenüber den

---

364 *Burghartz*, Technische Standards, 2011, S. 102 f.; *Fuchs*, in: FS Ahrens, 2016, S. 79.

365 *Burghartz*, Technische Standards, 2011, S. 92 f.

366 *Kommission*, Horizontalleitlinien, 2011, Rz. 279; *Hartmann*, Patenthinterhalte, 2016, S. 114.

367 *Kommission*, Horizontalleitlinien, 2011, Rz. 288; *Hartmann*, Patenthinterhalte, 2016, S. 114.

368 *Kommission*, Horizontallleitlinien, 2011, Rz. 288, 279; *Hartmann*, Patenthinterhalte, 2016, S. 114.

369 *Hartmann*, Patenthinterhalte, 2016, S. 115.

Mitgliedern durchzusetzen und ein Verschweigen von wesentlichen Schutzrechten zu sanktionieren.

Das Fordern von Schadensersatzansprüchen nach §§ 280 ff. BGB ist nur möglich, wenn die IPR-Policies als verbindliche Regelungen ausgestaltet sind.[370] Unabhängig von der Verbindlichkeit der Policies besteht die Problematik, dass ein nicht offengelegtes Schutzrecht dann bereits in den Standard aufgenommen wurde, dieser sich unter Umständen am Markt etabliert hat und daher nicht einfach zurückgenommen oder durch eine unpatentierte Lösung ausgetauscht werden kann.[371]

Gerade aufgrund dieser möglichen Verbindlichkeit von Standards auf dem Markt, sollte die Offenlegungspflicht, die auch die Grundlage für die sich anschließende FRAND-Erklärung bietet, strenger und verbindlicher ausgestaltet sein. Entgegenden der Auffassung der Kommission und einiger IPR-Policies sollten auch Patentanmeldungen Bestandteil der Offenlegungspflicht sein. So können diese technischen Lösungen bereits bei der Standardausarbeitung berücksichtigt werden und eine eventuelle Patentierung und die Auswirkungen einer Implementierung des Schutzrechts in die Norm mitbewertet werden.

Sicherlich muss bei Ausgestaltung der IPR Policies abgewogen werden, dass die SSO einerseits Unternehmen dazu anregen möchten an einer Standardisierung mitzuwirken und diese nicht durch umfassende, zeitintensive Pflichten wie Schutzrechtsrecherchen abzuschrecken. Allerdings ist es andererseits gerade im Prozess der Normsetzung entscheidend, sämtliche potenziell wesentlichen Patente zu identifizieren und bei der Normierung bewusst miteinzubeziehen oder nach einer Lösung zu suchen. Vorherige Patentrecherchen durch die SSO und/oder ihre Mitglieder würden das Risiko minimieren Schutzrechte ungewollt in einen Standard zu implementieren.

5. *Auswirkungsanalyse*

Die Kommission hat klargestellt, unter welchen Voraussetzungen eine Normenvereinbarung nicht gegen das Wettbewerbsrecht verstößt. Außerhalb dieses geschützten Bereiches ist eine Einzelfallanalyse über die wettbewerbsbeschränkende Wirkung der Vereinbarung erforderlich. Dabei entsprechen sich die Kriterien jedoch überwiegend.[372] Nachfolgend seien nur einige Aspekte aufgeführt:

370 *Hartmann*, Patenthinterhalte, 2016, S. 117.

371 Vgl. auch *Hartmann*, Patenthinterhalte, 2016, S. 119.

372 *Braun*, in: *Lange/Bunte*, Bd. 2/EU, 12. Aufl. (2014), Nach Art. 101 AEUV Rn. 259; *Auf'mkolk*, WuW 2011, 699 (709).

Die Freiheit, andere Produkte oder Normen zu entwickeln, muss gewahrt bleiben. Grundsätzliche Verpflichtungen der Beteiligten, nur noch normkonforme Produkte herzustellen oder zu vertreiben, sind wettbewerbsbeschränkend.[373] Wobei die wettbewerblichen Bedenken auch abhängig vom Umfang der Norm sein können. Eine Norm, die sich lediglich auf untergeordnete Bestandteile oder Aspekte des Endprodukts bezieht, ist wettbewerblich unbedenklicher als umfassendere Standards.[374]

Zentraler Prüfungspunkt ist auch bei der Einzelfallprüfung die Zugangsmöglichkeit zur Norm. Allerdings sind wettbewerbsbeschränkende Auswirkungen bei einer Einschränkung des Zugangs nicht zwangsläufig anzunehmen, wenn mehrere konkurrierende Normen bestehen oder wirksamer Wettbewerb zwischen standardisierten und nicht-standardisierten Produkten herrscht.[375]

Weiterer Prüfungspunkt ist die Möglichkeit der Mitwirkung am Normungsprozess, wobei die negativen Auswirkungen einer etwaigen Einschränkung unter Umständen begrenzt werden können, wenn Informationsmöglichkeiten für die Akteure bestehen und diese dazu konsultiert werden.[376]

Die Marktanteile der normbasierten Produkte sind nach Ansicht der Kommission zwar zu berücksichtigen, aber nicht vorrangig bei der Prüfung der Auswirkungen auf den Wettbewerb. Aufgrund der Tatsache, dass die Wirksamkeit der Standardvereinbarung und der Anteil der an der Normfestlegung und -anwendung beteiligten Branche häufig in einem proportionalen Verhältnis stehen, kann wegen hoher Anteile der Parteien auf dem normrelevanten Markt nicht zwangsläufig auf eine wettbewerbsbeschränkende Auswirkung des Standards geschlossen werden.[377]

6. *Möglichkeit der Freistellung nach Art. 101 Abs. 3 AEUV*

Auch im Falle von Standardisierungsvereinbarungen besteht die Möglichkeit, grundsätzlich den Wettbewerb beschränkende Vereinbarungen nach Art. 101 Abs. 3 AEUV i.V.m. Art. 1 Abs. 2 VO 1/2003 freizustellen.

---

373 *Kommission*, Horizontalleitlinien, 2011, Rz. 293; *Braun*, in: *Lange/Bunte*, Bd. 2/EU, 12. Aufl. (2014), Nach Art. 101 AEUV Rn. 260.

374 *Kommission*, Horizontalleitlinien, 2011, Rz. 293.

375 *Kommission*, Horizontalleitlinien, 2011, Rz. 294.

376 *Kommission*, Horizontalleitlinien, 2011, Rz. 295.

377 *Kommission*, Horizontalleitlinien, 2011, Rz. 296; *Braun*, in: *Lange/Bunte*, Bd. 2/EU, 12. Aufl. (2014) Nach Art. 101 AEUV Rn. 264.

Dies ist abhängig von der Erfüllung der Freistellungsvoraussetzungen.[378] Dafür muss die Normenvereinbarung Effizienzgewinne generieren, die an die Verbraucher weitergegeben werden. Die Beschränkung muss verhältnismäßig sein und darf nicht zur Ausschaltung des Wettbewerbs führen.[379]

a) *Effizienzgewinne*

Die Standardisierung muss Effizienzgewinne hervorrufen. Dabei handelt es sich insbesondere um die Punkte, die unter dem Punkt A.I.3. (Ziele und Vorteile der Standardisierung) bereits erläutert wurden.

So können Effizienzgewinne in einer verbesserten Warenverteilung aufgrund höherer Markttransparenz liegen. Die Warenerzeugung kann durch eine optimierte Nutzung der Kapazitäten der Hersteller, insb. durch Rationalisierung der Betriebsabläufe und Serienproduktionen, verbessert werden. Es kann zu einer verbesserten Austauschbarkeit und Kompatibilität kommen und so zur Förderung des technischen Fortschritts.[380] Normierung kann auf europäischer Ebene zudem zur Erschließung und wirtschaftlichen Durchdringung neuer Märkte beitragen.[381]

Damit ein Nutzen aus den Effizienzgewinnen gezogen werden kann, setzt die Kommission voraus, dass die für die Anwendung des Standards erforderlichen Informationen für neue Marktteilnehmer zur Verfügung stehen.[382]

Für Standards, die zur Sicherstellung von Kompatibilität von Technologieplattformen auf horizontaler Ebene beitragen, erachtet die Kommission die Entstehung von Effizienzgewinnen als sehr wahrscheinlich. Hingegen müssen die Auswirkungen auf die Innovationstätigkeit am Markt in jedem Einzelfall geprüft werden.[383]

---

378 *Ullrich/Heinemann*, in: *Immenga/Mestmäcker*, EU/Teil 2, 5. Aufl. (2012), GRUR B Rn. 37b.

379 *Braun*, in: *Lange/Bunte*, Bd. 2/EU, 12. Aufl. (2014), Nach Art. 101 AEUV Rn. 2 67.

380 *Braun*, in: *Lange/Bunte*, Bd. 2/EU, 12. Aufl. (2014), Nach Art. 101 AEUV Rn. 267; *Ellger*, in: *Immenga/Mestmäcker*, EU/Teil 1, 5. Aufl. (2012), Art. 101 Abs. 3 AEUV Rn. 510; *Fuchs*, in: *Immenga/Mestmäcker*, GWB/Teil 1, 5. Aufl. (2014), § 2 Rn. 126.

381 *Kommission*, Horizontalleitlinien, 2011, Rz. 308; *Fuchs*, in: *Immenga/Mestmäcker*, GWB/Teil 1, 5. Aufl. (2014), § 2 Rn. 126.

382 *Kommission*, Horizontalleitlinien, 2011, Rz. 309; vgl. auch *Ellger*, in: *Immenga/Mestmäcker*, EU/Teil 1, 5. Aufl. (2014), Art. 101 Abs. 3 AEUV Rn. 510.

383 *Kommission*, Horizontalleitlinien, 2011, Rz. 311.

b) Weitergabe an Verbraucher

Die Weitergabe der Effizienzgewinne an den Verbraucher kann sowohl direkt als auch mittelbar erfolgen. Die durch die Normierung entstehenden Kostensenkungen können unmittelbar an den Verbraucher weitergeleitet werden. Darüber hinaus kann der Verbraucher von der verbesserten Warenversorgung und Auswahlmöglichkeit profitieren.[384]

Für die Prüfung der tatsächlichen Weitergabe stellt die Kommission darauf ab, „mit welchen Verfahren gewährleistet wird, dass die Interessen der Normanwender und der Endkunden geschützt sind."[385]

Bei einer Förderung der Interoperabilität und Kompatibilität bzw. des Wettbewerbs zwischen neuen oder bestehenden Produkten, Verfahren und Dienstleistungen kann dies allerdings nach Ansicht der Kommission unterstellt werden.[386]

c) Unerlässlichkeit

Die Normenvereinbarung und die aus ihr resultierenden Beschränkungen des Wettbewerbs müssen darüber hinaus vernünftigerweise notwendig sein, um die Effizienzgewinne zu erzielen.[387] Die Vereinbarung darf daher inhaltlich nur das umfassen, was für das Erreichen ihres Zwecks, bspw. Schaffung technischer Kompatibilität, wirklich benötigt wird.[388] So sind nach Ansicht der Kommission technologieneutrale Normen zu bevorzugen, aber in begründeten Fällen auch technologische Lösungen notwendig.[389] Bei dem Nachweis von Ineffizienz wegen fehlender Begrenzung der Größe der Arbeitsgruppe kann auch eine Einschränkung der Teilnahme der Mitglieder am Normungsprozess gerechtfertigt sein.[390]

---

384 *Braun*, in: *Lange/Bunte*, Bd. 2/EU, 12. Aufl. (2014), Nach Art. 101 AEUV Rn. 267.

385 *Kommission*, Horizontalleitlinien, 2011, Rz. 321.

386 *Kommission*, Horizontalleitlinien, 2011, Rz. 321; *Braun*, in: *Langen/Bunte*, Bd. 2/EU, 12. Aufl. (2014), Nach Art. 101 AEUV Rn. 270.

387 *De Bronett*, in: *Schulte/Just*, KartellR, 2012, Art. 101 Rn. 147.

388 *Kommission*, Horizontalleitlinien, 2011, Rz. 317; *Ellger*, in: *Immenga/Mestmäcker*, EU/Teil 1, 5. Aufl. (2012), Art. 101 Abs. 3 AEUV, Rn. 511; *Fuchs*, in: *Immenga/Mestmäcker*, GWB/Teil 1, 5. Aufl. (2012), § 2 Rn. 128.

389 *Kommission*, Horizontalleitlinien, 2011, Rz. 317.

390 *Kommission*, Horizontalleitlinien, 2011, Rz. 316; *Braun*, in: *Lange/Bunte*, Bd. 2/EU, 12. Aufl. (2012), Nach Art. 101 AEUV Rn. 271.

Strikter sieht die Kommission hingegen die Vereinbarung, die eine verbindliche Verpflichtung zur Einhaltung des Standards enthält. Diese sei prinzipiell nicht unerlässlich und damit nicht freistellungsfähig.[391]

Dieser Punkt kann allerdings kritisch betrachtet werden, da vor der 7. GWB-Novelle der Fokus für die Generierung von Effizienzgewinnen und die Freistellung auf der Verpflichtung zur einheitlichen Anwendung des Standards lag. Die positiven Effekte der Normierung, wie z.B. Rationalisierung etc., hängen in der Regel gerade von einer weiten Marktverbreitung des Standards ab. Daher könne auch die gegenteilige Auffassung zur Kommission vertreten werden, wonach „nicht selten eine Verpflichtung zur Einhaltung der Normen tendenziell unerlässlich sein dürfte."[392] Dafür spreche auch, dass der Aspekt der Marktmacht, aufgrund der Proportionalität zwischen der Wirksamkeit der Norm und dem Grad der Beteiligung eines Wirtschaftszweiges, auch seitens der Kommission eher eine untergeordnete Rolle spiele. In einem solchen Fall solle der Schwerpunkt für die Freistellung auf eine diskriminierungsfreie Standardfestsetzung und die Gewährleistung des Normzugangs gelegt werden.[393] Liege hingegen nur eine andere Norm auf dem Markt vor, gäbe es keinen plausiblen Grund für eine Boykottierung dieser Alternative und die Verpflichtung zur Einhaltung des Standards wäre nicht unerlässlich.[394]

Entscheidend dürfte in einem Fall der Verpflichtung zur Normeinhaltung für eine Freistellung wohl eine Abwägung der zu erwartenden wettbewerblichen Vor- bzw. Nachteile sein. Bestehen mehrere andere Normen auf dem gleichen Markt, besteht die Gefahr, dass, aufgrund der Anwendungsvielfalt, keine ihre eigentlichen positiven Funktionen entfaltet, da keine zu einer überwiegenden Verbreitung am Markt und damit zur Entstehung von Kompatibilität führen kann. Auf der anderen Seite ist die Gefahr der potenziellen Marktabschottung zu berücksichtigen, die mit einer Normverpflichtung einhergeht. Eine Einzelfallentscheidung dürfte hier, im Gegensatz zu einer grundsätzlichen Ablehnung der Freistellungsmöglichkeit, zu empfehlen sein.

---

391 *Kommission*, Horizontalleitlinien, 2011, Rz. 318; *Ellger*, in: *Immenga/Mestmäcker*, EU/Teil 1, 5. Aufl. (2012), Art. 101 Abs. 3 AEUV, Rn. 511; *Ullrich/Heinemann*, in: *Immenga/Mestmäcker*, EU/Teil 2, 5. Aufl. (2012), GRUR B Rn. 37b.

392 *Fuchs*, in: *Immenga/Mestmäcker*, GWB/Teil 1, 5. Aufl. (2014), § 2 Rn. 128; vgl. auch: *Nordemann*, in: *Loewenheim/Meessen/Riesenkampff/Kerstin/Meyer-Lindemann*, 3. Aufl. (2016), Art. 101 Abs. 3 AEUV Rn. 129.

393 *Fuchs*, in: *Immenga/Mestmäcker*, GWB/Teil 1, 5. Aufl. (2014), § 2 Rn. 128.

394 *Nordemann*, in: *Loewenheim/Meessen/Riesenkampff/Kerstin/Meyer-Lindemann*, 3. Aufl. (2016), Art. 101 Abs. 3 AEUV Rn. 129.

d) *Keine Ausschaltung des Wettbewerbs*

Weitere Voraussetzung ist, dass es durch die Normenvereinbarung nicht zu einer Ausschaltung des Wettbewerbs für einen wesentlichen Teil der betreffenden Waren kommt. Dieser Gefahr kann vorgebeugt werden, wenn der diskriminierungsfreie Zugang für Dritte gewahrt ist und z.B. bei anderen Parametern wie Preis oder Qualität weiterhin Wettbewerb besteht.[395] Zwingend ist diese Zugangsvoraussetzung insbesondere, wenn die beteiligten Unternehmen gemeinsam eine marktbeherrschende Stellung innehaben.[396]

Zu einer den Wettbewerb ausschaltenden Situation kann es allerdings kommen, wenn die privat festgelegte Norm sich am Markt als de-facto-Standard durchsetzt und somit vom Großteil der Branche verwendet wird. Wenn diese Norm für die Wettbewerber nicht offensteht oder es zu einer diskriminierenden Anwendung kommt, kann keine Freistellung erfolgen.[397] Daneben sind auch Normen, durch die es zu einer Behinderung der Innovationstätigkeit kommt, nicht freistellungsfähig, da es zum Ausschluss anderer Produkte vom Markt kommt.[398]

Zu beachten ist allerdings, dass dies nur für horizontale Vereinbarungen uneingeschränkt gilt. Beispielsweise ist für einen Inhaber geistiger Eigentumsrechte, dem eine marktbeherrschende Stellung zukommt, in der Beziehung zu seinem Lizenznehmer ein anderer Maßstab anzuwenden.[399]

---

395 *Braun*, in: *Lange/Bunte*, Bd. 2/EU, 12. Aufl. (2012), Nach Art. 101 AEUV Rn. 272; *Fuchs*, in: *Immenga/Mestmäcker*, GWB/Teil 1, 5. Aufl. (2014), § 2 Rn. 131.

396 *Braun*, in: *Lange/Bunte*, Bd. 2/EU, 12. Aufl. (2012), Nach Art. 101 AEUV Rn. 272.

397 *Kommission*, Horizontalleitlinien, 2011, Rn. 324; *Ellger*, in: *Immenga/Mestmäcker*, EU/Teil 1, 5. Aufl. (2012), Art. 101 Abs. 3 AEUV Rn. 511.

398 *Ellger*, in: *Immenga/Mestmäcker*, EU/Teil 1, 5. Aufl. (2012) Art. 101 Abs. 3 AEUV Rn. 511.

399 *Fuchs*, in: *Immenga/Mestmäcker*, GWB/Teil 1, 5. Aufl. (2014), § 2 Rn. 131.

Kapitel 3 Die FRAND-Lizenzbereitschaftserklärung

Sind an einem Standardisierungsprozess Patentrechte beteiligt, fordern die Standardisierungsorganisationen vom Schutzrechtsinhaber die Abgabe einer Lizenzbereitschaftserklärung zu FRAND-Bedingungen ein. Mithilfe dieser Erklärung soll sichergestellt werden, dass nach Implementierung des Patents in den Standard der Zugang zu diesem sichergestellt ist. Normnutzern sollen damit trotz Standardessentialität des Schutzrechts und damit einhergehender starker Marktstellung Lizenzen zu angemessenen, fairen und diskriminierungsfreien Bedingungen eingeräumt werden.[400]

Obwohl FRAND-Erklärungen inzwischen in einigen Industriezweigen weit verbreitet sind[401], besteht Unklarheit hinsichtlich der konkreten Inhalte der einzelnen Bedingungen sowie ihrer allgemeinen rechtlichen Wirkungen, da FRAND als Begriff weiterhin unbestimmt ist.[402]

Im folgenden Kapitel wird eine umfassende Untersuchung der Inhalte und Wirkungen von FRAND-Lizenzbereitschaftserklärungen vorgenommen.

A. Funktion, Zustandekommen und Inhalt

Bei einer FRAND-Erklärung handelt es sich um die Lizenzbereitschaftserklärung eines Patentinhabers, im Standardisierungskontext sein Schutzrecht zu FRAND-Bedingungen, d.h. zu fairen (*fair*), angemessenen (*reasonable*) und nicht-diskriminierenden (*non-discriminatory*) Konditionen, an Dritte zu lizenzieren.[403]

I. Funktion der FRAND-Erklärung

Mithilfe der FRAND-Erklärung soll ein Ausgleich zwischen den Interessen der Eigentümer standardessentieller Schutzrechte auf der einen und deren Nutzern auf der anderen Seite geschaffen werden.[404]

---

400 Vgl. Kapitel 2 A II.

401 Vgl. ECSIP, Final Report, 2014, 10 ff.

402 *Heinemann*, GRUR 2015, 855.

403 *Fuchs*, in: FS Ahrens, 2016, S. 79; vgl. auch Kapitel 2 A II 3 b).

404 *Tapia*, Industrial Property Rights, 2010, S. 15; *Nestler/Ordosch*, GRUR-Prax 2012, 372.

Die Beteiligung von Patentrechten an einem Standard birgt die Gefahr der Marktabschottung bzw. -blockierung durch die Forderung überhöhter Lizenzgebühren oder gar grundsätzlicher Lizenzverweigerung in sich.[405] Daher soll vor allem einem „Hold-up“[406] vorgebeugt und der allgemeine Zugang zum Standard gewährleistet werden.[407] Gleichzeitig soll aber auch garantiert werden, dass die Patentinhaber angemessen für ihre innovative Leistung (in Form einer Vergütung) belohnt werden.[408]

Die Möglichkeit der Standardnutzung zu fairen, angemessenen und nichtdiskriminierenden Bedingungen ist zudem eine wesentliche Voraussetzung dafür, dass die Standardisierungsvereinbarung nicht gegen das Kartellverbot gem. Art. 101 AEUV verstößt.[409]

II. Grundlagen und Zustandekommen

Wie bereits in Kapitel 2 erläutert, liegen einer FRAND-Erklärung die IP-Regelungen der jeweiligen Standardisierungsorganisationen zugrunde.

1. Formale Vorgaben

Gesetzliche Vorschriften hinsichtlich der formalen Ausgestaltung einer FRAND-Erklärung sind bislang nicht vorhanden.[410] Die Europäische Kommission setzt jedoch in ihren Horizontalleitlinien voraus, dass die Verpflichtung in schriftlicher Form und unwiderruflich zu erfolgen hat.[411]

Diese Vorgabe findet sich bspw. in den Regularien des ETSI wie folgt umgesetzt: „[...],*the Director-General of ETSI shall immediately request the owner to give within three months an irrevocable undertaking in writing that it is prepared to*

---

405 *Fuchs*, in: *Immenga/Mestmäcker*, GWB/Teil 1, 5. Aufl. (2014), § 2 Rn. 123; *Loest/Bartlik*, ZWeR 2008, 41 (45).

406 Vgl. Kapitel 2 C I.

407 *Tapia*, Industrial Property Rights, 2010, S. 15; *Burghartz*, Technische Standards, 2011, S. 102 f.; *Wittmann*, MR-Int 2014, 52 (53); *Hauck*, WRP 2013, 1446 (1448); *Weber*, 34 World Competition 51, 55 (2011); *Geradin/Rato*, 3 ECJ 101, 110 (2007); *Kommission*, Horizontalleitlinien, Rz. 287.

408 *Wittmann*, MR-Int 2014, 52 (53); *Weber*, 34 World Competition 51, 55 (2011); *Geradin/Rato*, 3 ECJ 101, 110 (2007).

409 Vgl. Kapitel 2 C II; *Fuchs*, in FS Ahrens, 2016., S. 79 (81 f.).

410 *Babey/Rizvi*, WuW 2012, 808 (810).

411 *Kommission*, Horizontalleitlinien, Rz. 285; vgl. auch Kapitel 2 C II 4. b).

grant irrevocable licences on fair, reasonable and non-discriminatory („FRAND") terms [...]."[412]

Die konkrete Form der Lizenzbereitschaftserklärung ist abhängig von der IPR-Policy der betreffenden Standardisierungsorganisation, da diese unterschiedlich ausgearbeitet sein kann.[413] So können Vordrucke für die Erklärung seitens der SSO bestehen oder, so wohl in den meisten Fällen, individuelle Schriftstücke der Unternehmen zugelassen sein.[414]

Die Regelungen der SSO machen allerdings häufig Angaben hinsichtlich des erforderlichen grundsätzlichen Umfangs der abzugebenden Erklärung, wobei damit insbesondere die Lizenzbedingungen zu fairen, angemessenen und nicht-diskriminierenden Bedingungen gemeint sind.[415] Diese Regelungen können sich aber auch auf den Lizenzumfang in Bezug auf Herstellung, Vertrieb und Verfahren beziehen, wie beispielsweise die IPR Policies des ETSI zeigen: „*[...] irrevocable licences on fair, reasonable and non-discriminatory („FRAND") terms and conditions under such IPR to at least the following extent:*

- *MANUFACTURE, including the right to make or have made customized components and sub-systems to the licensee's own design for use in MANUFACTURE;*
- *sell, lease, or otherwise dispose of EQUIPMENT so MANUFACTURED;*
- *repair, use, or operate EQUIPMENT; and*
- *use METHODS.*"[416]

Angaben zu den konkreten Lizenzbedingungen sind hingegen nicht enthalten. Diese werden zwischen den Schutzrechtsinhabern und den jeweiligen Lizenznehmern ausgehandelt.[417] Durch die FRAND-Vorgabe in den IPR-Policies der SSO wird so der Rahmen für die Lizenzverhandlungen abgesteckt und ein Mindestumfang, zu dessen Einhaltung sich der Patentinhaber verpflichtet, festgelegt.

---

412 ETSI IPR Policy, 2017, Clause 6.1.

413 *Körber*, Standardessentielle Patente, 2013, S. 39. *Fuchs*, in: FS Ahrens, 2016, S. 79 (83); vgl. auch Kapitel 2 A. II. 3 b).

414 *Maaßen*, Normung, 2006, S. 312 Rn. 744. Bspw. sieht das ETSI für seine Mitglieder eine Nutzung der „IPR Licensing Declaration Forms" vor: ETSI IPR Policy, 2017, Clause 6bis, Appendix A.

415 *Maaßen*, Normung, 2006, S. 312 f. Rn 745 und S. 310 Rn. 738 mit Beispielen; *Dorn*, Technische Standardisierung, 2014, S. 95.

416 ETSI IPR Policy, 2017, Clause 6.1.

417 *Maaßen*, Normung, 2006, S. 313 Rn. 745.

Die konkrete Ausgestaltung der einzelnen Lizenzen obliegt dann den beteiligten Parteien.[418]

Insbesondere zur Lizenzgebührenhöhe möchten die SSO keine konkreten Vorgaben machen, da dies als kartellrechtswidrige Preisabsprache eingestuft werden könnte.[419]

2. *Abgabe gegenüber SSO*

Die Abgabe einer Lizenzbereitschaftserklärung zu FRAND-Bedingungen erfolgt im Rahmen der Erarbeitung bzw. Festlegung eines Standards gegenüber der Standardisierungsorganisation.[420]

Es handelt sich dabei um eine von der patentrechtlichen Lizenzbereitschaftserklärung nach § 23 PatG bzw. Art. 8 EPatVO (VO 1257/2012) gegenüber dem Patentamt erklärte, zu trennende, eigenständige Erklärung.[421]

Dabei ist die Lizenzbereitschaftserklärung im Standardisierungskontext selbst keine Lizenz. Die eigentliche Lizenz zur Nutzung des wesentlichen Patents wird zwischen dem Schutzrechtsinhaber und dem Nutzer außerhalb und unabhängig von der Standardisierungsorganisation geschlossen.[422]

Erlangt die SSO Kenntnis von einem oder mehreren, für einen Standard potenziell wesentliche(s) Schutzrecht(en), sehen die meisten Organisationen in ihren IPR-Policies vor Verabschiedung der Norm die Einholung einer FRAND-Erklärung von dem/den Schutzrechtsinhaber(n) vor.[423] In der Regel wird durch die oben bereits angesprochene Offenlegungspflicht für eventuell wesentliche Schutzrechte versucht, eine Abgabe der Lizenzbereitschaftserklärung vor Festlegung des Standards sicherzustellen oder das Ausweichen auf eine andere Technologie im Standardisierungsverfahren zu ermöglichen.[424]

---

418 *Müller*, Kollektive Normung, 2015, S. 72; *Dorn*, Technische Standardisierung, S. 115.

419 *Maaßen*, Normung, 2006, S. 313 Rn. 745; *Müller*, Kollektive Normung, 2015, S. 74 Fn. 321; *Hartmann*, Patenthinterhalte, 2016, S. 119.

420 *Heinemann*, GRUR 2015, 855 Fn. 2; vgl. auch Kapitel 2 A II. 3.

421 *Heinemann*, GRUR 2015, 855 Fn. 2.

422 *Geradin/Rato*, 3 ECJ 101, 110 (2007).

423 *Maaßen*, Normung, 2006, S. 309; ETSI IPR Policy, 2017, Clause 6.1; *Picht*, Strategisches Verhalten, 2013, S. 223 f; *Fuchs*, in: *Immenga/Mestmäcker*, GWB/Teil 1, 5. Aufl. (2014), § 2 Rn. 123; *Geradin/Rato*, 3 ECJ 101, 108 (2007).

424 vgl. *Maaßen*, Normung, 2006, S. 279 f; *Fuchs*, in: *Immenga/Mestmäcker*, GWB/Teil 1, 5. Aufl. (2014), § 2 Rn. 123; *Fröhlich*, GRUR 2008, 205 (208); *Klees*, EWS 2008, 449 (450).

Sind wesentliche Schutzrechte identifiziert worden, ist ihr Inhaber jedoch in der Regel nicht verpflichtet, die geforderte FRAND-Erklärung abzugeben. Die meisten Standardisierungsorganisationen sehen in ihren IPR-Policies keine Verpflichtung ihrer Mitglieder zur Abgabe einer solchen Lizenzbereitschaftserklärung vor.[425] Sie kann daher von den SSO auch nicht eingefordert werden und eine Integrierung des Patents in die Norm ist nur mit der Zustimmung ihres Inhabers möglich.[426] Selten setzen Standardisierungsorganisationen bereits für die Mitarbeit an einem Normungsprojekt eine Lizenzvergabeerklärung voraus.[427]

Neben einer konkreten FRAND-Erklärung für bestimmte offengelegte Schutzrechte können auch sog. Globalerklärungen abgegeben werden. Diese enthalten eine allgemeine Lizenzbereitschaftserklärung des Schutzrechtsinhabers für alle bereits als wesentlich identifizierten oder noch standardessentiell werdenden Patente. Globalerklärungen sind damit unabhängig von der Offenlegung der Schutzrechte und können bereits im Vorfeld abgegeben werden.[428]

Auch wenn die Pflicht zur Erklärungsabgabe in den meisten IPR-Regelungen nicht enthalten ist, sehen diese die Abgabe einer Lizenzbereitschaftserklärung doch als Voraussetzung für eine Aufnahme des geschützten Rechts in den Standard vor.[429] Für den Fall einer Verweigerung des Schutzrechtsinhabers existieren in den Regelungen der SSO unterschiedliche Möglichkeiten von Konsequenzen.[430]

So sieht das ETSI für den Fall einer Weigerung des Lizenzinhabers und mangelnder alternativer Technologien vor, dass das Standardisierungsverfahren ausgesetzt bzw. eingestellt wird.[431] Daneben müssen Mitglieder innerhalb von 3 Monaten schriftlich darlegen, warum sie sich weigern eine FRAND-Erklärung abzugeben.[432]

---

425 *Geradin/Rato*, 3 ECJ 101, 108 f. (2007); *Maaßen*, Normung, 2006, S. 310; *Fischmann*, GRUR Int 2010, 185 (191).

426 Vgl. für die Regelungen bei ETSI: *Fröhlich*, GRUR 2008 205 (211).

427 So die SSO W3C: *Maaßen*, Normung, 2006, S. 311 Rn. 741. *Maaßen*, Normung, 2006, 329 Rn. 780; in der Regel aber Freiwilligkeitsgrundsatz: *Ullrich*, in: *Leistner* (Hrsg.), Europäische Perspektiven des Geistigen Eigentums, 2010, S. 14 (28).

428 *Dorn*, Technische Standardisierung, 2014, S. 95.

429 *Maaßen*, Normung, 2006, S. 310 f. Rn. 379 f.; *Dorn*, Technische Standardisierung, S. 89 f.

430 Vgl. zu Beispielen *Ullrich*, in: *Leistner* (Hrsg.), Europäische Perspektiven des Geistigen Eigentums, 2010, S. 14 (28 f.).

431 ETSI IPR Policy, 2017, Clause 8.1.2.; *Hilty/Slowinski*, GRUR Int. 2015, 781 (788).

432 ETSI IPR Policy, 2017, Clause 8.1.2.; *Maaßen*, Normung, 2006, S. 310 Rn. 739.

III. Inhalt

Bei der Formulierung „FRAND" handelt es sich nach wie vor um einen unbestimmten Begriff. Weitergehende verbindliche Konkretisierungen hinsichtlich der Frage, was genau unter den Bedingungen fair, angemessen und nichtdiskriminierend zu verstehen ist, wurden bislang nicht vorgenommen.[433]

So enthalten auch die IPR-Policies der SSO in der Regel keine Definition der Lizenzierungskriterien.[434] Grund dafür dürfte unter anderem die Gefahr sein, durch eine entsprechende konkrete Definition der Lizenzbedingungen kartellrechtswidrige Preisabsprachen zu begründen.[435]

Wie bereits angesprochen obliegt die konkrete Ausgestaltung der individuellen Lizenzbedingungen der Verhandlung zwischen den Parteien des Patentinhabers und des Lizenznehmers.[436] Allerdings besteht insbesondere hinsichtlich der Frage der Angemessenheit der Lizenzgebühren Klärungsbedürfnis und das Erfordernis allgemeiner Maßstäbe, an denen sich die Parteien bei ihren Verhandlungen orientieren können.[437] Denn die Interessen der beteiligten Parteien in Bezug auf die Höhe der Lizenzgebühren gehen naturgemäß erheblich auseinander und erschweren eine Einigung.[438] Die offene Ausformulierung der Lizenzbedingungen als FRAND kann als Verhandlungsrahmen aber unter Umständen wenig hilfreich sein bzw. nur eine vage Richtung vorgeben.[439] Gerade bei der Bestimmung der Angemessenheit bedürfen die FRAND-Bedingungen daher eines konkretisierenden Rahmens.

Im folgenden Abschnitt wird ein Überblick über den Meinungsstand insbesondere in der Literatur bezüglich der Bedeutung der FRAND-Bedingungen gegeben. Auch wenn versucht wird, jede Bedingung einzeln darzustellen, lassen

---

433 Vgl. *Heinemann*, GRUR 2015, 855; *Picht*, Strategisches Verhalten, 2013, S. 133 f.; *Hartmann*, Patenthinterhalte, 2016, S. 119 f.; *Layne-Farrar/Padilla/Schmalensee*, 74 Antitrust L.J. 671, 678 f. (2007), vgl. zu den Ansätzen der Kommission, Rechtsprechung und Literatur hinsichtlich der Lizenzgebühr Kapitel 4 B.

434 ECSIP, Final Report, 2014, S. 185; *Weber*, 34 World Competition 51, 55 (2011); *Geradin/Rato*, 3 ECJ 101, 112 (2007); *Dorn*, Technische Standardisierung, 2014, S. 95.

435 *Hartmann*, Patenthinterhalte, 2016, S. 119; *Layne-Farrar/Padilla/Schmalensee*, 74 Antitrust L.J. 671, 678 f. (2007).

436 *Maaßen*, Normung, 2006, S. 313.

437 Vgl. *Heinemann*, GRUR 2015, 855 (855, 859). *Körber*, Standardessentielle Patente, 2013, S. 83; *Fuchs*, NZKart 2015, 429 (436); *Picht*, Strategisches Verhalten, 2013, S. 541 ff.

438 *Dorn*, Technische Standardisierung, 2014, S. 117.

439 Vgl. *Dorn*, Technische Standardisierung, 2014, S. 115.

sich die Kriterien für eine FRAND-Lizenzierung nicht immer streng voneinander trennen, sondern überschneiden sich oftmals. So werden die Kriterien „fair" und „angemessen" häufig zusammengenommen.[440] Eine ausführliche Auseinandersetzung mit der Problematik der angemessenen Lizenzgebühren erfolgt in Kapitel 4.

1. Fair

Während im europäischen Raum der Begriff der FRAND-Lizenz üblich ist, wird im US-amerikanischen Kontext auf den „Fairness"-Zusatz verzichtet und der Begriff der RAND-Kriterien ist vorherrschend.[441] Unter anderem dieser Umstand führt dazu, dass die Inhaltsbestimmung erschwert wird.[442]

Inwieweit der europäische Aspekt der Fairness einer Lizenz zu inhaltlichen Unterschieden im Gegensatz zu einer Lizenz zu RAND-Bedingungen führt, ist bislang nicht geklärt.[443] Wohl überwiegend wird in der Literatur davon ausgegangen, dass überhaupt keine Unterscheidung zwischen den Kriterien fair und angemessen vorzunehmen sei.[444] Oder aber sie werden als zusammenhängendes Begriffspaar betrachtet, wobei die Kombination beider Begriffe die Bedeutung ausmache.[445] Dem „Fairness-Gedanken"[446] käme damit aber in beiden Fällen keine eigenständige Bedeutung zu.

Für andere betont RAND die im US-amerikanischen Raum rein an ökonomischer Effizienz bevorzugte Ausrichtung, während hingegen in der Europäischen Union nicht nur der ökonomische Gedanke erhebliche Bedeutung habe, sondern auch Fairness-Erwägungen hinzutreten und bei den Lizenzkriterien zu berücksichtigen seien.[447] Doch wird in der Literatur festgestellt, dass trotz dieser unterschiedlichen Ausgangspunkte beide Herangehensweisen häufig zu demselben Ergebnis kämen.[448]

---

440 *Friedl/Ann*, GRUR 2014, 948 (949); *Geradin/Rato*, 3 ECJ 2007, 101 (113).

441 *Weber*, 34 World Competition 51 (55); *Fischmann*, GRUR Int. 2010, 185 (191); *Dorn*, Technische Standardisierung, 2014, S. 95; *Nestler/Ordosch*, GRUR-Prax 2012, 372; *Geradin/Rato*, 3 ECJ 101, 113 (2007); *Friedl/Ann*, GRUR 2014, 948 (949).

442 *Weber*, 34 World Competition 51, 57 (2011).

443 *Nestler/Ordosch*, GRUR-Prax 2012, 372.

444 *Geradin/Rato*, 3 ECJ 101, 113 (2007); *Burghartz*, Technische Standards, 2011, S. 138.

445 *Loest/Bartlik*, ZWeR 2008, 41 (52).

446 *Nestler/Ordosch*, GRUR-Prax 2012, 372.

447 *Layne-Farrar/Padilla/Schmalensee*, 74 Antitrust L.J. 671, 674 (2007); *Nestler/Ordosch*, GRUR-Prax 2012, 372.

448 *Layne-Farrar/Padilla/Schmalensee*, 74 Antitrust L.J. 671, 675 (2007).

Es bleibt daher die Frage, welche Bedeutung dem Aspekt der Fairness zukommt und inwieweit er Auswirkungen auf den Inhalt der Lizenz haben kann.

Während das Merkmal der Angemessenheit auf die Höhe der Lizenzgebühren bezogen werden kann, betrifft der Aspekt der Fairness die zugrundeliegenden Lizenzbedingungen wie Dauer oder geographische Reichweite.[449] Dazu gehört, dass beide Parteien gleichberechtigt an den Verhandlungen beteiligt sein sollten.[450] Dieser Aspekt findet aber auch in der US-amerikanischen Literatur Berücksichtigung. Zwar wird das Kriterium „fair" nicht gesondert verwendet, dafür bezieht sich die US-amerikanische Literatur aber auf den Begriff „equitable behaviour".[451] Faire und bilaterale Verhandlungen zwischen dem Schutzrechtsinhaber und dem Lizenznehmer sind somit sowohl für eine FRAND- als auch für eine RAND-Lizenz Voraussetzung.[452] Am Ende soll ein für beide Parteien akzeptables Ergebnis stehen. Fair bedeutet daher auch, dass ein marktbeherrschendes Unternehmen seine Stellung nicht ausnutzt.[453]

Im Ergebnis existieren somit zwar keine inhaltlichen Unterschiede bei FRAND- bzw. RAND-Lizenzkriterien[454], durch die explizite Nennung des Fairness-Aspektes kann aber unter dem Gesichtspunkt von Treu und Glauben die Bedeutung der Bereitschaft des IPR-Inhabers zu „good faith negotiations"[455] hervorgehoben und betont werden.[456]

---

449 *Weber*, 34 World Competition 51, 56 (2011); *Babey/Rizvi*, WuW 2012, 808 (809); *Müller*, Kollektive Normung, 2015, S. 74; vgl. auch *Loest/Bartlik*, die davon ausgehen, dass im Rahmen der Missbrauchskontrolle nach Art. 102 AEUV ein Befehl zur FRAND-Lizenzierung aus der Norm folge und dieser ein „faires Verhandlungsgebot" mitumfasse sowie eine „materiell preisbegrenzende Komponente". (*Loest/Bartlik*, ZWeR 2008, 41 (52 f.).

450 *Tapia*, Industrial Property Rights, 2010, S. 16.

451 *Weber*, 34 World Competition 51, 57 (2011).

452 *Geradin/Rato*, 3 ECJ 101, 114 (2007).

453 *Zhang*, IIC 2010, 380 (398).

454 *Geradin/Rato*, 3 ECJ 101, 113 (2007); *Burghartz*, Technische Standards, 2011, S. 138 Fn. 162.

455 *Geradin/Rato*, 3 ECJ 101, 113 (2007).

456 Vgl. Zum Gerechtigkeitsaspekt im Zusammenhang mit dem Fairnesskriterium: *Burghartz*, Technische Standards, 2011, S. 151 Fn. 218.

2. *Angemessen*

Auch wenn die Bedeutung des Fairness-Aspektes der Lizenzbedingungen ungeklärt ist, liegt die eigentliche Problematik doch in dem Begriff der Angemessenheit.[457]

Zum Teil wird „*reasonable*" auch mit „vernünftig" übersetzt, um einen ausschließlichen Bezug auf die Höhe der Lizenzgebühren zu vermeiden und weitere Kriterien bei der Begriffsbestimmung mit einbeziehen zu können.[458] Doch diese Übersetzung wird nicht einheitlich in diesem Sinne verwendet, auch die Bezeichnung „vernünftig" wird in der Literatur zum Teil ausschließlich auf die Gebührenhöhe bezogen.[459] Die Frage, ob sich die Formulierung „*reasonable*" ausschließlich auf die Höhe der Lizenzgebühren richtet[460] oder auch das allgemeine Erfordernis angemessener Lizenzbedingungen enthält[461], kann offen gelassen werden.

Angemessene und faire Lizenzbedingungen sind Voraussetzung für eine angemessene Lizenzgebührenhöhe und daher dürften im Ergebnis keine Unterschiede bestehen. Insbesondere wenn man „*fair and reasonable*" als zusammenhängende Begriffe betrachtet, sind die zugrundliegenden Lizenzkonditionen mitumfasst. Im Falle einer Trennung der Begriffe kann der Schwerpunkt bei der Angemessenheit auf die Höhe der Lizenzgebühren gesetzt werden, wobei aber ihre Berechnungsgrundlage naturgemäß miterfasst werden muss.

Die Problematik der Bestimmung einer angemessenen Lizenzgebührenhöhe zu FRAND-Bedingungen ist Gegenstand des 4. Kapitels.

3. *Nicht-diskriminierend*

Neben den Erfordernissen der Fairness und Angemessenheit der Lizenz darf diese dem Lizenznehmer darüber hinaus nicht zu diskriminierenden Konditionen gewährt werden.[462] Dieser Punkt wird in der Regel als unproblematischer betrachtet als die Bedingungen fairer und angemessener Lizenzierung.[463] Die

457 *Tapia*, Industrial Property Rights, 2010, S. 17.

458 *Dorn*, Technische Standardisierung, 2014, S. 116 Fn. 361.

459 *Babey/Rizvi*, WuW 2012, 808 (809).

460 *Weber*, 34 World Competition 51, 56 (2011); *Babey/Rizvi*, WuW 2012, 808 (809); *Maaßen*, Normung, 2006, S. 322 Rn. 768; *Zhang*, IIC 2010, 380 (398); *Müller*, Kollektive Normung, 2015, S. 74.

461 *Burghartz*, Technische Standards, 2011, S. 137 f.

462 Vgl. *Müller*, Kollektive Normung, 2015, S. 76

463 *Weber*, 34 World Competition 51, 56 f (2011); *Dorn*, Technische Standardisierung, 2014, S. 116; *Loest/Bartlik*, ZWeR 2008, 41 (52); *Burghartz*, Technische Standards,

Voraussetzung der nichtdiskriminierenden Lizenzierung muss zum einen bei den zugrundeliegenden Vertragsbedingungen, zum anderen bei den erhobenen Lizenzgebühren berücksichtigt werden.[464]

Es stellt sich bei diesem Kriterium die Frage der eigentlichen Bedeutung bzw. des Umfangs des Erfordernisses, nämlich, ob nicht-diskriminierend bedeutet, dass alle Lizenznehmer Anspruch auf dieselben Lizenzbedingungen und -gebühren haben.[465] Eine derartige Interpretation des Nichtdiskriminierungserfordernisses wird aber überwiegend abgelehnt.[466] Vielmehr werden die allgemeinen kartellrechtlichen Kriterien des Diskriminierungsverbots zur Konkretisierung des Nicht-Diskriminierungserfordernisses der FRAND-Erklärung herangezogen.[467]

Danach sind zur Gewährleistung von Diskriminierungsfreiheit gleiche Sachverhalte gleich zu behandeln, es sei denn eine Ungleichbehandlung kann durch sachliche Gründe gerechtfertigt werden. Umgekehrt bedeutet dies, dass eine Diskriminierung auch vorliegt, wenn ungleiche Sachverhalte gleich behandelt werden.[468]

Im Kontext von FRAND hat dies zur Konsequenz, dass nicht nur die Vergabe von Exklusivlizenzen ausgeschlossen ist, sondern auch die willkürliche Ausgestaltung der Lizenzbedingungen.[469] Das Nicht-Diskriminierungs-Kriterium bedeutet aber nicht, dass die Lizenzgebühren und -konditionen zwangsläufig aufgrund der Abgabe eine FRAND-Erklärung für alle Lizenznehmer gleich sein müssen[470]. Es können Lizenzen an vergleichbare Lizenznehmer allerdings nur

---

2011, S. 123; *Fuchs*, in: *Lange/Klippel/Ohly* (Hrsg.), Geistiges Eigentum und Wettbewerb, 2009, S. 147 (172).

464 *Babey/Rizvi*, WuW 2012, 808 (809); *Müller*, Kollektive Normung, 2015, S. 76; *Blind/Pohlmann*, GRUR 2014, 713 (714).

465 OECD Secretariat, IP and standard setting, 2014, 22 ff.; *Burghartz*, Technische Standardisierung, 2011, S. 123 f.

466 OECD Secretariat, IP and standard setting, 2014, S. 23 Pkt. 66; *Tapia*, Industrial Property Rights, 2010, S. 16; *Hartmann*, Patenthinterhalte, 2016, S. 124.

467 *Müller*, Kollektive Normung, 2015, S. 76; *Dorn*, Technische Standardisierung, 2014, S. 121, 122; vgl. dazu ausführlich *Burghartz*, Technische Standards, 2011, S. 123 ff. 137

468 *Hartmann*, Patenthinterhalte, 2016, S. 124; *Dorn*, Technische Standardisierung, 2014, S. 122.

469 *Hartmann*, Patenthinterhalte, 2016, S. 124; *Müller*, Kollektive Normung, 2015, S. 76; *Loest/Bartlik*, ZWeR 2008, 41(52); *Fuchs*, in: *Lange/Klippel/Ohly* (Hrsg.), Geistiges Eigentum und Wettbewerb, 2009, S. 147

470 *Tapia*, Industrial Property Rights, 2010, S. 16; *Hartmann*, Patenthinterhalte, 2016, S. 124.

dann zu unterschiedlichen Gebühren vergeben werden, wenn dafür ein sachlicher Grund besteht.[471]

Dabei sind gerade im FRAND-Kontext strenge Anforderungen an das Erfordernis dieses sachlichen Grundes zu stellen.[472] Denn während grds. im Rahmen der Prüfung des sachlichen Grundes die Interessen der Parteien abzuwägen sind und insbesondere bei gewerblichen Schutzrechten deren elementarer Bestandteil, das Ausschließlichkeitsrecht, zu berücksichtigen ist, sind im Zusammenhang mit wesentlichen Patenten die besondere wettbewerbliche Situation und die damit einhergehenden Gefahren zu beachten.[473]

Als Rechtfertigungsgrund kommt zum Beispiel in Betracht, dass bei einer Verknüpfung der Lizenz mit Kreuzlizenzen („*cross-licenses*“[474]) die Lizenzgebührenhöhe geringer ausfällt.[475] Auch können der Umfang der Lizenz hinsichtlich nationaler oder internationaler Reichweite oder die Kreditwürdigkeit des Lizenzsuchers sachliche Gründe darstellen.[476] Wenn die Parteien eine prozentuale Festlegung der Lizenzgebühr auf Basis des Produktverkaufspreises vereinbart haben (sog. „royalty rate“[477]), können die Prozentsätze für Lizenznehmer mit Produkten im hohen Preissegment niedriger ausfallen, als für Lizenznehmer mit Produkten mit niedrigem Preisrahmen.[478]

4. *Zusammenfassende Stellungnahme*

Aus dem Wortlaut der FRAND-Erklärung, Lizenzen zu fairen, angemessenen und nicht-diskriminierenden Bedingungen zu erteilen, können kaum inhaltliche Konkretisierungen abgeleitet werden. Dies wird auch daran deutlich, dass es im Ergebnis keinen Unterschied macht, ob eine Lizenz zu FRAND- oder RAND-Konditionen vergeben wird. Richtig ist, dass insbesondere die Angemessenheit der Höhe einer Lizenzgebühr von vielen einzelfallabhängigen Faktoren

---

471 *Dorn*, Technische Standardisierung, 2014, S. 122; *Hartmann*, Patenthinterhalte, 2016, S. 124; *Müller*, Kollektive Normung, 2015, S. 76.

472 *Müller*, Kollektive Normung, 2015, S. 77; *Burghartz*, Technische Standards, 2011, S. 134 ff., 137.

473 *BGH*, Urt. v. 13.7.2004 – KZR 40/02, GRUR 2004, 966 (968) – *Standard-Spundfass*; *Burghartz*, Technische Standards, 2011, S. 136.

474 *Hartmann*, Patenthinterhalte, 2016, S. 124.

475 *Hartmann*, Patenthinterhalte, 2016, S. 124.

476 *Müller*, Kollektive Normung, 2015, S. 77.

477 *Dorn*, Technische Standardisierung, 2014, S. 123.

478 *Dorn*, Technische Standardisierung, 2014, S. 123.

und den vorherrschenden Gegebenheiten auf dem Markt bestimmt wird.[479] Hinzu kommt, dass die Kriterien gemeinsam betrachtet werden müssen. Eine Trennung zwischen den Kriterien fair und angemessen bedeutet keinen inhaltlichen Unterschied und auch das Merkmal der Nicht-Diskriminierung spielt in die Frage der angemessenen Lizenzgebühr mithinein, da Preise ein Mittel sein können, um Marktteilnehmer zu diskriminieren.[480]

Doch auch wenn die Einzelfallabhängigkeit bei der inhaltlichen Definition von FRAND hervorzuheben ist, stecken die unbestimmten FRAND-Bedingungen, ähnlich einer Generalklausel[481], einen ersten Rahmen für die ersuchte Lizenz ab. Diese für die Verhandlungen zwischen den Parteien vorgegebenen Eckpunkte sind allerdings gerade aufgrund ihrer Unbestimmtheit nicht sehr hilfreich. Vielmehr besteht das Erfordernis, die FRAND-Kriterien soweit zu konkretisieren, dass diese „Richtlinien" im Einzelfall angewendet werden können.[482] So werden unter anderem eindeutige inhaltliche Vorgaben durch die SSO vorgeschlagen oder „die Bereitstellung von Verfahren zu ihrer näheren Bestimmung. Zu denken ist insbesondere auch an die Vorgabe, zur Lösung von Streitigkeiten über die angemessene Höhe der Lizenzgebühren oder sonstige Konditionen Schiedsgerichte anzurufen."[483]

Inwieweit dies möglich ist, wird für die Frage der angemessenen Lizenzgebühr im Kapitel 4 näher untersucht.

B. Anwendbares Recht

Im Kontext der Anwendung und Festlegung von Standards, die sowohl nationale, europaweite als auch internationale Reichweiten haben können, stellt sich die Frage, welches Recht auf die FRAND-Erklärung und die ihr zugrundeliegende IPR-Policy der jeweiligen SSO Anwendung findet.[484]

---

479 *Dorn*, Technische Standardisierung, 2014, S. 116.

480 Vgl. *Dorn*, Technische Standardisierung, 2014, S. 116.

481 *Geradin/Rato*, 3 ECJ (2007), 101 (112): "In this respect, FRAND is very much akin to a general clause. It is to be shaped and given meaning by reference to concrete objective and subjective circumstances. The specific meaning of FRAND can only be established in concrete situations, in particular taking into account the positions of the licensor and the licensee."

482 *Körber*, Standardessentielle Schutzrechte, 2013, S. 83; *Müller*, Kollektive Normung, 2015, S. 73; *Heinemann*, GRUR 2015, 855 (859); *Fuchs*, NZKart 2015, 429 (436); *Picht*, Strategisches Verhalten, 2013, S. 528 ff., 541.

483 *Fuchs*, NZKart 2015, 429 (436).

484 Vgl. *Müller*, Kollektive Normung, 2015, S. 79; *Fuchs*, in: FS Ahrens, 2016, S. 84. An dieser Stelle soll auf die Frage des bei grenzüberschreitenden Streitigkeiten

I. Mitgliedsverhältnis der SSO (Sitz- und Gründungstheorie)

Liegt einem deutschen Gericht ein Fall vor, der das Mitgliedsverhältnis der Standardisierungsorganisation betrifft, findet nach der sog. Sitztheorie das Recht des Landes Anwendung, in dem der Hauptsitz der Verwaltung der Organisation liegt.[485] So ist beispielsweise das französische Recht bei Streitigkeiten basierend auf der ETSI-Mitgliedschaft einschlägig.[486]

Davon abweichend findet im Bereich der Niederlassungsfreiheit nach Art. 49 und Art. 54 AEUV eine Ausnahmeregelung statt. Verlegt eine Organisation ihren Verwaltungssitz innerhalb der Europäischen Union, bleibt jedoch das Recht des Landes einschlägig, in dem sich der satzungsmäßige Sitz befindet, also die Gesellschaft gegründet wurde.[487]

II. FRAND-Erklärung (Rom I)

Hingegen gelten für die FRAND-Erklärungen sowie die vertraglichen Lizenzvereinbarungen nach der hier vertretenen Auffassung die Kollisionsregelungen der sog. Rom I-Verordnung.[488]

Entscheidend für die Abgrenzung und Anwendbarkeit von Rom I oder Rom II[489] ist die Einschätzung der FRAND-Erklärung als vertragliches oder außervertragliches Schuldverhältnis. Nach Art. 1 Abs. 1 der Rom I-VO ist der Anwendungsbereich eröffnet, wenn es sich um ein vertragliches Schuldverhältnis zivil- und handelsrechtlicher Natur mit Verbindungen zum Recht

---

anzuwendenden Rechts nur ein kurzer Einblick gegeben werden, da der Schwerpunkt der vorliegenden Arbeit nicht auf der Klärung dieser Problematik liegt.

485 *Burghartz*, Technische Standards, 2011, S. 109; *Müller*, Kollektive Normung, 2015, S. 79 Fn. 339; *Maaßen*, Normung, 2006, S. 268; *Zeiser*, in: Beck'scher Online-Kommentar GBO, 29. Edition 2017, Sonderbereiche, Internationale Bezüge, M. Rn. 89.

486 *Straus*, GRUR Int. 2011, 469 (475); *Müller*, Kollektive Normung, 2015, S. 79 Fn. 339.

487 *Burghartz*, Technische Standards, 2011, S. 109 f.; *Zeiser*, in: Beck'scher Online-Kommentar GBO, 29. Edition 2017, Sonderbereiche, Internationale Bezüge M. Rn. 92 f.

488 Verordnung (EG) Nr. 593/2008 des Europäischen Parlaments und des Rates vom 17.6.2008 über das auf vertragliche Schuldverhältnisse anzuwendende Recht („Rom I"), ABl. 2008 L 177 v. 04.07.2008, S. 6 (im Folgenden: Rom I-VO); *Müller*, Kollektive Normung, 2015, S. 79 ff., *Straus*, GRUR Int. 2011, 469 (475 f.); vgl. auch *Burghartz*, Technische Standards, 2011, S. 110 zu den vorherigen Regelungen des EGBGB; vgl. auch *McGuire*, GRUR 2018, 128 (131).

489 Verordnung (EG) Nr. 864/2007 des Europäischen Parlaments und des Rates vom 11.7.2007 über das auf außervertragliche Schuldverhältnisse anzuwendende Recht („Rom II"), ABl. L 199 v. 31.7.2007, S. 40.

unterschiedlicher Staaten handelt. Allerdings kann die Anwendung aufgrund der Einschlägigkeit einer der Bereiche nach Art. 1 Abs. 2 Rom I-VO ausgeschlossen sein.[490]

Die Beurteilung eines Schuldverhältnisses richtet sich nicht nach den nationalen Vorschriften, sondern bedarf einer autonomen unionsrechtlichen Auslegung. Dabei ist zwischen den zivilrechtlichen und handelsrechtlichen Bereichen nicht weiter zu differenzieren. Der handelsrechtliche Bereich umfasst dabei „das zivilrechtliche Privatrecht mit wirtschaftlichen Bezügen“[491]. Der Begriff des zivil- und handelsrechtlichen Schuldverhältnisses wird in der VO nicht konkret definiert, sondern nach Abs. 1 S. 2 abgegrenzt zu den Bereichen des öffentlichen Rechts, „die im Zusammenhang mit der Ausübung hoheitlicher Befugnisse“[492] stehen. Damit fällt im Ergebnis jede vertragliche Verpflichtung aus einem Schuldverhältnis in den Anwendungsbereich der Rom I-VO, es sei denn sie ist nach Abs. 2 ausdrücklich ausgeschlossen.[493]

Der Begriff des vertraglichen Schuldverhältnisses[494] ist unter Berücksichtigung der Rechtsprechungen des EuGH zur EuGVÜ und EuGVO auszulegen.[495] Auf Basis der Rechtsprechung zu Art. 5 Nr. 1 EuGVO hat sich die unionsrechtliche Einschätzung herausgebildet, dass eine weite Auslegung des Vertragsbegriffs und damit ein weiter Anwendungsbereich zu bevorzugen ist.[496] Danach handelt es sich um einen Vertrag, wenn dieser „auf einer freiwilligen Verpflichtung einer Partei gegenüber einer anderen [beruht], die eine rechtsgeschäftliche Sonderverbindung zwischen diesen Parteien entstehen lässt.“[497] Ein eventueller Kontrahierungszwang hindert die Entstehung eines Vertrages nicht.[498]

---

490 vgl. auch *Müller*, Kollektive Normung, 2015, S. 79; *Martiny*, in: MüKo BGB, Bd. 10, 6. Aufl. (2015), Art. 1 Rom I-VO, Rn. 5 ff.

491 *Martiny*, in: MüKo BGB, Bd. 10, 6. Aufl. (2015), Art. 1 Rom I-VO, Rn. 6.

492 *Martiny*, in: MüKo BGB, Bd. 10, 6. Aufl. (2015), Art. 1 Rom I-VO, Rn. 6.

493 *Martiny*, in: MüKo BGB, Bd. 10, 6. Aufl. (2015), Rn. 7.

494 Auf die zum Teil schwierige Abgrenzung von außervertraglichen zu vertraglichen Schuldverhältnissen soll hier nicht näher eingegangen werden. Vgl. dazu *Martiny*, in: MüKo BGB, Bd. 10, 6. Aufl. (2015), Art. 1 Rom I-VO, Rn. 10 mwN.

495 *Martiny*, in: MüKo BGB, Bd. 10, 6. Aufl. (2015), Art. 1 Rom I-VO, Rn. 6 f.: *Müller*, Kollektive Normung, 2015, S. 80.

496 *Martiny*, in: MüKo BGB, Bd. 10, 6. Aufl. (2015), Art. 1 Rom I-VO, Rn. 7 m.w.N. insb. zur Rspr. zu Art. 5 Nr. 1 EuGVÜ.

497 *Martiny*, in: MüKo BGB, Bd. 10, 6. Aufl. (2015), Art. 1 Rom I-VO, Rn. 7; *Müller*, Kollektive Normung, 2015, S. 80.

498 *Martiny*, in: MüKo BGB, Bd. 10, 6. Aufl. (2015), Art. 1 Rom I-VO, Rn. 7.

Im Falle der Selbstverpflichtungserklärung zu FRAND-Bedingungen wird diese von dem Schutzrechtsinhaber auf freiwilliger Basis gegenüber der Standardisierungsorganisation abgegeben und begründet nach der hier vertretenen Auffassung eine schuldrechtlich verpflichtende Verbindung zwischen den Parteien zugunsten Dritter. Dies spricht für eine Anwendung der Kollisionsregelungen der Rom I-VO auf FRAND-Erklärungen.[499]

Konsequenz der Anwendung der Rom I-Verordnung ist die freie Rechtswahl der Vertragsparteien bezüglich des anzuwendenden Rechts nach Art. 3 Abs. 1 Rom I-VO. Dabei muss die Rechtswahl ausdrücklich erfolgen oder aus dem Vertrag oder anderen Umständen mit hinreichender Sicherheit deutlich werden.[500]

So können etwa die IPR-Policies bzw. die Erklärungsvordrucke der Standardisierungsorganisationen eine Rechtswahl enthalten. Bspw. legt das ETSI in seinem Vordruck ausdrücklich fest, dass französisches Recht anzuwenden ist.[501]

Geschieht dies nicht, richtet sich das anzuwendende Recht nach Art. 4 Rom I-VO. Ist keiner der in Art. 4 Abs. 1 genannten Fälle einschlägig, greift Absatz 2. Danach „unterliegt der Vertrag dem Recht des Staates, in dem die Partei, welche die für den Vertrag charakteristische Leistung zu erbringen hat, ihren gewöhnlichen Aufenthalt hat."[502] In Art. 4 Abs. 3 der Rom I-VO wird weiter ausgeführt: „Ergibt sich aus der Gesamtheit der Umstände, dass der Vertrag eine offensichtlich engere Verbindung zu einem anderen als dem nach Absatz 1 oder 2 bestimmten Staat aufweist, so ist das Recht dieses anderen Staates anzuwenden."[503] Kann keine Rechtswahl nach Abs. 2 oder 3 getroffen werden, enthält Abs. 4 eine Generalklausel, nach der in diesem Fall das Recht des Staates einschlägig ist, zu dem die engste Verbindung besteht.[504]

In dem Bereich der FRAND-Erklärung dürften für die Festlegung des anwendbaren Rechts bei mangelnder ausdrücklicher Rechtwahl die Abs. 3 und 4 des Art. 4 Rom I-VO einschlägig sein.[505]

Wenn die Abgabe einer FRAND-Erklärung bei ETSI ohne Verwendung des Vordruckes erfolgt, dürfte allerdings auch ohne die darin enthaltene Rechtswahl das französische Recht entscheidend sein. Denn den FRAND-Erklärungen liegt

499 *Müller*, Kollektive Normung, 2015, S. 80.
500 *Martiny*, in: MüKo BGB, Bd. 10, 6. Aufl. (2015), Art. 3 Rom I-VO, Rn. 2.
501 *Straus*, GRUR Int. 2011, 469 (476).
502 Art. 4 Abs. 2 Rom I-VO.
503 Art. 4 Abs. 3 Rom I-VO.
504 *Martiny*, in: MüKo BGB, Bd. 10, 6. Aufl. (2015), Art. 4 Rom I-VO, Rn. 4, 306.
505 *Müller*, Kollektive Normung, 2015, S. 81; *Straus*, GRUR Int. 2011, 468 (476).

die ETSI IPR Policy zugrunde.[506] Diese wiederum enthält in Clause 12 die ausdrückliche Regelung, dass auf die Policy französisches Recht Anwendung findet („*The POLICY shall be governed by the laws of France.*“[507]). Somit ist auch französisches Recht entscheidend für die FRAND-Erklärungen, die nach Clause 6.1 der ETSI IPR Policy abgegeben werden.[508] Darüber hinaus ist die ETSI IPR Policy Bestandteil der ETSI Rules of Procedure, die in Art. 18 ETSI Rules of Procedure wiederum ausdrücklich das französische Recht als das einschlägige Recht im Falle von Rechtsstreitigkeiten festlegt.[509] In der Literatur werden die Regelungen der Art. 18 ETSI Rules of Procedure und der Clause 6.1 i.V.m. Clause 12 ETSI IPR Policy auch als ausreichend für die Annahme einer ausdrücklichen Rechtswahl angesehen. Jedenfalls könne aber eine konkludente Rechtswahl nach Art. 3 Abs. 1 S. 2, 2. HS Rom I-VO getroffen worden sein.[510]

Für den Fall, dass eine Rechtswahl nach Art. 3 Rom I-VO nur für die Erklärungsvordrucke als einschlägig betrachtet wird[511], wären nach Ansicht der Literatur jedenfalls Art. 4 Abs. 3 evtl. Abs. 4 Rom I-VO einschlägig.[512] Eine Ansicht in der Literatur hat sich im Falle einer fehlenden ausdrücklichen Rechtswahl in den Erklärungsvordrucken dafür ausgesprochen, dass eine konkludente Wahl des Rechtes vorliegt, die sich an dem Staat orientiert, in dem die Standardisierungsorganisation ihren Sitz hat. Denn die Lizenzbereitschaftserklärungen werden von den Organisationen entgegengenommen und beruhen auf ihren Satzungen. Darüber hinaus sei anzunehmen, dass zu diesem Recht „auch die engste Verbindung“[513] bestehe.[514] Diese Einschätzung, basierend auf der Regelung des Art. 28 Abs. 1 S. 1 EGBGB a.F., dürfte auch für die neuen Regelungen der Rom I-VO gelten.[515]

---

506 *Müller*, Kollektive Normung, 2015, S. 81; *Straus*, GRUR Int. 2011, 468 (476); ETSI IPR Policy, 2017.

507 ETSI IPR Policy, 2017, Clause 12.

508 *Müller*, Kollektive Normung, 2015, S. 81; *Straus*, GRUR Int. 2011, 468 (476).

509 ETSI Rules of Procedure, 2017, Article 18; *Müller*, Kollektive Normung, 2015, S. 81; *Straus*, GRUR Int. 2011, 469 (476).

510 *Straus*, GRUR Int. 2011, 469 (476).

511 Vgl. *Müller*, Kollektive Normung, 2015, S. 80 f.

512 *Müller*, Kollektive Normung, 2015, S. 82; *Straus*, GRUR Int. 2011, 469 (476).

513 *Maaßen*, Normung, 2006, S. 269.

514 *Maaßen*, Normung, 2006, S. 269; so auch *Burghartz*, Technische Standards, 2011, S. 110.

515 *Straus*, GRUR Int. 2011, 469 (476); *Müller*, Kollektive Normung, 2015, S. 81 Fn. 352.

Zu beachten ist, dass sich das anwendbare Recht auf die FRAND-Erklärung allerdings von dem Recht, welches hinsichtlich des im Anschluss geschlossenen Lizenzvertrages gilt, unterscheiden kann.[516]

Anders wird die Lage von den nationalen Gerichten und einem Teil der Literatur eingeschätzt.[517] Das LG Mannheim hat festgestellt, dass die Wirkungen einer FRAND-Erklärung basierend auf dem Schutzlandprinzip anhand des Rechtes desjenigen Staates beurteilt werden müssen, für eben den die Erteilung des Schutzrechts erfolgte.[518] Auch das LG Düsseldorf hat sich auf das Schutzlandprinzip berufen und betont, dass auf FRAND-Erklärungen zwingend deutsches Recht anzuwenden sei.[519] Die Wahl des anzuwenden Rechts stünde nicht zur Disposition der Parteien.[520]

Die Befürwortung des Schutzlandprinzips in der Literatur und Rechtsprechung beruht zum Teil auf der Einordnung der FRAND-Erklärung als rechtlich unverbindliche Erklärung bzw. Haftungsmöglichkeiten aus culpa in contrahendo. Diese Varianten sind im Sinne der Rom-Verordnungen als außervertragliche Schuldverhältnisse einzuordnen und hätten nach Art. 8 Rom II-VO bei der Verletzung von geistigen Eigentumsrechten eine Anwendung des Schutzlandprinzips zur Folge. Dies würde im Falle eines deutschen Patentrechts die Anwendbarkeit deutschen Rechts bedeuten, ebenso bei einem europäischen Schutzrecht mit Rechtswirkungen in Deutschland.[521]

Darüber hinaus wird die Anwendbarkeit des Schutzlandprinzips auf eine patentrechtliche Anknüpfung gestützt. So könne ein auf der FRAND-Erklärung basierender Einwand im Patentverletzungsprozess „nicht losgelöst vom jeweils anwendbaren Patentrecht beurteilt werden".[522]

---

516 *Maaßen*, Normung, 2006, S. 269.

517 *LG Düsseldorf*, Urt. v. 24.4.2012 – 4b O 273/10, Rn 183 f. (zitiert nach juris); *LG Mannheim*, Urt. v. 18.02.2011 - 7 O 100/10, Rn. 159 ff. – *UMTS-fähiges Mobiltelefon II* (zitiert nach juris); *Mes*, PatG, 4. Aufl. (2015), § 9 Rn. 114; *Fuchs*, in: FS Ahrens, 2016, S. 79 (84 ff.); Entscheidung offengelassen: *Körber*, Standardessentielle Patente, 2013, S. 39.

518 *LG Mannheim*, Urt. v. 18.02.2011 - 7 O 100/10, Rn. 159 ff. – *UMTS-fähiges Mobiltelefon II* (zitiert nach juris); *LG Mannheim*, Urt. v. 27.2.2009 - 7 O 94/08, Rn. 100 (zitiert nach juris).

519 *LG Düsseldorf*, Urt. v. 24.4.2012 – 4b O 273/10, Rn 183 f. (zitiert nach juris).

520 *LG Düsseldorf*, Urt. v. 24.4.2012 – 4b O 273/10, Rn 184 (zitiert nach juris).

521 *Fuchs*, in: FS Ahrens, 2016, S. 79 (85 f.).; *Mes*, PatG, 4. Aufl. (2015), § 9 Rn. 114.; *Kühnen*, Hdb. Patentverletzung, 6. Aufl. (2012), Rn. 1481.

522 *Fuchs*, in: FS Ahrens, 2016, S. 79 (85 f.).

Entscheidend für die Bestimmung des anwendbaren Rechts bei FRAND-Erklärungen ist die Beurteilung als vertragliches oder außervertragliches Schuldverhältnis und damit die Anwendbarkeit der Rom I oder Rom II-Verordnung. Nach der hier vertetenen Auffassung handelt es sich bei einer FRAND-Erklärung um einen Vorvertrag zugunsten Dritter (siehe hierzu ausführlich den folgenden Abschnitt C.). Aufgrund der oben erfolgten Einordnung als vertragliches Schuldverhältnis ist das anwendbare Recht nach den Regelungen der Rom I-Verordnung zu bestimmen. Eine Anwendung des Schutzlandprinzips ist daher abzulehnen.

C. Rechtsnatur

Die Frage der Rechtsnatur einer Selbstverpflichtungserklärung eines Schutzrechtsinhabers zu FRAND-Bedingungen ist bis heute nicht abschließend geklärt, obwohl ihr eine grundlegende Bedeutung zukommt. Die Rechtsnatur ist entscheidend für die Verbindlichkeit der Erklärung und ihrer Wirkungen/Rechtsfolgen für die Parteien.[523]

Erschwerend kommt hinzu, dass die jeweiligen Erklärungen stark von den konkreten Formulierungen und den unterschiedlichen Regelungen der Standardisierungsorganisationen abhängen und sich deutlich voneinander unterscheiden können.[524] Doch trotz dieser variierenden Regelungen besteht die Notwendigkeit nach einer generellen Klärung der Verbindlichkeit von FRAND-Erklärungen.[525] Gerade in der Praxis, d.h. bei den beteiligten Unternehmen, besteht das Bedürfnis nach Rechtssicherheit.[526]

Sowohl in der Rechtsprechung als auch in der Literatur wurden verschiedene Ansichten zu der Rechtsverbindlichkeit von FRAND-Erklärungen entwickelt, wobei die Meinungen weit auseinandergehen: Die Spannweite reicht von der Einschätzung, dass die Abgabe einer FRAND-Erklärung rechtsverbindliche Wirkungen entfalte[527], bis zur Ansicht, dass es sich lediglich um eine

523 Vgl. *Burghartz*, Technische Standards, 2011, S. 106 f.

524 *Hilty/Slowinski*, GRUR Int. 2015, 781 (787); *Körber*, Standardessentielle Patente, 2013, S. 39.

525 Vgl. *Hilty/Slowinski*, GRUR Int. 2015, 781 (787); *Burghartz*, Technische Standards, 2011, S. 107, 109.

526 Vgl. *Burghartz*, Technische Standards, 2011, S. 107, 109.

527 So u.a.: *Burghartz*, Technische Standards, 2011, S. 117 ff.; *Müller*, Kollektive Normung, 2015, S. 97 ff.; *Maaßen*, Normung, 2006, S. 320 ff. Rn. 762 ff.; *Tapia*, Industrial Property Rights, 2010, S. 24 ff.

unverbindliche Obliegenheit oder invitatio ad offerendum des Erklärenden handele.[528]

Für die Beurteilung der Rechtsnatur der FRAND-Erklärung ist zunächst das auf diese anwendbare Recht zu bestimmen.[529] Dabei haben die Parteien nach der Rom I-Verordnung grundsätzlich die Freiheit der Rechtswahl. (siehe vorherhiger Abschnitt) Die folgende Untersuchung der Rechtsnatur von FRAND-Selbstverpflichtungserklärungen wird basierend auf der Grundlage des deutschen Rechts vorgenommen.[530] Dabei hat die Auslegung der FRAND-Erklärung nach §§ 133, 157 BGB zu erfolgen.[531] Danach ist im Rahmen der Auslegung der Empfängerhorizont entscheidend, d.h. wie der Erklärungsempfänger die abgegebene Erklärung nach Treu und Glauben und unter Berücksichtigung der Verkehrssitte verstehen musste.[532] Da die FRAND-Erklärung Bedeutung für eine unbestimmte Personenanzahl entfalten und somit als Erklärung an die Allgemeinheit gewertet werden kann, ist auf den durchschnittlichen Beteiligten oder Angehörigen des Personenkreises abzustellen, an den die Erklärung gerichtet ist. Das bedeutet, dass neben dem konkreten Erklärungstext nur solche Umstände Berücksichtigung finden dürfen, die für den angesprochenen Beteiligten oder Angehörigen bekannt oder erkennbar sind.[533]

Im Kontext der FRAND-Erklärungen ist dies somit nicht nur der explizite Wortlaut der FRAND-Erklärung, sondern es sind als Vereinsregelungen auch die IPR-Policies der Standardisierungsorganisationen zu berücksichtigen.[534] Darüber hinaus müssen bei der Auslegung als bekannte Begleitumstände auch

---

528 So u.a.: *Loest/Bartlik*, ZWeR 2008, 41 (49).; *Ullrich*, GRUR 2007, 817 (822); *LG Düsseldorf*, Urt. v. 4.8.2011 - 4b 54/10, Rn. 59 – *MPEG-2-Standard XXIII* (zitiert nach juris); *LG Düsseldorf*, Urt. v. 24.4.2012 – 4b O 273/10, Rn. 209 (zitiert nach juris).

529 Vgl. Kapitel 3 B; vgl. auch *McGuire*, GRUR 2018, 128 ff.

530 Vgl. auch *Burghartz*, Technische Standards, 2011, S. 110; *Körber*, Standardessentielle Patente, 2013, S. 39. Für eine vertiefte Untersuchung der FRAND-Erklärung am Beispiel des ETSI-Standards auf Grundlage des französischen Rechts vgl. *McGuire*, GRUR 2018, 128 ff.

531 *Müller*, Kollektive Normung, 2015, S. 85.

532 Palandt/*Ellenberger*, BGB, 76. Aufl. (2017), § 133 Rn. 9; *Busche*, in: MüKo BGB, Bd. 1, 7. Aufl. (2015), § 133 Rn. 12; *Müller*, Kollektive Normung, 2015, S. 86.

533 Palandt/*Ellenberger*, BGB, 76. Aufl. (2017), § 133 Rn. 12; *Wendtland*, in: *Bamberger/Roth*, BGB, Bd. 1, 3. Aufl. (2012), § 133 Rn. 28.

534 *Müller*, Kollektive Normung, 2015, S. 86; Palandt/*Ellenberger*, BGB, 76. Aufl. (2017), § 133 Rn. 12.

der Zweck und die Interessenlagen, die hinter der FRAND-Erklärung zum Zeitpunkt der Abgabe der Erklärung standen, berücksichtigt werden.[535]

I. Keine bindende Wirkung/invitatio ad offerendum

Zum Teil wird die FRAND-Erklärung als eine reine „Lizenzvergabeobliegenheit“[536] verstanden. Die Argumentation stützt sich dabei auf die Konsequenzen einer Verweigerung der Abgabe einer solchen Erklärung oder abgelehnten Lizenzvergabe nach der ETSI-IPR-Policy.[537] Danach würde ein solches Verhalten des Schutzrechtsinhabers lediglich ein Mahnverfahren und die Nichtverabschiedung der Norm bzw. deren Revision nach sich ziehen.[538] Dabei lässt diese Auffassung jedoch die Frage offen, ob eine FRAND-Erklärung des SEP-Inhabers eventuell Ansprüche Dritter auf die Erteilung einer Lizenz begründen kann.[539]

Andere verneinen hingegen ausdrücklich, dass die im Rahmen von Standardisierungsverfahren, insb. im Kontext der Normung bei ETSI, abgegebenen Selbstverpflichtungserklärungen Ansprüche begründen.[540] Sie leiten Ansprüche ausschließlich aus einem eventuellen Verstoß gegen das Kartellrecht her.[541]

So wird die FRAND-Erklärung des Patentinhabers zum Teil lediglich als eine *invitatio ad offerendum* aufgefasst.[542] Diese unverbindliche Aufforderung auf Angebotsabgabe signalisiert lediglich eine grundsätzliche Bereitschaft des Anbietenden, eventuell einen Vertrag abzuschließen. Allerdings behält sich dieser so die Wahl seines Vertragspartners vor und verpflichtet sich nicht dazu, mit jedem Interessierten einen Vertrag einzugehen.[543]

Das LG Düsseldorf hat diese Auffassung in mehreren Entscheidungen vertreten.[544] Es begründet dies damit, dass „eine Lizenzbereitschaftserklärung in

---

535 *Müller*, Kollektive Normung, 2015, S. 86; *Wendtland*, in: *Bamberger/Roth*, BGB, Bd. 1, 3. Aufl. (2012), § 133 Rn. 25.

536 *Ullrich*, GRUR 2007, 817 (822).

537 *Ullrich*, GRUR 2007, 817 (822).

538 *Ullrich*, GRUR 2007, 817 (822).

539 *Ullrich*, GRUR 2007, 817 (822 Fn. 56; 830 Fn. 156).

540 *Loest/Bartlik*, ZWeR 2008, 41 (49).

541 *Loest/Bartlik*, ZWeR 2008, 41 (49 f.); so wohl auch *Mes*, PatG, 4. Aufl. (2015), § 9 Rn 114 ff.

542 *Müller*, GRUR 2012, 686 (687 f.); *Kühnen*, Hdb. Patentverletzung, 6. Aufl. (2012), Rn. 1481 f; *Bukow*, in: *Haedicke/Timmann*, Hdb. Patentrecht, 2012, § 9 Rn. 288.

543 *Busche*, in: MüKo BGB, 7. Auflage 2015, § 145 Rn. 10.

544 *LG Düsseldorf*, Urt. v. 4.8.2011 - 4b 54/10, Rn. 59 – *MPEG-2-Standard XXIII* (zitiert nach juris); *LG Düsseldorf*, Urt. v. 24.4.2012 – 4b O 273/10, Rn. 209 (zitiert nach juris);

der Regel lediglich eine Lizenzierungspflicht, die ohnehin auf kartellgesetzlicher Grundlage besteht, deklariert."[545] Einer FRAND-Erklärung komme „kein(..) eigenständige(r), über den kartellrechtlichen Lizenzierungsanspruch aus Art. 102 AEUV hinausgehende(r) Charakter zu."[546] Mit der Abgabe einer Lizenzbereitschaftserklärung signalisiere der Patentinhaber zwar, dass er sich verpflichtet sehe, FRAND-Lizenzen zu erteilen, er möchte damit aber nicht automatisch Lizenzen an ihm nicht bekannte Dritte erteilen und die FRAND-Erklärung mache ein Angebot seitens des Lizenzsuchenden auch nicht entbehrlich.[547] Diese Einschätzung wird jedoch in der Rechtsprechung nicht einheitlich vertreten, denn unter anderem das LG Düsseldorf als auch das LG Mannheim haben offen gelassen, ob eine FRAND-Erklärung zu einem vertraglichen Lizenzanspruch führen kann.[548]

In der Literatur wird zudem die mögliche Interpretation der FRAND-Erklärung als „*Letter of Intent*"[549] angerissen, der aufgrund des fehlenden Bindungswillens vergleichbar mit der invitatio ad offerendum ist. Im Ergebnis wird eine Auslegung der Lizenzbereitschaftserklärung als „unverbindliche Absichtserklärung"[550] aber verworfen.[551]

Die genannten Auffassungen werden weder dem Konzept noch den Interessenlagen oder dem Wortlaut einer FRAND-Erklärung gerecht. Ziel der FRAND-Erklärung ist es, die Nutzungsmöglichkeit des Standards unter Wahrung der insb. wirtschaftlichen Ausgleichsinteressen des SEP-Inhabers zu gewährleisten. Nimmt man nun keinerlei verpflichtende Wirkung der FRAND-Erklärung an, geht dies völlig am FRAND-Konzept vorbei und würde es vielmehr überflüssig machen. Der Patentinhaber würde aufgefordert werden, eine Erklärung abzugeben, in der er sich in letzter Konsequenz zu nichts verpflichtet. So ist die Abgabe

---

LG Düsseldorf, EuGH-Vorlage v. 31.3.2013 – 4b O 104/12 Rn 49 – *LTE-Standard* (zitiert nach juris).

545 *LG Düsseldorf*, Urt. v. 4.8.2011 - Az. 4b 54/10, Rn. 59 – *MPEG-2-Standard* (zitiert nach juris).

546 *LG Düsseldorf*, Urt. v. 24.4.2012 – 4b O 273/10, Rn. 209 Rn. 258 (zitiert nach juris).

547 *LG Düsseldorf*, EuGH-Vorlage v. 31.3.2013 – 4b O 104/12 Rn 49– *LTE-Standard* (zitiert nach juris).

548 *LG Düsseldorf*, Urt. v. 13.2.2007 – 4a O 124/05 Rn. 62 (zitiert nach juris); *LG Mannheim*, Urt. v. 27.2.2009 - 7 O 94/08, Rn. 102 (zitiert nach juris); *Müller*, Kollektive Normung, 2015, S. 87 Fn. 375.

549 *Burghartz*, Technische Standards, 2011, S. 115.

550 *Burghartz*, Technische Standards, 2011, S. 115.

551 *Burghartz*, Technische Standards, 2011, S. 115 ff.; *Dorn*, Technische Standardisierung, 2014, S. 160 f.; *Müller*, Kollektive Normung, 2015, S. 86.

einer FRAND-Erklärung allerdings für die meisten SSO Grundvoraussetzung für die Einbeziehung einer geschützten technischen Lehre in den Standard und die Gewährleistung der kartellrechtlichen Konformität der Standardisierungsvereinbarung. Dies zeigt die Absicht, dass der FRAND-Erklärung nach ihrer Abgabe auch Bedeutung zukommen soll.[552] Der Umfang der der FRAND-Selbstverpflichtungserklärung erwachsenen Verbindlichkeit ist im Folgenden zu ermitteln.

II. FRAND-Erklärung als Erklärung i.S.d. § 23 PatG

Diskutiert wird auch, ob die Abgabe einer FRAND-Erklärung vergleichbar sei mit einer patentrechtlichen Lizenzbereitschaftserklärung nach § 23 PatG und damit einhergehende dingliche (Dritt-)Wirkungen entfalten könnte.[553]

Mit einer Lizenzbereitschaftserklärung nach § 23 Abs. 1 S. 1 PatG erklärt sich der Patentinhaber bereit, im Gegenzug zu einer angemessenen Vergütung jedem Dritten die Benutzung seiner Erfindung zu gestatten.[554] Diese Erklärung wird von ihm gegenüber dem Deutschen Patent- und Markenamt abgegeben.[555] Das Bundespatentgericht hat in seiner Rechtsprechung klargestellt, dass es sich rechtlich gesehen um ein an jedermann gerichtetes Angebot auf Abschluss eines Lizenzvertrages handelt. Dabei richtet sich das Angebot an jeden, der bereit ist, eine angemessene Gebühr zu zahlen.[556]

Zeigt der Benutzer gegenüber dem Patentinhaber seine diesbezügliche Benutzungsabsicht an, wird dies als Annahme des vom Patentinhaber geäußerten Angebots gewertet. Dadurch entsteht automatisch ein rechtmäßiges Benutzungsrecht im Sinne eines Lizenzverhältnisses, das nicht von einem diesbezüglichen formellen Vertrag zwischen den Parteien abhängig ist.[557] Der Benutzer ist zur

552 Vgl. *Müller*, Kollektive Normung, 2015, S. 90; *Fuchs*, in: FS Ahrens, 2016, S. 79 (87); *Körber*, Standardessentielle Patente, 2013, S. 43.

553 *Körber*, Standardessentielle Patente, 2013, S. 39; ablehnend u.a. *Fuchs*, in: FS Ahrens, 2016, S. 79 (86 f.).

554 *Mes*, PatG, 4. Aufl. (2015), § 23 Rn. 4.

555 *Mes*, PatG, 4. Aufl. (2015), § 23 Rn. 4.

556 *BPatG*, Beschl. v. 20.3.1996 – 4 W (pat) 45/95, GRUR 1996, 477 – *Lizenzbereitschaftserklärung*; *Mes*, PatG, 4. Aufl. (2015), § 23 Rn. 4.

557 *BPatG*, Beschl. v. 20.3.1996 – 4 W (pat) 45/95, GRUR 1996, 477 – *Lizenzbereitschaftserklärung*; *Mes*, PatG, 4. Aufl. (2015), § 23 Rn. 9; *Burgharzt*, Technische Standards, 2011, S. 111; Benkard/*Rogge*/*Kober-Dehm*, PatG, 11. Aufl. (2015), § 23 Rn. 11.

Zahlung einer angemessenen Vergütung verpflichtet.[558] Die Höhe der Gebühr kann auf Antrag vom Patentamt festgesetzt werden.[559]

In der Rechtsprechung wurde die Möglichkeit eines dinglichen Nutzungsrechts aus einer FRAND-Erklärung abgelehnt.[560] Im nationalen Recht gebe es keine Rechtsfigur, die ein dingliches Nutzungsrecht einräume, mit Ausnahme des § 23 PatG.[561] Wie in der Rechtsprechung, so wird auch in der Literatur zutreffend betont, dass ein wesentlicher Unterschied zwischen einer Erklärung nach § 23 PatG und einer FRAND-Erklärung darin bestehe, wer der Erklärungsempfänger sei. Während § 23 PatG voraussetzt, dass die Erklärung gegenüber dem Patentamt abgegeben wird, setzen die Standardisierungsorganisationen bei einer Selbstverpflichtungserklärung zu FRAND-Bedingungen in der Regel eine Abgabe gegenüber der jeweiligen Organisation voraus.[562] Daher könne die FRAND-Erklärung nicht unter die patentrechtliche Norm § 23 PatG gefasst werden.[563] Gegen eine direkte Anwendbarkeit des § 23 PatG wird zudem argumentiert, dass dem Patentinhaber nach § 23 Abs. 7 PatG die Option eingeräumt ist, seine abgegebene Erklärung zurückzunehmen, solange ihm Schutzrechtsnutzer eine Absicht auf Benutzung noch nicht angezeigt haben.[564] Dies steht aber im Gegensatz zur FRAND-Erklärung, bei der der Patentinhaber eine unwiderrufliche Erklärung gegenüber der SSO abgibt.[565] Dementsprechend wird auch überwiegend eine Übertragung des Sukzessionsschutzes gem. § 15 Abs. 3 PatG auf den FRAND-Kontext abgelehnt.[566]

Bei einer FRAND-Erklärung handelt es sich mangels Abgabe gegenüber dem Patentamt sowie der Unwiderruflichkeit nicht um eine Lizenzbereitschaftserklärung nach § 23 PatG. Auch eine analoge Anwendung ist abzulehnen.

---

558 Benkard/*Rogge/Kober-Dehm*, PatG, 11. Aufl. (2015), § 23 Rn. 11 f.

559 Benkard/*Rogge/Kober-Dehm*, PatG, 11. Aufl. (2015), § 23 Rn. 13.

560 *LG Düsseldorf*, Urt. v. 24.4.2012 – 4b O 273/10, Rn. 187 (zitiert nach juris); *LG Mannheim*, Urt. v. 27.2.2009 - 7 O 94/08 Rn, 100 (zitiert nach juris).

561 *LG Düsseldorf*, Urt. v. 24.4.2012 – 4b O 273/10, Rn. 187 (zitiert nach juris).

562 *Maaßen*, Normung, 2006, S. 317 Rn. 753; *Burghartz*, Technische Standards, 2011, S. 112; *LG Düsseldorf*, Urt. v. 24.4.2012 – 4b O 273/10, Rn. 187 (zitiert nach juris).

563 *Burghartz*, Technische Standards, 2011, S. 112

564 *Müller*, Kollektive Normung, 2015, S. 89; *Tapia*, Industrial Property Rights, 2010, S. 23.

565 Vgl. so auch *Müller*, Kollektive Normung, 2015, S. 93.

566 So u.a.: *Fuchs*, in: FS Ahrens, 2016, S. 79 (87); *Dorn*, Technische Standardisierung, 2014, S. 162; offen gelassen *Körber*, Standardessentielle Patente, 2013, S. 39; hingegen bejahend *Straus*, GRUR Int 2011, 469 (478).

Für eine analoge Anwendung fehlt es an einer planwidrigen Regelungslücke. Die Ausgestaltung eines dinglichen Nutzungsrechts im Patentgesetz ist ein expliziter Ausnahmetatbestand von der grundsätzlichen Unabhängigkeit dinglicher Rechte von schuldrechtlichen Verträgen. Ebenso scheidet eine Übertragung des Sukzessionsschutzes auf die FRAND-Erklärung aus, da dieser keine dingliche Wirkung zukommt.[567]

Zudem sind die zugrundeliegenden Konstellationen nicht vergleichbar. Ziel der Abgabe einer FRAND-Erklärung ist vielmehr die Schaffung eines gesicherten Verhandlungsrahmens in der Hinsicht, dass das „ob" der Lizenzerteilung keine Frage ist, sondern (nur) noch Verhandlungen über die konkreten Lizenzbedingungen geführt werden (müssen). Dies kann, insbesondere aufgrund der Unwiderruflichkeit der abgegebenen FRAND-Erklärung, allerdings nicht mit der Einräumung eines dinglichen Nutzungsrechts i.S.d. § 23 PatG gleichgesetzt werden. Der FRAND-Erklärung kommt dabei ausschließlich schuldrechtliche Wirkung zu.

Aus denselben Erwägungen scheidet auch eine Übertragung des Sukzessionsschuztes gem. § 15 Abs. 3 PatG aus.

III. Offerta ad incertas personas

Weitergehend besteht die Möglichkeit, in der FRAND-Erklärung ein *Angebot ad incertas personas* zu sehen.[568] Dabei würde der SEP-Inhaber mit Abgabe der FRAND-Erklärung einer unbestimmten Personenzahl ein bindendes Angebot auf Abschluss eines FRAND-Lizenzvertrages unterbreiten.[569] Der SSO würde dabei die Rolle eines Erklärungsboten zukommen.[570]

Bei einem Angebot nach § 145 BGB ist der Erklärende an dieses gebunden und neben der Unwiderruflichkeit des Antrags werden bei Verweigerung der Leistungserbringung Schadensersatzpflichten begründet.[571] Voraussetzungen sind allerdings die Bestimmbarkeit des Angebots hinsichtlich seines Inhalts sowie der

567 Vgl. auch *Hartmann*, Patenthinterhalte, 2016, S. 126.

568 So: *Körber*, Standardessentielle Patente, 2013, S. 53; offengelassen: *Maume/Tapia*, GRUR Int. 2010, 923 (927); *Heinemann*, GRUR 2015, 855 (857 Fn. 17); im Ergebnis ablehnend: *Burghartz*, Technische Standards, 2011, S. 113 f.; *Maaßen*, Normung, 2006, S. 320; *Fuchs*, in: FS Ahrens, 2016, S. 79 (88); *Dorn*, Technische Standardisierung, 2014, S. 146 f.

569 *Müller*, Kollektive Normung, 2015, S. 90; *Fuchs*, in: FS Ahrens, 2016, S. 79 (87); *Dorn*, Technische Standardisierung, 2015, S. 146.

570 *Müller*, Kollektive Normung, 2015, S. 90.

571 *Busche*, in: MüKo BGB, Bd. 1, 7. Aufl. (2015), § 145 Rn. 5, 20.

Rechtsbindungswille des Erklärenden.[572] Einem Angebot nach § 145 BGB steht nicht entgegen, dass es sich an einen unbestimmten Personenkreis richtet.[573]

Für den Patentinhaber würde durch Abgabe eines derartigen Angebots und der damit verbundenen unbestimmten Anzahl an möglichen Vertragspartnern auch kein Risiko einer Begründung von Schadensersatzpflichten aufgrund der Unmöglichkeit der Leistungserbringung entstehen, da Lizenzerteilungen unbegrenzt möglich sind.[574]

Ein Teil der Literatur lehnt die Wertung als Angebot *ad incertas personas* mit Blick auf den fehlenden Rechtsbindungswillen des Patentinhabers ab. Dafür sprächen sowohl die IPR-Regularien, die lediglich die Bereitschaft des Schutzrechtsinhabers zur Lizenzierung zum Gegenstand hätten, sowie der mutmaßliche Wille des FRAND-Erklärenden. Zudem wäre die FRAND-Erklärung inhaltlich zu unbestimmt.[575] In die gleiche Richtung wird argumentiert, dass die Formulierungen der FRAND-Erklärungen auf einen noch ausstehenden zukünftigen Vertragsschluss hinweisen würden und jedenfalls die Konditionen nicht ausreichend bestimmt wären.[576]

Dem wird in der Literatur entgegengehalten, dass eine Interpretation der FRAND-Erklärung als Antrag *ad incertas personas* zu befürworten sei. Bei einer ETSI-FRAND-Erklärung spreche dafür bereits der Wortlaut der abgegebenen Erklärung.[577] Darüber hinaus könne eine solche Wertung auf eine Parallele aus der nationalen Regelung in § 23 PatG gestützt werden.[578] Auch, wenn eine direkte Anwendung der Norm auf den FRAND-Kontext ausgeschlossen sei, könne die Wertung der dinglichen patentrechtlichen Regelung aber auf die schuldrechtliche Bewertung der FRAND-Erklärung übertragen werden. Dafür spreche, dass beide Normen einen Interessenausgleich zwischen dem Vergütungsinteresse des Schutzrechtsinhabers und insbesondere dem Allgemeininteresse hinsichtlich der Nutzungsmöglichkeit der Erfindung verfolgen.[579] Aus diesem Grund könne die Wertung des § 23 PatG, dass es eben keine Voraussetzung für einen wirksamen Vertrag über die Lizenz eines Schutzrechts sei, dass die Lizenzbedingungen

572 *Busche*, in: MüKo BGB, Bd. 1, 7. Aufl. (2015), § 145 Rn. 6, 7.

573 *Busche*, in: MüKo BGB, Bd. 1, 7. Aufl. (2015), § 145 Rn. 17.

574 *Maume/Tapia*, GRUR Int. 2010, 923 (927); *Burghartz*, Technische Standards, 2011, S. 113.

575 *Burghartz*, Technische Standards, 2011, S. 113 f.

576 *Maaßen*, Normung, 2006, S. 319 f. Rn. 761.

577 *Körber*, Standardessentielle Patente, 2013, S. 22.

578 *Körber*, Standardessentielle Patente, 2013, S. 45; *Fuchs*, in: FS Ahrens, 2016, S. 79 (87).

579 *Körber*, Standardessentielle Patente, 2013, S. 45.

bereits ex ante festliegen, übernommen werden.[580] Daher stehe der Wertung der FRAND-Erklärung als verbindliches Angebot auch nicht die Unbestimmtheit der Gegenleistung entgegen. Diese Bestimmung könne, auch gerichtlich, mithilfe der FRAND-Maßstäbe erfolgen.[581]

Gegen eine analoge Anwendung der Wertungen des § 23 PatG wird in der Literatur eingewendet, dass gerade die grundsätzlichen Interessenlagen bei § 23 PatG und einer FRAND-Erklärung divergieren. Es könne bei der Abgabe einer FRAND-Erklärung gerade nicht darauf geschlossen werden, dass der Schutzrechtsinhaber einer unbestimmten Zahl von Nutzern ein unbedingtes verbindliches Lizenzangebot machen wolle, ohne dass sein Anspruch auf Lizenzgebühren gesichert sei.[582]

Zudem stehe einer analogen Anwendung des § 23 PatG entgegen, dass im FRAND-Kontext nicht nur die jeweilige Gebührenhöhe konkretisiert werden müsse, sondern dass darüber hinaus jeweils einzelfallabhängige Fragen bspw. bezüglich der Erteilung von Kreuzlizenzen, Einzel- oder Portfoliolizenzen zwischen den Parteien geklärt werden müssen.[583]

Hinsichtlich der Bestimmbarkeit der Gegenleistung dürfte zunächst zwischen unterschiedlichen Ausgangslagen zu differenzieren sein.[584] Sind die restriktivsten Lizenzbedingungen von dem Patentinhaber ex ante offengelegt worden[585], dürfte das Kriterium der Bestimmtheit zu bejahen sein, da durch die Offenlegung ein Rahmen vorgegeben wurde, indem sich die Lizenzgebühren bewegen und zu denen der Lizenzgeber explizit bereit ist, zu lizenzieren.[586] Weitere Fälle, in denen eine Bestimmbarkeit von der Literatur bejaht werden, sind bei Vorliegen eines Standard-Lizenzvertrages zu FRAND-Bedingungen oder Konstellationen, in denen eine abweichende Lizenzgebührenhöhe aufgrund der Vergleichbarkeit der Sachverhalte eine Diskriminierung darstellen würde.[587]

Dabei ist zu beachten, dass diese die Möglichkeit voraussetzen, dass die konkret zugrundeliegenden Einzelfälle wiederum vom Standard-Lizenzvertrag bzw.

---

580 *Körber*, Standardessentielle Patente, 2013, S. 45.

581 *Körber*, Standardessentielle Patente, 2013, S. 22; 45 f., 53.

582 *Fuchs*, in: FS Ahrens, 2016, S. 79 (88); *Mes*, PatG, 4. Aufl. (2015), § 9 Rn. 114.

583 *Fuchs*, in: FS Ahrens, 2016, S. 79 (87).

584 Vgl. *Müller*, Kollektive Normung, 2015, S. 91.

585 Eine solche Möglichkeit besteht bspw. nach den Regelungen von ETSI in Clause 4.1.ETSI Guide on IPRs, 2017; *Müller*, Kollektive Normung, 2015, S. 91.

586 So auch *Müller*, Kollektive Normung, 2015, S. 91.

587 *Müller*, Kollektive Normung, 2015, S. 91; *Körber*, Standardessentielle Patente, 2013, S. 45.

einem vergleichbaren Sachverhalt erfasst werden.[588] Denn maßgebend bei der Bestimmung der angemessenen Höhe der Lizenzgebühr im FRAND-Kontext ist der Einzelfall.[589]

Daher dürfte eine Wertung der FRAND-Erklärung als verbindliches Angebot ad incertas personas nicht nur aufgrund der, in der Regel unbestimmten Gegenleistung abzulehnen sein[590], sondern auch aufgrund der oben geschilderten divergierenden Ausgangsinteressen.[591] Es kann auch nicht davon ausgegangen werden, dass der SEP-Inhaber das Risiko einer rechtswidrigen Nutzung des Schutzrechts, zugunsten der Implementierung seiner geschützten Lehre in den Standard, bewusst in Kauf nimmt.[592] Sicherlich hat der der SEP-Inhaber ein großes Interesse daran, dass sein Patent zu einem wesentlichen Bestandteil der Norm wird. Allerdings dürfte sich damit nicht sein Interesse verringern, für seine technische Lehre Lizenzgebühren zu erhalten und im Falle der rechtswidrigen Nutzung mit Sanktionen reagieren zu können.

IV. Verpflichtung des SEP-Inhabers zu Vertragsverhandlungen und Unterbreitung eines FRAND-Lizenzangebotes

In der Literatur wird die Auffassung vertreten, dass die Abgabe einer FRAND-Erklärung gegenüber einer Standardisierungsorganisation einen Vertrauenstatbestand schaffe, der die vorvertragliche Pflicht des SEP-Inhabers zur Führung von Lizenzvertragsverhandlungen mit Dritten zur Folge habe.[593] Denn eigentlicher Adressat der einseitigen Erklärung sei ein unbekannter Kreis Lizenzsuchender, gegenüber dem der SEP-Inhaber eine Selbstverpflichtung eingehe.[594]

So sei der Lizenzinhaber dazu verpflichtet, mit jedem Standardnutzer Verhandlungen nach Treu und Glauben aufzunehmen. Hinzu komme die Obliegenheit des Lizenzinhabers zur Unterbreitung eines konkreten und ausformulierten Vertragsangebotes zu FRAND-Konditionen.[595]

---

588 Vgl. *Körber*, Standardessentielle Patente, 2013, S. 45.

589 Vgl. *Müller*, Kollektive Normung, 2015, S. 91.

590 So auch *Appl*, Technische Standardisierung und Geistiges Eigentum, 2012, S. 481.

591 Vgl. dazu nochmal *Fuchs*, in: FS Ahrens, 2016, S. 79 (87 f.).

592 So aber *Müller*, Kollektive Normung, 2015, S. 94.

593 *Fuchs*, in: FS Ahrens, 2016, S. 79 (90).

594 *Fuchs*, in: FS Ahrens, 2016, S. 79 (85).

595 *Fuchs*, in: FS Ahrens, 2016, S. 79 (89, 90). Zu diesen Verpflichtungen auch *Körber*, Standardessentielle Patente, 2013, S. 54, der die FRAND-Erklärung vorrangig als Angebot ad incertas personas wertet, jedenfalls aber auch als Willenserklärung, die auf den Abschluss eines Vertrages zugunsten Dritter gerichtet ist.

Konsequenz dieser Verpflichtung sei, dass der SEP-Inhaber seine Ansprüche aufgrund der rechtswidrigen Nutzung des Schutzrechts erst geltend machen könne, wenn das unterbreitete Angebot vom Standardnutzer abgelehnt wurde und dieser „sich nicht ernsthaft verhandlungsbereit (etwa durch ein Gegenangebot) sowie prinzipiell lizenzwillig zeigt".[596]

Die grundlose Verweigerung oder der Abbruch von „*bona-fide*-Vertragsverhandlungen"[597] könne dann Haftungsansprüche aus culpa in contrahendo begründen.[598]

V. Vertrag zugunsten Dritter

Bei einem Vertrag zugunsten Dritter gem. § 328 BGB handelt es sich um die vertragliche Vereinbarung der Leistung an einen Dritten. In Form eines echten Vertrages zugunsten Dritter kommt diesem dabei ein eigener Anspruch aus dem Vertrag zu.[599] Vertragsgegenstand kann jede zulässige Leistung, ein Tun oder Unterlassen, sein.[600]

Grundsätzlich kann ein Vertrag gem. § 328 BGB auch die Verpflichtung enthalten, eine Forderung nicht geltend zu machen, eine sog. Stillhalteverpflichtung (*pactum de non petendo*) zugunsten eines Dritten. Dabei erwirbt der Dritte allerdings keinen einklagbaren Unterlassungsanspruch aus dem Vertrag, sondern ihm steht eine Einrede zu.[601] Ebenfalls vereinbart werden kann im Rahmen eines Vertrages nach § 328 BGB „ein Anspruch auf Abschluss eines Vertrages mit dem Dritten"[602] als Gegenstand eines Vorvertrags.[603] Beide Möglichkeiten werden für die Einordnung der FRAND-Erklärung diskutiert.

---

596 *Fuchs*, in: FS Ahrens, 2016, S. 79 (90).

597 *Fuchs*, FS Ahrens, 2016, S. 79 (90).

598 *Fuchs*, FS Ahrens, 2016, S. 79 (90); *Körber*, Standardessentielle Patente, 2013, S. 54. Dabei geht Fuchs davon aus, dass als Rechtsfolge dann Schadensersatzansprüche entstünden, die „ggf. im Wege der Naturalrestitution in Form des Abschlusses eines Lizenzvertrags zu (vom Gericht zu konkretisierenden) FRAND-Bedingungen zu leisten seien." *Fuchs*, FS Ahrens, 2016, S. 79 (85 Fn. 32).

599 *Stürner*, in: *Prütting/Wegen/Weinreich*, BGB, 11. Aufl. (2016), § 328 Rn. 12; *Müller*, Kollektive Normung, 2015, S. 94.

600 *Janoschek*, in: *Bamberger/Roth*, Bd. 1, 3. Aufl. (2012), § 328 Rn. 15; *Gottwald*, in: MüKo BGB, Bd. 2, 7. Aufl. (2016), § 328 Rn. 21; *Müller*, Kollektive Normung, 2015, S. 94.

601 *Janoschek*, in: *Bamberger/Roth*, Bd. 1, 3. Aufl. (2012), § 328 Rn. 15; *Gottwald*, in: MüKo BGB, Bd. 2, 7. Aufl. (2016), § 328 Rn. 22; *Müller*, Kollektive Normung, 2015, S. 94. f.

602 *Gottwald*, in: MüKo BGB, Bd. 2, 7. Aufl. (2016), § 328 Rn. 21.

603 *Gottwald*, in: MüKo BGB, Bd. 2, 7. Aufl. (2016), § 328 Rn. 21 f.; *Maaßen*, Normung, 2006, S. 320 Fn. 763.

Ist aus dem geschlossenen Vertrag nicht ersichtlich, welches Forderungsrecht genau vom Dritten erworben werden soll, ist eine Auslegung gem. § 328 Abs. 2 BGB anhand der Umstände des Einzelfalls und insbesondere anhand des Zwecks des Vertrages vorzunehmen.[604]

1. *Pactum de non petendo*

So vertritt ein Teil der Literatur die Ansicht, dass in der FRAND-Lizenzbereitschaftserklärung des Patentinhabers eine schuldrechtliche Vereinbarung im Sinne eines *pactum de non petendo* bis zu einer abschließenden Vereinbarung zwischen den Parteien zu sehen ist.[605]

Eine solche Vereinbarung hat einen (befristeten) Verzicht auf die Geltendmachung der Ansprüche des Gläubigers zum Inhalt.[606] Auf die FRAND-Situation übertragen würde dies bedeuten, dass der Patentinhaber mit Abgabe der Selbstverpflichtungserklärung ein Stillhalteabkommen abgibt, mit welchem er vorübergehend darauf verzichtet, seine, ihm aus dem Schutzrecht zustehenden Rechte gerichtlich geltend zu machen.[607] Dem Schuldner stünde eine wirksame Einrede aufgrund dieser Vereinbarung zu und Klagen seitens des Patentinhabers wären unzulässig.[608]

Zum Teil sieht die Literatur in der Wertung als *pactum de non petendo* eine adäquate Berücksichtigung des Zustandekommens von Lizenzbereitschaftserklärungen zwischen der SSO und dem Patentinhaber. Die erforderliche Drittwirkung würde durch die Einschränkung der Ausschließlichkeitsrechte des Schutzrechtsinhabers entstehen.[609]

Dieser Auffassung waren zunächst auch die LG Düsseldorf und Mannheim. So hat das LG Düsseldorf in einer Entscheidung im Jahr 2007 eine Unterlassungslage eines Patentinhabers aufgrund des Vorliegens einer ETSI-FRAND-Erklärung

---

604 *Gottwald*, in: MüKo BGB, Bd. 2, 7. Aufl. (2016), § 328 Rn. 32; *Müller*, Kollektive Normung, 2015, S. 94.

605 *Nägele/Jacobs*, WRP 2009, 1062 (1075); *Körber*, Standardessentielle Patente, 2013, S. 40, 55; *Hilty/Slowinsky*, GRUR Int 2015, 781 (788 f).

606 *Krüger*, in: MüKo BGB, Bd. 2, 7. Aufl. (2016), § 271 Rn. 18.

607 Vgl. allgemein zum pactum de non petendo *Krüger*, in: MüKo BGB, Bd. 2, 7. Aufl. (2016), § 271 Rn 18. Ablehnend: *Maume/Tapia*, GRUR Int. 2010, 923 (927).

608 *Krüger*, in: MüKo BGB, Bd. 2, 7. Aufl. (2016), § 271 Rn. 18; *Müller*, Kollektive Normung, 2015, S. 95; *Dorn*, Technische Standardisierung, 2014, S. 157.

609 *Nägele/Jacobs*, WRP 2009, 1062 (1075).

abgewiesen.[610] Zwar ließ das LG Düsseldorf die Frage offen, ob aus der Erklärung auch ein selbstständiger Anspruch auf Lizenzerteilung i.S.d. § 328 Abs. 2 BGB resultiere, jedenfalls könne der vertragliche Anspruch aber der Durchsetzung einer Patentverletzungsklage entgegen gehalten werden.[611] Das LG Mannheim betonte den rein schuldrechtlichen Charakter der FRAND-Erklärung als möglichen Verbotsverzicht im Sinne eines *pactum de non petendo*.[612] Diese Wirkung im Sinne einer negativen Lizenz könne aber in der Erklärung ausgeschlossen werden.[613]

Das LG Düsseldorf revidierte diese Ansicht in späteren Entscheidungen und ging zu der oben dargestellten Wertung der FRAND-Erklärung als reine invitatio ad offerendum über.[614]

Die Wertung der FRAND-Erklärung als Verzicht des SEP-Inhabers auf Geltendmachung seiner aus dem Patentrecht resultierenden Verbietungsansprüche ist abzulehnen.[615] Es ist nicht ersichtlich, inwieweit diese Beurteilung mit dem Zweck der FRAND-Erklärung, einen Interessenausgleich zu schaffen, in Einklang stehen soll. Der Schutzrechtsinhaber würde auf seine Rechte verzichten und die Möglichkeit, durch rechtliche Schritte gegen unlizenzierte Nutzung seines Schutzrechts vorzugehen, verlieren. Dies käme einer „‚negativen' Lizenz"[616] gleich.[617] Vielmehr ist Ziel der FRAND-Erklärung eine explizit vertraglich vereinbarte Lizenz zwischen dem Lizenzsucher und dem SEP-Inhaber, in der

---

610 *LG Düsseldorf*, Urt. v. 13.2.2007 – 4a O 124/05 (zitiert nach juris); *Körber*, Standardessentielle Patente, 2013, S. 40.

611 *LG Düsseldorf*, Urt. v. 13.2.2007 – 4a O 124/05 Rn. 62 (zitiert nach juris); *Körber*, Standardessentielle Patente, 2013, S. 40

612 *LG Mannheim*, Urt. v. 27.2.2009 - 7 O 94/08, Rn. 100 f. (zitiert nach juris). In einer späteren Entscheidung geht das LG Mannheim davon aus, dass die FRAND-Erklärung „allenfalls [als] auf den Abschluss eines Vorvertrages zugunsten Dritter gerichtet" ausgelegt werden kann. Es lässt aber im konkreten Fall offen, ob in der abgegebenen FRAND-Erklärung ein Verbotsverzicht gesehen werden kann. [*LG Mannheim*, Urt. v. 18.2.2011 - 7 O 100/10, Rn. 169 f.– *UMTS-fähiges Mobiltelefon II* (zitiert nach juris)].

613 *LG Mannheim*, Urt. v. 18.2.2011 - 7 O 100/10, Rn. 170 f. – *UMTS-fähiges Mobiltelefon II* (zitiert nach juris).

614 Vgl. Kapitel 3 C I.

615 So auch *Fuchs*, in: FS Ahrens, 2016, S. 79 (89) m.w.N.; *Müller*, Kollektive Normung, 2015, S. 95; *Maume/Tapia*, GRUR Int 2010, 923 (927); *Dorn*, Technische Standardisierung, 2014, S. 158.

616 *Müller*, Kollektive Normung, 2015, S. 95.

617 So auch *Müller*, Kollektive Normung, 2015, S. 95; vgl. zur Negativlizenz *Dorn*, Technische Standardisierung, 2014, S. 158.

die Nutzungsrechte im Gegenzug zu einer angemessenen Gebühr vereinbart werden.[618]

Vereinbar mit den Zielsetzungen der FRAND-Erklärung wäre jedoch die Wertung dieser als „Zurückhalteerklärung" für den Zeitraum vor und während der Verhandlungen zwischen den Parteien und bis zur abschließenden Klärung der Vertragsbedingungen, insbesondere der Gebührenhöhe.[619] Dies setzt allerdings voraus, dass sich sowohl der SEP-Inhaber, der sich durch die FRAND-Erklärung zur Lizenzierung bereit erklärt hat, als auch der Lizenzsucher redlich verhalten.[620] In einer solchen Konstellation werden gute Ausgangsbedingungen für die Lizenzverhandlungen zwischen den Parteien geschaffen, denn der SEP-Inhaber kann sich darauf verlassen, dass er ein Entgelt für sein Schutzrecht erhält, der Standardnutzer wird nicht durch Unterlassungsklagen des SEP-Inhabers unter Druck gesetzt und es ist gewährleistet, dass er Zugang zum Standard erhält.

2. *Vorvertrag zugunsten Dritter*

Die in der aktuellen Diskussion wohl überwiegende Meinung in der Literatur sieht in einer FRAND-Erklärung hingegen (jedenfalls) einen echten Vertrag zugunsten Dritter[621] bzw. einen Vorvertrag in Form eines Vertrages zugunsten Dritter[622]. Dabei wird die FRAND-Erklärung als schuldrechtlicher Vertrag gemäß § 328 BGB, im vorliegenden Fall zwischen Patentinhaber und Standardisierungsorganisation, gewertet, in welchem der SEP-Inhaber sich verpflichtet,

---

618 *Müller*, Kollektive Normung, 2015, S. 96; *Maume/Tapia*, GRUR Int 2010, 923 (927).

619 *Fuchs*, in: FS Ahrens, 2016, S. 79 (89). Dabei lässt *Fuchs* offen, „[o]b man darin ein gesondertes Angebot auf Abschluss eines schuldrechtlichen pactum de non petendo mit einem ernsthaften Lizenzsucher, die Begründung einer entsprechenden Verpflichtung im Wege eines Vertrages zugunsten Dritter oder lediglich die Konkretisierung eines vorvertraglichen Vertrauensverhältnisses mit redlichen Lizenzpetenten sieht", denn dies sei „letztlich zweitrangig." (*Fuchs*, in FS Ahrens, 2016, S. 79 (89).

620 Vgl. *Körber*, Standardessentielle Patente, 2013, S. 55.

621 So *Körber*, Standardessentielle Patente, 2013, S. 22, 42, der bei Unbestimmbarkeit der Gegenleistung jedenfalls von einem Vertrag zugunsten Dritter ausgeht; offenlassend ob Angebot ad incertas personas oder Vertrag zugunsten Dritter. *Heinemann*, GRUR 2015, 855 (857 Fn. 17; offenlassend *Hilty/Slowinski*, GRUR Int. 2015, 781 (788) mit Betonung der Umstände des Einzelfalls, i.d.R. aber wohl Ausgestaltung in Form eines pactum de non petendo.

622 So: *Burghartz*, Technische Standards, 2011, S. 117 ff.; *Müller*, Kollektive Normung, 2015, S. 97 ff; *Maaßen*, Normung, 2006, S. 320 ff. Rn. 762 ff.; *Tapia*, Industrial Property Rights, 2010, S. 24 ff.; *Eckel*, NZKart 2017, 469 (472).

jedem Dritten eine Lizenz zu fairen, angemessenen und nicht-diskriminierenden Bedingungen einzuräumen.[623] Der zwischen den Parteien geschlossene Vertrag stünde damit im Vorfeld des eigentlichen Hauptvertrages, dem Lizenzvertrag, zwischen SEP-Inhaber und Standardnutzer.[624] Konsequenz eines solchen echten (Vor-)Vertrags zugunsten Dritter wäre die Begründung eines Anspruchs jedes Dritten auf Abschluss eines Lizenzvertrages zu FRAND-Bedingungen mit dem Lizenzinhaber.[625]

Auch wenn die rechtliche Möglichkeit eines Vorvertrages im BGB nicht explizit ausformuliert ist, resultiert sie aus dem allgemeinen Grundsatz der Vertragsgestaltungsfreiheit.[626] Voraussetzung für einen solchen Vertrag ist der Rechtsbindungswille der Parteien. Dabei kann ein Schuldverhältnis auch derart ausgestaltet werden, dass eine Verpflichtung vereinbart wird, einen Hauptvertrag mit einer dritten Partei einzugehen.[627] Eine Vertragsbezeichnung als „Vorvertrag" ist dabei nicht erforderlich, ausschlaggebend ist im Rahmen einer Auslegung der Parteiwille.[628]

Die Funktion eines Vorvertrages ist die Begründung einer rechtlichen Bindung, gerade in den Fällen, in denen noch keine abschließende Einigung bezüglich aller Vertragsbestandteile vorliegt.[629] Dabei dürfen die essentialia negotii des Hauptvertrages allerdings nicht gänzlich unbestimmt sein. Voraussetzung ist vielmehr, dass diese durch den Vorvertrag derart hinreichend bestimmt sind, dass eine richterliche Feststellung im Streitfall möglich ist.[630] Nichtsdestotrotz sind an einen Vorvertrag hinsichtlich der Bestimmtheit geringere Anforderungen als an einen regulären Hauptvertrag zu stellen.[631]

---

623 *Burghartz*, Technische Standards, 2011, S. 117 f.; *Gottwald*, in: MüKo BGB, Bd. 2, 7. Aufl. (2016), § 328 Rn. 1, 9.

624 *Burghartz*, Technische Standards, 2011, S. 117.

625 *Burghartz*, Technische Standards, 2011, S. 117 f.; *Gottwald*, in: MüKo BGB, Bd. 2, 7. Aufl. (2016), § 328 Rn. 1, 9; *Maaßen*, Normung, 2006, S. 321 Rn. 765.

626 *Busche*, in: MüKo BGB, Bd. 1, 7. Aufl. (2015), Vor § 145 Rn. 60; *Burghartz*, Technische Standards, 2011, S. 118

627 *Busche*, in: MüKo BGB, Bd. 1, 7. Aufl. (2015), Vor 145 Rn. 60; *Burghartz*, Technische Standards, 2011, S. 118; *Müller*, Kollektive Normung, 2015, S. 97 f.

628 *Busche*, in: MüKo BGB, Bd. 1, 7. Aufl. (2015), Vor § 145 Rn. 61.

629 *Busche*, in: MüKO BGB, Bd. 1, 7. Aufl. (2015), Vor § 145 Rn. 61; *Burghartz*, Technische Standards, 2011, S. 118.

630 *Busche*, in: MüKo BGB, Bd. 1, 7. Aufl (2015), Vor § 145 Rn. 62.; *H.-W.Eckert*, in: *Bamberger/Roth*, BGB, Bd. 1, 3. Aufl. (2012), § 145 Rn. 23.

631 *Müller*, Kollektive Normung, 2015, S. 99; *BGH*, Urt. v. 7.2.1986 – V ZR 176/84, NJW 1986, 1983 (1985); Urt. v. 21.12.2000 – V ZR 254/99, NJW 2001, 1285 (1286).

Für einen Vorvertrag zugunsten Dritter spricht, dass das Ziel der FRAND-Erklärung eine Vertragsbeziehung in Form eines Lizenzvertrages zwischen SEP-Inhaber und Standardnutzer ist, und die Vertragsbedingungen, insb. die Höhe der Lizenzgebühr, wie bereits dargelegt in der Regel unbestimmt sind und zwischen den Parteien ausgehandelt werden müssen.

Im Gegensatz zum Angebot ad incertas personas scheitert die Einordnung als Vorvertrag zugunsten Dritter hier nicht am Merkmal der Bestimmtheit.[632]

Denn zum einen steht dem nicht entgegen, dass der Adressatenkreis nicht explizit feststeht. Ausreichend ist die Bestimmbarkeit nach sachlichen oder persönlichen Kriterien.[633] Eine Abgrenzung des Personenkreises begünstigter Dritter kann anhand des Standards und der darin enthaltenen wesentlichen Schutzrechte erfolgen.[634] Lizenzsucher sind solche natürlichen oder juristischen Personen, die eine Standardnutzung anstreben.[635]

Auch eine Unbestimmtheit der wesentlichen Vertragsbestandteile des Hauptvertrages ist hier zu verneinen. Im Rahmen des Vorvertrages ist die Einigung ausreichend, dass die Lizenzierung zu FRAND-Konditionen erfolgen soll.[636] Eine weitergehende Ausgestaltung kann dann durch die Parteien im Rahmen der Vertragsverhandlungen oder im Falle der Uneinigkeit seitens der gerichtlichen Festlegung erfolgen.

Für eine derartige Bewertung spricht zudem, dass die konkrete Lizenzgebührenhöhe entscheidend an den jeweiligen Einzelfall geknüpft ist und eine ausdrückliche Festlegung auch nicht durch die FRAND-Erklärung erfolgen kann und soll. Ein Vorvertrag ist aber gerade da angezeigt, wo sich die Parteien rechtlich binden wollen, aber eben noch keine Einigung hinsichtlich aller

---

632 So auch *Müller*, Kollektive Normung, 2015, S. 99.

633 *Gottwald*, in: MüKo BGB, Bd. 2, 7. Aufl. (2016), § 328 Rn. 24; *Burghartz*, Technische Standards, 2011, S. 120.

634 *Burghartz*, Technische Standards, 2011, S. 120.

635 *Burghartz*, Technische Standards, 2011 S. 120.

636 Vgl. auch *Müller*, Kollektive Normung, 2015, S. 99 f.; OLG Karlsruhe wohl grds. bejahend, aber ablehnend bei Hinzutreten weiterer Kriterien: „Eine vorvertragliche Einigung erfordert, dass der Inhalt des Hauptvertrags, zu dessen Abschluss die Parteien sich verpflichten, bestimmbar ist. Die Einigung darauf, die Lizenzgebühr solle nach FRAND-Grundsätzen (fair, reasonable and non-discriminatory) bemessen sein, entspricht diesen Anforderungen jedenfalls dann nicht, wenn es um die Lizenz an einer Vielzahl von Patenten geht und im Tatsächlichen erheblicher Streit über die für die Lizenzbemessung maßgeblichen Umstände besteht.“ (OLG Karlsruhe, Urt. v. 23.3.2011 – 6 U 66/09, MMR 2011, 469 2. Leitsatz).

Vertragspunkte vorliegt.[637] Diese „besonderen Umstände“[638] können hier bejaht werden.[639]

VI. Bewertung: bedingter Vorvertrag zugunsten Dritter

Entscheidend für die vorliegende Auslegung der FRAND-Erklärung sind der ihr zugrundeliegende Zweck und die Interessenlagen der Parteien. Dabei gehen die drei zuletzt dargestellten Auffassungen bezüglich ihrer Wertungen in dieselbe Richtung, wenn auch mit unterschiedlichem Ergebnis was die rechtliche Verbindlichkeit der FRAND-Erklärung betrifft.

SEP-Inhaber und Lizenzsucher haben das gemeinsame Interesse an dem Abschluss eines Lizenzvertrages. Dafür erforderlich sind Vertragsverhandlungen nach den Grundsätzen von Treu und Glauben und die individuelle Aushandlung von FRAND-Lizenzbedingungen.

Entscheidend ist der Ausgleich zwischen dem Interesse des Schutzrechtsinhabers an einer angemessenen Vergütung seiner geschützten technischen Lehre mit dem Interesse des Lizenzsuchers an einem Zugang zum Standard zu wiederum angemessenen Bedingungen. Dabei ist Voraussetzung für sinnvolle Vertragsverhandlungen zwischen den Parteien, dass sich beide Seiten redlich verhalten. Das bedeutet für den SEP-Inhaber, den Lizenzsucher nicht mit Unterlassungs- und anderen Patentverletzungsklagen zu überziehen, und für den Standardnutzer wiederum, dass dieser wirklich an der Erteilung einer Lizenz interessiert und verhandlungsbereit ist.

Dafür, dass der FRAND-Erklärung eine rechtliche Verbindlichkeit zukommen soll, spricht der mit ihr verfolgte Zweck und die Bedeutung, die SSO dieser Erklärung i.d.R. beimessen. Aus diesem Grund wird die Einordnung der FRAND-Erklärung als Vorvertrag zugunsten Dritter in Abgrenzung zur Einordnung der FRAND-Erklärung als reine Verpflichtung zu bona-fide-Vertragsverhandlungen und zur Unterbreitung eines Lizenzangebotes bevorzugt.

Während eine Haftung aus *cic* lediglich Schadensersatzansprüche zur Folge hat[640], entsteht bei einem Vorvertrag zugunsten Dritter ein eigenständiger

637 *Busche*, in: MüKo BGB, Bd. 1, 7. Aufl (2015), Vor § 145 Rn. 61.

638 *Müller*, Kollektive Normung, 2015, S. 100.

639 *Burghartz*, Technische Standards, 2011, S. 118; *Müller*, Kollektive Normung, 2015, S. 100.

640 Dabei soll die Frage, ob in diesem Rahmen im Wege der Naturalrestitution der Abschluss eines entsprechenden FRAND-Lizenzvertrages erfolgen kann, offenbleiben. Befürwortend *Fuchs*, FS Ahrens, 2016, S. 79 (85 Fn. 32). Hingegen schließt *Busche*

Lizenzierungsanspruch des Dritten, den dieser mit einer Leistungsklage selbstständig zivilrechtlich einklagen kann.[641]

Für eine solche Wertung spricht auch, dass sich der SEP-Inhaber in der von ihm abgegebenen FRAND-Erklärung dem Wortlaut nach nicht nur bereit erklärt, über eine Lizenzierung zu verhandeln, sondern sich explizit verpflichtet, Lizenzen zu FRAND-Konditionen zu erteilen.[642]

Damit geht der Schutzrechtsinhaber eine weitgehende Verpflichtung ein. Aus diesem Grund sollten die grundsätzlichen Wertungen der Interessen, wie im Rahmen des pactum de non petendo erläutert, auch in den Vorvertrag zugunsten Dritter einfließen. Zwar ist die FRAND-Erklärung als Stillhalteabkommen in der Form abzulehnen, dass der SEP-Inhaber grds. auf seine ihm aus dem Patent zustehenden Rechte verzichtet. Allerdings muss der Lizenzbereitschaftserklärung naturgemäß zugrunde liegen, dass der Lizenzinhaber zu Vertragsverhandlungen nach Treu und Glauben bereit ist und solange die Geltendmachung seiner Schutzrechte zurückstellt. Es kommen jedoch auch dem Lizenzsucher Verpflichtungen zur Verhandlungsbereitschaft nach den Grundsätzen von Treu und Glauben und der Zahlung einer angemessenen Lizenzgebühr zu. Somit hat der Dritte nur einen bedingten Anspruch auf Lizenzierung, denn der SEP-Inhaber hat sich nicht zur entgeltlosen Lizenzierung verpflichtet.[643] Es handelt sich dabei auch nicht um einen unzulässigen Vertrag zulasten Dritter, da die Pflicht zur Gegenleistung des Lizenzsuchers nur und erst mit Abschluss des Hauptvertrages entsteht und nicht mit dem Vorvertrag des SEP-Inhabers mit der SSO.[644]

---

einen Anspruch auf Abschluss eines Vertrages bei Abbruch der Vertragsverhandlungen aus. Herzustellen sei nur der Zustand vor Abbruch der Verhandlungen, also gerade ein vertragsloser Zustand. *Busche*, in: MüKo BGB, Bd. 1, 7. Aufl. (2015), Vor § 145 Rn. 57.

641 *Müller*, Kollektive Normung, 2015, S. 101.

642 Vgl. so auch *Müller*, Kollektive Normung, 2015, S. 101.

643 So bereits *Burghartz*: „Der Vollständigkeit halber sei darauf hingewiesen, dass dieser Anspruch natürlich nicht völlig bedingungslos ist, sondern davon abhängt, dass der jeweilige Zugangspetent auch seinerseits bereit ist, eine nach den Umständen des Einzelfalls angemessene Gegenleistung zu erbringen. Sofern dies nicht der Fall ist, besteht auf Seiten des Patentinhabers auch keine Verpflichtung zur Lizenzvergabe." (*Burghartz*, Technische Standards, 2011, S. 122).

644 Vgl. zum unzulässigen Lizenzvertrag zugunsten Lizenzsucher *Müller*, Kollektive Normung, 2015, S. 96 f.

Eine bedingte Zuwendung des Anspruchs des Dritten ist im Rahmen des Vertrags zugunsten eines Dritten zulässig.[645] Daher sollte im FRAND-Kontext betont werden, dass der Vorvertrag zugunsten Dritter die oben genannten Obliegenheiten des Dritten enthält. Verstößt der Dritte gegen diese, z.B. bei grundloser Verhandlungsunwilligkeit oder dem Ablehnen eines vom SEP-Inhaber unterbreiteten Lizenzangebotes ohne Fortführung der Verhandlungen auf Basis eines Gegenangebotes[646], verliert er seinen Anspruch auf Lizenzierung.[647] Es handelt sich um einen bedingten Vorvertrag, der das redliche Verhalten sowohl des SEP-Inhabers als auch des Dritten voraussetzt. Verzögerungstaktiken oder ähnliches stehen diesem entgegen.

D. Kartellrechtliche Bedeutung

Umstritten und einer der aktuell wesentlichen Diskussionspunkte ist die Frage, ob und wenn ja wie der Verstoß einer FRAND-Erklärung unmittelbar kartellrechtlich verfolgt werden kann.[648] Dies umfasst auch die Fragestellung, wann genau der Inhaber eines standardessentiellen Patentes, der eine FRAND-Erklärung abgegeben hat, den Tatbestand des Missbrauchs einer marktbeherrschenden Stellung erfüllt.[649]

Im folgenden Abschnitt werden die Auswirkungen einer FRAND-Erklärung auf die Beurteilung der kartellrechtlichen Missbrauchstatbestände untersucht. Insbesondere geht es darum, die Unterschiede und Besonderheiten der Standardisierungssituation im Zusammenhang mit der Abgabe einer FRAND-Erklärung im Vergleich zu Konstellationen ohne SEP-Kontext aufzuzeigen.

I. Kartellrechtliche Relevanz von (Verstößen gegen) FRAND-Erklärungen

Dass einer FRAND-Erklärung grundsätzliche kartellrechtliche Bedeutung zukommt, hat sich bereits im Zusammenhang mit der Erläuterung der kartellrechtlichen Vorgaben für Standardisierungsvereinbarungen in Kapitel 2 gezeigt, da die FRAND-Erklärung eine grundlegende Bedingung für die Kartellrechtskonformität von Standardisierungsvereinbarungen ist.

---

645 *Gottwald*, in: MüKo BGB, Bd. 2, 7. Aufl. (2016), § 328 Rn. 267; *Janoschek*, in: *Bamberger/Roth*, BGB, Bd. 1, 3. Aufl. (2012), § 328 Rn. 5.

646 Vgl. *Fuchs*, in: FS Ahrens, 2016, S. 79 (90).

647 *Gottwald*, in: MüKo BGB, Bd. 2, 7. Aufl. (2016), § 328 Rn. 267.

648 *Körber*, Standardessentielle Patente, 2013, S. 57.

649 Vgl. zu möglichen Missbrauchsformen *Fuchs*, in FS Ahrens, 2016, S. 91.

Daneben ist zu prüfen, ob einer abgegebenen FRAND-Erklärung nicht auch selbstständige kartellrechtliche Bedeutung in der Hinsicht zukommt, dass im Falle eines Verstoßes gegen die Erklärung Ansprüche gegen den Schutzrechtsinhaber direkt aus dem Kartellrecht geltend gemacht werden könnten. Das würde auch bedeuten, dass ein Einschreiten seitens der Kartellbehörden möglich wäre.[650]

Ein Teil der Literatur plädiert dafür, eine Lizenzierungsverpflichtung bei einem Verstoß gegen die FRAND-Erklärung aus dem Kartellverbot nach Art. 101 AEUV herzuleiten.[651] Dass es sich bei der Weigerung, eine Lizenz zu FRAND-Bedingungen zu erteilen, um eine einseitige Handlung handelt, stünde einer derartigen Wertung nicht entgegen, da die Verweigerung und ihre, den Wettbewerb beschränkende Wirkung „eingebettet in den Standardisierungsprozess und untrennbar mit diesem verbunden"[652] sei.[653] Der Anwendungsbereich des Art. 101 AEUV dürfe nicht auf die Standardisierungsvereinbarung eingegrenzt werden, sondern müsse auch die in diesem Zusammenhang abgegebene FRAND-Erklärung und ihre Wirkungen mitumfassen. Die reine Abgabe der Erklärung im Rahmen des Standardisierungsverfahrens dürfe nicht ausreichen, auch die praktische Umsetzung durch Lizenzerteilungen zu FRAND-Bedingungen müsse sichergestellt werden.[654] Erstmals hat das LG Mannheim in seinem (Aussetzungs-)Beschluss vom 21.11.2014 die Lizenzierungspflicht zu FRAND-Bedingungen auf den Tatbestand des Kartellverbotes gem. Art. 101 AEUV gestützt.[655]

Andere befürworten eine Anwendung des Art. 102 AEUV, um die FRAND-Erklärung durchzusetzen, da eine Sanktionierung jedenfalls durch das Missbrauchsverbot erfolgen könne.[656] Denn das Lizenzierungsverhalten eines SEP-Inhabers sei als einseitige Verhaltensweise nach Art. 102 AEUV bzw. § 19 Abs. 1 GWB zu beurteilen.[657]

Ein Teil der Literatur spricht sich hingegen gegen eine zwangsläufige Verletzung des Kartell- oder Missbrauchsverbots bei einer Lizenzverweigerung aus.

---

650 *Körber*, Standardessentielle Patente, 2013, S. 56.

651 *Barthelmeß/Gauß*, WuW 2010, 626 (629 f.); *Temple Lang*, 7 COMLINTL 32 (2011).

652 *Barthelmeß/Gauß*, WuW 2010, 626 (629).

653 *Barthelmeß/Gauß*, WuW 2010, 626 (629).

654 *Barthelmeß/Gauß*, WuW 2010, 626 (630).

655 *LG Mannheim*, Beschl. v. 21.11.2014 – 7 O 23/14, 1. Leitsatz, Rn. 38 (zitiert nach juris).

656 *Chappatte*, 5 ECJ 2009, 319, 332 f. (2009); *Körber*, Standardessentielle Patente, 2013, S. 58; *Fuchs*, in: FS Ahrens, 2016, S. 79 (83).

657 *Fuchs*, in: FS Ahrens, 2016, S. 79 (83).

Vielmehr handele es sich um eine rein vertragsrechtliche Angelegenheit, die für die Anwendbarkeit des Kartellrechts nicht relevant sei.[658]

Es erscheint nicht überzeugend, FRAND-Erklärungen jegliche eigenständige kartellrechtliche Relevanz abzusprechen und bei einem Bruch der abgegebenen Erklärung ausschließlich auf die Sanktionierung seitens der SSO aus Pflichtverletzungen entsprechend der IPR-Policy[659] und/oder zivilrechtlichen Ansprüchen aus Verletzung der vertraglichen Verpflichtungen der FRAND-Erklärung seitens der Lizenzsucher[660] zu verweisen.

Die Durchsetzbarkeit der FRAND-Erklärung ist entscheidend für die Gewährleistung des allgemeinen Zugangs zu dem Standard. Die abgegebene Erklärung würde inhaltsleer, wenn der Lizenznehmer mit ihrer Abgabe eine Kartellrechtskonformität der Standardisierungsvereinbarung herbeiführen könnte, sich aber nach der Verabschiedung des Standards und Implementierung in den Markt faktisch nicht mehr an diese Erklärung halten müsste. Zwar würde dann die Nichtigkeit der Vereinbarung und damit auch des Standards nach Art. 101 Abs. 2 AEUV eintreten, allerdings kann ein einmal im Markt integrierter Standard nicht so einfach wieder rückgängig gemacht werden. Eine solche Konsequenz wäre darüber hinaus auch nicht interessengerecht, da die Standardsetzung ja bewusst zur Verbesserung des Wettbewerbs eingesetzt wurde.[661] Dass in einem solchen Fall die Möglichkeit zivilrechtlicher Schritte besteht, lässt aber die eigenständige Möglichkeit kartellrechtlicher Sanktionen nicht entfallen.[662]

Zu befürworten ist, dass, während sich die kartellrechtliche Beurteilung der Standardisierungsvereinbarung nach Art. 101 AEUV richtet, für die Auswirkungen der Norm und das Verhalten der Inhaber standardessentieller Patente Art. 102 AEUV bzw. §§ 19, 20 GWB ausschlaggebend sind.[663] Die vom Kartellverbot nicht erfassten einseitigen Maßnahmen, wie die Nichtoffenlegung standardessentieller Schutzrechte oder Lizenzverweigerung und Forderung überhöhter Gebühren, fallen in den Anwendungsbereich des Missbrauchsverbots einer marktbeherrschenden Stellung.[664] Verhindert der SEP-Inhaber den

---

658 *Geradin/Rato*, 3 ECJ 129, 164 (2010); diese Auffassung ablehnend u.a.: *Körber*, Standardessentielle Patente, 2013, S. 56.

659 Vgl. *Müller*, Kollektive Normung, 2015, S. 105 f.

660 Vgl. Kapitel 3 E.

661 Vgl. *Körber*, Standardessentielle Patente, 2013, S. 56 f.

662 Vgl. *Körber*, Standardessentielle Patente, 2013, S. 54.

663 *Fuchs*, in: FS Ahrens, 2016, S. 79 (83).

664 *Loest/Bartlik*, ZWeR 2008, 41 (49); *Fuchs*, in: *Lange/Klippel/Ohly* (Hrsg.), Geistiges Eigentum und Wettbewerb, 2009, S. 147 (159).

Standardzugang, kann dies unter Umständen, bei Vorliegen einer marktbeherrschenden Stellung, einen Verstoß gegen das Verbot des Missbrauchs einer marktbeherrschenden Stellung darstellen und einen Kontrahierungszwang begründen.[665]

II. FRAND-Erklärungen im Kontext des Missbrauchs marktbeherrschender Stellung nach Art. 102 AEUV/ § 19 GWB

Im folgenden Abschnitt sollen die Auswirkungen einer von einem Schutzrechtsinhaber abgegebenen Selbstverpflichtungserklärung zum einen auf die Bewertung der Tatbestandsmerkmale des Missbrauchs einer marktbeherrschenden Stellung gem. Art. 102 AEUV bzw. § 19 GWB sowie zum anderen die möglichen kartellrechtlichen Folgen des Verstoßes gegen eine FRAND-Erklärung untersucht werden.

So kann die missbräuchliche Ausübung von Rechten des geistigen Eigentums unter gewissen Umständen die Pflicht zur Erteilung einer kartellrechtlichen Zwangslizenz begründen. Damit können auch einseitige Zugangsbeschränkungen durch Ausnutzung der Wesentlichkeit des Schutzrechtes unter das Missbrauchsverbot des Art. 102 AEUV bzw. § 19 GWB fallen und Zugangsansprüche nach sich ziehen.[666]

1. Allgemeine Grundlagen

Das Verbot des Missbrauchs einer marktbeherrschenden Stellung ist in Art. 102 AEUV bzw. § 19 GWB normiert. Die europäische Vorschrift setzt zudem voraus, dass die „beherrschende Stellung auf dem Binnenmarkt oder auf einem wesentlichen Teil desselben“[667] vorliegt und geeignet ist, „den Handel zwischen den Mitgliedsstaaten zu beeinträchtigen“[668] (sog. Zwischenstaatlichkeitsklausel)[669]. Hinsichtlich der Wertung des Begriffs der missbräuchlichen Ausnutzung stimmen gemeinschaftsrechtliche und nationale Vorschrift überein.[670]

---

665 *Loest/Bartlik*, ZWeR 2008, 41 (42, 45, 49).; *Dobler/Sattler*, in: FS Canenbley, 2012, S. 139 (147).

666 *Fuchs*, in: *Lange/Klippel/Ohly* (Hrsg.), Geistiges Eigentum und Wettbewerb, 2009, S. 147 (162).

667 Art. 102 AEUV.

668 Art. 102 AEUV.

669 Vgl. *Müller*, Kollektive Normung, 2015, S. 273.

670 *Nothdurft*, in: *Langen/Bunte*, Bd. 1/GWB, 12. Aufl. (2014), § 19 Rn. 23, *Bechtold/Bosch*, GWB, 8. Aufl. (2015), § 19 Rn. 2.

Bei Hinzutreten zwischenstaatlicher Aspekte besteht die Verpflichtung zur Anwendung des Art. 102 AEUV neben der nationalen Regelung.[671]

Adressaten des Missbrauchsverbotes einer marktbeherrschenden Stellung nach Art. 102 AEUV bzw. § 19 GWB sind Unternehmen. Es handelt sich dabei um einen weit gefassten funktionalen Begriff, der jegliche Form unternehmerischen Handels erfasst.[672] Darunter fallen auch die Inhaber wesentlicher Patente.[673] Die Möglichkeit zur Einräumung von Zwangslizenzen nach § 24 PatG schließt zudem die Erteilung kartellrechtlich begründeter Zwangslizenzen nicht aus.[674]

2. *Marktbeherrschende Stellung*

Um unter den Tatbestand des Art. 102 AEUV bzw. § 19 GWB zu fallen, muss der Inhaber eines SEP, der eine FRAND-Erklärung abgegeben hat, eine beherrschende Stellung auf dem relevanten Markt innehaben.

Das Vorliegen einer marktbeherrschenden Stellung ist auch bei Vorliegen einer FRAND-Erklärung zwingende Voraussetzung für einen Anspruch aus Art. 102 AEUV bzw. §§ 19, 20 GWB.[675] Bei der Ermittlung der beherrschenden Stellung ist zweistufig vorzugehen: Zunächst ist eine Marktabgrenzung vorzunehmen, die den sachlich, räumlich und zeitlich relevanten Markt definiert. Im Anschluss kann der Grad der Beherrschung auf diesem Markt ermittelt werden.[676] Das Merkmal der Marktmacht und des relevanten Marktes stehen dabei in einem engen Zusammenhang. Je enger der relevante Markt abgegrenzt wird, umso leichter kann die Marktmacht des Unternehmens festgestellt werden.[677]

Nach Auffassung des Landgerichts Düsseldorf führt eine abgegebene FRAND-Erklärung zwar nicht zur Begründung zivilrechtlicher Verbindlichkeiten, jedoch komme ihr derartige Relevanz zu, dass sie zur Entbehrlichkeit einer

---

671 *Bechtold/Bosch*, GWB, 8. Aufl. (2015), § 19 Rn. 2.

672 *Fuchs/Möschel*, in: *Immenga/Mestmäcker*, EU/Teil 1, 5. Aufl. (2012), Art. 102 AEUV Rn. 19; *Nothdurft*, in: *Langen/Bunte*, Bd. 1/GWB, 12. Aufl. (2014), § 19 Rn. 45.

673 *Fuchs*, in: FS Ahrens, 2016, S. 79 (83).

674 *BGH*, Urt. v. 13.7.2004 – KZR 40/02, GRUR 2004, 966 (967) – *Standard-Spundfass*; *Apel*, Kartellrechtliche Zwangslizenz, 2015, S. 425.

675 *Körber*, Standardessentielle Patente, 2013, S. 31.

676 *Fuchs/Möschel*, in: *Immenga/Mestmäcker*, EU/Teil 1, 5. Aufl. (2012), Art. 102 AEUV Rn. 42.

677 *Fuchs/Möschel*, in: *Immenga/Mestmäcker*, EU/Teil 1, 5. Aufl. (2012), Art. 102 AEUV Rn. 44; *Müller*, Kollektive Normung, 2015, S. 154; *Burghartz*, Technische Standards, 2011, S. 198.

Normadressatenprüfung im Rahmen des Art. 102 AEUV, §§ 19 ff. GWB und damit zum Entfallen der Prüfung des Innehabens einer marktbeherrschenden Stellung führe.[678]

Auch wenn es sich bei dem Vorliegen einer FRAND-Erklärung um eine besondere Situation handelt, kann dies nicht zu einem Wegfallen des Prüfungserfordernisses der Tatbestandsvoraussetzungen der marktbeherrschenden Stellung führen.[679] Zwar wird in der Regel eine solche Position des Schutzrechtsinhabers anzunehmen sein, allerdings lässt dies nicht die konkrete Prüfung im Einzelfall entfallen, insbesondere nicht, da eine Prüfung in Standardisierungssituationen ohne FRAND-Erklärung vom LG gerade auch noch vorgenommen wird. Inwieweit die FRAND-Erklärung zur Entbehrlichkeit der Adressatenprüfung führen soll, überzeugt nicht, denn Ausnahmefälle, in denen ein SEP nicht zu einer marktbeherrschenden Stellung führt, sind zumindest möglich, bspw. wenn auf Seiten der Lizenzsucher „ausreichende Nachfragemacht“[680] gegeben ist.[681]

a) *Abgrenzung des relevanten Marktes in SEP-Konstellationen*

aa) Sachlich relevanter Markt

Die Bestimmung des *sachlich* relevanten Marktes orientiert sich an der Austauschbarkeit bzw. Substituierbarkeit von Produkten des beherrschenden Unternehmens mit den Produkten anderer nicht marktbeherrschender Unternehmen. Es kommt auf die Möglichkeit des Ausweichens auf andere Produkte als die des Marktbeherrschers an. Dabei ist die Sicht der Marktgegenseite entscheidend (sog. Bedarfsmarktkonzept).[682] Im Rahmen der Prüfung der Nachfragesubstituierbarkeit bedient sich die Kommission des sog. SSNIP-Tests (*small but significant and non-transitory increase in price*).[683] Dabei wird die Kreuzpreiselastizität geprüft. Denn Produkte, zu denen der Nachfrager aufgrund einer geringfügigen und dauerhaften Preiserhöhung des relevanten Preises wechseln würde, sind

---

678 *LG Düsseldorf*, Urt. v. 24.4.2012 – 4b O 273/10, Rn. 206 (zitiert nach juris).

679 *Körber*, Standardessentielle Patente, 2013, S. 31.

680 *Müller*, Kollektive Normung, 2015, S. 165.

681 *Müller*, Kollektive Normung, 2015, S. 165.

682 *Fuchs/Möschel*, in: *Immenga/Mestmäcker*, EU/Teil 1, 5. Aufl. (2012), Art. 102 AEUV Rn. 48 f; *Bardong*, in: *Langen/Bunte*, Bd. 1/GWB, 12. Aufl. (2014), § 18 Rn. 15 f.; *Müller*, Kollektive Normung, 2015, S. 155; *Ullrich/Heinemann*, in: *Immenga/Mestmäcker*, EU/Teil 2, 5. Aufl. (2012) GRUR B Rn. 47.

683 *Müller*, Kollektive Normung, 2015, S. 155. Kritisch zum SSNIP-Test *Bulst*, in: *Langen/Bunte*, Bd. 2/EU, 12. Aufl. (2014), Art. 102 AEUV Rn. 39 f.

als Substitute demselben Markt zuzuordnen. Die Grenze für substituierbare Produkte ist dann erreicht, wenn die Preiserhöhung für den Anbieter trotz des Absatzrückgangs gewinnbringend ist.[684]

Im Rahmen der *sachlichen* Abgrenzung des relevanten Marktes in SEP-Konstellationen können insbesondere zwei Märkte herausgebildet werden - zum einen der Lizenz- oder Technologiemarkt, zum anderen der diesem nachgelagerte Produktmarkt.[685]

(1) Technologiemarkt

Der primäre Markt umfasst bei Patenten die durch das Recht geschützte erfinderische Leistung. Eine Vermarktung kann dann durch Ausübung des Ausschließlichkeitsrechts in Erteilung von Lizenzen erfolgen.[686]

Bei der Abgrenzung des sachlichen Technologiemarktes ist darauf abzustellen, ob für die Marktgegenseite Technologien vorhanden sind, welche die geschützte Lehre substituieren können[687], d.h. ob die entsprechenden Rechte ebenfalls zur Lösung einer technischen Problematik verwendet werden können und ein Erwerb dieser Rechte unter vergleichbaren Bedingungen möglich ist.[688] Ist dies der Fall, gehören sie demselben Markt an, d.h., dass nicht zwangsläufig jedem Patent ein eigener Technologiemarkt zuzuweisen ist.[689] Tatsächlich substituierend sind andere Technologien allerdings nur, wenn sie eine wirkliche Alternative darstellen, auch aus wirtschaftlicher Sicht. So kann aufgrund von Netzwerkeffekten die Austauschbarkeit anderer technologischer Lösungen eingeschränkt sein. Umfasst eine Norm daher mehrere Patente, können auch mehrere Märkte und nicht nur ein den Standard umfassender Markt vorliegen.[690] So hat die Europäische Kommission in der Entscheidung *Google/MMI*[691]

---

684 *Fuchs/Möschel*, in: *Immenga/Mestmäcker*, EU/Teil 1, 5. Aufl. (2012), Art. 102 AEUV Rn. 50; *Bulst*, in: *Langen/Bunte*, Bd. 2/EU, 12. Aufl. (2014), Art. 102 AEUV Rn. 39; *Müller*, Kollektive Normung, 2015, S. 155.

685 *Ullrich/Heinemann*, in: *Immenga/Mestmäcker*, EU/Teil 2, 5 Aufl. (2012), GRUR B Rn. 46; *Heyers*, WRP 2014, 1253 (1256); *Körber*, Standardessentielle Patente, 2013, S. 31; *Burghartz*, Technische Standards, 2011, S. 200. Vgl. auch *Jung*, ZWeR 2004, 379 (388).

686 *Ullrich/Heinemann*, in: *Immenga/Mestmäcker*, EU/Teil 2, 5. Aufl. (2012), GRUR B Rn. 46.

687 *Ullrich/Heinemann*, *Immenga/Mestmäcker*, EU/Teil 2, 5. Aufl. (2012), GRUR B Rn. 47.

688 *Heyers*, WRP 2014, 1253 (1256).

689 *Picht*, Strategisches Verhalten, 2013, S. 434.

690 *Loest/Bartlik*, ZWeR 2008, 41 (50 f).

691 *Europäische Komission*, Ent. v. 13.2.2012, COMP/M.6381 – *Google/Motorola Mobility*.

angenommen, dass jedes standardessentielle Patent einen eigenen, separat relevanten Technologiemarkt begründet.[692] Auch das OLG Düsseldorf hat in einer Entscheidung, der ein SEP-Kontext zugrundelag, ausgeführt, dass grundsätzlich jedes Patent einen eigenen, sachlich relevanten Markt begründe, „es sei denn, dass im Einzelfall eine – aus der Sicht der Nachfrager – gleichwertige Technologie für dasselbe technische Problem zur Verfügung steht."[693]

(2) Eigener Standardmarkt?

Picht zieht das Vorliegen eines eigenen „Standardmarkt[es]"[694] in Betracht, der zwischen dem Primär- und Sekundärmarkt angesiedelt sein soll. Im Ergebnis lehnt er einen solchen Extramarkt aber wohl ab, da viele Normierungsorganisationen technologische Rechte nicht zum Zwecke des Agierens auf dem Markt erwerben, sondern vielmehr der Allgemeinnutzen durch Bildung einer „technologischen Basis"[695] im Vordergrund steht. Eine Standardisierungsorganisation mit einem Nachfrager am Markt gleichzusetzen, sei daher nicht angebracht.[696]

Die Standardisierungssituation kann sich aber auf den Markt derart auswirken, dass eine zweistufige „Konkurrenz von Alternativtechnologien um die Aufnahme in einen Standard"[697] entsteht.[698]

(3) Produktmarkt

Der sachliche Produktmarkt umfasst grundsätzlich den Markt, auf dem die Produkte angeboten werden, bei deren Herstellung das standardessentielle Schutzrecht verwendet wurde.[699] Dieser relevante Markt kann im Einzelfall auch weiter gefasst werden und zusätzlich Produkte umfassen, denen kein patentrechtlicher Schutz anhaftet, wenn diese substituierbar sind.[700] Ebenso müssen Produkte, die

---

692 *Europäische Komission*, Ent. v. 13.2.2012, COMP/M.6381, Rn. 61 – *Google/Motorola Mobility; Körber*, Standardessentielle Patente, 2013, S. 33.

693 *OLG Düsseldorf*, Urt. v. 30.3.2017 – I-15 U 65/15, GRUR 2017, 1219 (1221 f.) – *Mobiles Kommunikationssystem* (Das Urteil ist nicht rechtskräftig, die Revision ist beim BGH anhängig).

694 *Picht*, Strategisches Verhalten, 2013, S. 434.

695 *Picht*, Strategisches Verhalten, 2013, S. 435.

696 *Picht*, Strategisches Verhalten, 2013, S. 434 f; *Heyers*, WRP 2014, 1253 (1256).

697 *Picht*, Strategisches Verhalten, 2013, S. 345.

698 *Picht*, Strategisches Verhalten, 2013, S. 345.

699 *Ullrich/Heinemann*, in: *Immenga/Mestmäcker*, EU/Teil 2, 5. Aufl. (2012), GRUR B Rn. 46; *Körber*, Strategisches Verhalten, 2013, S. 31.

700 *Kübel*, Zwangslizenzen, 2004, S. 195.

auf dem Standard „basieren“[701], nicht „zugleich auf dem Standard und der integrierten Technologie basieren“[702]. So gehören Produkte, die den Standard nur teilweise nutzen, ebenfalls bei gegebener Austauschbarkeit aus Abnehmersicht dem Produktmarkt an.[703]

Hat sich der Standard allerdings so am Markt durchgesetzt, dass ihm eine verbindliche Wirkung zukommt, ist der relevante Markt auf Produkte, die dem Standard entsprechen begrenzt. Andere, nicht standardkonfome Produkte, stellen auf Nachfragerseite keine Alternative dar.[704]

Im Zusammenhang mit „standardbezogener Patentnutzung“[705] schlägt *Picht* einen weiteren Markt, den sog. Komplementärmarkt vor.[706] Diese Märkte weisen einen besonderen Bezug zu den oben genannten Märkten auf, beispielsweise bieten sie „Zubehör zu standardisierten Produkten an“[707].

bb) Räumlich relevanter Markt

Der *räumlich* relevante Markt wird als „das Gebiet [definiert], in dem die beteiligten Unternehmen die relevanten Produkte oder Dienstleistungen anbieten, in dem die Wettbewerbsbedingungen hinreichend homogen sind und das sich von benachbarten Gebieten durch spürbar unterschiedliche Wettbewerbsbedingungen unterscheidet.“[708] Kennzeichnend ist hierbei ebenfalls der Aspekt der Austauschbarkeit, aber in räumlicher Hinsicht. Wobei die äußerste Grenze durch das Gebiet festgelegt wird, in dem ein Vertrieb der Produkte überhaupt stattfindet[709], bzw. auf „das Gebiet, in dem sich die missbräuchlichen Verhaltensweisen auswirken“[710].

---

701 *Picht*, Strategisches Verhalten, 2013, S. 436, Kommission, Horizontalleitlinien, 2011, Rn. 261.

702 *Picht*, Strategisches Verhalten, 2013, S. 436.

703 *Picht*, Strategisches Verhalten, 2013, S. 436.

704 *Müller*, Kollektive Normung, 2015, S. 156.

705 *Picht*, Strategisches Verhalten, 2013, 437.

706 *Picht*, Strategisches Verhalten, 2013, 437.

707 *Picht*, GRUR Int. 2014, 1 (7).

708 Bekanntmachung der Kommission über die Definition des relevanten Marktes im Sinne des Wettbewerbsrechts der Gemeinschaft, ABl. C 372/5 v. 9.12.1997 (97/C 273/03), Rn. 8; *EuGH*, Urteil v. 14.02.1978, Slg. 1978, 207, Rn. 10/11 - *United Brands*; vgl. *O. Weber*, in: *Schulte/Just*, KartellR, 2012, Art. 102 AEUV Rn. 22; *Fuchs/Möschel*, in: *Immenga/Mestmäcker*, EU/Teil 1, 5. Aufl. (2012), Art. 102 AEUV Rn. 65.

709 *Bardong*, in: *Langen/Bunte*, Bd. 1/GWB, 12. Aufl. (2014), § 18 Rn. 44; *O. Weber*, in: *Schulte/Just*, KartellR, 2012, Art. 102 AEUV Rn. 22.

710 *Fuchs/Möschel*, in: *Immenga/Mestmäcker*, EU/Teil 1, 5. Aufl. (2012), Art. 102 AEUV Rn. 66.

Durch die nationale Begrenzung des Immaterialgüterrechts wird man zwar grundsätzlich auch von einer dem entsprechenden räumlichen Marktbegrenzung ausgehen können, jedoch muss nicht zwangsläufig der *räumliche* Markt auf das nationale Geltungsgebiet des Patentrechts reduziert sein. So kann sich aufgrund internationaler Abkommen oder Harmonisierungsrichtlinien der räumliche Markt für den SEP-Inhaber durch die Vereinheitlichung der Wettbewerbsbedingungen erweitern.[711]

In der Praxis nimmt die Europäische Kommission allerdings häufig eine Übereinstimmung zwischen räumlichem Markt und geschütztem Gebiet des Patentrechts an.[712] Auch *Körber* begrenzt den räumlichen Markt auf den Geltungsbereich des patentrechtlichen Schutzrechts.[713] So ist jedoch der räumliche Markt bei einer harmonisierten Norm aufgrund der umfassenderen räumlichen Reichweite größer als bei einem ausschließlich national erteilten Schutzrecht.[714]

cc) Zeitlich relevanter Markt

In *zeitlicher* Hinsicht ist für das Missbrauchsverbot das Vorliegen der marktbeherrschenden Stellung in der Vergangenheit bzw. zum Zeitpunkt des Erlasses einer Verfügung durch die entsprechende Behörde entscheidend.[715] Die Bestimmung des eigentlichen relevanten Zeitraumes, in dem ein Produkt auf dem Markt zur Verfügung stand, wird innerhalb des sachlich relevanten Marktes behandelt. Indem der Angebotszeitraum eines Produkts am Markt festgestellt wird, kann aber der Zeitraum der beherrschenden Stellung am Markt ermittelt werden.[716]

Eine konkrete Marktabgrenzung ist vom jeweiligen Einzelfall abhängig und kann hier für den Fall einer kartellrechtlichen Zwangslizenz bei standardessentiellen Patenten nur grob umrissen werden.

Eine *zeitliche* Eingrenzung des relevanten Marktes kann sich zudem aus der Schutzdauer des Patents ergeben.[717] Das Auslaufen der Geltungsdauer des Schutzrechts muss aber nicht zwangsläufig auch eine Beendigung der

---

711 *Kübel*, Zwangslizenzen, 2004, S. 193 f.

712 *Kübel*, Zwangslizenzen, 2004, S. 194 Fn. 44.

713 *Körber*, Standardessentielle Patente, 2013, S. 33.

714 *Müller*, Kollektive Normung, 2015, S. 159.

715 *O. Weber*, in: *Schulte/Just*, KartellR, 2012, Art. 102 AEUV Rn. 22; *Bardong*, in: *Langen/Bunte*, Bd. 1/GWB, 12. Aufl. (2014), § 18 GWB Rn. 55.

716 *Fuchs/Möschel*, in: *Immenga/Mestmäcker*, EU/Teil 1, 5. Aufl. (2012), Art. 102 AEUV Rn. 68 ff.

717 *Körber*, Standardessentielle Patente, 2013, S. 33.

marktbeherrschenden Stellung zur Folge haben. Aufgrund der Stellung des Unternehmens auf dem Markt, gerade bei Vorliegen hoher Marktanteile, kann diese marktbeherrschende Position weiterbestehen.[718]

dd) Stellungnahme

Vorbehaltlich der Einzelfallsituation kann zusammenfassend festgestellt werden, dass der patentrechtlich geschützte Geltungsbereich jedenfalls ein Indiz für die Reichweite des räumlichen Marktes sein kann. Ebenso dürfte im Bereich des zeitlichen Geltungsbereichs zu prüfen sein, ob im Einzelfall Voraussetzungen vorliegen, die eine Erstreckung des zeitlich relevanten Marktes auch nach Ablauf des Schutzrechts rechtfertigen.

Wenn zum wesentlichen Schutzrecht keine konkurrierenden, substituierbaren Technologien auf dem Markt vorhanden sind, wird der sachlich relevante Markt nicht nur den Technologie-, sondern auch den Produktmarkt umfassen.[719] Das Vorliegen eines gesonderten Standardmarktes oder eines Komplementärmarktes dürfte hingegen abzulehnen sein. Ob tatsächlich jedes einzelne SEP einen eigenen Technologiemarkt begründet oder doch von einem einzigen Markt auszugehen ist muss abhängig vom Einzelfall beurteilt werden und ist entscheidend durch das Vorliegen etwaiger subsitutierbarer Technologien geprägt.

b) Beherrschende Stellung auf dem relevanten Markt

Der Schutzrechtsinhaber muss auf dem als sachlich, räumlich und zeitlich relevant identifizierten Markt eine beherrschende Stellung innehaben.

Nach ständiger EuGH-Rechtsprechung ist „*[m]it der beherrschenden Stellung […] die wirtschaftliche Machtstellung eines Unternehmens gemeint, die dieses in die Lage versetzt, die Aufrechterhaltung eines wirksamen Wettbewerbs auf dem relevanten Markt zu verhindern, indem sie ihm die Möglichkeit verschafft, sich seinen Wettbewerbern, seinen Abnehmern und schließlich den Verbrauchern gegenüber in einem nennenswerten Umfang unabhängig zu verhalten.*“[720] „*Eine solche Stellung schließt im Gegensatz zu einem Monopol oder Quasi-Monopol einen gewissen Wettbewerb nicht aus, versetzt aber die begünstigte Firma in die Lage, die*

---

718 *Fuchs/Möschel*, in: *Immenga/Mestmäcker*, EU/Teil 1, 5. Aufl. (2012), Art. 102 AEUV Rn. 70.

719 *Korp*, Patenthinterhalt, 2015, S. 44.

720 *EuGH*, Urt. v. 14.2.1978 - 27/76, Slg. 1978, 207, Rn. 63/66 – *United Brands*; *EuGH*, Urt. v. 13.2.1979 – 85/76, Slg. 1979, 461 Rn. 38 – *Hoffmann-La Roche*; siehe auch *Körber*, Standardessentielle Patente, 2013, S. 31; *Glöckner*, Kartellrecht, 2012, S. 196 Rn. 484, *Picht*, GRUR Int. 2014, 1 (7).

Bedingungen, unter denen sich dieser Wettbewerb entwickeln kann, zu bestimmen oder wenigstens merklich zu beeinflussen, jedenfalls aber weitgehend in ihrem Verhalten hierauf keine Rücksicht nehmen zu müssen, ohne dass ihr dies zum Schaden gereichte.“[721]

Marktbeherrschung kann nach dieser Definition sowohl im Verhalten des Unternehmens bestehen, welches wettbewerblich unabhängig ist, oder aber auch in der Kontrolle der Bedingungen des Wettbewerbs.[722] Im nationalen Recht sind die Voraussetzungen der marktbeherrschenden Stellung nach der 8. GWB-Novelle allgemein in § 18 GWB definiert.[723] Danach liegt nach § 18 Abs. 1 GWB ein marktbeherrschendes Unternehmen vor, wenn es keine Wettbewerber hat, der bestehende Wettbewerb unwesentlich ist oder aber eine Marktstellung innehat, die überragend ist. Der BGH umschreibt die dem Unternehmen zukommende marktbeherrschende Stellung auch als „vom Wettbewerb nicht hinreichend kontrollierte Verhaltensspielräume“[724].

Entscheidend für die Bestimmung der Marktbeherrschung ist sowohl nach europäischem als auch nationalem Recht eine „Gesamtschau“[725] verschiedener Kriterien.[726] So sind sowohl Marktstruktur als auch Marktverhalten zu untersuchen und bei der Beurteilung zu berücksichtigen, wobei die Gewichtung unterschiedlich ausfallen kann und der Marktstruktur in der Regel zentrale Bedeutung zukommt.[727]

Im Rahmen der Untersuchung der Marktstruktur ist wichtigstes Element der Marktanteil, denn je höher dieser ist, umso weniger Bedeutung kommt anderen Kriterien zu.[728] Je enger ein Markt im Rahmen der Marktabgrenzung

---

721 *EuGH*, Urt. v. 13.2.1979 – 85/76, Slg. 1979, 461 Rn. 39 – *Hoffmann-La Roche.*

722 *Fuchs/Möschel*, in: *Immenga/Mestmäcker*, EU/Teil 1, 5. Aufl. (2012), Art. 102 AEUV Rn. 77.

723 *Nothdurft*, in: *Langen/Bunte*, Bd. 1/GWB, 12. Aufl. (2014), § 19 Rn. 68; *Fuchs/Möschel*, in: *Immenga/Mestmäcker*, GWB/Teil 1, 5. Aufl. (2014), § 18 Rn. 11.

724 *BGH*, Beschl. v. 12.12.1987 – KVR 6/77, WuW/E BGH 1533, 1536 – *Erdgas Schwaben*; vgl. auch: *Bardong*, in: *Langen/Bunte*, Bd. 1/GWB, 12. Aufl. (2014), § 18 Rn. 58.

725 *Bechtold/Bosch*, GWB, 8. Aufl. (2015), § 18 Rn. 54.

726 Vgl. *Fuchs/Möschel*, in: *Immenga/Mestmäcker*, EU/Teil 1, 5. Aufl. (2012), Art. 102 AEUV Rn. 76 ff, 86; *dies.* in: *Immenga/Mestmäcker*, GWB/Teil 1, 5. Aufl. (2014), § 18 Rn. 75; *Bechtold/Bosch*, GWB, 8. Aufl. (2015), § 18 Rn. 54.

727 *Fuchs/Möschel*, in: *Immenga/Mestmäcker*, EU/Teil 1, 5. Aufl. (2012), Art. 102 AEUV Rn. 74, 77, 86.

728 *Fuchs/Möschel*, in: *Immenga/Mestmäcker*, EU/Teil 1, 5. Aufl. (2012), Art. 102 AEUV Rn. 86 f.

umrissen wurde, umso eher ist eine marktbeherrschende Stellung anzunehmen.[729] Weitere Kriterien neben dem des Marktanteils sind die Fragen, ob die Möglichkeit für potenziellen Wettbewerb gegeben ist und ob Marktzutrittsschranken bestehen.[730]

Im Rahmen der Analyse der Unternehmensstrukturen können unter anderem die Finanzkraft des Unternehmens und technologischer Vorsprung berücksichtigt werden.[731] Das Marktverhalten eines Unternehmens kann insbesondere durch die Möglichkeit, Preise am Markt unabhängig festzulegen, auf eine marktbeherrschende Stellung hindeuten.[732] Ebenso, wenn mittels der Preispolitik oder auch anderer Verhaltensweisen die wirtschaftlichen Möglichkeiten und Fähigkeiten seitens des Unternehmens bestehen, potenziellen oder bereits bestehenden Wettbewerb zu verhindern.[733]

Diese Kriterien stimmen weitgehend mit denen in § 18 GWB genannten überein. Auf die Besonderheiten der nationalen Regelungen im Vergleich zum europäischen Recht, wie beispielsweise die niedrigere Marktanteilsschwelle oder die Möglichkeit der Vermutung einer Marktbeherrschung, soll hier nicht weiter eingegangen werden.[734]

aa) Marktbeherrschung bei Vorliegen von Immaterialgüterrechten

Heute anerkannt und unumstritten ist die Tatsache, dass das Innehaben eines Immaterialgüterrechts nicht automatisch eine marktbeherrschende Stellung begründet.[735] Vielmehr ist auch bei immateriellen Schutzrechten zu untersuchen, ob der Schutzrechtsinhaber die Möglichkeit der Kontrolle über den

---

729 *Burghartz*, Technische Standards, 2011, S. 198; *Fuchs/Möschel*, in: *Immenga/Mestmäcker*, EU/Teil 1, 5. Aufl. (2012), Art. 102 AEUV Rn. 44; *Müller*, Kollektive Normung, 2015, S. 154.

730 *Fuchs/Möschel*, in: *Immenga/Mestmäcker*, EU/Teil 1, 5. Aufl. (2012), Art. 102 AEUV Rn. 97.

731 *Fuchs/Möschel*, in: *Immenga/Mestmäcker*, EU/Teil 1, 5. Aufl. (2012), Art. 102 AEUV Rn. 104, 107.

732 *Fuchs/Möschel*, in: *Immenga/Mestmäcker*, EU/Teil 1, 5. Aufl. (2012), Art. 102 AEUV Rn. 112.

733 *Fuchs/Möschel*, in: *Immenga/Mestmäcker*, EU/Teil 1, 5. Aufl. (2012), Art. 102 AEUV Rn. 114.

734 *Fuchs/Möschel*, in: *Immenga/Mestmäcker*, GWB/Teil 1, 5. Aufl. (2014), § 18 Rn. 15.

735 *Werner*, in: FK KartR, 71. Lfg. 2010, Fallgruppe IV. Gewerbli. Schutzrechte Rn. 122; *Bulst*, in: *Langen/Bunte*, Bd. 2/EU, 12. Aufl. (2014), Art. 102 Rn. 47; *Fuchs/Möschel*, in: *Immenga/Mestmäcker*, EU/Teil 1, 5. Aufl. (2012), Art. 102 AEUV Rn. 81.

relevanten Markt oder der Verhinderung wirksamen Wettbewerbs hat.[736] Die allgemeinen Kriterien zur Ermittlung einer marktbeherrschenden Stellung finden hier Anwendung.[737]

Die oben genannten Untersuchungspunkte finden sich auch in der europäischen Rechtsprechung wieder, die sich speziell mit der Feststellung von Marktmacht bei Vorliegen von Schutzrechten befasst hat. Neben den grundsätzlichen Beurteilungskriterien wie beispielsweise den Marktanteilen sind auch die Besonderheiten aufgrund des Schutzrechts bei der Ermittlung der Marktmacht zu berücksichtigen. So spielen unter anderem „das Preisniveau, die Finanzkraft des Schutzrechtsinhabers, die Existenz und Ausübung des Schutzrechts als solche, der Mehrwert der geschützten Technologie, die Nachfrageelastizität auf den betroffenen Märkten, die aus Netzwerkeffekten resultierenden Markteintrittsschranken sowie Pioniervorteile“[738] eine Rolle.[739] Patente oder andere gewerbliche Schutzrechte können zum Beispiel ein Indiz für Vorsprung im technologischen Bereich sein.[740] Der EuG hat in seiner vielzitierten „Microsoft“-Entscheidung[741] unter anderem die Marktanteile des betroffenen Unternehmens in Vergleich zu denen seiner Konkurrenten gesetzt. Zudem hat der EuG untersucht, ob Marktzutrittsschranken aufgrund von Netzwerkeffekten entstanden sind und ob die Marktstruktur beständig war.[742]

bb) Marktbeherrschung bei Standardessentiellen Patenten

Die genannten Untersuchungsparameter sind ebenfalls bei der Ermittlung von Marktmacht in Standardisierungszusammenhängen anzuwenden. Allerdings können unter Umständen spezielle Ausformungen erforderlich sein.[743]

---

736 *Fuchs/Möschel*, in: *Immenga/Mestmäcker*, EU/Teil 1, 5. Aufl. (2012), Art. 102 AEUV Rn. 81; *Ullrich/Heinemann*, in: *Immenga/Mestmäcker*, EU/Teil 2, 5. Aufl. (2012), GRUR B Rn. 42; *Bulst*, in: *Langen/Bunte*, Bd. 2/EU, 12. Aufl. (2014), Art. 102 Rn. 47.

737 *Ullrich/Heinemann*, in: *Immenga/Mestmäcker*, EU/Teil 2, 5. Aufl. (2012), GRUR B Rn. 43.

738 *Picht*, GRUR Int 2014, 1 (7).

739 *Picht*, GRUR Int 2014, 1 (7); *ders.* Strategisches Verhalten, 2013, S. 440; *EuG*, Urt. v. 1.7.2010 - Rs. T-321/05, Slg. 2010, II-02805, Rn. 239 ff. – *AstraZeneca.*

740 *Fuchs/Möschel*, in: *Immenga/Mestmäcker*, EU/Teil 1, 5. Aufl. (2012), Art. 102 AEUV Rn. 103.

741 *EuG*, Urt. 17.9.2007 – T-201/04, Slg. 2007, II-3601 – *Microsoft.*

742 *Picht*, Strategisches Verhalten, 2013, S. 440; *EuG*, Urt. v. 17.9.2007 - T-201/04, Slg. 2007, II-3601, Rn. 30 ff. – *Microsoft.*

743 *Picht*, GRUR Int 2014, 1 (7).

Die Bedeutung einer Standardsituation zeigt sich auch in der Standard-Spundfass-Entscheidung[744] des BGH, auch wenn diese nicht einen formellen, sondern einen Industriestandard betrifft. So hat der BGH in diesem Fall die beherrschende Stellung des klagenden Unternehmens nicht auf deren Patentrecht gestützt, sondern vielmehr darauf, dass ein Industriestandard erwachsen ist.[745]

Netzwerk- und Lock-in-Effekte spielen in diesem Kontext eine besondere Rolle und können die Entstehung von Marktmacht fördern.[746] Im Standardisierungskontext sollten die Marktanteile des wesentlichen Schutzrechts mit denen des Standards im Kontext betrachtet werden.[747] Abweichungen bei der Höhe der Lizenzgebühren derselben Technologie als Standardlizenz oder als Einzellizenz können zudem ein Hinweis für Marktmacht sein.[748]

In der Regel begründet die Einbeziehung eines Patents in einen Standard ein (wirtschaftliches) Monopol des SEP und damit häufig eine marktbeherrschende Stellung des wesentlichen Patentinhabers für die standardisierte Technologie.[749] Dies resultiert daraus, dass neben dem Imitationswettbewerb durch die Standardessentialität auch der sonst durch Patente zu fördernde Substitutionswettbewerb ausgeschlossen wird.[750] Entscheidendes Merkmal bei der marktbeherrschenden Stellung des SEP-Inhabers ist somit nicht der Ausschließlichkeitscharakter seines Immaterialgüterrechts, sondern die Standardessentialität seines Schutzrechts.[751] Wenn keine adäquaten Substitute bestehen (wobei nicht nur technische, sondern auch wirtschaftliche Aspekte eine Rolle spielen), wird eine Lizenzierung durch den Patentinhaber notwendig und unerlässlich für die Marktgegenseite.[752]

Jedoch kann bei Vorliegen eines wesentlichen Schutzrechts nicht immer zwangsläufig von einer marktbeherrschenden Stellung ausgegangen werden, da

---

744 *BGH*, Urt. v. 13.7.2004 – KZR 40/02, GRUR 2004, 966 – *Standard-Spundfass*

745 *BGH*, Urt. v. 13.7.2004 - KZR 40/02, GRUR 2004, 966 (968) - *Standard-Spundfass; Fuchs*, in *Lange/Klippel/Ohly* (Hrsg.), Geistiges Eigentum und Wettbewerb, 2009, S. 147 (168).

746 *Picht*, GRUR Int 2014, 1 (7); *Müller*, Kollektive Normung, 2015, S. 168.

747 *Picht*, GRUR Int 2014, 1 (7).

748 *Picht*, GRUR Int 2014, 1 (7).

749 *Ullrich/Heinemann*, in: *Immenga/Mestmäcker*, EU/Teil 2, 5. Aufl. (2012), GRUR B Rn. 37 b; *Körber*, Standardessentielle Patente, 2013, S. 33; *Burghartz*, Technische Standards, 2011, S. 203; *Heyes*, WRP 2014, 1253 (1256).

750 *Körber*, Standardessentielle Patente, 2013, S. 33; *Heyers*, WRP 2014, 1253 (1256).

751 *Körber*, Standardessentielle Patente, 2013, S. 33.

752 *Burghartz*, Technische Standards, 2011, S. 202 f; vgl. auch *Heyers*, WRP 2014, 1253 (1256).

die Existenz marktfähiger Alternativen möglich ist. Diese würde dann zu einer Einschränkung des Verhaltensspielraums des Schutzrechtsinhabers führen. Allerdings kann bei Vorliegen eines standardessentiellen Patentes im Rahmen einer widerlegbaren Vermutung von einer marktbeherrschenden Stellung des SEP-Inhabers ausgegangen werden.[753]

So kann die Inhaberschaft eines standardessentiellen Patentes die Marktbeherrschung damit nicht nur auf dem vorgelagerten Technologie- sondern auch auf dem nachgelagerten Bedarfsmarkt begründen.[754] Um auf dem Produktmarkt normkonforme Produkte anbieten zu können, ist es für die Unternehmen notwendig, eine Lizenz eines oder mehrerer standardessentieller Patente zu erlangen. Der SEP-Inhaber könnte diese verweigern und damit sämtlichen Wettbewerb auf dem Bedarfsmarkt verhindern. Allein diese Möglichkeit kann eine weitere marktbeherrschende Stellung auf dem Bedarfsmarkt hervorrufen.[755] Der SEP-Inhaber kann sog. Hebelwirkungen nutzen, um seine marktbeherrschende Stellung vom Technologie- auf den nachgelagerten Produktmarkt zu übertragen.[756] Für das Eingreifen der kartellrechtlichen Lizenzierungspflicht ist es aber nicht erforderlich, dass das Unternehmen jeden möglichen Wettbewerb auf dem nachgelagerten Markt ausschließt. Ausreichend ist die objektive Notwendigkeit der Technologie für den Eintritt auf den nachgelagerten Markt.[757]

Im Ergebnis kann daher das Innehaben eines wesentlichen Schutzrechtes eine beherrschende Stellung sowohl auf dem Technologie- als auch Bedarfsmarkt begründen, wenn keine relevanten alternativen Technologien bestehen und der Marktgegenseite somit keine Ausweichmöglichkeiten zur Verfügung stehen.[758]

---

753 Generalanwalt *Wathelet*, Schlussanträge v. 20.11.2014 – C-170/13, BeckRS, 2014, 82403 Rn 57 f.; *Fuchs*, NZKart 2015, 429 Fn. 43; *Heinemann*, GRUR 2015, 855 (859).

754 *Jung*, ZWeR 2004, 379 (388); *Fuchs/Möschel*, in: *Immenga/Mestmäcker*, EU/Teil 1, 5. Aufl. (2012), Art. 102 Rn. 81; *Heyers*, WRP 2014, 1253 (1256).

755 *Körber*, Standardessentielle Patente, 2013, S. 34.

756 *Müller*, Kollektive Normung, 2015, S. 166 f; *Ullrich/Heinemann*, in: *Immenga/mestmäcker*, EU/Teil 2, 5. Aufl. (2012), GRUR B Rn. 46.

757 *Körber*, Standardessentielle Patente, 2013, S. 34.

758 *Burghartz*, Technische Standards, 2011, S. 203 f.; *Ullrich/Heinemann*, in: *Immenga/Mestmäcker*, EU/Teil 2, 5. Aufl. (2012), GRUR B Rn. 49; *Körber*, Standardessentielle Patente, 2013, S. 33; vgl. auch *Bardong*, in: *Langen/Bunte*, Bd. 1/GWB, 12. Aufl. (2014), § 18 Rn. 105.

3. *Missbräuchliche Verhaltensweisen*

Eine marktbeherrschende Stellung eines SEP-Inhabers führt nur dann zu einem Verstoß gegen das Missbrauchsverbot des Art. 102 AEUV bzw. §§ 18, 19 GWB, wenn eine Ausnutzung der beherrschenden Position vorliegt. Erst dieser Missbrauch begründet die Möglichkeit kartellrechtlichen Eingreifens, denn das Innehaben einer marktbeherrschenden Stellung an sich ist nicht verboten.[759]

a) *Objektiver Begriff der missbräuchlichen Ausnutzung*

Eine marktbeherrschende Stellung wird nach Ansicht des EuGH dann in missbräuchlicher Weise ausgenutzt, wenn *„die Verhaltensweisen eines Unternehmens […], die die Struktur eines Marktes beeinflussen können, auf dem der Wettbewerb gerade wegen der Anwesenheit des fraglichen Unternehmens bereits geschwächt ist, und […] die Aufrechterhaltung des auf dem Markt noch bestehenden Wettbewerbs oder dessen Entwicklung durch die Verwendung von Mitteln behindern, welche von den Mitteln eines normalen Produkt- oder Dienstleistungswettbewerbs auf der Grundlage der Leistungen der Marktbürger abweichen.“*[760]

Der EuGH geht bei seiner Definition der „missbräuchlichen Ausnutzung einer beherrschenden Stellung“[761] von einem objektiven Begriff aus.[762] Entscheidend sind die Möglichkeit der Beeinflussung der Marktstrukturen und die Behinderung bereits bestehenden Wettbewerbs oder der Wettbewerbsentwicklung auf dem relevanten Markt, der aufgrund der Präsenz des marktbeherrschenden Unternehmens bereits angegriffen ist.[763] Irrelevant sind etwaige gezielte Absichten der Unternehmen hinsichtlich einer Wettbewerbsbeeinflussung.[764] So sind weder Absicht noch Verschulden des marktbeherrschenden Unternehmens

759 *Körber*, Standardessentielle Patente, 2013, S. 35; *Bulst*, in: *Langen/Bunte*, Bd. 2/EU, 12. Aufl. (2014), Art. 102 AEUV Rn. 81.

760 *EuGH*, Urt. v. 13.2.1979 – 85/76, Slg. 1979, 461 Rn. 91 – *Hoffmann-La Roche.*

761 *EuGH*, Urt. v. 13.2.1979 – 85/76, Slg. 1979, 461 Rn. 91 – *Hoffmann-La Roche.*

762 *EuGH*, Urt. v. 13.2.1979 – 85/76, Slg. 1979, 461 Rn. 91 – *Hoffmann-La Roche*; *Eilsmannsberger/Bien*, in: MüKo WettbR, Bd. 1/EU, 2. Aufl. (2015), Art. 102 AEUV Rn. 157; *Emmerich*, in: *Dauses*, EU-WirtschaftsR, 36. EL. 2014, H.I. § 3 Rn. 61; *Burghartz*, Technische Standards, 2011, S. 208; *Bulst*, in: *Langen/Bunte*, Bd. 2/EU, 12. Aufl. (2014), Art. 102 AEUV Rn. 114.

763 *EuGH*, Urt. v. 13.2.1979 – 85/76, Slg. 1979, 461 Rn. 91 – *Hoffmann-La Roche;* Urt. v. 16.7.2015 – C-170/13, GRUR 2015, 764 (766 Rn. 45) – *Huawei Technologies/ZTE.*

764 *Bulst*, in: *Langen/Bunte*, Bd. 2/EU, 12. Aufl. (2014), Art. 102 AEUV Rn. 114.

notwendig für die Erfüllung der Tatbestandsvoraussetzung.[765] Vielmehr ist entscheidend, ob die Verhaltensweisen objektiv widersprüchlich sind im Verhältnis zu den Zielen des AEUV-Vertrags der Gewährleistung eines offenen Binnenmarktes und unverfälschten Wettbewerbs.[766] Neben den grundlegenden Vertragszielen stützt sich der EuGH bei seiner Auslegung auch auf „Geist, Aufbau und Wortlaut“[767] des Art. 102 AEUV.[768]

Für Art. 102 AEUV ist es unerheblich, wie das Unternehmen zu seiner Stellung als Marktbeherrscher gekommen ist. Entscheidend ist, dass es diese Position hat, und mit dieser kommt ihm eine besondere Verantwortung für den Schutz des bestehenden Restwettbewerbs zu.[769] Dies schlägt sich in Verhaltensanforderungen nieder, die im Vergleich zu nicht marktbeherrschenden Unternehmen erhöht sind. So können Verhaltensweisen, die Wettbewerber normalerweise ausüben dürfen, für das marktbeherrschende Unternehmen verboten sein.[770]

Die vom EuGH aufgestellte Begriffsumschreibung stellt allerdings keine abschließende Definition dar. Vielmehr ist für die Abgrenzung, wann ein Verhalten missbräuchlich ist und wann es eben keinen Missbrauch darstellt, die Untersuchung des Einzelfalls entscheidend. Bei dieser Analyse ist eine Interessenabwägung zwischen den Interessen des Marktbeherrschers und denen der

765 *Bulst*, in: *Langen/Bunte*, Bd. 2/EU, 12. Aufl. (2014), Art. 102 AEUV Rn. 114; *Burghartz*, Technische Standards, 2011, S. 208.

766 *Bulst*, in: *Langen/Bunte*, Bd. 2/EU, 12. Aufl. (2014), Art. 102 AEUV Rn. 114; *Burghartz*, Technische Standards, 2011, S. 208; *Fuchs/Möschel*, in: *Immenga/Mestmäcker*, EU/Teil 1, 5. Aufl. (2012), Art. 102 Rn. 126, 129.

767 *EuGH*, Urt. v. 21.2.1973 - 6/72, Slg. 1973, 215 Rn. 22– *Europemballage und Continental Can.*

768 *Bulst*, in: *Langen/Bunte*, Bd. 2/EU, 12. Aufl. (2014), Art. 102 AEUV Rn. 84 f. u. 114; *Ullrich/Heinemann*, in: *Immenga/Mestmäcker*, EU/Teil 2, 5. Aufl. (2012), GRUR B Rn. 50; *Fuchs/Möschel*, in: *Immenga/Mestmäcker*, EU/Teil 1, 5. Aufl. (2012), Art. 102 AEUV Rn. 126 u. 129.

769 *Fuchs/Möschel*, in: *Immenga/Mestmäcker*, EU/Teil 1, 5. Aufl. (2012), Art. 102 Rn. 128 ff.; *Bulst*, in: *Langen/Bunte*, Bd. 2/EU, 12. Aufl. (2014), Art. 102 AEUV Rn. 85; *Ullrich/Heinemann*, in: *Immenga/Mestmäcker*, EU/Teil 2, 5. Aufl. (2012), GRUR B Rn. 50; *Loest/Bartlik*, ZWeR 2008, 41 (51); *EuGH*, Urt. v. 9.11.1983 - 322/81, Slg. 1983, 3461 Rn. 57 - *Michelin.*

770 *Fuchs/Möschel*, in: *Immenga/Mestmäcker*, EU/Teil 1, 5. Aufl. (2012), Art. 102 Rn. 128 ff.; *Bulst*, in: *Langen/Bunte*, Bd. 2/EU, 12. Aufl. (2014), Art. 102 AEUV Rn. 85; *Ullrich/Heinemann*, in: *Immenga/Mestmäcker*, EU/Teil 2, 5. Aufl. (2012), GRUR B Rn. 50.

betroffenen Wettbewerber vorzunehmen. Zudem sind die Interessen aller Beteiligten ins Verhältnis zu den Schutzzielen des Art. 102 AEUV zu setzen.[771]

Der EuGH bezieht sich bei einer Abwägungsprüfung insbesondere auf die Angemessenheit des Verhaltens des marktbeherrschenden Unternehmens in Relation zur „Wahrung seines geschäftlichen Eigeninteresses".[772] Die Kommission hingegen stützt ihre Prüfungen vornehmlich auf die Frage der negativen Auswirkungen für den Verbraucher.[773]

b) Weiter Anwendungsbereich

Grundsätzlich ist der Anwendungsbereich des Verbots von missbräuchlichen Verhaltensweisen des Art. 102 AEUV bzw. § 19 GWB weit zu fassen. Handlungen marktbeherrschender Unternehmen, die ihre Position in missbräuchlicher Art ausnutzen und den Zielsetzungen des AEUV entgegenstehen, können von dem Missbrauchsverbot erfasst werden.[774] Sowohl die nationalen als auch europäischen Normen nennen neben einer Generalklausel zudem Regelbeispiele möglicher missbräuchlicher Verhaltensweisen. Diese sind nicht abschließend zu verstehen. Daneben kann zwischen verschiedenen Gruppen von Missbrauchsformen unterschieden werden. Der Missbrauchstatbestand lässt sich in Fallgruppen des Ausbeutungs-, Behinderungs- und Marktstrukturmissbrauchs sowie in Diskriminierungsfälle untergliedern.[775]

Fälle des *Ausbeutungsmissbrauchs* sind dadurch gekennzeichnet, dass Unternehmen auf vertikaler Ebene Vorteile in finanzieller oder geschäftlicher Hinsicht aus ihrer Stellung auf dem Markt generieren, die zu Lasten ihrer Geschäftspartner gehen.[776] Diese Vorteile können beispielsweise in vergleichsweise höheren Preisen oder günstigeren Geschäftsbedingungen liegen, die das Unternehmen unter normalen wettbewerblichen Bedingungen nicht erzielt hätte.[777]

---

771 *Fuchs/Möschel*, in: *Immenga/Mestmäcker*, EU/Teil 1, 5. Aufl. (2012), Art. 102 Rn. 130 u. 201; *Bulst*, in: *Langen/Bunte*, Bd. 2/EU, 12. Aufl. (2014), Art. 102 AEUV Rn. 87.

772 *Fuchs/Möschel*, in: *Immenga/Mestmäcker*, EU/Teil 1, 5. Aufl. (2012), Art. 102 Rn. 130.

773 *Fuchs/Möschel*, in: *Immenga/Mestmäcker*, EU/Teil 1, 5. Aufl. (2012), Art. 102 Rn. 131; *Bulst*, in: *Langen/Bunte*, Bd. 2/EU, 12. Aufl. (2014), Art. 102 AEUV Rn. 87.

774 *Bulst*, in: *Langen/Bunte*, Bd. 2/EU, 12. Aufl. (2014), Art. 102 AEUV Rn. 98 f.; *Deister*, in: *Schulte/Just*, KartellR, 2012, § 19 GWB Rn. 100 ff.

775 *Fuchs/Möschel*, in: *Immenga/Mestmäcker*, EU/Teil 1, 5. Aufl. (2012), Art. 102 Rn. 132 ff; *Bulst*, in: *Langen/Bunte*, Bd. 2/EU, 12. Aufl. (2014), Art. 102 AEUV Rn. 98 f.

776 *Fuchs/Möschel*, in: *Immenga/Mestmäcker*, EU/Teil 1, 5. Aufl. (2012), Art. 102 Rn. 134; *Bulst*, in: *Langen/Bunte*, Bd. 2/EU, 12. Aufl. (2014), Art. 102 AEUV Rn. 91.

777 *Bulst*, in: *Langen/Bunte*, Bd. 2/EU, 12. Aufl. (2014), Art. 102 AEUV Rn. 91.

Der *Behinderungsmissbrauch* hingegen beinhaltet Verhaltensweisen, die sich „gegen aktuelle oder potenzielle Wettbewerber auf dem beherrschten oder auf einem benachbarten Markt [richten]“[778]. Diese können beispielsweise in der Erschwerung oder Verhinderung des Zugangs zu „Absatz- oder Inputmärkten“ liegen.[779] Der Schutz des bestehenden Wettbewerbs durch Verhinderung der Ausdehnung von Marktmacht steht hier im Vordergrund.[780]

Als dritte Form umfasst der *Marktstrukturmissbrauch* negative Auswirkungen externen Wachstums von Unternehmen in marktbeherrschender Stellung durch Fusion oder Akquisition auf die Wettbewerbsstrukturen.[781]

Weiter können Formen des Missbrauchs durch *Diskriminierung* der Marktgegenseite oder Wettbewerber auftreten.[782]

Die Untergliederung in die genannten Missbrauchsformen ist allerdings weder „erschöpfend“[783] noch alternativ. Überschneidungen sind grundsätzlich möglich, indem Verhaltensweisen auch mehreren Gruppen zugeordnet werden können.[784]

c) *Missbrauchstatbestand und Schutzrechte*

Lediglich der originäre Erwerb bzw. die Inhaberschaft eines gewerblichen Schutzrechts oder die Ausübung der mit diesem verbundenen (Abwehr-) Rechte durch ein marktbeherrschendes Unternehmen begründet an sich noch keinen Missbrauch i.S.d. Art. 102 AEUV bzw. §§ 19 ff. GWB.[785] Missbräuchliche Verhaltensweisen entstehen vielmehr erst, wenn „die Art und Weise der Ausübung [....] über die mit dem Konzept wirksamen Wettbewerbs vereinbarten Funktionen des Schutzrechts hinausgehen“[786]. Ob die konkrete Ausübung des Schutzrechts gegen Wettbewerbsrecht verstößt, ist eine Frage des Einzelfalls und bedarf

---

778 *Fuchs/Möschel*, in: *Immenga/Mestmäcker*, EU/Teil 1, 5. Aufl. (2012), Art. 102 Rn. 134.

779 *Bulst*, in: *Langen/Bunte*, Bd. 2/EU, 12. Aufl. (2014), Art. 102 AEUV Rn. 92.

780 *Fuchs/Möschel*, in: *Immenga/Mestmäcker*, EU/Teil 1, 5. Aufl. (2012), Art. 102 Rn. 134.

781 *Fuchs/Möschel*, in: *Immenga/Mestmäcker*, EU/Teil 1, 5. Aufl. (2012), Art. 102 Rn. 134; *Bulst*, in: *Langen/Bunte*, Bd. 2/EU, 12. Aufl. (2014), Art. 102 AEUV Rn. 93.

782 *Fuchs/Möschel*, in: *Immenga/Mestmäcker*, EU/Teil 1, 5. Aufl. (2012), Art. 102 Rn. 134.

783 *Bulst*, in: *Langen/Bunte*, Bd. 2/EU, 12. Aufl. (2014), Art. 102 AEUV Rn. 98

784 *Fuchs/Möschel*, in: *Immenga/Mestmäcker*, EU/Teil 1, 5. Aufl. (2012), Art. 102 Rn. 132 ff; *Bulst*, in: *Langen/Bunte*, Bd. 2/EU, 12. Aufl. (2014), Art. 102 AEUV Rn. 98 f.

785 *Wolf*, in: MüKo WettbR, Bd. 1/EU, 2. Aufl. (2015), Einl. Rn. 1394; *Ullrich/Heinemann*, in: *Immenga/Mestmäcker*, EU/Teil 2, 5. Aufl. (2012), GRUR B Rn. 50.

786 *Wolf*, in: MüKo WettbR, Bd. 1/EU, 2. Aufl. (2015), Einl. Rn. 1394.

einer genauen Abwägung der Funktionen und Ziele des Schutzrechts mit den wettbewerbsrechtlichen Zielsetzungen.[787]

Bedeutsam können in solchen Fällen insbesondere Behinderungswirkungen sein, die auf Netzwerk- oder Standardisierungseffekten beruhen oder auch durch Schutzrechtsbündel begründet werden.[788]

Bezüglich der Inhaberschaft hat der EuG die Ansicht der Kommission bestätigt, dass das Innehaben von Geistigem Eigentum zum Zwecke der „Absicherung der eigenen Marktstellung“[789] keine Bedeutung für die Beurteilung als missbräuchliches Verhalten hat.[790] Hingegen hat der EuG ein missbräuchliches Verhalten durch den Erwerb von einem geistigen Eigentumsrecht angenommen, da mithilfe dieses Rechts ein Marktanteil von 90% gesichert werden sollte, indem der Erwerb mögliche Wettbewerber vom Marktzutritt abhalten konnte.[791] Dient der abgeleitete Schutzrechtserwerb der Behinderung Dritter, greift das Verbot des Art. 102 AEUV bzw. § 19 GWB.[792]

Im Folgenden werden Fallgruppen von Verhaltensweisen im Zusammenhang mit (wesentlichen) Schutzrechten erläutert, die in Literatur und Rechtsprechung als missbräuchlich eingestuft wurden.

d) Grundsätzliche Lizenzverweigerung

Der Inhaber eines standardessentiellen Patents kann eine Lizenzerteilung grundsätzlich verweigern.

aa) Situation ohne FRAND-Erklärung

Wurde im Vorfeld keine FRAND-Erklärung des Schutzrechtsinhabers abgegeben, bspw. weil es sich um einen de facto-Standard handelt, sind die allgemeinen Voraussetzungen einer kartellrechtlichen Zwangslizenz heranzuziehen.[793]

---

787 *Wolf*, in: MüKo WettbR, Bd. 1/EU, 2. Aufl. (2015), Einl. Rn. 1339 f.

788 *Wolf*, in: MüKo WettbR, Bd. 1/EU, 2. Aufl. (2015), Einl. Rn. 1394.

789 *Wolf*, in: MüKo WettbR, Bd. 1/EU, 2. Aufl. (2015), Einl. Rn. 1394.

790 *Wolf*, in: MüKo WettbR, Bd. 1/EU, 2. Aufl. (2015), Einl. Rn. 1394; *Europäische Kommission*, Ent. v. 13.5.2009, COMP/C-3/37.990 - *Intel*; EuG, Urt. v. 12.6.2014 - T-286/09 -Intel.

791 *EuG*, Urt. v. 10.7.1990 – T-51/89, Slg. 1990, II-309 Rn. 23 – *Tetra Pak; Werner*, in: FK KartR, 71. Lfg. 2010, Fallgruppen IV Gewerbl. Schutzrechte, Rn. 126.

792 *Wolf*, in: MüKo WettbR, Bd. 1/EU, 2. Aufl. (2015), Einl. Rn. 1396.

793 Vgl. *Müller*, Kollektive Normung, 2015, S. 191 ff.
Die Voraussetzungen der kartellrechtlichen Zwangslizenz werden hier nur in Grundzügen dargestellt. Vgl. zu einer vertieften Auseinandersetzung bspw. *Hötte*,

Dabei ist zu berücksichtigen, dass das Recht des Inhabers von Rechten des geistigen Eigentums, Dritte von der Nutzung des gewerblichen Schutzrechts auszuschließen, ein wesentlicher Bestandteil des ihm verliehenen Immaterialgüterrechts ist.[794] Die Weigerung eines Schutzrechtsinhabers, eine Lizenz zu erteilen, stellt daher grundsätzlich keinen Missbrauch einer marktbeherrschenden Stellung dar.[795] Vielmehr ist eine kartellrechtliche Einschränkung des verliehenen Ausschließlichkeitsrechts mit der Folge eines Kontrahierungszwangs nur unter Hinzutreten „außergewöhnlicher Umstände“[796] möglich (erhöhte Begründungslast).[797]

Die europäische Rechtsprechung hat vier Kriterien entwickelt und in weiteren Entscheidungen konkretisiert, die kumulativ vorliegen müssen, damit das Vorliegen außergewöhnlicher Umstände bejaht werden kann.[798] Die Entwicklung der Kriterien, ist, ohne dass der EuGH explizit darauf Bezug genommen hat, angelehnt an die, aus dem US-amerikanischen Recht bekannte essential-facilities-Doktrin.[799]

(1) Verweigerung einer unerlässlichen Lizenz

Zunächst muss die Weigerung des Schutzrechtsinhabers, eine Lizenz zu erteilen, dazu führen, dass der Lizenzsuchende auf einem benachbarten Markt

---

Die kartellrechtliche Zwangslizenz im Patentrecht, 2011; *Apel*, Die kartellrechtliche Zwangslizenz im Lichte des europäischen Wettbewerbsrechts, 2015.

794 Siehe Kapitel 2 B.

795 *EuGH*, Urt. v. 5.10.1988 – 238/87, Slg. 1988, 6211 Rn. 8 – *Volvo/Veng*; EuGH, Urteil v. 6.4.1995 - C-241/91 P, Slg. 1995, I-743, Rn. 49 – *Magill; EuGH*, Urt. v. 29.4.2004 -C-418/01, Slg. 2004, I-5039, Rn. 34 - *IMS-Health; Wolf*, in: MüKo WettbR, Bd. 1/EU, 2. Aufl. (2015), Einl. Rn. 1404; *Burghartz*, Technische Standards, 2011, S. 209.

796 *EuGH*, Urt. v. 5.10.1988 – 238/87, Slg. 1988, 6211 Rn. 9 – *Volvo/Veng*.

797 *EuGH*, Urt. v. 5.10.1988 – 238/87, Slg. 1988, 6211 Rn. 9 – *Volvo/Veng*; EuGH, Urteil v. 6.4.1995 - C-241/91 P, Slg. 1995, I-743, Rn. 50 – *Magill; EuGH*, Urt. v. 29.4.2004 -C-418/01, Slg. 2004, I-5039, Rn. 36 - *IMS-Health*; *EuG*, Urt. v. 17.9.2007 - T-201/04, Slg. 2007, II-3601, Rn. 691 – *Microsoft*; *Wolf*, in: MüKo WettbR, Bd. 1/EU, 2. Aufl. (2015), Einl. Rn. 1339, 1404; *Werner*, in: FK KartR, 71. Lfg. 2010, Fallgruppen IV. Gewerbl. Schutzrechte Rn. 130. Vgl. für das nationale Recht: *Fuchs/Möschel*, in: *Immenga/Mestmäcker*, GWB/Teil 1, 5. Aufl. (2014), § 19 GWB Rn. 355.

798 EuGH, Urteil v. 6.4.1995 - C-241/91 P, Slg. 1995, I-743, Rn. 50 – *Magill; EuGH*, Urt. v. 26.11.1998 - C-7/97, Slg. 1998, I-7791, Rn. 45 f – *Bronner EuGH*, Urt. v. 29.4.2004 -C-418/01, Slg. 2004, I-5039, Rn. 37 - *IMS-Health*; *EuG*, Urt. v. 17.9.2007 - T-201/04, Slg. 2007, II-3601, Rn. 691 – *Microsoft*; *Burghartz*, Technische Standards, 2011, S. 216.

799 Vgl. dazu *Hartmann*, Patenthinterhalte, 2016, S. 314.

nicht agieren kann und die Lizenz somit unerlässlich für eine Tätigkeit auf dem Markt ist.[800]

Unerlässlichkeit liegt vor allem vor, wenn keine Substitutionsmöglichkeiten gegeben sind, d.h. ein Ausweichen des Lizenzsuchenden mangels bestehender alternativer Lösungen nicht möglich ist. Ausreichend ist dafür allerdings nicht, dass die Alternativlösung teurer wäre als die begehrte Lizenz. Zudem müssen „technische, rechtliche oder wirtschaftliche Hindernisse“[801] einer Entwicklung alternativer Produkte oder Dienstleistungen durch andere Unternehmen entgegenstehen.[802] Wirtschaftliche Hindernisse sind dann gegeben, wenn das Anbieten oder Entwickeln alternativer Lösungen in einem Umfang, der mit dem des marktbeherrschenden Unternehmens vergleichbar ist, für das Konkurrenzunternehmen unrentabel wäre.[803]

Bei standardessentiellen Patenten ist das Erfordernis der Unerlässlichkeit mangels alternativer Möglichkeiten grundsätzlich gegeben.[804] Für die Unwirtschaftlichkeit der Entwicklung von Alternativlösungen kann die Etablierung eines, für eine Lizenz relevanten Gegenstandes zu einem Standard sprechen.[805] Dieser Fall kann auch auf Märkten eintreten, die von Netzwerkeffekten gekennzeichnet sind.[806]

Bei der Beurteilung des Kriteriums der Unerlässlichkeit können auch Aspekte von insbesondere technischer Abhängigkeit der Nutzer eine Rolle spielen, da

---

800 *Fuchs*, in: *Lange/Klippel/Ohly* (Hrsg.), Geistiges Eigentum und Wettbewerb, 2009, S. 147 (162); *Wolf*, in: MüKo WettbR, Bd. 1/EU, 2. Aufl. (2015), Einl. Rn. 1405 f.

801 *EuGH*, Urt. v. 29.4.2004 - C-418/01, Slg. 2004, I-5039, Rn. 28 - *IMS-Health*.

802 *EuGH*, Urt. v. 29.4.2004 - C-418/01, Slg. 2004, I-5039, Rn. 28 - *IMS-Health*; *EuGH*, Urt. v. 26.11.1998 - C-7/97, Slg. 1998, I-7791, Rn. 45 f – *Bronner*; *Bulst*, in: *Langen/Bunte*, Bd. 2/EU, 12. Aufl. (2014), Art. 102 AEUV Rn. 274; *Wolf*, in: MüKo WettbR, Bd. 1/EU, 2. Aufl. (2015), Einl. Rn. 1405 f.; *Fuchs*, in: *Lange/Klippel/Ohly* (Hrsg.), Geistiges Eigentum und Wettbewerb, 2011, S. 147 (162).

803 *EuGH*, Urt. v. 26.11.1998 - C-7/97, Slg. 1998, -7791, Rn. 45 f. - *Bronner*; *EuGH*, Urt. v. 29.4.2004 - C-418/01, Slg. 2004, I-5039, Rn. 28 - *IMS-Health; Fuchs*, in: *Lange/Klippel/Ohly* (Hrsg.), Geistiges Eigentum und Wettbewerb, 2009, S. 147 (163); *Wolf*, in: MüKo WettbR, Bd. 1/EU, 2. Aufl. (2015), Einl. Rn. 1406.

804 *Wolf*, in: MüKo WettbR, Bd. 1/EU, 2. Aufl. (2015), Einl. Rn. 1406; *Körber*, Standardessentielle Patente, 2013, S. 61 f; *Walz,* GRUR Int 2013, 718 (723).

805 *Wolf*, in: MüKo WettbR, Bd. 1/EU, 2. Aufl. (2015), Einl. Rn. 1407; *BGH*, Urt. v. 13.7.2004 – KZR 40/02, GRUR 2004, 966 (968) – *Standard-Spundfass*.

806 *Wolf*, in: MüKo WettbR, Bd. 1/EU, 2. Aufl. (2015), Einl. Rn. 1407; *EuG*, Urt. v. 17.9.2007 - T-201/04, Slg. 2007, II-3601, Rn. 332 ff. – *Microsoft*.

das Anbieten von Alternativlösungen sowohl erheblichen technischen als auch wirtschaftlichen Aufwand und hohe Wechselkosten bedeuten würde.[807]

(2) Verweigerung verhindert neues Erzeugnis

Als nächste Voraussetzung muss die Weigerung der Lizenzerteilung zur Verhinderung des Auftretens eines neuen Erzeugnisses führen.[808] Hintergrund dieser Forderung ist die bereits angesprochene Interessenabwägung zwischen den Allgemeininteressen an einem freien und funktionierenden Wettbewerb und dem Interesse des Schutzrechtsinhabers an seinem Ausschließlichkeitsrecht.[809] Erst wenn die Lizenzverweigerung zu einer Verschlechterung der Marktentwicklung zu Lasten der Verbraucher führt, überwiegt das Schutzinteresse hinsichtlich eines freien Wettbewerbs.[810] Denn in einem solchen Fall würde das Ziel, mithilfe der Immaterialgüterrechte den Innovationswettbewerb, also die Entwicklung neuer Erzeugnisse zu fördern, verfehlt und eine Durchbrechung der Schutzrechte wäre notwendig.[811]

Daher ist für die Erfüllung der zweiten Voraussetzung erforderlich, dass der Lizenzsuchende Produkte anbieten möchte, die nicht bereits vom Angebot des Schutzrechtsinhabers umfasst sind, die somit neu auf dem Markt wären und hinsichtlich derer zudem ein potenzielles Nachfrageinteresse auf Seiten der Verbraucher besteht.[812] Das bedeutet nicht, dass es sich um einen anderen räumlich oder sachlich relevanten Markt handeln muss.[813] Für das Neuheitserfordernis ist es zudem ausreichend, dass es sich um neue Eigenschaften eines, auch alten

807 *EuGH*, Urt. v. 29.4.2004 - C-418/01, Slg. 2004, I-5039, Rn. 29 - *IMS-Health; Fuchs*, in: *Lange/Klippel/Ohly* (Hrsg.), Geistiges Eigentum und Wettbewerb, 2009, S. 147 (163); *Wolf*, in: MüKo WettbR, Bd. 1/EU, 2. Aufl. (2015), Einl. Rn. 1407.

808 *EuGH*, Urt. v. 29.4.2004 - C-418/01, Slg. 2004, I-5039, Rn. 38 - *IMS-Health; Fuchs*, in: *Lange/Klippel/Ohly* (Hrsg.), Geistiges Eigentum und Wettbewerb, 2009, S. 147 (162); *Wolf*, in: MüKo WettbR, Bd. 1/EU, 2. Aufl. (2015), Einl. Rn. 1405 u.1408.

809 *Fuchs*, in: *Lange/Klippel/Ohly* (Hrsg.), Geistiges Eigentum und Wettbewerb, 2009, S. 147 (164); *Wolf*, in: MüKo WettbR, Bd. 1/EU, 2. Aufl. (2015), Einl. Rn. 1408.

810 *EuGH*, Urt. v. 29.4.2004 - C-418/01, Slg. 2004, I-5039, Rn. 48 - *IMS-Health; Fuchs*, in: *Lange/Klippel/Ohly* (Hrsg.), Geistiges Eigentum und Wettbewerb, 2009, S. 147 (164).

811 *Fuchs*, in: *Lange/Klippel/Ohly* (Hrsg.), Geistiges Eigentum und Wettbewerb, 2009, S. 147 (164).

812 *EuGH*, Urt. v. 29.4.2004 - C-418/01, Slg. 2004, I-5039, Rn. 49 - *IMS-Health; Wolf*, in: MüKo WettbR, Bd. 1/EU, 2. Aufl. (2015), Einl. Rn. 1408.

813 *Fuchs*, in: *Lange/Klippel/Ohly* (Hrsg.), Geistiges Eigentum und Wettbewerb, 2009, S. 147 (165).

Produktes des Schutzrechtsinhabers handelt, solange diese Eigenschaften aus Sicht der Verbraucher wichtig sind und zur Unterscheidbarkeit der Produkte führen.[814]

Allerdings führt der EuG in seiner „Microsoft"-Entscheidung aus, dass *„das Auftreten eines neuen Produkts […] nicht der einzige Parameter sein [kann], anhand dessen geklärt werden kann, ob eine Weigerung, für ein Recht des geistigen Eigentums eine Lizenz zu erteilen, den Verbrauchern […] schaden kann. […] ein solcher Schaden [kann] nicht nur bei einer Einschränkung der Erzeugung oder des Absatzes eintreten, sondern auch dann, wenn die technische Entwicklung eingeschränkt wird.*"[815] Der EuG löst sich mit dieser Auffassung von einer wörtlichen Interpretation des Erfordernisses eines neuen Erzeugnisses. Vielmehr nimmt er eine Auslegung anhand des Wortlautes des Art. 82 S. 2 lit. b EGV (heute Art. 102 S. 2 lit. b AEUV) vor und orientiert sich dabei an den Interessen der Verbraucher an technischem Fortschritt, Produktverbesserungen und Möglichkeiten zur Innovation.[816] Für den Nachweis der Neuheit muss somit lediglich die eingeschränkte Möglichkeit der Entwicklung alternativer Erzeugnisse belegt werden, nicht ein konkret anhand seiner Funktionen bestimmtes Produkt.[817] Das Merkmal der Neuheit wäre somit bereits erfüllt, wenn es sich um eine technische Verbesserung auf dem vom Unternehmen beherrschten Markt handelt.[818]

(3) Eignung der Verweigerung zur Ausschaltung jeglichen Wettbewerbs auf einem abgeleiteten Markt

Die Lizenzverweigerung muss zur Verhinderung jeglichen Wettbewerbs auf einem abgeleiteten Markt geeignet sein.[819] Wie bereits im Abschnitt D. II. 2. erläutert, muss zwischen dem vorgelagerten Technologie- und dem nachgelagerten Produktmarkt unterschieden werden.[820]

---

814 *Wolf*, in: MüKo WettbR, Bd. 1/EU, 2. Aufl. (2015), Einl. Rn. 1408.

815 *EuG*, Urt. v. 17.09.2007 - T-201/04, Slg. 2007, II-3601, Rn. 647 – *Microsoft*.

816 *Burghartz*, Technische Standards, 2011, S. 215; *Fuchs/Möschel*, in: *Immenga/Mestmäcker*, EU/Teil 1, 5. Aufl. (2012), Art. 102 AEUV Rn. 328.

817 *Wolf*, in: MüKo WettbR, Bd. 1/EU, 2. Aufl. (2015), Einl. Rn. 1408.

818 *Fuchs*, in: *Lange/Klippel/Ohly* (Hrsg.), Geistiges Eigentum und Wettbewerb, 2009, S. 147 (165).

819 *EuGH*, Urt. v. 29.4.2004 - C-418/01, Slg. 2004, I-5039, Rn. 38 - *IMS-Health; Fuchs*, in: *Lange/Klippel/Ohly* (Hrsg.), Geistiges Eigentum und Wettbewerb, 2009, S. 147 (162); *Wolf*, in: MüKo WettbR, Bd. 1/EU, 2. Aufl. (2015), Einl. Rn. 1410.

820 *Bulst*, in: *Langen/Bunte*, Bd. 2/EU, 12. Aufl. (2014), Art. 102 AEUV Rn. 275; vgl. auch *Ullrich/Heinemann*, in: *Immenga/Mestmäcker*, EU/Teil 2, 5. Aufl. (2012), GRUR B Rn. 46.

Nach Ansicht des EuGH ist für die Voraussetzung des abgeleiteten Marktes entscheidend, dass zwei getrennte Märkte ermittelt werden können. Dass bislang keine getrennte Vermarktung stattgefunden hat, stehe der Ermittlung gesonderter Märkte entgegen. Dafür genüge bereits die Bestimmung eines potenziellen oder hypothetischen Marktes. Ein solcher liege vor, wenn die Unerlässlichkeit des Erzeugnisses „für eine bestimmte Tätigkeit“[821] gegeben sei und von Seiten der Unternehmen eine tatsächliche Nachfrage nach dieser unerlässlichen Tätigkeit bestehe. Entscheidend ist die Verbindung unterschiedlicher Produktionsstufen dergestalt, dass die Technologie des Primärmarktes unerlässlich für das Angebot oder die Herstellung des Erzeugnisses auf dem nachgelagerten Markt ist.[822]

Für das Erfordernis der Ausschaltung des Wettbewerbs ist der Nachweis ausreichend, dass die Lizenzverweigerung den Wettbewerb auszuschalten droht oder zumindest die Eignung zur Ausschaltung besteht.[823] Gerade auf von Netzwerkeffekten geprägten Märkten kann eine solche Gefahr angenommen werden.[824]

(4) Keine Rechtfertigung

Die Verweigerung der Lizenzerteilung darf darüber hinaus nicht sachlich gerechtfertigt sein.[825] Zur konkreten Auslegung dieser Voraussetzungen hat sich die Rechtsprechung bisher wenig geäußert.[826]

---

821 *EuGH*, Urt. v. 29.4.2004 - C-418/01, Slg. 2004, I-5039, Rn. 42 - *IMS-Health.*

822 *EuGH*, Urt. v. 29.4.2004 - C-418/01, Slg. 2004, I-5039, Rn. 42 ff. - *IMS-Health; EuG*, Urt. v. 17.9.2007 - T-201/04, Slg. 2007, II-3601, Rn. 335 – *Microsoft*; *Wolf*, in: MüKo WettbR, Bd. 1/EU, 2. Aufl. (2015), Einl. Rn. 1410; *Bulst*, in: *Langen/Bunte*, Bd. 2/EU, 12. Aufl. (2014), Art. 102 AEUV Rn. 275; *Fuchs*, in: *Lange/Klippel/Ohly* (Hrsg.), Geistiges Eigentum und Wettbewerb, 2009, S. 147 (163 f.).

823 *EuG*, Urt. v. 17.9.2007 - T-201/04, Slg. 2007, II-3601, Rn. 563 – *Microsoft; Fuchs/Möschel*, in: *Immenga/Mestmäcker*, Bd. 1/EU, 5. Aufl. (2012), Art. 102 AEUV Rn. 328; *Bulst*, in: *Langen/Bunte*, Bd. 2/EU, 12. Aufl. (2014), Art. 102 AEUV Rn. 276; *Wolf*, in: MüKo WettbR, Bd. 1/EU, 2. Aufl. (2015), Einl. Rn. 1411.

824 *EuG*, Urt. v. 17.9.2007 - T-201/04, Slg. 2007, II-3601, Rn. 562 ff. – *Microsoft; Wolf*, in: MüKo WettbR, Bd. 1/EU, 2. Aufl. (2015), Einl. Rn. 1412.

825 *EuGH*, Urt. v. 29.4.2004 - C-418/01, Slg. 2004, I-5039, Rn. 38 - *IMS-Health; Fuchs*, in: *Lange/Klippel/Ohly* (Hrsg.), Geistiges Eigentum und Wettbewerb, 2009, S. 147 (162).

826 Vgl. *Burghartz*, Technische Standards, 2011, S. 217 Fn. 166; *EuGH*, Urt. v. 29.4.2004 - C-418/01, Slg. 2004, I-5039, Rn. 51 f. - *IMS-Health.*

Als objektiver Rechtfertigungsgrund kommt das Vorliegen von Rechten des geistigen Eigentums nicht in Betracht. Die besondere Situation bei immateriellen Schutzrechten wurde durch die Prüfung „besonderer Umstände" bereits berücksichtigt. Würde man Schutzrechte als Rechtfertigungsgrund ansehen, könne eine Lizenzverweigerung nie als Missbrauch einer marktbeherrschenden Stellung i.S.d. Art. 102 AEUV gewertet werden. Dies sei bei dem Vorliegen der genannten besonderen Umstände aber möglich.[827]

Gerechtfertigt werden könne die Lizenzverweigerung allerdings, wenn es durch die Lizenzerteilungspflicht zu erheblichen negativen Auswirkungen auf dem Markt hinsichtlich des Innovationswettbewerbs und der Innovationsanreize des marktbeherrschenden Unternehmens komme.[828]

bb) Situation mit FRAND-Erklärung

Wurde im Vorfeld von der Standardisierungsorganisation eine FRAND-Erklärung des Schutzrechtsinhabers eingeholt, stellt sich die Frage, inwieweit dies Auswirkungen auf die Voraussetzungen einer kartellrechtlichen Zwangslizenz hat.

Zunächst kann davon ausgegangen werden, dass aufgrund einer abgegebenen Selbstverpflichtungserklärung zu FRAND-Bedingungen der Nachweis der oben genannten Voraussetzungen einer kartellrechtlichen Zwangslizenz leichter erbracht werden kann.[829]

Der EuGH betont in seiner *Huawei*-Entscheidung (siehe ausführlich sogleich unter D. II. 3. f) ee), dass das Erfordernis der Unerlässlichkeit der Lizenz aufgrund der Standardessentialität des Patentes gegeben sei. Die Herstellung eines normkonformen Produktes sei nur unter Nutzung der entsprechenden Lizenz möglich.[830] Dies sei der grundlegende Unterschied zu nicht essentiellen Patenten, die Wettbewerbern die Option der Herstellung konkurrierender Erzeugnisse mit den gleichen wesentlichen Funktionen lassen, ohne auf die Hinzuziehung der geschützten technischen Lehre angewiesen zu sein.[831]

---

827 *EuG*, Urt. v. 17.9.2007 - T-201/04, Slg. 2007, II-3601, Rn. 690 – *Microsoft; Bulst*, in: *Langen/Bunte*, Bd. 2/EU, 12. Aufl. (2014), Art. 102 AEUV Rn. 278; *Wolf*, in: MüKo WettbR, Bd. 1/EU, 2. Aufl. (2015), Einl. Rn. 1414.

828 *EuG*, Urt. v. 17.9.2007 - T-201/04, Slg. 2007, II-3601, Rn. 696 ff. – *Microsoft; Bulst*, in: *Langen/Bunte*, Bd. 2/EU, 12. Aufl. (2014), Art. 102 AEUV Rn. 278, *Wolf*, in: MüKo WettbR, Bd. 1/EU, 2. Aufl. (2015), Einl. Rn. 1414.

829 *Fuchs*, NZKart 2015, 429 (434).

830 *EuGH*, Urt. v. 16.7.2015 – C-170/13, GRUR 2015, 764 (766 Rn. 49) – *Huawei Technologies/ZTE*; *Fuchs*, NZKart 2015, 429 (435).

831 *EuGH*, Urt. v. 16.7.2015 – C-170/13, GRUR 2015, 764 (766 Rn. 50) – *Huawei Technologies/ZTE*; *Fuchs*, NZKart 2015, 429 (435).

Der EuGH weist als weitere Besonderheit einer SEP-Situation darauf hin, dass die Implementierung der geschützten Leistung und damit der Status des Patentes als wesentlich für den Standard nur gewährt wurde, da er im Austausch mit der Abgabe einer FRAND-Erklärung erfolgte.[832] Ein standardessentielles Patent verleihe seinem Inhaber die Möglichkeit, den Marktzutritt oder die Marktpräsenz von Wettbewerbsprodukten zu unterbinden und sich damit die Produktion selbst vorzubehalten.[833] Mit der Abgabe einer Selbstverpflichtungserklärung wecke der SEP-Inhaber allerdings „bei Dritten die berechtigte Erwartung"[834], Lizenzen zu FRAND-Bedingungen zu vergeben.[835]

Nach der Zusammenschau der genannten Gründe kann die Lizenzverweigerung nach Ansicht des EuGHs in einem solchen Fall „grundsätzlich einen Missbrauch im Sinne von Art. 102 AEUV darstellen."[836]

Weitergehend könnte man sogar nicht nur von einer Nachweiserleichterung ausgehen, sondern diskutieren, ob das Vorliegen einer FRAND-Erklärung selbst nicht bereits einen „außergewöhnlichen Umstand" im oben genannten Sinne darstellt, durch dessen Vorliegen ein kartellrechtlicher Kontrahierungszwang begründet wird. So wird in der Literatur die Ansicht vertreten, dass es sich bei einer SEP-Situation um solch einen „außergewöhnlichen Umstand" handele, was zur Konsequenz habe, dass eine Lizenzverweigerung lediglich in den Fällen möglich sei, in denen sich der Lizenzsucher unredlich verhalte.[837]

Andere sehen in dem Vorhandensein eines wesentlichen Patentes in Kombination mit einer abgegebenen FRAND-Erklärung ein Regelbeispiel für „außergewöhnliche Umstände" im Sinne der oben genannten Rechtsprechungskriterien.[838]

Jedenfalls ist das Vorliegen eines SEP-Kontextes mit FRAND-Erklärung ein starkes Indiz für das Vorliegen der „außergewöhnlichen Umstände", die einen kartellrechtlichen Kontrahierungszwang rechtfertigen. Jedoch darf auch in

---

832 *EuGH*, Urt. v. 16.7.2015 – C-170/13, GRUR 2015, 764 (766 Rn. 51) – *Huawei Technologies/ZTE*; *Fuchs*, NZKart 2015, 429 (435).

833 *EuGH*, Urt. v. 16.7.2015 – C-170/13, GRUR 2015, 764 (766 Rn. 52) – *Huawei Technologies/ZTE.*

834 *EuGH*, Urt. v. 16.7.2015 – C-170/13, GRUR 2015, 764 (766 Rn. 53) – *Huawei Technologies/ZTE.*

835 *EuGH*, Urt. v. 16.7.2015 – C-170/13, GRUR 2015, 764 (766 Rn. 53) – *Huawei Technologies/ZTE.*

836 *EuGH*, Urt. v. 16.7.2015 – C-170/13, GRUR 2015, 764 (766 Rn. 53) – *Huawei Technologies/ZTE.*

837 *Körber*, Standardessentielle Patente, 2013, S. 23.

838 *Fuchs*, NZKart 2015, 429 (435).

diesem Zusammenhang nicht die Einzelfallprüfung entfallen, da die Besonderheiten der jeweiligen Situation Berücksichtigung finden müssen.

In diesem Zusammenhang ist zu betonen, dass es sich bei der Lizenzverweigerung (grundsätzlich oder zu angemessenen Bedingungen) eines SEP-Inhabers auch bei Vorliegen einer FRAND-Erklärung um eine eigenständige Missbrauchshandlung in Abgrenzung zur Erhebung von Unterlassungsklagen durch SEP-Inhaber (sogleich ausführlich unter D. II. 3. f) handelt.[839] Eine eventuell zivilrechtlich begründete Lizenzierungspflicht[840] steht dem nicht entgegen.[841]

e) *Weigerung der Lizenzerteilung zu FRAND-Bedingungen*

Daneben sind die Fallkonstellationen denkbar, in denen der SEP-Inhaber nach Abgabe einer FRAND-Erklärung zwar zur Lizenzierung bereit ist, allerdings nicht zu fairen, angemessenen und diskriminierungsfreien Bedingungen bzw. Uneinigkeit über das Vorliegen dieser FRAND-Bedingungen besteht.

aa) Unfaire und/oder unangemessene Bedingungen

Als unfaire und unangemessene Bedingungen können bspw. missbräuchliche Kopplungen, die nach Art. 102 lit. d) AEUV bzw. § 19 Abs. 1 u. 4 Nr. 2 GWB verboten sind, verstanden werden.[842] Knüpft der SEP-Inhaber die Lizenzierung des wesentlichen Patentes an die Verpflichtung des Lizenznehmers, zugleich auch andere Lizenzen oder Produkte des marktbeherrschenden Unternehmens zu beziehen, kann dies ein missbräuchliches Kopplungsverbot darstellen.[843] Eine derartige Kopplung kann in Einzelfällen gerechtfertigt sein, wenn sie Voraussetzung für eine „einwandfreie Benutzung der Erfindung bzw. des Know-how“[844] oder erforderlich für die Gewährleistung der Qualität des Produkts ist.[845]

---

839 Vgl. *Fuchs*, NZKart 2015, 429 (434); *Körber*, Standardessentielle Patente, 2013, S. 58 f.; *Picht*, GRUR Int 2014, 1 (11 f), der in der nachträglichen vollständigen Lizenzverweigerung einen Behinderungsmissbrauch, Art. 102 Abs. 1 i.V.m. Abs. 2 lit. b) AEUV sieht; a.A. *Heinemann*, GRUR 2015, 855 (857): Heinemann betont, dass die Missbrauchshandlung ohne FRAND-Erklärung in der Verweigerung der Lizenzerteilung liege; in Konstellationen mit FRAND-Erklärungen liege der Missbrauch in der Geltendmachung des Unterlassungsanspruchs trotz der Erklärung der Lizenzbereitschaft.

840 Siehe Kapitel 3 E. I.

841 So auch *Fuchs*, NZKart 2015, 429 (434); *Körber*, Standardessentielle Patente, 2013, S. 54.

842 *Müller*, Kollektive Normung, 2015, S. 176 f.

843 *Müller*, Kollektive Normung, 2015, S. 177.

844 *Fuchs/Möschel*, in: *Immenga/Mestmäcker*, EU/Teil 1, 5. Aufl. (2012), Art. 102 Rn. 198.

845 *Fuchs/Möschel*, in: *Immenga/Mestmäcker*, EU/Teil 1, 5. Aufl. (2012), Art. 102 Rn. 198.

Daneben kann es sich um ein missbräuchliches Verhalten handeln, wenn der Schutzrechtsinhaber die Lizenzierung seines wesentlichen Patentes von einer Austauschlizenzierung aller nicht wesentlichen Schutzrechte des Lizenzsuchers abhängig macht.[846] Ein Verstoß gegen das Kopplungsverbot dürfte jedenfalls in den Fällen anzunehmen sein, in denen der SEP-Inhaber unentgeltliche Lizenzen fordert, da diese Forderungen des marktbeherrschenden Unternehmens ohne die Standardessentialität seines Patents unter den Bedingungen eines freien Marktes keinen Erfolg hätte.[847]

Ein besonderer Fall und wohl auch der am häufigsten diskutierte ist der der unangemessenen FRAND-Lizenzgebühren. Die Forderung überhöhter Lizenzgebühren kann einen Ausbeutungsmissbrauch nach Art. 102 Abs. 2 lit. a AEUV bzw. § 19 Abs. 2 GWB begründen.[848] Dabei ist die Bestimmung, wann eine überhöhte Forderung vorliegt und wann Lizenzgebühren angemessen sind, sehr umstritten. Auf diese Thematik soll an dieser Stelle nicht weiter eingegangen werden, da die Problematik der Bestimmung von angemessenen Lizenzgebühren bei der Preismissbrauchsaufsicht und die Besonderheiten im Zusammenhang mit standardessentiellen Patenten und der Einfluss von FRAND Erklärungen ausführlich Gegenstand des 4. Kapitels sind.

bb) Diskriminierende Bedingungen

Die Verpflichtung zur diskriminierungsfreien Lizenzierung ergibt sich sowohl aus der FRAND-Erklärung selbst als auch unmittelbar aus Art. 102 lit. c AEUV.[849] Bei vergleichbaren Sachverhalten ist der SEP-Inhaber verpflichtet, Lizenzsucher gleich zu behandeln, es sei denn es liegt ein sachlicher Grund vor, der die Ungleichbehandlung rechtfertigt.[850] Bei Vorliegen sachlicher Gründe hat der Schutzrechtsinhaber auch die Möglichkeit, unterschiedliche Lizenzkonditionen mit den Lizenznehmern auszuhandeln.[851]

---

846 *Müller*, Kollektive Normung, 2015, S. 177.

847 *LG Düsseldorf*, Urt. v. 13.02.2007 - 4a O 124/05, Rn. 64 (zitiert nach juris); *Müller*, Kollektive Normung, 2015, S. 177.

848 *Werner*, in: FK KartR, 71. Lfg. 2010, Fallgruppen IV. Gewerbl. Schutzrechte Rn. Rn. 127; *Fuchs/Möschel*, in: *Immenga/Mestmäcker*, EU/Teil 1, 5. Aufl. (2012), Art. 102 AEUV Rn. 196; *Wolf*, in: MüKo WettbR, Bd. 1/EU, 2. Aufl. (2015), Einl. Rn. 1399.

849 *Müller*, Kollektive Normung, 2015, S. 189; *Körber*, Standardessentielle Patente, 2013, S. 67.

850 *Müller*, Kollektive Normung, 2015, S. 189; *Fuchs/Möschel*, in: *Immenga/Mestmäcker*, EU/Teil 1, 5. Aufl. (2012), Art. 102 AEUV Rn. 378 f.

851 *Müller*, Kollektive Normung, 2015, S. 189.

Allerdings findet eine Rechtfertigung einer ungleichen Behandlung ihre Grenzen in den Zielen des AEUV-Vertrages, denn das Diskriminierungsverbot dient der Gewährleistung eines wirksamen und unverfälschten Wettbewerbs.[852] Art. 102 Abs. 2 lit. c AEUV soll Schutz vor Verfälschungen des Wettbewerbs sowohl auf den vor- als auch nachgelagerten Märkten aufgrund von Diskriminierungen der Handelspartner durch den Marktbeherrscher bieten.[853] Die Anforderungen an eine sachliche Rechtfertigung erhöhen sich in den Fällen, in denen der Schutzrechtsinhaber seine Marktmacht auch bzw. insbesondere aufgrund der Standardessentialität seines Patentes innehat und aufgrund dessen das Ausweichen auf andere technische Lösungen erschwert ist.[854] So sind erhöhte Anforderungen an eine Rechtfertigung gerade auch in Situationen zu stellen, in denen der SEP-Inhaber im Vorfeld eine FRAND-Erklärung abgegeben hat,[855] in der er einen diskriminierungsfreien Zugang für alle potenziellen Lizenznehmer zugesichert hat.

Die ungleiche Behandlung verschiedener Lizenzsucher bzw. -nehmer kann gerechtfertigt sein, wenn die unterschiedlichen Konditionen „als wettbewerbskonformer […] Interessenausgleich erschein[en]“[856] und kein willkürliches Ergebnis sind, das im Widerspruch zu wirtschaftlichem Handeln steht.[857]

Diskriminierende Behandlung kann bei fehlender Rechtfertigung nicht nur in der Vereinbarung unterschiedlicher Lizenzkonditionen bestehen, sondern auch in der selektiven Vergabe von Lizenzen oder in der vereinzelten Rechtsdurchsetzung.[858]

---

852 *Fuchs/Möschel*, in: *Immenga/Mestmäcker*, EU/Teil 1, 5. Aufl. (2012), Art. 102 AEUV Rn. 380.

853 *Eilmansberger/Bien*, in: MüKo WettbR, Bd. 1/EU, 2. Aufl. (2015), Art. 102 AEUV Rn. 273

854 *BGH*, Urt. v. 13.7.2004 – KZR 40/02, GRUR 2004, 966 (968) – *Standard-Spundfass; Müller*, Kollektive Normung, 2015, S. 77; *Burghartz*, Technische Standards, 2011, S. 134 ff., 137.

855 *Körber*, Standardessentielle Patente, 2013, S. 69 f; *Müller*, Kollektive Normung, 2015, S. 190.

856 *LG Düsseldorf*, Urt. v. 11.09.2008 - 4a O 81/07, NJOZ 2009, 930 (950 f.) – *MEPG2-Standard-Lizenzvertrag.*

857 *LG Düsseldorf*, Urt. v. 11.09.2008 - 4a O 81/07, NJOZ 2009, 930 (950 f.) – *MEPG2-Standard-Lizenzvertrag; BGH*, Urt. v. 13.7.2004 – KZR 40/02, GRUR 2004, 966 (969) – *Standard-Spundfass*; *Müller*, Kollektive Normung, 2015, S. 189 f.

858 *Körber*, Standardessentielle Patente, 2013, S. 70; *Müller*, Kollektive Normung, 2015, S. 190 f.; *Kühnen*, Hdb. Patentverletzung, 6. Aufl. (2012), Rn. 1438; *LG Düsseldorf*,

f) Patentverletzungsklagen auf Unterlassung

In der aktuellen Rechtsprechung wird insbesondere der Fall verhandelt, ob und wann die Erhebung von Patentverletzungsklagen auf Unterlassung eines SEP-Inhabers ein missbräuchliches Verhalten einer marktbeherrschenden Stellung und somit einen Verstoß gegen Art. 102 AEUV darstellt und der Beklagte damit die Möglichkeit hat, sich im Verfahren mit dem kartellrechtlichen Zwangslizenzeinwand zu verteidigen.[859]

Dabei hat der EuGH jüngst in seinem Urteil „*Huawei Technologies/ZTE*" vom 16.07.2015 klargestellt, dass die Unterlassungsklage des Inhabers eines standardessentiellen Patentes wegen Patentverletzung nicht grundsätzlich einen Missbrauch i.S.d. Art. 102 AEUV darstellt, sondern nur, wenn bestimmte Voraussetzungen erfüllt sind.[860]

aa) Nationale Rechtsprechung vor „Huawei"

Mit der Frage, wann und unter welchen Voraussetzungen die gerichtliche Geltendmachung von Unterlassungs- oder Schadensersatzansprüchen des Inhabers eines wesentlichen Schutzrechts möglich ist, hatte sich der BGH zuvor in den Entscheidungen „Standard-Spundfass"[861] und „Orange-Book-Standard"[862] beschäftigt.[863]

(1) Standard-Spundfass

Dem Standard-Spundfass-Fall lag ein von der Chemieindustrie initiierter Standard zugrunde, der dem Patentrechtsschutz unterlag.[864] Der Standard resultierte aus der Aufforderung führender Unternehmen des Verbands der Chemischen Industrie e.V. (VCI) nach einem Kunststofffass mit verbesserter Resteentleerung. Vier Unternehmen legten daraufhin Vorschläge vor, von denen eines ausgewählt

---

Urt. v. 30.11.2006 – 4b 508/05 Rn. 170 – *Videosignal-Codierung* (zitiert nach juris); *Nägele/Jacobs*, WRP 2009, 1062 (1071).

859 U.a. *EuGH*, Urt. v. 16.7.2015 – C-170/13, GRUR 2015, 764 ff. – *Huawei Technologies/ZTE*; *OLG Karlsruhe*, Beschl. v. 23.01.2012 – 6 U 136/11, GRUR-RR 2012, 124 – *GPRS-Zwangslizenz*; *Körber*, Standardessentielle Patente, 2013, S. 35 ff.; *Müller*, Kollektive Normung, 2015, S. 2015, S. 222 m.w.N. zu nationaler Rechtsprechung.

860 *EuGH*, Urt. v. 16.7.2015 – C-170/13, GRUR 2015, 764 ff. – *Huawei Technologies/ZTE*.

861 *BGH*, Urt. v. 13.7.2004 – KZR 40/02, GRUR 2004, 966 – *Standard-Spundfass*.

862 *BGH*, Urt. v. 6.5.2009 – KZR 39/06, GRUR 2009, 694 – *Orange-Book-Standard*.

863 *Buntscheck*, NZKart 2015, 521.

864 *BGH*, Urt. v. 13.7.2004 – KZR 40/02, GRUR 2004, 966 – *Standard-Spundfass*; *Apel*, Kartellrechtliche Zwangslizenz, 2015, S. 424, *Fuchs*, in: *Lange/Klippel/Ohly* (Hrsg.), Geistiges Eigentum und Wettbewerb, 2009, S. 147 (167); *Heinemann*, ZWeR 2005, 198.

wurde und in die Rahmenbedingung des VCI für eine neues „L-Ring-Fass“ übernommen wurde. Überwiegend wird in diesem Fall von einem de facto-Standard gesprochen[865], allerdings handelt es sich nach den oben vorgenommenen Definitionen vielmehr um einen zwischen Unternehmen vereinbarten Standard.[866] Mangels Beteiligung einer SSO kann in diesem Fall nicht von einem formellen Standard gesprochen werden, allerdings hat sich die von einem oder mehreren Unternehmen entwickelte Lösung auch nicht autark am Markt durchgesetzt, sondern wurde vielmehr vor ihrer Praktizierung ausgewählt und als Standard vereinbart. Die Patentinhaberin hat sich im Anschluss nicht generell geweigert, Lizenzen zu erteilen, sondern zum Teil entgeltliche bzw. auch, aufgrund einer zugrundliegenden Vereinbarung, unentgeltliche Lizenzen vergeben, andere Lizenzsuchende aber abgelehnt.[867] Im Rahmen der Patentverletzungsklage der Schutzrechtsinhaberin auf Rechnungslegung bzw. Schadensersatz hat die Beklagte einen auf das Diskriminierungsverbot gestützten Einwand vorgebracht.[868]

Der BGH entschied, dass ein Verstoß seitens des marktbeherrschenden Schutzrechtsinhabers gegen das Diskriminierungsverbot dann zu bejahen ist, wenn der Patentinhaber die Wesentlichkeit seines Schutzrechts für den Marktzugang dahingehend ausnutzt, dass er den Marktzutritt durch die Lizenzvergabe in einer Weise beschränkt, die dem Ziel des freien Wettbewerbs des GWB widerspricht.[869] Dabei lässt der BGH für die grundsätzliche Möglichkeit der Rechtfertigung einer Ungleichbehandlung von Lizenzsuchern einen weiten Spielraum.[870] Bei der Prüfung des Diskriminierungstatbestandes orientiert sich der BGH an den vom EuGH entwickelten Voraussetzungen außergewöhnlicher Umstände, unter denen eine generelle Lizenzverweigerung missbräuchlich sein kann.[871]

---

865 Vgl. statt vieler: *Heinemann*, ZWeR 2005, 198.

866 Ich danke Prof. Fuchs für den Hinweis auf diese Besonderheit der Standard-Konstellation.

867 *BGH*, Urt. v. 13.07.2004, KZR 40/02, GRUR 2004, 966 – *Standard-Spundfass*; *Apel*, Kartellrechtliche Zwangslizenz, 2015, S. 424 f, *Fuchs*, in: *Lange/Klippel/Ohly* (Hrsg.), Geistiges Eigentum und Wettbewerb, 2009, S. 147 (167); *Heinemann*, ZWeR 2005, 198.

868 *BGH*, Urt. v. 13.7.2004 – KZR 40/02, GRUR 2004, 966 – *Standard-Spundfass*; *Apel*, Kartellrechtliche Zwangslizenz, 2015, S. 425, *Fuchs*, in: *Lange/Klippel/Ohly* (Hrsg.), Geistiges Eigentum und Wettbewerb, 2009, S. 147 (167); *Heinemann*, ZWeR 2005, 198.

869 *BGH*, Urt. v. 13.7.2004 – KZR 40/02, GRUR 2004, 966 (2. Leitsatz) – *Standard-Spundfass*.

870 *BGH*, Urt. v. 13.7.2004 – KZR 40/02, GRUR 2004, 966 (968) – *Standard-Spundfass*; *Apel*, Kartellrechtliche Zwangslizenz, 2015, S. 426.

871 *BGH*, Urt. v. 13.7.2004 – KZR 40/02, GRUR 2004, 966 (968) – *Standard-Spundfass*; *Apel*, Kartellrechtliche Zwangslizenz, 2015, S. 429.

Allerdings beschränkt der BGH die Voraussetzungen auf (1) die Unentbehrlichkeit des Immaterialgüterrechts und (2) die fehlende sachliche Rechtfertigung.[872] Dafür stellt er Bedingungen hinsichtlich der Gründe für die Unentbehrlichkeit des Schutzrechts auf. Die Unentbehrlichkeit der geforderten Lizenz müsse vielmehr zumindest auch auf mangelnder Substituierbarkeit auf dem „[...] nachgelagerten Produktmarkt aufgrund einer Norm oder normähnlicher einheitlicher Vorgaben der Produktnachfrager“[873] beruhen.[874]

(2) Orange-Book-Standard

In dem „Orange-Book-Standard“-Fall[875] ging es um einen patentrechtlich geschützten de facto-Industriestandard. Der von zwei Unternehmen entwickelte und im sog. Orange-Book festgeschriebene Standard zur Produktion von CD-R und CD-RW hatte sich am Markt durchgesetzt und zu einem Industriestandard entwickelt.[876]

Die Beklagte stellte Produkte unter Nutzung des für die Herstellung von CD-R und CD-RW wesentlichen Patentes der Klägerin her und wurde unter anderem auf Unterlassung verklagt, da der Beklagten keine Lizenz zur Nutzung des Schutzrechts erteilt worden sei. Die Beklagte verteidigte sich mit dem Einwand, dass die Klägerin zur Lizenzerteilung verpflichtet wäre.[877]

Während der BGH in der Entscheidung „Standard-Spundfass“ die Möglichkeit eines Zwangslizenzeinwandes gegen patentrechtliche Unterlassungsklagen noch offen gelassen hatte und lediglich den Einwand gegen Schadensersatzansprüche bejahte, erkennt er in der „Orange-Book-Standard“-Entscheidung diese Möglichkeit auch ausdrücklich für Unterlassungsklagen an.[878] Dabei stützt der BGH den Zwangslizenzeinwand auf die dolo-facit-Einrede nach dem Treu und Glauben Grundsatz des § 242 BGB und betont die

---

872 *BGH*, Urt. v. 13.7.2004 – KZR 40/02, GRUR 2004, 966 (968) – *Standard-Spundfass*; *Apel*, Kartellrechtliche Zwangslizenz, 2015, S. 429.

873 *BGH*, Urt. v. 13.7.2004 – KZR 40/02, GRUR 2004, 966 (968) – *Standard-Spundfass*.

874 *Apel*, Kartellrechtliche Zwangslizenz, 2015, S. 430.

875 *BGH*, Urt. v. 6.5.2009 – KZR 39/06, GRUR 2009, 694 – *Orange-Book-Standard*.

876 *BGH*, Urt. v. 6.5.2009 – KZR 39/06, GRUR 2009, 694 (695) – *Orange-Book-Standard*; *LG Mannheim*, Urt. v. 12.9.2002 – 7 O 35/05, BeckRS 2009, 87787; *Palzer*, EuZW 2015, 702.

877 *BGH*, Urt. v. 6.5.2009 – KZR 39/06, GRUR 2009, 694 – *Orange-Book-Standard*; Anmerkung *Heinemann*, LMK 2009, 286659.

878 *BGH*, Urt. v. 6.5.2009 – KZR 39/06, GRUR 2009, 694 – *Orange-Book-Standard*; *Körber*, NZKart 2013, 87; *Müller*, GRUR 2012, 686; *Nägele/Jacobs*, WRP 2009, 1062 (1068).

Missbräuchlichkeit der Erhebung einer Unterlassungsklage bei bestehender Lizenzierungspflicht.[879]

„Diskriminiert ein marktbeherrschendes Unternehmen mit der Weigerung, einen ihm angebotenen Patentlizenzvertrag abzuschließen, das um die Lizenz nachsuchende Unternehmen in einem gleichartigen Unternehmen üblicherweise zugänglichen Geschäftsverkehr oder behindert es den Lizenzsucher damit unbillig, stellt auch die Durchsetzung des patentrechtlichen Unterlassungsanspruchs einen Missbrauch der marktbeherrschenden Stellung dar.“[880]

Im Folgenden schränkt der BGH allerdings den Tatbestand der Missbräuchlichkeit zugunsten des Patentinhabers ein, nachdem ein Missbrauch einer marktbeherrschenden Stellung sowie treuwidriges Handeln durch den Schutzrechtsinhaber nur bei Erfüllung zweier Voraussetzungen zu bejahen sei.[881] Die Erhebung von Unterlassungsklagen durch den SEP-Inhaber ist folglich nur unter engen Voraussetzungen missbräuchlich. Damit erhöht der BGH die Verhaltensanforderungen an den beklagten Standardnutzer.[882] Denn nach dem sog. „Orange-Book-Standard-Test“[883] kann der Einwand aufgrund einer kartellrechtlichen Lizenzierungspflicht des Schutzrechtsinhabers nur bei Vorliegen zweier Bedingungen geltend gemacht werden[884]:

(1) Zum einen bedarf es eines unbedingten Angebots des Lizenzsuchers *„auf Abschluss eines Lizenzierungsvertrages, das der Patentinhaber nicht ablehnen darf, ohne den Lizenzsucher unbillig zu behindern oder gegen das Diskriminierungsverbot zu verstoßen, und sich an dieses Angebot gebunden halten.*

[(2)] Zum anderen muss der Lizenzsucher, wenn er den Gegenstand des Patents bereits benutzt, bevor der Patentinhaber sein Angebot angenommen hat, diejenigen Verpflichtungen einhalten, die der abzuschließende Lizenzvertrag an die Benutzung des lizenzierten Gegenstandes knüpft. Dies bedeutet insbesondere, dass der Lizenzsucher die sich aus dem Vertrag ergebenden Lizenzgebühren zahlen oder die Zahlung sicherstellen muss.“[885]

---

879 *BGH*, Urt. v. 6.5.2009 – KZR 39/06, GRUR 2009, 694 (696 Rn. 24 ff.) – *Orange-Book-Standard; Kling/Thomas*, Kartellrecht, 2. Aufl. (2016), § 20 Rn. 155.

880 *BGH*, Urt. v. 6.5.2009 – KZR 39/06, GRUR 2009, 694 (696 Rn. 27) – *Orange-Book-Standard.*

881 BGH, Urt. v. 6.5.2009 – KZR 39/06, GRUR 2009, 694 (696 Rn. 29) – *Orange-Book-Standard.*

882 *Eilmansberger/Bien*, in: MüKo WettbR, Bd. 1/EU, 2. Aufl. (2015), Art. 102 AEUV Rn. 612.

883 *Körber*, NZKart 2013, 87.

884 *Stender*, WuW 2015, 1188 (1190); *Körber*, NZKart 2013, 87; *ders.*, Standardessentielle Patente, 2013, S. 107; *Barthelmeß/Gauß*, WuW 2010, 626 (633).

885 *BGH*, Urt. v. 6.5.2009 – KZR 39/06, GRUR 2009, 694 (696 Rn. 29) – *Orange-Book-Standard.*

Der BGH weist damit dem Lizenzsucher die Pflicht eines ersten Angebots zu und verwehrt ihm die Möglichkeit, die Wesentlichkeit des Patents für den Standard, seine Rechtsgültigkeit oder auch die Nutzung des Schutzrechts in Frage zu stellen bzw. zu bestreiten.[886]

Die Entscheidung des BGH ist von der Literatur stark kritisiert worden.[887] So fordere sie vom Lizenzsucher eine Art „vorauseilenden Gehorsam"[888] und stelle erhebliche Anforderungen an das Verhalten des Lizenzsuchers. Dadurch werde dieser im Vergleich zum Patentinhaber einseitig belastet[889], bspw. durch die Identifizierung der betreffenden standardessentiellen Patente und die Ausarbeitung und Unterbreitung mehrerer Lizenzangebote und eventuelle Rückstellungen in angemessener Höhe.[890]

Zudem wird diskutiert, ob der Ansatz des BGH unionsrechtswidrig sei und aufgrund enormer Hürden für den Lizenzsucher gegen den Effektivitätsgrundsatz verstoße.[891] Gegenstand der Diskussion ist auch, wie genau ein unbedingtes Angebot seitens des Lizenzsuchers aussehen müsse, um bei dessen Ablehnung einen Missbrauchsvorwurf gegen den Patentinhaber begründen zu können.[892]

(3) Umsetzung in instanzgerichtlicher Rechtsprechung

Die Instanzgerichte, insbesondere in Düsseldorf, Mannheim und Karlsruhe, haben in ihren nachfolgenden Entscheidungen die patentinhaberfreundliche Tendenz des BGH fortgeführt und die Bedingungen des „Orange-Book-Standard"-Tests

---

886 *Fuchs*, NZKart 2015, 429 (434); *Müller*, Kollektive Normung, 2015, S. 225; *Picht*, GRUR Int 2014, 1 (14).

887 Vgl. folgende Fußnoten sowie *Müller*, Kollektive Normung, 2015, S. 225; *Picht*, GRUR Int. 2014, 1 (14) m.w.N.
Eine genauere Konkretisierung der BGH-Bedingungen sowie eine ausführliche Darstellung der Diskussion zur Europarechtskonformität kann im Rahmen dieser Arbeit nicht erfolgen. Die in der Literatur vorgebrachten Kritikpunkte werden hier nur angesprochen.

888 *Kling/Thomas*, Kartellrecht, 2. Aufl. (2016), §20 Rn. 160.

889 *Barthelmeß/Gauß*, WuW 2010, 626 (634); *Fuchs*, NZKart 2015, 429 (434); *Müller*, Kollektive Normung, 2015, S. 225; *Hilty/Slowinski*, GRUR Int. 2015, 781 (784 f); *Walz*, GRUR Int 2013, 718 (724, 726); *Picht*, GRUR Int. 2014, 1 (14).

890 *Barthelmeß/Gauß*, WuW 2010. 626 (634); *Müller*, Kollektive Normung, 2015, S. 225.

891 *Körber*, NZKart 2013, 87; *Körber*, Standardessentielle Patente, 2013, S. 107, 154 ff.; *Walz*, GRUR Int. 2013, 718 (726, 731); *de Bronett*, WuW 2009, 899 (902); *Picht*, GRUR Int 2014, 1 (16).

892 *Barthelmeß/Rudolf*, WuW 2013, 116 (122); *Körber*, NZKart 2013, 87 (88 f).

restriktiv interpretiert bzw. weiter verschärft.[893] So sind die Einwände der Beklagten in den geführten Verfahren in der Regel an den Voraussetzungen eines unbedingten Angebots gescheitert.[894] Das OLG Karlsruhe hat bspw. vorausgesetzt, dass das Angebot so ausgestaltet sein muss, dass dem Lizenzsucher im Falle der Annahme durch den Lizenzinhaber keine Einwendungen hinsichtlich Unterlassung oder Schadensersatz zustehen.[895]

Die Instanzgerichte haben zudem die im „Orange-Book-Standard" entwickelten Kriterien auch auf Sachverhalte übertragen, denen kein Industriestandard, sondern ein im Rahmen eines Standardisierungsverfahrens festgelegter formeller Standard zugrunde lag.[896] Nach dem LG Düsseldorf ist eine Gleichbehandlung schon allein deshalb geboten, da „eine allgemeine Lizenzerklärung keine Bedeutung [hat], die über die kartellgesetzlich sich ergebende Rechtslage hinausginge".[897] Aus ihr könne auch gerade keine Pflicht des Patentinhabers abgeleitet werden, ein erstes Angebot zu machen. Die zugrundeliegende Interessenlage bei der Geltendmachung eines Zwangslizeneinwandes sei unabhängig davon, ob ihr eine vertragliche oder kartellrechtliche Quelle zugrundeliege, die gleiche.[898]

Auch das LG Mannheim geht von einer Gleichbehandlung der unterschiedlichen Standardformen aus. Es begründet die strengen Anforderungen des Zwangslizenzeinwandes unter anderem damit, dass sich durch die Standardnutzung nicht nur eine Last für den Nutzer ergeben, sondern dieser auch von den sich aufgrund von Kompatibilität und Interoperabilität ergebenden Vorteilen normkonformer Produkte profitiere.[899]

---

893 *Palzer*, EuZW 2015, 702 (704); *Walz*, GRUR Int 2013, 718 (724); *Müller*, Kollektive Normung, 2015, S. 227.

894 Vgl. *Deichfuß*, WuW 2012, 1156 (1157 f); *OLG Düsseldorf*, Urteile vom 28.01.2010, 2 U 124/08 bis 2 U128/08, 2 U 130/08, 2 U 131/08 (juris); Zweifel hinsichtlich unbedingten Angebotes, aber im Ergebnis offenlassend *LG Düsseldorf*, Urt. v. 4.8. 2011 - 4b O 54/10, Rn. 70 – MPEG-2-Standard XXIII (zitiert nach juris).

895 *OLG Karlsruhe*, Beschl. v. 23.2.2012 – 6 U 136/11 – *GPRS-Zwangslizenz II*; vgl. auch *Palzer*, EuZW 2015, 702 (704) mwN.

896 *Palzer*, EuZW 2015, 702 (704); *Müller*, Kollektive Normung, 2015, S. 227; *LG Düsseldorf*, Urt. v. 24.4.2012 – 4b O 273/10, Rn. 225 ff. (zitiert nach juris); *LG Mannheim*, Urt. v. 18.2.2011 -7 O 100/10, Rn. 175 ff – *UMTS-fähiges Mobiltelefon II* (zitiert nach juris).

897 *LG Düsseldorf*, Urt. v. 24.4.2012 – 4b O 273/10, Rn. 237 (zitiert nach juris).

898 *LG Düsseldorf*, Urt. v. 24.4.2012 – 4b O 273/10, Rn. 237 (zitiert nach juris).

899 *LG Mannheim*, Urt. v. 18.2.2011 -7 O 100/10, Rn. 176 – *UMTS-fähiges Mobiltelefon II* (zitiert nach juris).

bb) Kommissionspraxis vor „Huawei"

Im Gegensatz zur nationalen Praxis vertrat die Europäische Kommission in den Entscheidungen „Samsung"[900] und „Motorola"[901] eine für die Lizenzsucher freundlichere Auffassung.[902]

Beide Unternehmen hatten versucht, Unterlassungsverfügungen gegen Apple Inc. wegen der Nutzung standardessentieller Patente zu erwirken.[903] Die Kommission leitete daraufhin gegen Samsung und Motorola Missbrauchsverfahren ein.[904] Aufgrund der außergewöhnlichen Umstände und der fehlenden objektiven Rechtfertigung hat die Kommission in beiden Fällen einen Verstoß gegen Art. 102 AEUV angenommen.[905] Grundsätzlich stehe es einem Patentinhaber zwar frei, sein Immaterialgüterrecht gerichtlich geltend zu machen, allerdings handele es sich um eine besondere Sachlage, wenn es sich bei dem relevanten Schutzrecht um ein standardessentielles Patent handelt, für das von Seiten des Inhabers eine FRAND-Erklärung abgegeben wurde.[906] Sowohl das Standardisierungsverfahren, in dessen Rahmen die Norm festgelegt werde, als auch die Bereitschaftserklärung, Lizenzen zu FRAND-Bedingungen zu erteilen, stellen

---

900 *Europäische Kommission*, Zusammenfassung des Beschl. v. 29.4.2014 – AT.39939, ABl. C 350/08 v. 4.10.2014– *Samsung*.

901 *Europäische Kommmission*, Zusammenfassung des Beschl. v. 29.4.2014 - AT.39985, ABl. C 344/6 v. 2.10.2014 – Motorola.

902 *Heusch*, GRUR 2014, 745 (750).

903 Europäische Kommission, Zusammenfassung des Beschl. v. 29.4.2014 – AT.39939, ABl. C 350/08 v. 4.10.2014, Rn. 1– *Samsung; Europäische Kommmission*, Zusammenfassung des Beschl. v. 29.4.2014 - AT.39985, ABl. C 344/6 v. 2.10.2014, Rn. 1 – *Motorola; Palzer*, EuZW 2015, 702 (704).

904 *Europäische Kommmission*, Zusammenfassung des Beschl. v. 29.4.2014 - AT.39985, ABl. C 344/6 v. 2.10.2014, Rn. 1, 3 – *Motorola*; *Europäische Kommission*, Zusammenfassung des Beschl. v. 29.4.2014 – AT.39939, ABl. C 350/08 v. 4.10.2014, Rn. 2, 13– *Samsung*; *Müller*, Kollektive Normung, 2015, S. 226.

905 *Europäische Kommmission*, Zusammenfassung des Beschl. v. 29.4.2014 - AT.39985, ABl. C 344/6 v. 2.10.2014, Rn. 1 – *Motorola*; *Europäische Kommission*, Zusammenfassung des Beschl. v. 29.4.2014 – AT.39939, ABl. C 350/08 v. 4.10.2014, Rn. 13– *Samsung*. Die Kommission hat die von Samsung angebotenen Verpflichtungszusagen angenommen. (*Europäische Kommission*, Zusammenfassung des Beschl. v. 29.4.2014 – AT.39939, ABl. C 350/08 v. 4.10.2014, Rn. 1– *Samsung; Europäische Kommission*, Pressemitteilung v. 29.4.2014, IV/14/490*)*.

906 *Europäische Kommmission*, Zusammenfassung des Beschl. v. 29.4.2014 - AT.39985, ABl. C 344/6 v. 2.10.2014, Rn. 18 – *Motorola*.

nach Auffassung der Kommission außergewöhnliche Umstände dar[907], die die Legitimität einer Unterlassungsklage einschränken. Eine objektive Rechtfertigung hat die Kommission bei dem Willen des Lizenzsuchers zum Abschluss eines Lizenzvertrags zu fairen, angemessenen und nicht-diskriminierenden Bedingungen bereits ausgeschlossen.[908] Hingegen sei das Vorgehen des Schutzrechtsinhabers gerechtfertigt, wenn (1) der Lizenzsucher aufgrund finanzieller Schwierigkeiten nicht in der Lage sei, seine Verbindlichkeiten zu begleichen, (2) sich seine Vermögenswerte in Hoheitsgebieten befinden, in denen der SEP-Inhaber Forderungen auf Schadensersatz gegen ihn nicht mit angemessenen Mitteln durchsetzen könne, oder (3) „der potenzielle Lizenznehmer nicht gewillt ist, eine FRAND-Vereinbarung zu schließen, sodass dem SEP-Inhaber eine angemessene Vergütung für die Verwendung seiner SEP entgeht".[909]

Aufgrund der sowohl von Samsung als auch Motorola jeweils gegenüber ETSI abgegebenen FRAND-Erklärung liegt die Last des ersten Angebotes („Initiativlast"[910]) nicht beim Lizenzsucher, sondern kommt dem SEP-Inhaber zu.[911] Die Selbstverpflichtungserklärung des SEP-Inhabers zur Vergabe von FRAND-Lizenzen stellt nach Auffassung der Kommission einen „Safe Harbour" für Lizenzsucher dar.[912] Der Lizenzsucher sei nicht verpflichtet, dem SEP-Inhaber ein konkretes Angebot vorzulegen, sondern es sei ausreichend, wenn er seinen Willen zum Abschluss eines Vertrags zum Ausdruck bringe.[913] Zudem müsse der Patentinhaber die Nutzung seines SEP bei der Verhandlungsbereitschaft des Lizenzsuchers dulden, denn die Kommission geht von ernsthaftem Lizenzinteresse aus, wenn der Zeitrahmen der Lizenzverhandlungen auf maximal zwölf Monate festgesetzt ist, und sich die Parteien darauf verständigt haben, die

---

907 *Europäische Kommission*, Zusammenfassung des Beschl. v. 29.4.2014 – AT.39939, ABl. C 350/08 v. 4.10.2014, Rn. 13– *Samsung; Europäische Kommmission*, Zusammenfassung des Beschl. v. 29.4.2014 - AT.39985, ABl. C 344/6 v. 2.10.2014, Rn. 21 – *Motorola.*

908 Zusammenfassung des Beschl. v. 29.4.2014 - AT.39985, ABl. C 344/6 v. 2.10.2014, Rn. 22 – *Motorola.*

909 Zusammenfassung des Beschl. v. 29.4.2014 - AT.39985, ABl. C 344/6 v. 2.10.2014, Rn. 23 – *Motorola.*

910 *Palzer*, EuZW 2015, 702 (704).

911 *Palzer*, EuZW 2015, 702 (704).

912 *Müller/Henke*, GRUR Int. 2014, 662; *Heusch*, GRUR 2014, 745 (750); *Palzer*, EuZW 2015, 702 (704); *Europäische Kommission*, MEMO v. 29.4.2014, S. 2.

913 *Buntscheck*, NZKart 2015, 521.

Nutzungsbedingungen von einem Gericht festlegen zu lassen, falls in dieser Zeit keine Einigung erzielt werden kann.[914]

Insgesamt stellt die Kommission damit hohe Anforderungen an die Schutzrechtsinhaber für eine kartellrechtskonforme Erhebung von Unterlassungsklagen, da bei Vorliegen des Lizenzwillens des potenziellen Schutzrechtsverletzers eine objektive Rechtfertigung bereits ausscheidet und damit eine praktische Um- und Durchsetzung erheblich erschwert, wenn nicht gar unmöglich wird.[915]

cc) Zusammenfassende Stellungnahme

Die Ausgangslage vor Entscheidung des EuGH in Sachen „Huawei" war somit folgende: Während die Kommission mit ihrer „Safe-Harbour"-Lösung auf Seiten der Lizenzsucher gesehen werden kann, kommen die vom BGH in seinem Orange-Book-Standard-Test entwickelten Kriterien eher den Patentinhabern zugute.[916] Das Vorliegen eines kartellrechtlichen Zwangslizenzanspruchs allein war somit nicht ausreichend. Um erfolgreich den dementsprechenden Einwand im Verfahren erheben zu können, musste der Patentnutzer die vom BGH aufgestellten zusätzlichen Bedingungen erfüllen.[917] Diese hohen Hürden machten es für den Patentnutzer in der Praxis kaum möglich, erfolgreich gegen eine Unterlassungsklage den Zwangslizenzeinwand zu erheben.

Zwar lagen den entschiedenen Fällen unterschiedliche Standardformen zugrunde, allerdings ist dies nach der hier vertretenen Auffassung kein Argument für unterschiedliche Maßstäbe.

Sowohl dem „Standard-Spundfass"-Fall als auch dem „Orange-Book" ist gemein, dass sie keine im Rahmen eines Standardisierungsverfahrens festgelegten formellen Standards betreffen, welche die Abgabe einer FRAND-Erklärung voraussetzen.[918] Hingegen handelte es sich bei den Kommissionsverfahren um einen formellen Standard und Samsung und Motorola hatten im Rahmen des Standardisierungsverfahrens beide eine FRAND-Erklärung abgegeben.[919]

---

914 *Europäische Kommission*, Zusammenfassung des Beschl. v. 29.4.2014 – AT.39939, ABl. C 350/08 v. 4.10.2014, Rn. 15 ff. – *Samsung; Heinemann*, GRUR 2015, 855 (858); *Palzer*, EuZW 2015, 702 (704).

915 *Buntscheck*, NZKart 2015, 521.

916 *Heusch*, GRUR 2014, 745 (750).

917 *Körber*, NZKart 2013, 87 (87).

918 Vgl. *Körber*, NZKart 2013, 87.

919 *Europäische Kommission*, Zusammenfassung des Beschl. v. 29.4.2014 – AT.39939, ABl. C 350/08 v. 4.10.2014, Rn. 1 – *Samsung*; *Europäische Kommmission*, Zusammenfassung des Beschl. v. 29.4.2014 - AT.39985, ABl. C 344/6 v. 2.10.2014, Rn. 1 – *Motorola*.

Die Übertragbarkeit der Orange-Book-Standard-Kriterien auf Fälle, die formelle Standards betreffen, ist in der Literatur stark diskutiert worden.[920] In der Literatur wird zum Teil die Auffassung vertreten, dass Orange-Book-Standard-Tests „nicht ohne Weiteres"[921] auf formelle Standards angewendet werden können.[922] Neben dem Unterschied, dass es sich bei dem formellen Standard um eine, im Rahmen eines Standardisierungsverfahrens festgelegte Norm handele, komme hinzu, dass der SEP-Inhaber freiwillig eine Lizenzbereitschaftserklärung zu FRAND-Bedingungen abgegeben habe. Des Weiteren habe die Rechtsbeständigkeit des relevanten Patents in dem Orange-Book-Standard-Fall bereits festgestanden und ein Standard-Lizenzvertrag für das begehrte Patent sei öffentlich zugänglich gewesen.[923]

Die Instanzgerichte hingegen haben zum Teil, wie bereits oben erwähnt, die Kriterien der Orange-Book-Standard-Entscheidung auch auf Fälle formeller Standards übertragen und betont, dass die unterschiedlichen Ausgangslagen die Interessenslage nicht ändere und daher auch rechtlich nicht unterschiedlich zu behandeln seien.[924] Die Gleichbehandlung beider Standardformen wird zum Teil auch in der Literatur gefordert.[925]

Eine unabhängig von der Art der Standardentstehung gleiche Behandlung ist in jedem Fall zu befürworten. Denn unabhängig von der Entstehung des Standards können die Normen gleiche Wirkungen auf dem Markt entfalten und sich auf diesem durchsetzen. Es überzeugt nicht, dass der Patentnutzer im Falle eines Standards, der von Unternehmen vereinbart wurde oder sich de facto am Markt etabliert hat, in seinen rechtlichen Verteidigungsmöglichkeiten schlechter gestellt sein soll bzw. höhere Verhaltensanforderungen erfüllen muss, als ein Patentnutzer, der einen formellen Standard nutzt.

---

920 *Müller*, Kollektive Normung, 2015, S. 225 f.; *Körber*, NZKart 2013, 87 f; *Maume/Tapia*, GRUR Int 2010, 923 (925); *Müller*, GRUR 2012, 686 (687).

921 *Müller*, Kollektive Normung, 2015, S. 226.

922 *Müller*, Kollektive Normung, 2015, S. 226, *Körber*, NZKart 2013, 87; *Maume/Tapia*, GRUR Int 2010, 923 (925).

923 *Müller*, Kollektive Normung, 2015, S. 226; *Körber*, NZKart 2013, 87.

924 *LG Düsseldorf*, Urt. v. 24.4.2012 – 4b O 273/10, Rn. 235, 239 (zitiert nach juris); *LG Mannheim*, Urt. v. 18.02.2011 - 7 O 100/10, Rn. 176 – *UMTS-fähiges Mobiltelefon II* (zitiert nach juris); *Müller*, Kollektive Normung, 2015, S. 227.

925 *Bukow*, in: *Haedicke/Timmann*, Hdb Patentrecht, 2012, § 9 Rn. 289.

dd) Vorlagefragen des LG Düsseldorf

Diese sehr unklare Rechtslage aufgrund der doch sehr unterschiedlichen Herangehensweisen des BGH und der Europäischen Kommission haben unter anderem zu den Vorlagefragen des LG Düsseldorf an den EuGH geführt.[926] Als das LG den EuGH um Vorabentscheidung ersucht hat, waren lediglich die Pressemitteilung der Kommission sowie die Beschwerdepunkte gegenüber Samsung veröffentlicht worden.[927] Jedoch hat die Kommission dort ihre Ansicht bezüglich der Missbräuchlichkeit der Erhebung von Unterlassungsklagen, wie sie sie später noch konkretisierte, schon deutlich gemacht.[928] Die Kommission hat ihre Verfahren gegen Samsung und Motorola trotz des beim EuGH anhängigen Verfahrens weiterverfolgt.[929]

Der Fall des LG Düsseldorf basierte wie die Kommissionsfälle auf einem formellen Standard, für den vom SEP-Inhaber eine Selbstverpflichtungserklärung zu FRAND-Bedingungen abgegeben worden war.[930] Die vom LG Düsseldorf vorgelegten Fragen, ob und wann „die gerichtliche Geltendmachung von Ansprüchen wegen Patentverletzung durch den Inhaber eines standardessentiellen Patents, der eine FRAND-Lizenzbereitschaftserklärung abgegeben hat, als Missbrauch seiner marktbeherrschenden Stellung i.S.d. Art. 102 AEUV zu qualifizieren ist“[931], hat der EuGH wie folgt beantwortet.

ee) EuGH, „Huawei Technologies/ZTE“

(1) Entscheidung

Der EuGH hat in einem Urteil vom 16.07.2015 ein grundlegendes Konzept zur Beurteilung der gerade genannten Fallkonstellationen entwickelt:

Grundsätzlich stelle demzufolge die Ausübung des Ausschließlichkeitsrechts, hier durch Erhebung von Verletzungsklagen, kein missbräuchliches Verhalten dar, da es sich um das Vorrecht des Schutzrechtsinhabers handelt, es sei denn dieses könne durch das Vorliegen besonderer Umstände eingeschränkt

---

926 *LG Düsseldorf*, EuGH-Vorlage v. 31.3.2013 – 4b O 104/12– *LTE-Standard* (zitiert nach juris); *Hilty/Slowinski*, GRUR Int 2015, 781 (785); *Müller*, Kollektive Normung, 2015, S. 230.

927 *Müller*, Kollektive Normung, 2015, S. 230 Fn. 899.

928 *Europäische Kommission*, Pressemitteilung v. 21.12.2012, IP/12/1448.

929 *Müller*, Kollektive Normung, 2015, S. 231.

930 *LG Düsseldorf*, EuGH-Vorlage v. 31.3.2013 – 4b O 104/12– *LTE-Standard* (zitiert nach juris); *Müller*, Kollektive Normung, 2015, S. 231; *Fuchs*, NZKart 2015, 429 (431).

931 *Fuchs*, NZKart 2015, 429 (432).

werden.[932] Allerdings betont der EuGH, dass sich das Huawei-Verfahren jedoch von den Verfahren, die der Entwicklung der genannten allgemeinen Kriterien in der Rechtsprechung zu Grunde lagen, unterscheide.[933] Zum einen handele es sich um ein standardessentielles Patent, dessen Benutzung unerlässlich für die Herstellung normkonformer Produkte sei.[934] Zum anderen sei das Recht des geistigen Eigentums nur in den Standard implementiert worden, da der Patentinhaber eine FRAND-Erklärung abgegeben habe.[935]

Der SEP-Inhaber habe die Möglichkeit, sich die Herstellung von diesen standardisierten Produkten vorzubehalten und damit die bestehende oder potenzielle Markttätigkeit seiner Wettbewerber zu verhindern.[936] Zudem habe die Abgabe einer Lizenzbereitschaftserklärung zu FRAND-Bedingungen „bei Dritten die berechtigte Erwartung geweckt, dass der Inhaber des SEP ihnen tatsächlich Lizenzen zu diesen Bedingungen gewähren wird."[937]

Diese Besonderheiten führen dazu, dass die Weigerung des SEP-Inhabers, Lizenzen zu FRAND-Bedingungen zu erteilen, grundsätzlich missbräuchlich gem. Art. 102 AEUV sein kann[938] und aufgrund „der geweckten berechtigten Erwartungen Klagen auf Unterlassung oder Rückruf grundsätzlich der missbräuchliche Charakter einer solchen Weigerung entgegengehalten werden kann"[939]. Dabei bleibt aber zu beachten, dass der SEP-Inhaber nur zur Lizenzierung zu FRAND-Bedingungen verpflichtet ist.[940]

---

932 *EuGH*, Urt. v. 16.7.2015 – C-170/13, GRUR 2015, 764 (766 Rn. 46 f.) – *Huawei Technologies/ZTE.*

933 *EuGH*, Urt. v. 16.7.2015 – C-170/13, GRUR 2015, 764 (766 Rn. 48) – *Huawei Technologies/ZTE.*

934 *EuGH*, Urt. v. 16.7.2015 – C-170/13, GRUR 2015, 764 (766 Rn. 49) – *Huawei Technologies/ZTE.*

935 *EuGH*, Urt. v. 16.7.2015 – C-170/13, GRUR 2015, 764 (766 Rn. 51) – *Huawei Technologies/ZTE.*

936 *EuGH*, Urt. v. 16.7.2015 – C-170/13, GRUR 2015, 764 (766 Rn. 52) – *Huawei Technologies/ZTE.*

937 *EuGH*, Urt. v. 16.7.2015 – C-170/13, GRUR 2015, 764 (766 Rn. 53) – *Huawei Technologies/ZTE.*

938 *EuGH*, Urt. v. 16.7.2015 – C-170/13, GRUR 2015, 764 (766 Rn. 54) – *Huawei Technologies/ZTE.*

939 *EuGH*, Urt. v. 16.7.2015 – C-170/13, GRUR 2015, 764 (766 Rn. 54) – *Huawei Technologies/ZTE.*

940 *EuGH*, Urt. v. 16.7.2015 – C-170/13, GRUR 2015, 764 (766 Rn. 54) – *Huawei Technologies/ZTE.*

Der EuGH definiert im Folgenden positiv, unter welchen Voraussetzungen eine Unterlassungsklage oder Klage auf Rückruf des Patentinhabers keinen Missbrauch einer marktbeherrschenden Stellung i.S.d. Art. 102 AEUV darstellt.[941]

Dabei steht die Gewährleistung eines gerechten Interessenausgleichs beider Parteien im Vordergrund.[942] Die Wahrung und der Schutz der Rechte des geistigen Eigentums umfasst auch das Recht des Schutzrechtsinhabers, gerichtliche Schritte zur Beachtung seiner Rechte einzuleiten. Eine abgegebene FRAND-Erklärung des Lizenzgebers könne dieses Recht nicht aushöhlen. Der Selbstverpflichtungserklärung komme aber in der Hinsicht eine relevante Bedeutung zu, dass sie die Beachtung besonderer Anforderungen durch den SEP-Inhaber bei der Geltendmachung negatorischer Ansprüche rechtfertige.[943]

Unter diese besonderen Anforderungen fasst der EuGH folgende Bedingungen, die bei ihrem Vorliegen einen Missbrauch i.S.d. Art. 102 AEUV ausschließen[944]:

Zunächst hat der SEP-Inhaber vor Klageerhebung den angeblichen Verletzer auf die ihm zur Last gelegte Schutzrechtsverletzung unter Bezeichnung des konkreten Patentes und der Verletzungshandlung hinzuweisen und ihn anzuhören.[945] Denn aufgrund der mittlerweile hohen Anzahl an bestehenden standardessentiellen Schutzrechten kann nicht ausgeschlossen werden, dass der Patentnutzer gar nicht weiß, dass er eine solche geschützte Lehre verwendet.[946]

Im Anschluss muss der Schutzrechtsinhaber dem angeblichen Verletzer ein konkretes und schriftliches Lizenzierungsangebot zu FRAND-Bedingungen unterbreiten. Diese Verpflichtung kommt dem Patentinhaber allerdings nur zu, wenn der Patentnutzer seinen Willen gezeigt hat, einen entsprechenden Lizenzvertrag zu FRAND-Bedingungen abzuschließen. Das Lizenzangebot des

---

941 *EuGH*, Urt. v. 16.7.2015 – C-170/13, GRUR 2015, 764 (766 Rn. 60 ff, 71) – *Huawei Technologies/ZTE*.

942 *EuGH*, Urt. v. 16.7.2015 – C-170/13, GRUR 2015, 764 (766 Rn. 55) – *Huawei Technologies/ZTE*; *Fuchs*, NZKart 2015, 429 (432).

943 *EuGH*, Urt. v. 16.7.2015 – C-170/13, GRUR 2015, 764 (766 Rn. 58, 59) – *Huawei Technologies/ZTE*; *Fuchs*, NZKart 2015, 429 (432 ff.).

944 *Fuchs*, NZKart 2015, 429 (433).

945 *EuGH*, Urt. v. 16.7.2015 – C-170/13, GRUR 2015, 764 (767 Rn. 60, 61) – *Huawei Technologies/ZTE*; *Fuchs*, NZKart 2015, 429 (433).

946 *EuGH*, Urt. v. 16.7.2015 – C-170/13, GRUR 2015, 764 (766 Rn. 52) – *Huawei Technologies/ZTE*.

SEP-Inhabers muss dabei insbesondere die Höhe der geforderten Lizenzgebühr sowie die Berechnungsgrundlage hinsichtlich Art und Weise umfassen.[947]

Der EuGH verweist bei seiner Begründung der Verpflichtung zur Vorlage eines Angebotes durch den SEP-Inhaber auf die von ihm abgegebene FRAND-Erklärung, aufgrund derer die Unterbreitung eines Angebotes seitens des Schutzrechtsinhabers erwartet werden könne.[948] Zudem sei dieser im Vergleich zum angeblichen Patentverletzer besser in der Lage, die Wahrung der Gleichbehandlungsvoraussetzungen zu überprüfen,[949] „wenn weder ein Standardlizenzvertrag noch mit anderen Wettbewerbern bereits geschlossene Lizenzverträge veröffentlicht sind“[950].

Im Anschluss formuliert der EuGH die Pflichten, die dem angeblichen Patentverletzer zukommen, wenn er sich auf „den missbräuchlichen Charakter einer Unterlassungs- oder Rückrufklage [...] berufen“[951] möchte.[952] Denn ein Missbrauch einer marktbeherrschenden Stellung durch den SEP-Inhaber ist zu verneinen, wenn der Verletzer, unter Fortsetzung der Nutzung des SEP, auf das vorgelegte Angebot nicht reagiert.[953] Die Reaktion auf das Angebot hat „mit Sorgfalt, gemäß den in dem Bereich anerkannten geschäftlichen Gepflogenheiten und nach Treu und Glauben“[954] zu erfolgen. Die Bestimmung basiert auf objektiven Gesichtspunkten, unter anderem darf der Verletzer keine Verzögerungstaktik verfolgen.[955]

947 *EuGH*, Urt. v. 16.7.2015 – C-170/13, GRUR 2015, 764 (767 Rn. 63) – *Huawei Technologies/ZTE*; *Fuchs*, NZKart 2015, 429 (433).
948 *EuGH*, Urt. v. 16.7.2015 – C-170/13, GRUR 2015, 764 (767 Rn. 64) – *Huawei Technologies/ZTE*; *Fuchs*, NZKart 2015, 429 (433).
949 *EuGH*, Urt. v. 16.7.2015 – C-170/13, GRUR 2015, 764 (767 Rn. 64) – *Huawei Technologies/ZTE*; *Fuchs*, NZKart 2015, 429 (433).
950 *EuGH*, Urt. v. 16.7.2015 – C-170/13, GRUR 2015, 764 (767 Rn. 64) – *Huawei Technologies/ZTE.*
951 *EuGH*, Urt. v. 16.7.2015 – C-170/13, GRUR 2015, 764 (767 Rn. 66) – *Huawei Technologies/ZTE.*
952 *EuGH*, Urt. v. 16.7.2015 – C-170/13, GRUR 2015, 764 (767 Rn. 65 ff., 71) – *Huawei Technologies/ZTE.*
953 *EuGH*, Urt. v. 16.7.2015 – C-170/13, GRUR 2015, 764 (767 Rn. 65 f., 71) – *Huawei Technologies/ZTE; Fuchs*, NZKart 2015, 429 (433).
954 *EuGH*, Urt. v. 16.7.2015 – C-170/13, GRUR 2015, 764 (767 Rn. 65, 71) – *Huawei Technologies/ZTE.*
955 *EuGH*, Urt. v. 16.7.2015 – C-170/13, GRUR 2015, 764 (767 Rn. 65, 71) – *Huawei Technologies/ZTE.*

Lehnt der Patentverletzer das Angebot ab, muss er selbst im Rahmen einer kurzen Frist dem SEP-Inhaber ein schriftliches Angebot zu FRAND-Konditionen unterbreiten.[956] Lehnt der Schutzrechtsinhaber dieses Angebot ab und die Nutzung des SEP wird trotzdem fortgesetzt, hat der Patentverletzer „eine angemessene Sicherheit gemäß den in dem Bereich betreffenden anerkannten geschäftlichen Gepflogenheiten zu leisten"[957], bspw. in Form einer Bankgarantie oder durch Hinterlegung von entsprechenden Beträgen.[958]

Der EuGH betont zudem, dass den Parteien bei Uneinigkeit über die angemessene Gebührenhöhe die Möglichkeit offen stehe, im gegenseitigen Einvernehmen deren Festlegung durch einen unabhängigen Dritten zu beantragen.[959] Daneben weist der EuGH darauf hin, dass dem Patentverletzer nicht vorgeworfen werden könne, dass er parallel zu den Lizenzverhandlungen die Rechtsgültigkeit des fraglichen Patents, seine Standardessentialität sowie auch die durch ihn erfolgte Nutzung des Schutzrechts bestreitet oder sich vorbehält, einzelne oder alle genannten Punkte später anzufechten.[960] Der EuGH argumentiert, dass die Standardisierungsorganisationen im Rahmen des Normierungsverfahrens keine Prüfung der Rechtsbeständigkeit des Schutzrechts oder dessen Wesentlichkeitsmerkmal für die Norm vornehmen.[961]

(2) Zusammenfassende Stellungnahme

Zusammengefasst ergeben sich für den SEP-Inhaber aus der Rechtsprechung des EuGH folgende Konsequenzen: Wenn der Patentinhaber gegenüber einer Standardisierungsorganisation eine FRAND-Erklärung abgegeben hat und er eine marktbeherrschende Stellung innehat, muss er, um sich keines Missbrauchs „schuldig" zu machen, vor Erhebung der Klage den mutmaßlichen Patentverletzer auf die ihm vorgeworfene Verletzungshandlung und das konkrete Patent hinweisen. Zudem muss der Patentinhaber dem Verletzer ein konkretes schriftliches

---

956 *EuGH*, Urt. v. 16.7.2015 – C-170/13, GRUR 2015, 764 (767 Rn. 66) – *Huawei Technologies/ZTE.*

957 *EuGH*, Urt. v. 16.7.2015 – C-170/13, GRUR 2015, 764 (767 Rn. 67) – *Huawei Technologies/ZTE.*

958 *EuGH*, Urt. v. 16.7.2015 – C-170/13, GRUR 2015, 764 (767 Rn. 67) – *Huawei Technologies/ZTE; Heinemann*, GRUR 2015, 855 (856).

959 *EuGH*, Urt. v. 16.7.2015 – C-170/13, GRUR 2015, 764 (767 Rn. 68) – *Huawei Technologies/ZTE; Heinemann*, GRUR 2015, 855 (856).

960 *EuGH*, Urt. v. 16.7.2015 – C-170/13, GRUR 2015, 764 (767 Rn. 69) – *Huawei Technologies/ZTE; Heinemann*, GRUR 2015, 855 (856 f).

961 *EuGH*, Urt. v. 16.7.2015 – C-170/13, GRUR 2015, 764 (767 Rn. 69) – *Huawei Technologies/ZTE; Heinemann*, GRUR 2015, 855 (857).

Lizenzangebot zu FRAND-Bedingungen unterbreiten, nachdem der Patentnutzer seinen Willen bekundet hat, einen solchen Lizenzvertrag abzuschließen. In dem Angebot sind insbesondere die Lizenzgebühren sowie ihre Berechnung zu benennen.[962] Darüber hinaus liegt auch kein Missbrauch i.S.d. Art. 102 AEUV vor, wenn der Patentverletzer während der Nutzung des standardessentiellen Patentes auf das ihm unterbreitete Angebot nicht mit Sorgfalt reagiert.[963]

Während die Orange-Book-Rechtsprechung des BGH sowie die darauf folgende instanzgerichtliche Rechtsprechung erhebliche Anforderungen an das Verhalten des Lizenzsuchers gestellt hat, „schraubt" der EuGH diese vielmehr zurück und nimmt auch den Patentinhaber in die Pflicht, räumt dem Lizenzsucher aber auch keinen derart weiten Verhaltensspielraum ein, wie es die Kommission vertreten hat.

Zwar steht auf der einen Seite die, aufgrund der FRAND-Erklärung berechtigte Erwartung des Patentnutzers bzw. Lizenzsuchers, eine entsprechende Lizenz zu erhalten. Dies führt nach dem vom EuGH aufgestellten Konzept aber nicht zu einer „Safe Harbour"-Situation. Vielmehr kann auch der Patentinhaber Erwartungen an das Verhalten des Lizenzsuchers stellen. Denn die Pflicht eines ersten Angebots besteht nur, wenn der Patentnutzer seinen Willen signalisiert einen diesbezüglichen Vertrag überhaupt abschließen. Im Anschluss hat der Patentnutzer angemessen, d.h. nach den üblichen Gepflogenheiten und Treu und Glauben-Grundsätzen, auf das Angebot zu reagieren. Hinzu kommt bei Ablehnung des Angebots die Pflicht zur Unterbreitung eines Gegenangebots diesmal durch den Patentnutzer selbst und bei weiterer Patentnutzung ohne entsprechende Lizenz die Leistung einer angemessenen Sicherheit.

Dem Patentinhaber wird damit zwar „der erste Schritt" durch den Hinweis der Verletzungshandlung an den Patentnutzer und das erste Angebot auferlegt, allerdings kann dieser dann auch davon ausgehen, dass ernsthafte Vertragsverhandlungen durch sein Angebot in Gang gesetzt werden. Für den Patentnutzer wiederum besteht nicht sofort die Gefahr einer gegen ihn gerichteten Unterlassungsklage, aufgrund einer ihm, unter Umständen gar nicht bekannten, Schutzrechtsnutzung.

In der Literatur ist die Entscheidung des EuGH aufgrund des eingeschlagenen „Mittelweges" überwiegend positiv aufgenommen worden. Die entwickelten

962 *EuGH*, Urt. v. 16.7.2015 – C-170/13, GRUR 2015, 764 (767 Rn. 71) – *Huawei Technologies/ZTE.*

963 *EuGH*, Urt. v. 16.7.2015 – C-170/13, GRUR 2015, 764 (767 Rn. 71) – *Huawei Technologies/ZTE.*

Kriterien würden sowohl die Interessen des Schutzrechtsinhabers als auch die des Patentnutzers angemessen berücksichtigen und einen entsprechenden Ausgleich der Interessen herbeiführen.[964]

Das „Huawei"-Urteil ist in jedem Fall zu befürworten, denn es nimmt beide Parteien der SEP-Konstellation gleichberechtigt in den Blick. Auf der einen Seite betont der EuGH das Interesse und Recht des Patentinhabers an der Nutzung und auch dem gerichtlichen Schutz seines Immaterialgüterrechts, auf der anderen Seite das Interesse des Lizenzsuchers an einer FRAND-Lizenz eines SEP, dessen Nutzung wesentlich für die Herstellung normkonformer Produkte ist. Die FRAND-Erklärung dient hier als Ausgangspunkt für die Begründung einer Lizenzerwartung seitens des Patentnutzers.

Bei der anschließenden Entwicklung der jeweiligen Verhaltensanforderungen wird deutlich, dass insbesondere im FRAND-Kontext ein Ausgleich der gleichwertigen Parteiinteressen von großer Bedeutung und notwendige Grundlage für den erfolgreichen Abschluss eines FRAND-Lizenzvertrages ist.

Bedeutung der FRAND-Erklärung

Der EuGH betont die durch die Abgabe der FRAND-Erklärung entstehende Erwartung der Erteilung von FRAND-Lizenzen am Markt. Dies begründe die grundsätzliche Möglichkeit der Erfüllung des Missbrauchstatbestandes nach Art. 102 AEUV durch Weigerung der Erteilung einer Lizenz und lasse besondere Verhaltensanforderungen an den SEP-Inhaber entstehen. Dabei hebt der EuGH sowohl die Normessentialität des Patentes hervor, als auch dessen Entstehung. Denn die Abgabe der Erklärung sei Voraussetzung für die Implementierung in den Standard gewesen.

Auch wenn sich der EuGH nicht explizit zur Rechtsnatur der FRAND-Erklärung äußert, scheint er dieser jedenfalls eine deutliche „Signalwirkung" am Markt zuzusprechen. Dass im Sinne des EuGH durch die abgegebene Erklärung eine berechtigte Lizenzerwartung Dritter entstehe, spricht nach der hier vertretenen Auffassung auch für eine Verbindlichkeit der Erklärung. Denn wäre die FRAND-Erklärung rechtlich völlig unverbindlich, wie es einige Stimmen in der Literatur vertreten[965], kann darauf auch keine Erwartungshaltung Dritter, die

---

964 *Fuchs*, NZKart 2015, 429 (436); *Buntscheck*, NZKart 2015, 521 (521, 525); *Palzer*, EuZW 2015, 702 (705); *Stender*, WuW 2015, 1188 (1197); *Körber*, WRP 2015, 1167 (1172); a.A. *Heinemann*, GRUR 2015, 855 (858): Für Heinemann handelt es sich bei dem „Huawei"-Urteil um eine, wenn unter Umständen auch indirekte, Bestätigung der Kommissionspraxis und nicht um einen Mittelweg zwischen den Auffassungen des BGH und der Kommission; kritische Betrachtung: *Hauck*, NJW 2015, 2767 (2770).

965 Vgl. Kapitel 3 C.I.

entsprechende Verhaltensanforderungen an den SEP-Inhaber nach sich zieht, begründen.

Die Abgabe der FRAND-Erkärung führt für den SEP-Inhaber nach dem Urteil des EuGH zur Hinweispflicht und der Aufgabe, das erste Lizenzangebot zu unterbreiten. Dass diese Pflichten dem Schutzrechtsinhaber obliegen, ist zu befürworten, denn der Inhaber hat in der Regel wohl ein umfangreicheres Wissen, ob und wenn ja, wie bereits an Dritte Lizenen vergeben wurden. Dem Patentnutzer diese Aufgabe im Sinne der BGH-Rechtsprechung aufzuerlegen, erscheint nicht angemessen. Unter Umständen weiß er gar nicht, dass er ein standardessentielles Patent nutzt, und trotz dieser Unkenntnis wären ihm durch Unterlassen des ersten Angebotes rechtliche Verteidigungsmöglichkeiten verwehrt.

Dogmatisch entwickelt der EuGH seine genannten Huawei-Kriterien aus dem Kontext der SEP-Konstellation im Rahmen des kartellrechtlichen Missbrauchsverbotes.[966] Dabei zieht er für seine Argumentation jedoch die abgegebene FRAND-Erklärung mit heran. Daher kommt der Selbstverpflichtungserklärung eine, unabhängig von der Frage der Rechtsnatur der FRAND-Erklärung, wesentliche Rolle bei der Austarierung der Interessen der Parteien im kartellrechtlichen Kontext zu.

Auch wenn die Entscheidung des EuGH erstmals Kriterien für den FRAND-Kontext aufstellt, müssen diese von der instanzgerichtlichen Rechtsprechung in der Praxis ausgelegt werden. (vgl. dazu sogleich ff) Zudem thematisiert der EuGH einige, insbesondere praxisrelevante Fragestellungen nicht. Unklar ist zum einen, ob die Kriterien ausschließlich für SEP-Fälle gelten oder auch auf Industriestandards anwendbar sind. Zum anderen äußert sich der EuGH nicht zu der oder den Möglichkeit(en) der Berechnung von FRAND-Lizenzgebühren oder der Frage, wie die Bedingungen der Lizenzierung zu gestalten sind um dem FRAND-Maßstab zu gerecht zu werden.[967] (vgl. dazu gg und Kapitel 4)

ff) Anwendung der „Huawei"-Kriterien in instanzgerichtlicher Rechtsprechung

Es zeichnet sich bereits in den ersten instanzgerichtlichen Rechtsprechungen bei der Umsetzung der vom EuGH aufgestellten Kriterien eine zum Teil unterschiedliche Auslegung und Anwendung der EuGH-Rechtsprechung ab.

---

966 *Fuchs*, Anforderungen an die Geltendmachung des kartellrechtlichen Zwangslizenzeinwands, 2017, Folie 8.

967 *Haedicke*, GRUR 2017, 661; *Stender*, WuW 2015, 1188 (1196 f.)

(1) Inhaltliche Anforderungen an die Hinweispflicht des SEP-Inhabers

Nach den „Huawei"-Kriterien ist der Patentinhaber vor Erhebung einer Unterlassungsklage verpflichtet, den Patentnutzer auf die ihm vorgeworfene Verletzungshandlung unter Nennung des Schutzrechts hinzuweisen.[968]

Das OLG Düsseldorf verlangt diesbezüglich die Nennung des betroffenen standardessentiellen Patents mit seiner Veröffentlichungsnummer sowie die Angabe der konkreten Verletzungshandlung, welche die „Art der Benutzungshandlung sowie [die] angegriffenen Ausführungsform(en)"[969] beinhalten. Weitergehende technische oder rechtliche Details werden jedoch nicht vorausgesetzt. Der Hinweis müsse zudem weder in Form einer Abmahnung[970] noch mittels sog. Claim Charts erfolgen. Letztere wären aber jedenfalls ausreichend.[971]

Während das OLG Düsseldorf offen gelassen hat, ob der Hinweis eine Nennung des betroffenen Standards erfordert[972], verlangt das LG Mannheim darüber hinaus nicht nur die Standardbezeichnung, sondern auch zumindest die Nennung der betroffenen „Kategorie der technischen Funktionalität des Standards".[973] Denn ein Standard beinhalte in der Regel mehrere technische Funktionalitäten und nur die konkrete Nennung ermögliche es dem Patentnutzer die Schutzrechtslage selbst zu prüfen bzw. überprüfen zu lassen.[974]

Bei dem Umfang der Hinweispflicht sollte die ihr zukommende Funktion, nämlich den gutgläubigen Benutzer[975] auf die ihm vorgeworfene Handlung hinzuweisen und ihm die Möglichkeit zu geben, diesen Vorwurf zu prüfen, berücksichtigt werden.[976] Entscheidend ist, dass dem Patentnutzer so viele Informationen zur Verfügung gestellt werden, dass dieser, unter Umständen mit Hilfe von Sachverständigen oder externen Beratern, in der Lage ist, die ihm

---

968 *EuGH*, Urt. v. 16.7.2015 – C-170/13, GRUR 2015, 764 (767 Rn. 60–62) – *Huawei Technologies/ZTE.*

969 *OLG Düsseldorf*, Urt. v. 30.32017 – I-15 U 66/15, GRUR 2017, 1219 (1224 Rn. 143).

970 So könnte das Urteil des LG Mannheim v. 27.11.2015 verstanden werden: *LG Mannheim*, Urt. v. 27.11.2015 – 2 O 106/14, GRUR-RS 2015, 20077 Rn. 140 – *Stochastisches Rauschen.*

971 *OLG Düsseldorf*, Urt. v. 30.32017 – I-15 U 66/15, GRUR 2017, 1219 (1224 Rn. 143); *LG Mannheim*, Urt. v. 29.1.2016 – 7 O 66/15, Rn. 57 (zitiert nach juris).

972 *OLG Düsseldorf*, Urt. v. 30.32017 – I-15 U 66/15, GRUR 2017, 1219 (1224 Rn. 149).

973 *LG Mannheim*, Urt. v. 29.1.2016 – 7 O 66/15, Rn. 57 (zitiert nach juris).

974 *LG Mannheim*, Urt. v. 29.1.2016 – 7 O 66/15, Rn. 57 (zitiert nach juris).

975 *OLG Düsseldorf*, Urt. v. 30.32017 – I-15 U 66/15, GRUR 2017, 1219 (1224 Rn. 143).

976 Vgl. *Lubitz*, NZKart 2017, 618 (620).

vorgeworfenen Verletzung nachzuvollziehen.[977] Diese Beraterfunktion sollte nicht durch umfassende Informationspflichten auf den SEP-Inhaber übertragen werden.[978] Daher ist eine Hinweispflicht in dem vom OLG Düsseldorf entworfenen Rahmen zu befürworten. Hinzukommen sollte jedoch die Nennung des betroffenen Standards, allerdings ohne weitergehende technische Funktionalitäten. Dies verdeutlicht dem Nutzer, in welchem Rahmen sich der Vorwurf des SEP-Inhabers bewegt, ohne diesen zu sehr mit Informationspflichten zu belasten.

(2) Inhalt und Frist der Lizenzbereitschaftserklärung des Patentnutzers

Nachdem der SEP-Inhaber den Patentnutzer auf seine mögliche Verletzungshandlung hingewiesen hat, hat dieser daraufhin seinen Willen zu bekunden, einen FRAND-Lizenzvertrag abzuschließen.[979]

Inhaltlich werden bislang keine hohen Anforderungen an die Lizenzbereitschaftserklärung des Patentnutzers gestellt. So könne nach Auffassung des OLG Düsseldorf die Erklärung formlos und pauschal erfolgen. Es müsse lediglich der Lizenzwille deutlich werden. Dies könne unter Umständen auch durch schlüssiges Handeln geschehen. Inhaltliche Angaben zur begehrten Lizenz seien nicht erforderlich.[980] Allerdings könne der Patentnutzer nach Auffassung des OLG Düsseldorf in seiner Erklärung „seinen Lizenzwillen nicht unter die Bedingung einer rechtskräftigen Entscheidung zur Verletzung und/oder zum Rechtsbestand des SEP stellen".[981]

Möglich bleibt jedoch die Anfechtung der Rechtsbeständigkeit des Patents neben den Lizenzverhandlungen durch den Patentnutzer oder, dass dieser sich diese Option vorbehält.[982] Der EuGH hat in seiner Huawei-Entscheidung klargestellt, dass diese Möglichkeiten dem Patentnutzer eröffnet bleiben müssen, da

---

977 *OLG Düsseldorf*, Urt. v. 30.32017 – I-15 U 66/15, GRUR 2017, 1219 (1224 Rn. 143); *Lubitz*, NZKart 2017, 618 (620); so auch *LG Mannheim*, Urt. v. 29.1.2016 – 7 O 66/15, Rn. 57 (zitiert nach juris).

978 So *Lubitz*, NZKart 2017, 618 (620).

979 *EuGH*, Urt. v. 16.7.2015 – C-170/13, GRUR 2015, 764 (766 Rn. 63) – *Huawei Technologies/ZTE*; *OLG Düsseldorf*, Urt. v. 30.32017 – I-15 U 66/15, GRUR 2017, 1219 (1224 Rn. 151)

980 *OLG Düsseldorf*, Urt. v. 30.32017 – I-15 U 66/15, GRUR 2017, 1219 (1225 Rn. 152).

981 *OLG Düsseldorf*, Urt. v. 30.32017 – I-15 U 66/15, GRUR 2017, 1219 (1225 Rn. 163).

982 *Lubitz*, NZKart 2017, 618 (620); *EuGH*, Urt. v. 16.7.2015 – C-170/13, GRUR 2015, 764 (766 Rn. 69) – *Huawei Technologies/ZTE*.

die SSO während des Normierungsverfahrens weder die Rechtsbeständigkeit des Schutzrechts noch dessen Essenzialität prüfen.[983]

Für die Erklärung der Lizenzbereitschaft sieht das OLG Düsseldorf eine angemessene Frist vor, die nicht starr festgelegt werden könne, sondern einzellfallabhängig sei. Bei der Beurteilung der Frist sei zu berücksichtigen, wie detailliert der Verletzungshinweis gewesen ist. So verringere sich der Prüfungsaufwand des Patentnutzers bei einem umfangreichen, konkreten Hinweis und die Reaktionsfrist könne dementsprechend geringer sein als in anderen Fällen. Unabhängig vom Inhaltsumfang des Hinweises verneint das OLG Düsseldorf die Angemessenheit bei einem Zeitraum ab mehr als drei Monaten.[984]

In der Literatur wird eine kürzere Reaktionszeit von zwei bis sechs Wochen vorgeschlagen. Zu beachten sei, dass der SEP-Inhaber, wenn er im Rahmen einer einstweiligen Verfügung gegen den Patentnutzer vorgehen möchte, das Kriterium der Dringlichkeit erfüllen müsse. Gerichte würden allerdings einen Zeitraum zwischen einem und sechs Monaten als dem entgegenstehend betrachten.[985]

Wichtig ist der Ausgleich zwischen dem Erhalten der vollen Rechtsbehelfsmöglichkeiten des SEP-Inhabers und einer angemessenen Reaktionsfrist für den Patentnutzer. Diese muss es ihm zeitlich auch ermöglichen, die ihm vorgeworfene Handlung prüfen zu können. Je nach Komplexität des Sachverhalts und vom SEP-Inhaber bereitgestellten Informationen erscheint ein Zeitraum vom maximal drei Monaten allerdings angemessen, um den Interessen beider Parteien gerecht werden zu können. Allerdings sollte die Möglichkeit von einzelfallbedingten Ausnahmefällen sowohl in die eine als auch die andere Richtung, offenbleiben.

(3) Inhalt der Lizenzangebote

Der EuGH hat in seiner „Huawei"-Entscheidung ausgeführt, dass der SEP-Inhaber die Obliegenheit hat, dem Patentnutzer ein FRAND-Lizenzangebot zu unterbreiten. Dieses konkrete schriftliche Angebot solle dabei insbesondere die Lizenzgebühr und die Art und Weise der Berechnung enthalten.[986]

---

983 *EuGH*, Urt. v. 16.7.2015 – C-170/13, GRUR 2015, 764 (766 Rn. 69) – *Huawei Technologies/ZTE.*

984 *OLG Düsseldorf*, Urt. v. 30.32017 – I-15 U 66/15, GRUR 2017, 1219 (1225 Rn. 151); so auch *LG Mannheim*, Urt. v. 27.11.2015 – 2 O 106/14, GRUR-RS 2015, 20077 Rn. 146 – *Stochastisches Rauschen.*

985 *Lubitz*, NZKart 2017, 618 (620).

986 *EuGH*, Urt. v. 16.7.2015 – C-170/13, GRUR 2015, 764 (676 Rn. 63) – *Huawei Technologies/ZTE.*

Das LG Mannheim konkretisierte dies dahingehend, dass das Angebot objektive Kriterien enthalten müsse, die für den Patentnutzer deutlich machen, warum der SEP-Inhaber sein Angebot als FRAND betrachte. So sah das Gericht eine pauschale Angabe eines Betrags pro Einheit bei einem Stücklizenzvertrag ohne nähere Begründung als nicht ausreichend an.[987] Dem Patentnutzer müsse der geforderte Betrag transparent dargelegt werden, „etwa durch Vortrag zu einem in der Vertragspraxis gelebten und von Dritten akzeptierten Standardlizenzprogramm oder unter Heranziehung anderer Bezugsgrößen, aus dem die geforderte Lizenzgebühr abgeleitet wird, wie etwa aus einer Poollizenzgebühr, die in der Praxis für einen Patentpool von Dritten gezahlt wird, der auch für den fraglichen Standard relevante Patente umfasst.“[988]

Das OLG Düsseldorf fasst die inhaltlichen Anforderungen wie folgt zusammen: Zum einen müssen die einschlägigen Berechnungsparameter wie die maßgebliche Bezugsgröße, der anzuwendende Lizenzsatz sowie gegebenenfalls eine Abstaffelung aufgeführt sein. Zum anderen müssen aussagekräftige Bestimmungen zu allen Punkten enthalten sein, die auch in branchenüblichen Lizenzverträgen vorhanden sind. Hinzu komme eine Erläuterung der wesentlichen Gründe, auf denen der SEP-Inhaber die Vergütungsparameter als FRAND-konform stützt. Dies gelte insbesondere, wenn eine Lizenzvergabe an Dritte bereits erfolgt ist.[989]

(4) Gerichtlicher Prüfungsumfang

Unterschiedlich wird der dem Gericht zukommende Prüfungsumfang hinsichtlich der Frage, ob das Angebot des SEP-Inhabers FRAND-Bedingungen entspricht, bewertet. Während das LG Mannheim von einer summarischen Prüfung und negativen Evidenzkontrolle ausgeht[990], betonen das OLG Düsseldorf

---

987 *LG Mannheim*, Urt. v. 19.8.2016 – 7 O 19/16, GRUR-RS 2016, 19467 Rn. 53 – *Sekundärstation*; *LG Mannheim*, Urt. v. 17.11.2016 – 7 O 19/16, Rn. 79 – zitiert nach juris; *Kau*, GRUR-Prax 2017, 65 (66);

988 *LG Mannheim*, Urt. v. 19.8.2016 – 7 O 19/16, GRUR-RS 2016, 19467 Rn. 53 – *Sekundärstation*.

989 *OLG Düsseldorf*, Urt. v. 30.32017 – I-15 U 66/15, GRUR 2017, 1219 (1227 Rn. 169); vgl. auch *Lubitz*, NZKart 2017, 618 (621).

990 *LG Mannheim*, Urt. v. 27.11.2015 – 2 O 106/14, GRUR-RS 2015, 20077 Rn. 153 ff. – *Stochastisches Rauschen*; *LG Mannheim*, Urt. v. 29.01.2016 – 7 O 66/15 Rn. 58 – zitiert nach juris; *LG Mannheim*, Urt. v. 17.11.2016 – 7 O 19/16, Rn. 80 ff. – zitiert nach juris; vgl. zur Darstellung des Meinungsstands auch *OLG Düsseldorf*, Urt. v. 30.32017 – I-15 U 66/15, GRUR 2017, 1219 (1227 Rn. 169); *Lubitz*, NZKart 2017, 618 (621).

und das OLG Karlsruhe, dass das Gericht sich darauf nicht beschränken dürfe, sondern vielmehr eine vollumfängliche Prüfung vornehmen müsse.[991]

Während das LG Mannheim argumentiert, dass dies im Verletzungsprozess gerade nicht die Aufgabe des Gerichts sei und eine exakte Bestimmung der FRAND-Bedingungen für eine Beurteilung eines kartellrechtswidrigen Verhaltens des SEP-Inhabers auch nicht notwendig sei, da es dem üblichen Gang von Geschäftsverhandlungen entspreche, dass das Angebot des SEP-Inhabers in der Regel über dem liegt, was der Patentnutzer als FRAND ansieht. „Kartellrechtswidrig und ersichtlich nicht FRAND ist ein Angebot erst dann, wenn es sich unter Berücksichtigung der konkreten Verhandlungssituation und insbesondere der Marktgegebenheit als Ausdruck von Ausbeutungsmissbrauch darstellt."[992] Dies könne etwa anzunehmen sein, „wenn der SEP-Inhaber, der eine FRAND-Erklärung abgeben hat, von dem lizenzwilligen Patentverletzer Bedingungen fordert, die in erheblicher Weise und ohne dass hierfür rechtfertigende Gründe ersichtlich wären, wirtschaftlich für den angeblichen Verletzer weit ungünstiger sind als anderen Lizenznehmern gewährte Bedingungen."[993] Es sei daher nur summarisch zu prüfen, ob das unterbreitete Angebot des Schutzrechtsinhabers „jedenfalls nicht evident keine FRAND-Bedingungen"[994] beinhalte.[995]

Das OLG Düsseldorf hingegen legt das EuGH-Urteil dahingehend aus, dass das Angebot des SEP-Inhabers FRAND-Bedingungen entsprechen müsse. Nur mit einem Angebot, dass diesen Bedingungen entspreche, erfülle der Pateninhaber seine Obliegenheit und ein Missbrauch i.S.v. Art. 102 AEUV könne verneint werden.[996] Das OLG Karlsruhe, als Berufungsgericht des LG Mannheim, hat sich dieser Wertung angeschlossen, allerdings räumt es dem Patentinhaber einen großzügigen Entscheidungsspielraum ein.[997] Auch das OLG Düsseldorf

---

991 *OLG Karlsruhe*, Beschl. v. 31.5.2016 – 6 U 55/16, NZKart 2016, 334 – *DVD-Software*; *OLG Düsseldorf*, Urt. v. 30.32017 – I-15 U 66/15, GRUR 2017, 1219.

992 *LG Mannheim*, Urt. v. 8.1.2016 – 7 O 96/14 Rn. 75 – zitiert nach juris; *LG Mannheim*, Urt. v. 29.01.2016 – 7 O 66/15 Rn. 58 – zitiert nach juris.

993 *LG Mannheim*, Urt. v. 8.1.2016 – 7 O 96/14 Rn. 75 – zitiert nach juris; *LG Mannheim*, Urt. v. 29.01.2016 – 7 O 66/15 Rn. 58 – zitiert nach juris.

994 *LG Mannheim*, Urt. v. 8.1.2016 – 7 O 96/14 Rn. 75 – zitiert nach juris.

995 *LG Mannheim*, Urt. v. 8.1.2016 – 7 O 96/14 Rn. 75 – zitiert nach juris; *LG Mannheim*, Urt. v. 29.01.2016 – 7 O 66/15 Rn. 58 – zitiert nach juris.

996 *OLG Düsseldorf*, Besch. v. 13.01.2016 – I-15 U 65/15, WuW 2016, 188 (189) – *Huawei-Kriterien*; vgl. *OLG Karlsruhe*, Beschl. v. 31.5.2016 – 6 U 55/16, NZKart 2016, 334 (337) – *DVD-Software*.

997 *OLG Karlsruhe*, Beschl. v. 31.5.2016 – 6 U 55/16, NZKart 2016, 334 (337) – *DVD-Software;* vgl. auch *Lubitz*, NZKart 2017, 618 (621).

bestätigt im weiteren Verlauf, dass es bei der positiven Feststellung hinsichtlich der FRAND-Konformität eines Angebots „mehrere Vertragsgestaltungen mit unterschiedlichen Lizenzbedingungen und insbesondere einen Bereich von Lizenzgebühren geben [kann], die als fair, angemessen und nicht-diskriminierend zu qualifizieren sind".[998]

Im Ergebnis hat das OLG Düsseldorf eine umfassende Prüfung allerdings nicht vorgenommen, da das Lizenzangebot bereits eine evidente Diskriminierung darstelle.[999] In der nationalen Rechtsprechungspraxis ist eine solche vom OLG Düsseldorf geforderte umfassende Kontrolle damit noch nicht vorgenommen worden. Zudem ist der vom OLG Karlsruhe statuierte „großzügige Entscheidungsspielraum" nicht näher konkretisiert worden. Dieser könnte im Ergebnis zum Widerspruch zu einer abschließenden gerichtlichen Kontrolle der FRAND-Bedingungen stehen. Denn je weiter der Entscheidungsspielraum zugebilligt wird, desto näher rückt die Kontrolle wieder in den Bereich einer summarischen Prüfung.[1000]

Richtig ist, dass die jeweiligen Angebote von Lizenzgeber und Lizenznehmer naturgemäß aufgrund ihrer Verhandlungsposition die FRAND-Maßstäbe unterschiedlich ansetzen dürften und daher ein gewisser Entscheidungsspielraum auf beiden Seiten nötig ist. Daher ist in diesem Rahmen sicherlich eine konkrete Festlegung der FRAND-Kriterien schwierig. Geht man allerdings von vornherein davon aus, dass nur ein Angebot, dass evident nicht den FRAND-Maßstab erfüllt, in den kartellrechtswidrigen Bereich fällt, wird in der Praxis der Raum für Angebote eröffnet, die vielleicht gerade so noch als FRAND beurteilt werden können, die der SEP-Inhaber aber so vielleicht nicht ausgearbeitet hätte, wenn ihm ein geringerer Spielraum zugebilligt worden wäre. Erforderlich ist vielmehr ein gerichtlicher Kontrollrahmen, der auf der einen Seite eine umfassende Kontrolle gewährleistet, auf der anderen Seite dabei aber auch einen Entscheidungsspielraum berücksichtigt. Dieser sollte abhängig vom jeweiligen Einzelfall unter Berücksichtigung der Gepflogenheiten in den Branchen festgelegt und nicht so weit gefasst werden, dass im Ergebnis nur eine summarische Prüfung im Sinne einer negativen Evidenzkontrolle durchgeführt wird. Dieser Prüfungsmaßstab

---

998 *OLG Düsseldorf*, Beschl. v. 17.11.2016, I-15 U 66/15, 15 U 66/15, Rn. 14 – zitiert nach juris; vgl. auch *Kau*, GRUR-Prax 2017, 65 (66).

999 *OLG Düsseldorf*, Urt. v. 30.32017 – I-15 U 66/15, GRUR 2017, 1219 (1227 Rn. 170).

1000 *Lubitz*, NZKart 2017, 618 (621); vgl. auch *Kau*, GRUR-Prax 2017, 65 (66); kritisch wohl auch *LG Mannheim*, Urt. v. 17.11.2016 – 7 O 19/16, Rn. 83 – zitiert nach juris.

sollte sowohl für das Angebot des SEP-Inhabers als auch für das Gegenangebot des Patentnutzers gelten.[1001]

(5) Starres Angebot-Annahme-System oder unabhängige Beurteilung der Pflicht zur Erfüllung der jeweiligen Obliegenheiten

Während des OLG Düsseldorf die vom EuGH entwickelten Bedingung als ein starres Angebot-Annahme-System versteht[1002] und eine konsekutive Prüfung der wechselseitigen Obliegenheiten der Parteien voraussetzt[1003], hält das LG Mannheim eine reihenfolgenunabhängige Prüfung für möglich.[1004]

Nach Ansicht des OLG Düsseldorf ist grundsätzlich eine vorprozessuale Unterbreitung des Lizenzangebots durch den Patentinhaber notwendig, „um einem möglichen Missbrauchseinwand gegenüber der Klageerhebung die Grundlage entziehen zu können".[1005] Denn nur, wenn der Schutzrechtsinhaber seiner Obliegenheit zur Unterbreitung eines FRAND-Angebots nachgekommen ist, muss auch der Patentverletzer entsprechend darauf reagieren. Die Pflicht zur Reaktion des Patentnutzers ist somit abhängig von einem zuvor erfolgten Lizenzangebot des SEP-Inhabers. Ob der Patentnutzer seiner Pflicht zur Unterbreitung eines Gegenangebotes nachgekommen ist, wird somit erst relevant, wenn zuvor ein Angebot des SEP-Inhabers unterbreitet wurde.[1006]

Das LG Mannheim hingegen stellte die Lizenzunwilligkeit des Patentnutzers unabhängig davon fest, ob der SEP-Inhaber seiner Hinweispflicht vor Klageerhebung nachgekommen ist.[1007] Das OLG Karlsruhe hingegen scheint sich der Ansicht des OLG Düsseldorf anzuschließen und von einer konsekutiven Prüfungsreihenfolge auszugehen.[1008]

Jedoch lässt das OLG Düsseldorf offen, ob und unter welchen Voraussetzungen vorprozessual vorzunehmende Pflichten noch während des laufenden Prozesses nachgeholt werden können.[1009] Jedenfalls eine Nachholung der

---

1001 So auch *Lubitz*, NZKart 2017, 618 (622).

1002 *Holtdorf/Traumann*, GRUR-Prax 2016, 83 (1. Leitsatz der Verfasser).

1003 *OLG Düsseldorf*, Urt. v. 30.3.2017 – I-15 U 66/15, GRUR 2017, 1219 (1226).

1004 *LG Mannheim*, Urt. v. 27.11.2015 – 2 O 106/14, GRUR-RS 2015, 20077 Rn. 138 ff. – *Stochastisches Rauschen;*

1005 *OLG Düsseldorf*, Urt. v. 30.3.2017 – I-15 U 66/15, GRUR 2017, 1219 (1226).

1006 *OLG Düsseldorf*, Urt. v. 30.3.2017 – I-15 U 66/15, GRUR 2017, 1219 (1226).

1007 *LG Mannheim*, Urt. v. 27.11.2015 – 2 O 106/14 – *Stochastisches Rauschen*, GRUR-RS 2015, 20077 Rn. 138 ff.

1008 *OLG Karlsruhe*, Beschl. v. 31.5.2016 – 6 U 55/16, NZKart 2016, 334 (335) – *DVD-Software; Block*, GRUR 2017, 121 (123).

1009 *OLG Düsseldorf*, Urt. v. 30.3.2017 – I-15 U 66/15, GRUR 2017, 1219 (1223 Rn. 142).

Lizenzwilligkeit des Patentnutzers, wenn diese eigentlich nach der oben genannten Frist verspätet ist, sei bis zur Klageerhebung möglich und würde „das außerprozessuale Lizenzierungsprocedere [...]“[1010] wieder in Gang setzen.[1011] Anders ist das LG Mannheim der Auffassung, dass eine Erfüllung der Pflichten des SEP-Inhabers auch mit oder erst nach Klageerhebung möglich sind.[1012]

Dabei ist allerdings zu berücksichtigen, dass der Fall des LG Mannheim zum Zeitpunkt der EuGH-Entscheidung bereits anhängig war und das Gericht daher die Kriterien großzügiger anwendete.[1013] Das OLG Düsseldorf hingegen lehnte eine auf dem Vertrauensschutz basierende Übergangsfrist für bereits anhängige Verfahren ab.[1014]

Grundsätzlich sind die vom EuGH aufgestellten Kriterien als eine aufeinander aufbauende Abfolge von Pflichten der jeweiligen Parteien zu bewerten. Denn nur die wechselseitige Erfüllung der Obliegenheiten gewährleistet, dass beide Parteien nacheinander mit ausgewogenen Rechten und Pflichten in den Prozess eingebunden werden. Ziel ist die Vereinbarung einer FRAND konformen Lizenz. Daher liegt die Aufgabe zur Unterbreitung eines ersten Angebotes aufgrund der in der Regel besseren Informationslage des Patentinhabers insbesondere hinsichtlich vergleichbarer Lizenzbedingungen und bereits gewährter Lizenzen beim SEP-Inhaber. Der Patentnutzer muss erst nach dem Hinweis und Angebot reagieren und erst dann ist seine Lizenzwilligkeit zu beurteilen. Jedoch sollte entgegen der Auffassung des OLG Düsseldorf bei einer gerichtlichen Entscheidung in Übergangsfällen, gerade aufgrund der durch die Orange-Book-Standard anderweitig geprägten vorherigen Rechtslage, ein nicht so strenger

1010 *OLG Düsseldorf*, Urt. v. 30.3.2017 – I-15 U 66/15, GRUR 2017, 1219 (1225 Rn. 158).

1011 *OLG Düsseldorf*, Urt. v. 30.3.2017 – I-15 U 66/15, GRUR 2017, 1219 (1225 Rn. 158).

1012 *LG Mannheim*, Urt. v. 4.3.2016 – 7 O 96/14, GRUR-RS, 06527, 1. Leitsatz – *Informationsaufzeichnungsmedium*.
In einer neueren Entscheidung geht das LG Mannheim von einer missbräuchlichen Klageerhebung aus, wenn der Schutzrechtsinhaber nicht zuvor seine Obliegenheiten erfüllt hat und der Zeitraum zwischen dem unterbreiteten FRAND-Angebot und der Erhebung der Unterlassungsklage zu kurz ist. Es liege in einem solchen Fall dann keine druckfreie Verhandlungsposition vor. Eine solche könne aber durch die Beantragung der Ruhendstellung des Verfahrens nach § 251 ZPO wiederhergestellt werden. *LG Mannheim*, Urt. v. 28.9.2018 – 7 O 165/16, Rn. 120 (zitiert nach juris); vgl. auch *Hülsewig*, GRUR-Prax 2019, (40).

1013 *Block*, GRUR 2017, 121 (122).

1014 *OLG Düsseldorf*, Beschl. v. 9.5.2016 – 1-15 U 36/16, Beck-RS 2016, 9323 Rn. 19 - *Zwangslizenzeinwand*; *Block*, GRUR 2017, 121 (122).

Maßstab angesetzt werden und beiden Parteien Nachholmöglichkeiten auch nach Klageerhebung eingeräumt werden.[1015]

gg) Weitere offene Fragen

(1) Übertragbarkeit auf de facto-Standards

Nach der Huawei-Entscheidung stellt sich die Frage, inwieweit die vom EuGH entwickelten Kriterien auf Fälle von Industriestandards übertragen werden können.

Der Generalanwalt Melchior Wathelet hat in seinen Schlussanträgen[1016] in Sachen Huawei deutlich die Position vertreten, dass die Interessenlage bei Fällen, die auf einem de facto-Standard und solchen, die auf einem formellen Standard beruhen, nicht vergleichbar sei. Bei einer de-facto-Norm, wie sie dem Orange-Book-Standard-Fall zugrunde gelegen habe, habe aufgrund fehlender FRAND-Erklärung keine Lizenzierungsverpflichtung des Schutzrechtsinhabers bestanden. Eine Einschränkung der Verhandlungsposition des Patentinhabers bei einem wesentlichen Schutzrecht, welches im Rahmen eines Standardisierungsverfahrens festgelegt wurde und für das der Inhaber eine FRAND-Erklärung abgegeben habe, sei normal. Eine analoge Anwendung der Orange-Book-Standard-Kriterien auf SEP-Situationen sei aufgrund dessen abzulehnen. Ebenfalls könnten aber auch die von der Kommission in ihrer Pressemitteilung zum Verfahren Samsung erarbeiteten Beurteilungskriterien nicht einfach übertragen werden, da dem Patentnutzer in diesem Fall zu viel Schutz zukomme.[1017]

Diese Ansicht wurde vom OLG Karlsruhe aufgegriffen. In einem Beschluss kurz vor Entscheidung der Vorlagefragen des LG Düsseldorf durch den EuGH hat das OLG Karlsruhe, unter Berufung auf die Ausführungen des Generalanwalts Wathelet, auf die unterschiedlichen Ausgangslagen der Sachverhalte bei de facto und formellen Standards verwiesen und ist zu dem Schluss gekommen, dass daher diesbezügliche unterschiedliche Rechtsauffassungen nicht in Widerspruch zueinander stünden.[1018]

1015 Vgl. dazu auch *Fuchs*, Anforderungen an die Geltendmachung des kartellrechtlichen Zwangslizenzeinwands, 2017, 12.

1016 Generalanwalt *Wathelet*, Schlussanträge v. 20.11.2014 – C-170/13, BeckRS, 2014, 82403.

1017 Generalanwalt *Wathelet*, Schlussanträge v. 20.11.2014, C-170/13 – BeckRS 2014, 82403 Rn. 48–51; *Kling/Thomas*, Kartellrecht, 2. Aufl. (2016), § 20 Rn. 160.

1018 *OLG Karlsruhe*, Beschl. v. 23.4.2015 – 6 U 44/15, GRUR-RR 2015, 326 (328 f. Rn. 17).

Hingegen wird in der Literatur trotz der unterschiedlichen zugrundeliegenden Standardkonstellationen von einem Teil der Literatur gefordert, die im Rahmen der Orange-Book-Standard entwickelten Kriterien des BGH aufzugeben[1019] und den Anwendungsbereich der Beurteilungskriterien des EuGH aus der Huawei-Entscheidung auch auf de facto-Standards auszuweiten.[1020]

Für den EuGH sei in seiner Argumentation die Marktausschlusswirkung ausschlaggebend gewesen, die aufgrund der Standardessentialität des Patents und damit seiner Unerlässlichkeit zur Herstellung normkonformer Produkte bestehe. Diese Unerlässlichkeit sei auch in anderen Konstellationen wie im „Magill"- oder „IMS-Health"-Fall bereits bejaht worden, ohne dass es sich dabei um ein SEP gehandelt habe. Daher könne dies kein Argument für eine unterschiedliche Behandlung von de facto und formellen Standards darstellen. Die negativen Auswirkungen auf den Markt im Falle der Verweigerung einer Lizenz seien gleich und daher müssten auch die Kriterien des EuGH im Rahmen von de facto-Sachverhalten Anwendung finden bzw. vielmehr generell auf die Missbrauchsformen der Lizenzverweigerung trotz kartellrechtlicher Lizenzierungspflicht oder Erhebung von Unterlassungsklagen ausgeweitet werden. Eine unterschiedliche Handhabung könne auch nicht mit der Entstehung des Standards gerechtfertigt werden, also damit, dass bei einem SEP die Aufnahme in den Standard im Austausch mit der Abgabe einer FRAND-Erklärung gestanden habe, solange im Falle einer Lizenzverweigerung gleiche Ausschlusswirkungen am Markt die Folge sind. Eine fehlende FRAND-Erklärung dürfe nicht zu einer Schlechterstellung des Lizenzsuchers führen, indem dieser im Falle von de facto-Standards das Lizenzangebot unterbreiten müsse. Vielmehr sollte auch in solchen Fällen die Obliegenheit dem Patentinhaber zukommen.[1021]

Gerade auf der unterschiedlichen Entstehung des Standards fußt hingegen die Auffassung, die sich gegen eine Ausweitung der „Huawei"-Kriterien ausspricht. Während auf der einen Seite der Standard das Ergebnis von Innovationswettbewerb sei, bestünde auf der anderen Seite die Leistung des Schutzrechtsinhabers nicht in seiner innovativen Tätigkeit, die sich am Markt durchgesetzt hat, sondern sei das Ergebnis eines Austausches i.S.v. „FRAND-Erklärung" gegen

---

1019 *Fuchs*, NZKart 2015, 429 (436).

1020 *Fuchs*, NZKart 2015, 429 (434 f); das Konzept des EuGH befürwortend, aber offenlassend *Körber*, WRP 2015, 1167 (1171); a.A. *Buntscheck*, NZKart 2015, 521 (523 f.); *Palzer*, EuZW 2015, 702 (705).

1021 *Fuchs*, NZKart 2015, 429 (433 ff); gegen die Anwendung unterschiedlicher Beurteilungskriterien abhängig vom Zustandekommen des Standards wohl auch: *Heinemann*, GRUR 2015, 855 (859); *Bodewig*, GRUR Int. 2015, 626, 634 Fn. 61.

„Standardessentialität".[1022] Diese Besonderheit rechtfertige im Einklang mit dem EuGH die unterschiedliche Handhabung und das Stellen besonderer Anforderungen an die Erhebung von Unterlassungsklagen durch SEP-Inhaber und den stärkeren Schutz des Patentinhabers in nicht SEP-Sachverhalten.[1023]

Zutreffend ist, dass die Ausgangslage für die SEP-Inhaber je nach Standardform eine andere ist. Dies bezieht sich allerdings „nur" auf die Entstehung bzw. das Zustandekommen des Standards. Dieser Unterschied kann eine unterschiedliche Behandlung der Ausübung beider Formen wesentlicher Schutzrechte nicht rechtfertigen.

So ist die Hinweispflicht des SEP-Inhabers an die Patentnutzer gerade auch in de facto-Fälle angezeigt. Insbesondere mangels offiziellem Standardisierungsverfahren kann es vorkommen, dass der Nutzer gar keine Kenntnis davon hat, dass er eine geschützte Lehre verwendet. Zudem dürfte auch in diesen Fällen der SEP-Inhaber über bessere Kenntnisse hinsichtlich vergleichbarer Lizenzbedingungen und bereits gewährter Lizenzen verfügen. Die Interessenlagen der Beteiligten sind in diesem Zusammenhang somit unabhängig von der Standardform dieselben. Und gerade auf einen Ausgleich der Interessen der Parteien ist die Entscheidung des EuGH gerichtet. Zwar betont der EuGH, dass der SEP-Inhaber durch die Abgabe der FRAND-Erklärung ein berechtigtes Interesse bei dem Patentnutzer wecke und räumt der Selbstverpflichtungserklärung damit eine erhebliche Bedeutung bei der Entwicklung seiner Kriterien ein. Dies muss aber nicht zwangsläufig bedeuten, dass dieses austarierte System des Interessenausgleiches nicht auf Fälle übertragen werden kann, in denen ähnliche Parteiinteressen vorliegen, es aber an einer FRAND-Erklärung mangels Standardisierungsverfahrens fehlt.

Wie bereits angesprochen können die Standards unabhängig von der Art der Entstehung erhebliche Wirkungen am Markt entfalten. Ziel des Kartellrechts ist die Gewährleistung eines funktionsfähigen Wettbewerbs. Übt ein SEP-Inhaber nun seine marktbeherrschende Stellung in missbräuchlicher Weise aus, wird das Ziel des freien Wettbewerbs unabhängig von der zugrundeliegenden Standardform gefährdet und erfordert kartellrechtliches Eingreifen.

1022 *Buntscheck*, NZKart 2015, 521 (524).

1023 *Buntscheck*, NZKart 2015, 521 (524); *Palzer*, EuZW 2015, 702 (705 f.); wohl auch zustimmend, aber im Ergebnis offenlassend: *Hauck*, NJW 2015, 2767 (2770); offenlassend: *Stender*, WuW 2015, 1188 (1194 f). Zustimmend hinsichtlich der unterschiedlichen Ausgangslagen bei de facto- und formellen Standards: *Körber*, NZKart 2013, 87 (89); *Müller*, Kollektive Normung, 2015, S. 226.

Dass sich der Patentinhaber bei formellen Standards zuvor in der FRAND-Erklärung verpflichtet hat, Dritten Lizenzen zu fairen, angemessenen und nichtdiskriminierenden Bedingungen einzuräumen, bedeutet nicht, dass der Inhaber eines wesentlichen Schutzrechtes an einem Industriestandard in einem Missbrauchsfall grundsätzlich zu weniger verpflichtet wäre. Das Erfordernis zu fairer, angemessener und diskriminierungsfreier Lizenzierung fußt in de facto-Standardfällen lediglich ausschließlich auf dem kartellrechtlichen Missbrauchsverbot und nicht zusätzlich auf einer daneben selbstständig einklagbaren, vertraglichen Verpflichtung aus der FRAND-Erklärung.

Das vom EuGH entwickelte Konzept sollte daher auch auf de facto-Standards übertragen werden und damit eine kartellrechtliche Gleichbehandlung sowohl der Patentnutzer als auch SEP-Inhaber unabhängig von der Standardform erfolgen.

Eine (weitere) Anwendbarkeit des Orange-Book-Standard-Tests auf SEP-Fälle ist hingegen, gerade nach Entscheidung des EuGH und dem von diesem aufgestellten Beurteilungsrahmen, in jedem Fall abzulehnen.[1024]

(2) Inhaltliche Konkretisierung der FRAND-Bedingungen

Bislang haben weder der EuGH noch deutsche Gerichte eine inhaltliche Konkretisierung der FRAND-Bedingungen vorgenommen.[1025]

Der EuGH hat die Parteien bei Uneinigkeit diesbezüglich lediglich auf eine Festlegung durch „einen unabhängigen Dritten“[1026] verwiesen.[1027] In Betracht kommen demnach externe Gutachter oder (Schieds-)Gerichte.[1028]

Erstmals hat sich jetzt der Patent Court konkret mit der Frage der Lizenzgebühr beschäftigt und eine Berechnung unter „Aufdeckung der Kalkulationsmethoden“ vorgenommen.[1029]

Eine ausführliche Auseinandersetzung mit der Angemessenheit und der Bestimmung von FRAND-Lizenzgebühren wird im folgenden vierten Kapitel vorgenommen.

1024 So auch *Fuchs*, in: FS Ahrens, 2016, S. 79 (92).

1025 Vgl. *Haedicke*, GRUR Int 2017, 661 (661 f.).

1026 *EuGH*, Urt. v. 16.7.2015 – C-170/13, GRUR 2015, 764 (767 Rn. 68) – *Huawei Technologies/ZTE.*

1027 *EuGH*, Urt. v. 16.7.2015 – C-170/13, GRUR 2015, 764 (767 Rn. 68) – *Huawei Technologies/ZTE*

1028 *Heinemann*, GRUR 2015, 855 (858); *Europäische Kommission*, Zusammenfassung des Beschl. v. 29.4.2014 – AT.39939, ABl. C 350/08 v. 4.10.2014, Rn. 16 – *Samsung*; *Fuchs*, NZKart 2015, 429 (436).

1029 *Haedicke*, GRUR Int 2017, 66 (665).

g) Patentverletzungsklagen auf Rechnungslegung/ Schadensersatz

Der EuGH trennt in seiner Huawei-Entscheidung deutlich zwischen Patentverletzungsklagen auf Unterlassung bzw. Rückruf und Patentverletzungsklagen auf Rechnungslegung und Schadensersatz.[1030] Auch letztere können unter Umständen den Tatbestand des Missbrauchs einer marktbeherrschenden Stellung erfüllen. Allerdings stellt der EuGH hier höhere Voraussetzungen an die Bejahung des Tatbestandes zugunsten der Patentinhaber[1031], denn derartige Klagen haben *„keine unmittelbaren Auswirkungen darauf […], ob von Wettbewerbern hergestellte Produkte, die dem betreffenden Standard entsprechen, auf den Markt gelangen oder auf dem Markt bleiben"*[1032]. Die für Unterlassungsklagen vom EuGH entwickelten Vorgehensweisen des Patentinhabers sind bei Ansprüchen auf Schadensersatz und Rechnungslegung nicht vorgerichtlich erforderlich.[1033] Im Unterschied zur Unterlassungsklage wird durch eine Klage auf Rechnungslegung oder Schadensersatz ein Marktzutritt des Lizenzsuchers nicht verhindert, sondern „vielmehr geht es insoweit lediglich um eine nachträgliche finanzielle Kompensation (bzw. deren Vorbereitung)"[1034]. Diese kartellrechtlichen Gründe rechtfertigen es (ausnahmsweise), zugunsten des SEP-Inhabers ein Vorgehen gegen den Verletzer zu gestatten.[1035]

Der EuGH hat sich in seiner Entscheidung nicht zu den Voraussetzungen geäußert, die eine derartige Klageerhebung als missbräuchlich klassifizieren können. In der Literatur wird bezüglich der Kriterien auf die „Orange-Book-Standard"-Rechtsprechung verwiesen.[1036] Danach muss, damit die Erhebung einer Klage ein missbräuchliches Verhalten des Patentinhabers darstellt und der SEP-Nutzer dagegen den kartellrechtlichen Zwangslizenzeinwand erheben kann, der Verletzer ein „unbedingtes und annahmefähiges FRAND-Angebot vorgelegt"[1037] haben, welches der Patentinhaber nicht ohne Verstoß gegen Art. 102 AEUV/§§ 19, 20 GWB ablehnen kann. Daneben muss der Verletzer sich

---

1030 *EuGH*, Urt. v. 16.7.2015 - C-170/13, GRUR 2015, 764 (767 Rn. 72 ff.) – *Huawei Technologies/ZTE; Heinemann*, GRUR 2015, 855 (856).

1031 *Hauck*, NJW 2015, 2767 (2769); *EuGH*, Urt. v. 16.7.2015 - C-170/13, GRUR 2015, 764 (767 Rn. 74) – *Huawei Technologies/ZTE.*

1032 *EuGH*, Urt. v. 16.7.2015 – C-170/13, GRUR 2015, 764 (767 Rn. 74) – *Huawei Technologies/ZTE; Heinemann*, GRUR 2015, 855 (856).

1033 *Block*, GRUR 2017, 121 (122).

1034 *Fuchs*, NZKart 2015, 426 (432).

1035 *Hauck*, NJW 2015, 2767 (2769).

1036 *Buntscheck*, NZKart 2015, 521 (521).

1037 *Buntscheck*, NZKart 2015, 521 (525).

so verhalten, als wäre es bereits zur Annahme des Angebots gekommen, d.h. er muss die sich aus dem potenziellen Vertrag ergebenden Verpflichtungen rückwirkend und fortlaufend erfüllen.[1038]

Andere verweisen auf die aktuelle Gültigkeit der diesbezüglichen BGH Entscheidung „Standard-Spundfass".[1039]

In der Literatur werden Bedenken geäußert, welche Voraussetzungen maßgeblich seien, wenn im ersten Schritt eine Schadensersatzklage eingereicht und diese im Anschluss auf Unterlassung ausgeweitet werde.[1040] Ebenfalls zur Sprache kommen die sog. „Patenttrolle" („patent trolls"[1041]). Unter diesem Begriff werden Inhaber von Immaterialgüterrechten verstanden, die ihre eigene geschützte Lehre nicht selber verwenden, sondern diese vielmehr als Mittel einsetzen, um Lizenzgebühren oder Schadensersatz zu erhalten.[1042] Problematisiert wird, dass die Patentverwertungsgesellschaften die vom EuGH für Unterlassungsklagen aufgestellten Vorgaben nicht erfüllen müssten, da sie häufig im Rahmen unmittelbarer Schadensersatzklagen vorgehen würden.[1043]

Auch im Kontext der Beurteilung der Missbräuchlichkeit der Erhebung von Patentverletzungklagen auf Rechnungslegung bzw. Schadensersatz stehen die Auswirkungen auf den Wettbewerb bei der kartellrechtlichen Beurteilung im Vordergrund. So kann grundsätzlich das Ansetzen höherer Anforderungen zur Bejahung des Tatbestandes kartellrechtlich gerechtfertigt werden, da die Erhebung dieser Klagen im Gegensatz zu denen auf Unterlassung zunächst keine unmittelbaren Auswirkungen auf den Marktzutritt des Patentnutzers hat. Allerdings führt eine uneinheitliche Linie in SEP-Klageverfahren zu weiteren Problemen.[1044]

So bleibt die Ausgangslage z.B. hinsichtlich der besseren Informationslage des Patentinhabers für die Unterbreitung eines FRAND-Angebotes dieselbe. Daneben besteht die Gefahr der Umgehung der Voraussetzungen im Rahmen der Unterlassungsklagen z.B. durch umittelbares Vorgehen im Rahmen von Schadensersatzklagen bei Patentverwertungsgesellschaften. Aufgrund der

---

1038 *Buntscheck*, NZKart 2015, 521 (524).

1039 *Körber*, WRP 2015, 1167 (1171).

1040 *Hauck*, NJW 2015, 2767 (2769).

1041 *Ullrich/Heinemann*, in: *Immenga/Mestmäcker*, EU/Teil 2, 5. Aufl. (2012), GRUR B Rn. 51 b.

1042 *Ullrich/Heinemann*, in: *Immenga/Mestmäcker*, EU/Teil 2, 5. Aufl. (2012), GRUR B Rn. 51 b.

1043 *Hauck*, NJW 2015, 2767 (2769).

1044 So auch *Hauck*, NJW 2015, 2767 (2769 f.)

besonderen Situation in SEP-Kontexten ist daher, trotz der nicht unmittelbaren Marktwirkung von Klagen auf Rechnungslegung und Schadensersatz, das einheitliche Ansetzen gleicher Voraussetzungen an die Pflichten der Parteien angezeigt.

h) Verweigerung der Abgabe einer FRAND-Erklärung

Daneben kann es aber auch zu der Situation gekommen sein, dass die Abgabe einer FRAND-Erklärung vom Patentinhaber bewusst verweigert wurde. In einem solchen Fall ist bereits die Standardisierungsvereinbarung an sich kartellrechtlich problematisch, da die Kartellrechtskonformität i.S.v. Art. 101 AEUV in Verbindung mit Schutzrechten voraussetzt, dass sowohl die Offenlegungspflicht als auch die FRAND-Erklärung erfüllt werden.[1045] Wurde das Patent trotzdem in den Standard implementiert und hat sich dieser am Markt etabliert, lässt sich dies nicht ohne weiteres rückgängig machen und die Wettbewerber sind auf die Lizenz des SEP-Inhabers angewiesen. Daher wird in der Literatur zutreffend vorgeschlagen, auch in solchen Fällen der Verweigerung der Abgabe einer FRAND-Erklärung den Missbrauch einer marktbeherrschenden Stellung i.S.v. Art. 102 AEUV und eine Lizenzierungsverpflichtung zu FRAND-Bedingungen anzunehmen.[1046] Wenn sich der SEP-Inhaber geweigert hat, eine FRAND-Erklärung abzugeben, sein Schutzrecht allerdings trotzdem Standardbestandteil wurde, sollte dies nicht zu einer Schlechterstellung der Patentnutzer führen. Denn diesen bleibt mangels FRAND-Erklärung bereits der zivilrechtliche Anspruch auf Lizenzerteilung verwehrt, sodass gerade in diesen Konstellationen der kartellrechtliche Kontrahierungszwang bzw. Zwangslizenzeinwand eine große Rolle spielt. Dem SEP-Inhaber kommen aufgrund der Standardimplementierung dieselben Vorteile zu wie einem Schutzrechtsinhaber, der zuvor eine FRAND-Erklärung abgegeben hat. Eine Gleichbehandlung ist angezeigt.

i) Zusammenfassung: Wirkungen der FRAND-Erklärung im Kontext des Missbrauchs marktbeherrschender Stellung

Die Abgabe einer FRAND-Erklärung bzw. der SEP-Kontext wirken sich sowohl auf der Ebene der Feststellung der marktbeherrschenden Stellung als auch im Rahmen des Tatbestands der missbräuchlichen Verhaltensweisen aus.

Eine Entbehrlichkeit der Prüfung des Innehabens einer marktbeherrschenden Stellung aufgrund einer vorliegenden FRAND-Erklärung, wie es das LG

1045 Vgl. Kapitel 2 C.

1046 *Körber*, Standardessentielle Patente, 2013, S. 22, 55 ff.

Düsseldorf angenommen hat[1047], kann nicht befürwortet werden, da auch in SEP-Situationen nicht zwangsläufig eine marktbeherrschende Position am Markt vorliegt.[1048] Auch in Fällen, in denen ein Standard im Rahmen eines Normierungsverfahrens festgelegt wurde und der Patentinhaber eine FRAND-Erklärung abgegeben hat, ist immer eine genaue Prüfung des Einzelfalls mit konkreter Abgrenzung des relevanten Marktes vorzunehmen.[1049] Bei standardessentiellen Patenten kann jedoch aufgrund einer (widerlegbaren) Vermutung auf eine Marktbeherrschung des SEP-Inhabers geschlossen werden.[1050] Sind allerdings „marktfähige Alternativen"[1051] zur Norm vorhanden, führt dies zu einer Einschränkung des Verhaltensspielraumes des SEP-Inhabers und eine marktbeherrschende Stellung ist abzulehnen.[1052]

Nach Abgabe einer FRAND-Erklärung können sowohl die grundsätzliche Lizenzverweigerung als auch die Verweigerung der Erteilung einer Lizenz zu FRAND-Bedingungen ein missbräuchliches Verhalten und einen Verstoß gegen Art. 102 AEUV bzw. § 19 GWB darstellen. Die vorhandene FRAND-Erklärung führt dazu, dass ein Nachweis der Voraussetzungen einer kartellrechtlichen Lizenzierungspflicht, wie das Kriterium der Unerlässlichkeit, leichter erfolgen kann.[1053] Die Selbstverpflichtungserklärung des SEP-Inhabers schaffe, so der EuGH in seiner „*Huawei*"-Entscheidung, einen Vertrauenstatbestand und die berechtigte Erwartungshaltung seitens Dritter, dass Lizenzen zu FRAND-Bedingungen vergeben werden.[1054]

Voraussetzung für eine kartellrechtskonforme Lizenzvergabe ist zudem, dass die Lizenzierungskriterien die Bedingungen fair, angemessen und nicht-diskriminierend erfüllen. Allerdings existieren bislang keine allgemeinen Grundsätze, die diese Bedingungen näher konkretisieren und Orientierung bzw.

1047 *LG Düsseldorf*, Urt. v. 24.4.2012 - 4b O 273/10, Rn. 206 (zitiert nach juris).

1048 Generalanwalt *Wathelet*, Schlussanträge v. 20.11.2014 - C-170/13, BeckRS, 2014, 82403 Rn 57 *Fuchs*, NZKart 2015, 429 (435 Fn. 43); *Müller*, S. 165; *Heinemann*, GRUR 2015, 855 (859).

1049 Generalanwalt *Wathelet*, Schlussanträge v. 20.11.2014 - C-170/13, BeckRS, 2014, 82403 Rn 57; *Heinemann*, GRUR 2015, 855 (859).

1050 Generalanwalt *Wathelet*, Schlussanträge v. 20.11.2014 - C-170/13, BeckRS, 2014, 82403 Rn 58; *Fuchs*, NZKart 2015, 429 (435 Fn. 43), *Heinemann*, GRUR 2015, 855 (859).

1051 *Heinemann*, GRUR 2015, 855 (859).

1052 *Fuchs*, NZKart 2015, 429 (435 Fn. 43), *Heinemann*, GRUR 2015, 855 (859).

1053 *Fuchs*, NZKart 2015, 429 (434 f).

1054 *EuGH*, Urt. v. 16.7.2015 - C-170/13, GRUR 2015, 764 (766 Rn. 53) - *Huawei Technologies/ZTE*; *Fuchs*, NZKart 2015, 429 (433).

Rechtssicherheit bieten. Insbesondere im Bereich der Gebührenhöhe besteht hinsichtlich ihrer Angemessenheit weiterhin große Uneinigkeit.[1055]

Nach der aktuellen Entscheidung des EuGH ist geklärt, dass die Erhebung von Patentverletzungsklagen auf Unterlassung und Rückruf unter den geschilderten Voraussetzungen eine missbräuchliche Verhaltensweise eines SEP-Inhabers darstellen kann.[1056] Mit der Abgabe einer FRAND-Erklärung verliert der SEP-Inhaber seine Rechte zwar nicht, sie unterliegen aber besonderen Anforderungen.[1057] Hingegen sind nach der Rechtsprechung des EuGH die Voraussetzungen für ein Verhalten des SEP-Inhabers im Einklang mit Art. 102 AEUV bei Patentverletzungsklagen auf Schadensersatz und Rechnungslegung weiterhin niedriger anzusetzen.[1058] Fraglich ist allerdings, ob diese unterschiedliche Herangehensweise abhängig von der Klageart in den SEP-Klagekontexten nicht zu Schwierigkeiten in der Praxis, z.B. durch Umgehungsstrategien führen kann. Auf eine abschließende Klärung des EuGH hinsichtlich der Voraussetzungen für Klagen auf Schadensersatz und Rechnungslegung bleibt zu hoffen.

Insgesamt kann aus den Untersuchungsergebnissen geschlossen werden, dass die FRAND-Erklärung jedenfalls zu einer strengeren Prüfung der Missbrauchsvoraussetzungen führt.[1059] Handlungen eines Nicht-SEP-Inhabers können somit durchaus mit den Vorschriften des Missbrauchsverbots vereinbar sein, während dieselben Handlungen von einem SEP-Inhaber ausgeführt, den Missbrauchstatbestand erfüllen können.[1060] So kann die FRAND-Erklärung als Indiz für das Vorliegen „außergewöhnlicher Umstände" i.S.d. Art. 102 AEUV gewertet werden und ein kartellrechtliches Eingreifen ermöglichen. Damit wird den besonderen wettbewerblichen Auswirkungen eines Standardisierungskontextes unter Beteiligung von Immaterialgüterrechten Rechnung getragen. Die FRAND-Erklärung hat damit erhebliche kartellrechtliche Wirkungen und ihre Bedeutung beschränkt sich nicht auf zivilrechtliche Aspekte.[1061]

1055 *Körber*, Standardessentielle Patente, 2013, S. 83; *Picht*, Strategisches Verhalten, 2013, S. 541, *Müller*, Kollektive Normung, 2015, S. 73.

1056 Vgl. Kapitel 3 D. II. 3. f).

1057 *Fuchs*, NZKart 2015, 429 (432).

1058 *Fuchs*, NZKart 2015, 429 (432).

1059 So auch *Müller*, die von einer „Verschärfung der allgemeinen Missbrauchskriterien" spricht, *Müller*, Kollektive Normung, 2015, S. 173.

1060 vgl. *Müller*, Kollektive Normung, 2015, S. 173.

1061 vgl. auch *Müller*, Kollektive Normung, 2015, S. 172.

4. *Rechtsfolgen*

a) *Kartellrechtlicher Kontrahierungszwang*

Liegt eine missbräuchliche Ausnutzung der marktbeherrschenden Stellung gem. Art. 102 AEUV bzw. § 19 GWB bspw. durch die grundsätzliche Lizenzverweigerung oder Weigerung der Erteilung einer Lizenz zu angemessenen Bedingungen eines Schutzrechtsinhabers vor, wird ein kartellrechtlicher Kontrahierungszwang begründet.[1062]

Dies begründet nicht die Verpflichtung seitens des Schutzrechtsinhabers, eine unentgeltliche Lizenz zu erteilen. Vielmehr sind auch bei einer Zwangslizenz angemessene Lizenzgebühren und –bedingungen einzuhalten.[1063] Bei standardessentiellen Patenten hat die Lizenzierung zu den FRAND-Bedingungen zu erfolgen.[1064]

In der Literatur wird zudem für die Fälle besonders schwerwiegenden wettbewerbswidrigen Verhaltens (wie bspw. bei vorsätzlichem Verfälschen der Standardfestlegung) die Möglichkeit einer zeitlich begrenzten Pflicht zur unentgeltlichen Lizenzierung diskutiert.[1065] Dafür spreche, dass damit ein präventiver Effekt erzielt werden könne.[1066] Diese Maßnahme kann allerdings, wenn überhaupt, nur in extremen Ausnahmefällen gerechtfertigt sein. Denn das Interesse des Schutzrechtsinhabers an der Verwertung seines Ausschließlichkeitsrechtes muss ebenso beachtet werden, wie die Interessen der Patentnutzer. Das Fehlverhalten des SEP-Inhabers muss daher derart gravierend sein, dass sein Recht, Lizenzgebühren vom Patentnutzer zu verlangen, zumindest zeitweise aufgehoben wird bzw. die Verpflichtung zur unentgeltlichen Lizenzierung entsteht. Richtig ist sicherlich, dass dies eine effektive Methode wäre, um missbräuchlichem Verhalten insbesondere im Rahmen des Standardisierungsprozesses vorzubeugen.

Die Europäische Kommission kann die Erteilung einer kartellrechtlichen Zwangslizenz zu FRAND-Konditionen gem. Art. 7 VO (EG) Nr. 1/2003

1062 *Fuchs*, in: *Immenga/Mestmäcker*, GWB/Teil 1, 5. Aufl. (2014), § 2 Rn. 123; *Bodewig*, GRUR Int. 2015, 626 (629); *Picht*, Strategisches Verhalten, 2013, S. 522; *Müller*, Kollektive Normung, 2015, S. 274.

1063 *Wolf*, in: MüKo WettbR, Bd. 1/EU, 2. Aufl. (2015), Einl. Rn. 1417.

1064 *Wolf*, in: MüKo WettbR, Bd. 1/EU, 2. Aufl. (2015), Einl. Rn. 1417.; *Hötte*, Die kartellrechtliche Zwangslizenz im Patentrecht, 2011, S. 151 f.

1065 *Müller*, Kollektive Normung, 2015, S. 274; *Fischmann*, GRUR Int 2010, 183 (194); *Picht*, Strategisches Verhalten, 2013, S. 524.

1066 *Picht*, Strategisches Verhalten, 2013, S. 524.

anordnen.[1067] Das Bundeskartellamt hat im Falle der Zuständigkeit ebenfalls die Möglichkeit der Anordnung einer entsprechenden Lizenzierung.[1068] Der Lizenzsucher hat zudem die Option, seinen Anspruch im Rahmen einer Leistungsklage vor einem ordentlichen Gericht geltend zu machen.[1069] Im nationalen Kartellrecht kann sich ein Lizenzierungsanspruch des Lizenzsuchers auf § 33 Abs. 1 S. 1 GWB i.V.m. dem Verstoß gegen Art. 102 AEUV bzw. § 19 GWB stützen.[1070]

b) *Kartellrechtlicher Zwangslizenzeinwand*

Insbesondere in den Fällen der Erhebung von Patentverletzungsklagen auf Unterlassung und Rückruf hat der Patentnutzer bei gegebener Lizenzierungspflicht des SEP-Inhabers unter den oben genannten Voraussetzungen die Möglichkeit, im Verfahren einen kartellrechtlichen Zwangslizenzeinwand zu erheben.[1071]

c) *Bußgeld*

Darüber hinaus hat die Kommission die Möglichkeit, aufgrund eines wettbewerbswidrigen Verhaltens des SEP-Inhabers nach Art. 23 VO (EG) Nr. 1/2003 ein Bußgeld zu verhängen.[1072]

E. Zivilrechtliche Auswirkungen von (Verstößen gegen) FRAND-Erklärungen

Neben der kartellrechtlichen Bedeutung, die einer FRAND-Erklärung zukommt, sowie den damit in Zusammenhang stehenden Folgen bei einem Verstoß gegen eine solche, entfaltet die abgegebene Selbstverpflichtungserklärung zudem zivilrechtliche Wirkungen.

I. Zivilrechtlicher Lizenzierungsanspruch

Folgt man der hier vertretenen Auffassung, dass es sich bei einer FRAND-Erklärung um einen Vorvertrag zugunsten Dritter handelt, dann liegt seitens

---

1067 *Müller*, Kollektive Normung, 2015, S. 274; Picht, GRUR Int. 2014, 1 (12 f).

1068 *Burghartz*, Technische Standards, 2011, S. 241.

1069 *Burghartz*, Technische Standards, 2011, S. 242.

1070 *Hötte*, Die kartellrechtliche Zwangslizenz im Patentrecht, 2011, S. 146.

1071 *Picht*, GRUR Int. 2014, 1 (14).

1072 *Müller*, Kollektive Normung, 2015, S. 274; *Kling/Thomas*, Kartellrecht, 2. Aufl. (2016), § 9 Rn. 60.

des Schutzrechtsinhabers eine zivilrechtlich verbindliche Verpflichtung vor und der Lizenzsucher hat neben dem kartellrechtlichen Lizenzierungsanspruch ebenfalls einen zivilrechtlich begründeten, selbstständig einklagbaren Anspruch auf eine Lizenz zu fairen, angemessenen und nicht-diskriminierenden Bedingungen.[1073] Im Ergebnis kann sich daher die Pflicht eines SEP-Inhabers zur Vergabe von Lizenzen zu fairen, angemessenen und nicht-diskriminierenden Bedingungen sowohl aus einem kartellrechtlichen Kontrahierungszwang nach Art. 102 AEUV/ § 19 GWB als auch aus einem privatrechtlich begründeten Abschlusszwang aus der FRAND-Erklärung selbst ergeben.

II. Keine Bindungswirkung bei Rechtsübertragung

Im Zusammenhang mit den zivilrechtlichen Auswirkungen einer FRAND-Erklärung stellt sich die Frage, ob die vom ursprünglichen Schutzrechtsinhaber abgegebene Lizenzbereitschaftserklärung zu FRAND-Bedingungen bei Veräußerung des Schutzrechts automatisch mit auf den neuen SEP-Inhaber übergeht. Wäre dies nicht der Fall, bestünde die Möglichkeit, die eingegangene Verpflichtung mittels Schutzrechtsübertragung zu umgehen.[1074]

Problematisch in diesem Zusammenhang ist, dass die FRAND-Erklärung wie festgestellt ausschließlich schuldrechtliche Wirkungen entfaltet. Denn so kann der in § 15 Abs. 3 PatG geregelte Sukzessionsschutz nicht, auch nicht analog, auf den FRAND-Kontext übertragen werden.[1075]

1073 *Müller*, Kollektive Normung, 2015; S. 101 f.; *Burghartz*, Technische Standards, 2011, S. 122; *Heinemann* nimmt eine klare Trennung zwischen zivilrechtlich begründeter Lizenzierungspflicht, basierend auf der FRAND-Erklärung als pivatautonomer Verpflichtung, und kartellrechtlichem Kontrahierungszwang vor *Heinemann*, GRUR 2015, 855 (857, siehe auch Fn. 17); siehe dazu auch *Busche*, in: MüKo BGB, Bd. 1, 7. Aufl. (2015), Vor § 145 Rn. 65); i.E. zivilrechtliche Verbindlichkeit ablehnend, aber grds. Möglichkeit des nebeneinander Bestehens zivilrechtlich und kartellrechtlich begründeter Lizenzierungsansprüche bejahend *Fuchs*, NZKart 2015, 429 (434, siehe auch Fn. 33, 35); *Fuchs*, in FS Ahrens, 2016, 79 (87 ff).

1074 Vgl. *Müller*, Kollektive Normung, 2015, S. 102.

1075 *Müller*, Kollektive Normung, 2015, S. 103; *Dorn*, Technische Standardisierung, 2014, S. 162; *Fuchs*, in: FS Ahrens, 2016, S. 79 (87); Sukzessionsschutz nach § 15 Abs. 2 PatG ebenfalls ablehnend: *LG Mannheim*, Urt. v. 18.2.2011 – 7 O 100/10, Rn. 169 f.- *UMTS-fähiges Mobiltelefon II* (zitiert nach juris); *Hauck*, WRP 2013, 1446 (1449 ff.), *ders.*, NJW 2015, 2767 (2770); a.A. *Straus*, GRUR Int 2011, 469 (478); *Ullrich*, in: *Leistner* (Hrsg.), Europäische Perspektiven des Geistigen Eigentums, 2010, S. 90; offen gelassen *Körber*, Standardessentielle Patente, 2013, S. 39; Einen

Anders bewertet dies das OLG Düsseldorf in seiner Entscheidung „Improving Handovers". Die FRAND-Zusage führe dazu, dass das Patentrecht „dinglich" beschränkt sei und nur in dieser Form erworben werde.[1076] Der Erwerber der geschützten Lehre sei insbesondere auch bezüglich des FRAND-Inhalts gebunden.[1077]

Die Kommission hat in ihren Horizontalleitlinien das Problem der Folgen einer Rechtsübertragung thematisiert und ausgeführt, dass dem SEP-Inhaber zur Gewährleistung der von ihnen abgegebenen FRAND-Erklärung die Pflicht zukommen muss, sicherzustellen, dass auch der Rechtsnachfolger an die abgegebene Verpflichtung gebunden ist. Die Kommission schlägt eine Regelung durch eine entsprechende Klausel zwischen den Parteien im Rahmen des Verkaufs vor.[1078]

Auch von Seiten der Normungsorganisationen wie ETSI ist das Problem behandelt worden.[1079] ETSI hat daher in Clause 6.1bis der ETSI IPR Policy folgende Regelung aufgenommen: „*FRAND licensing undertakings made pursuant to Clause 6 shall be interpreted as encumbrances that bind all successors-in-interest. Recognizing that this interpretation may not apply in all legal jurisdictions, any Declarant who has submitted a FRAND undertaking according to the POLICY who transfers ownership of ESSENTIAL IPR that is subject to such undertaking shall include appropriate provisions in the relevant transfer documents to ensure that the undertaking is binding on the transferee and that the transferee will similarly include appropriate provisions in the event of future transfers with the goal of binding all successors-in-interest. The undertaking shall be interpreted as binding on successors-in-interest regardless of whether such provisions are included in the relevant transfer documents.*"[1080]

---

kartellrechtlichen Sukzessionsschutz aus Art. 101 AEUV nehmen *Barthelmeß/Gauß* an, *Barthelmeß/Gauß*, WuW 2010, 626 (635f).

1076 *OLG Düsseldorf*, Urt. v. 22.03.2019 – 2 U 31/16, Rn. 167 – *Improving Handovers* (zitiert nach juris).

1077 *OLG Düsseldorf*, Urt. v. 22.03.2019 – 2 U 31/16, Rn. 171 – *Improving Handovers* (zitiert nach juris).

1078 *Kommission*, Horizontalleitlinien, 2011, Rz. 285; *Müller*, Kollektive Normung, 2015, S. 103.

1079 Vgl. ETSI Guide on IPRs, 2017, Clause 4.2.; *Dorn*, Technische Standardisierung, 2014, S. 162 Fn. 495; *Müller*, Kollektive Normung, 2015, S. 104.

1080 ETSI IPR Policy, 2017, Clause 6.1bis.

Doch kann auch mittels dieser Regelungen das grundsätzliche Problem nicht gelöst werden, da ein diesbezüglicher Verstoß lediglich Schadensersatzansprüche nach sich ziehen würde.[1081]

Im Ergebnis ist festzuhalten, dass die zivilrechtlichen Auswirkungen einer FRAND-Erklärung mangels Sukzessionsschutzes umgangen werden können und ein diesbezüglicher Schutz allein von dem Verkäufer und Käufer des SEP abhängt. Allerdings entfällt auch bei Übertragung des wesentlichen Patentes nicht die Lizenzierungspflicht aufgrund kartellrechtlichen Kontrahierungszwanges, wenn es durch den neuen SEP-Inhaber zu einem Missbrauch der marktbeherrschenden Stellung kommt.[1082]

1081 *Müller*, Kollektive Normung, 2015, S. 104.
1082 *Müller*, Kollektive Normung, 2015, S. 104.

Kapitel 4 Maßstäbe zur Bestimmung der angemessenen Lizenzgebühr

Ein entscheidender und immer wiederkehrender Streitpunkt im Zusammenhang mit FRAND-Erklärungen bei standardessentiellen Patenten ist die Frage der Angemessenheit der Lizenzgebühren. Der Lizenzgeber verpflichtet sich zu einer fairen, angemessenen und nicht-diskriminierenden Lizenzierung seines Patentes. Doch ist die Einschätzung der Angemessenheit der Gebühren naturgemäß stark abhängig von der Ausgangslage und Perspektive der jeweiligen Partei und der FRAND-Begriff ist zu unbestimmt, um daraus konkrete Vorgaben für die Bemessung der Gebühren ableiten zu können. In der Praxis bedarf es jedoch gerade aufgrund der unterschiedlichen Interessenlagen der Parteien konkreter Anhaltspunkte zur Festlegung angemessener Lizenzgebühren.[1083]

Im folgenden Kapitel wird die Problematik insbesondere aus dem kartellrechtlichen Kontext des Missbrauchsverbots einer marktbeherrschenden Stellung betrachtet. Dabei soll speziell der Frage nachgegangen werden, ob im FRAND-Kontext eine Anpassung der Preismissbrauchsschwelle erfolgen sollte. Zudem werden Maßstäbe zur Bestimmung der angemessenen Höhe von FRAND-Lizenzgebühren anhand der in der Literatur und Rechtsprechung diskutierten Modelle vorgestellt.[1084]

Dafür werden zunächst die allgemeinen Kriterien der Preismissbrauchsaufsicht nach der europäischen Vorschrift des Art. 102 AEUV sowie der nationalen Vorschrift des § 19 GWB erläutert, um im Anschluss auf die besondere Lage bei Lizenzgebühren einzugehen. Darauffolgend wird untersucht, inwieweit sich aus der Standardisierungssituation Besonderheiten ergeben und welcher Einfluss in diesem Zusammenhang der FRAND-Erklärung zukommt. Es folgt eine Vorstellung ausgewählter Konzepte zur Bestimmung von FRAND-Lizenzgebühren.

1083 Vgl. *Fuchs*, NZKart 2015, 429 (436); *Körber*, Standardessentielle Patente, 2013, S. 83; *Picht*, Strategisches Verhalten, 2013, S. 541, *Müller*, Kollektive Normung, 2015, S. 73; *Dorn*, Technische Standardisierung, 2014, S. 166.

1084 Dieses Kapitel konzentriert sich auf den Teilbereich der Problematik der FRAND-Gebühren, indem die Angemessenheit der Lizenzgebührenhöhe untersucht wird. FRAND-Konformität setzt neben der konkreten Gebührenhöhe auch die Angemessenheit der sonstigen Lizenzbedingungen voraus. Auf in diese Richtungen weiterführende Fragestellungen, z.B. nach der Angemessenheit von weltweiten Poollizenzen, soll hier jedoch nicht eingegangen werden.

Am Ende steht eine zusammenfassende Bewertung und der Entwurf zweier Kriterienkataloge.

A. Preismissbrauch bei SEP-Lizenzgebühren

Die grundlegenden Regeln der Preismissbrauchsaufsicht nach Art. 102 lit. a AEUV und § 19 Abs. 2 GWB sind insbesondere im Kontext der Ermittlung angemessener Produktpreise und Lizenzgebühren entwickelt worden, allerdings nicht im FRAND-Kontext.[1085] Dabei stellt die Bewertung von Lizenzgebühren grundsätzlich schon einen Sonderbereich dar, innerhalb dessen die Ermittlung angemessener Gebühren für Lizenzen standardessentieller Patente nach Abgabe einer FRAND-Erklärung nochmals spezifische Besonderheiten aufweist. So sind durch die Normierung besondere Marktgegebenheiten wie Netzwerkeffekte und Wettbewerbsschranken[1086] zu berücksichtigen. Es stellt sich daher die Frage, ob und wenn ja, inwieweit die Kriterien der allgemeinen Preismissbrauchsaufsicht nach europäischem und nationalem Recht auf die Lizenzgebühren in SEP-Situation nach Abgabe einer FRAND-Erklärung übertragen werden können und ob nicht alternativ oder kumulativ gesonderte Kriterien, die dieser Sondersituation Rechnung tragen, erforderlich sind.

I. Kriterien der Preismissbrauchsaufsicht nach Art. 102 AEUV/§ 19 GWB

Sowohl die nationale als auch die europäische Vorschrift zum Verbot des Missbrauchs einer marktbeherrschenden Stellung sehen in ihren Regelbeispielen einen speziellen Tatbestand vor, der die Forderung überhöhter Preise umfasst.[1087] So kann nach Art. 102 S. 2 lit. a AEUV die Erzwingung unangemessener Einkaufs- oder Verkaufspreise durch ein marktbeherrschendes Unternehmen missbräuchlich sein. § 19 Abs. 2 Nr. 2 GWB wiederum stuft die Forderung von Entgelten als missbräuchlich ein, „die von denjenigen abweichen, die sich bei wirksamem Wettbewerb mit hoher Wahrscheinlichkeit ergeben würden“[1088].

1085 Vgl. *Müller*, Kollektive Normung, 2015, S. 179.

1086 Vgl. Kapitel 2.

1087 *Wolf*, in: MüKo WettbR, Bd. 2/GWB, 2. Aufl. (2015), § 19 Rn. 85; *Emmerich*, in: *Dauses*, EU-WirtschaftsR, 36. EL 2014, H. I. § 3 Rn. 66.

1088 § 19 Abs. 2 GWB.

Dabei finden die allgemeinen Grundsätze der Preismissbrauchsaufsicht auch bei der Forderung überhöhter Lizenzgebühren Anwendung.[1089]

1. *Art. 102 S. 2 lit. a AEUV*

Die Missbrauchsvorschrift des Art. 102 S. 2 lit. a AEUV setzt die Erzwingung unangemessener Preise in mittelbarer oder unmittelbarer Form durch ein marktbeherrschendes Unternehmen voraus.[1090]

Im Vordergrund der Vorschrift steht der Schutz von Handelspartnern im Vertikalverhältnis wie Abnehmern, Lieferanten und Verbrauchern.[1091] So kann die Forderung hoher Verkaufspreise eines marktbeherrschenden Anbieters ebenso unter Art. 102 S. 2 lit. a AEUV fallen wie das Festlegen besonders niedriger Einkaufspreise durch ein marktbeherrschendes Unternehmen auf der Nachfrageseite.[1092]

Die Preismissbrauchsvorschrift des Art. 102 AEUV kann allerdings auch im Horizontalverhältnis eingreifen, wenn die Handlungen des marktbeherrschenden Unternehmens zugleich zur Bewirkung einer Behinderung von Wettbewerbern führen können, wie beispielsweise eine Forderung überhöhter Lizenzgebühren, die darauf abzielt die Erteilung von Lizenzen an Wettbewerber zu unterbinden.[1093]

a) Grundsätzliche Problematik der kartellrechtlichen Preiskontrolle

Auch wenn das Erzwingen unangemessener Preise einen regelrecht „prototypischen und wohl am stärksten mit Marktmacht in Verbindung gebrachten Missbrauch dar[stellt]“[1094], ist die Preiskontrolle im Rahmen des Art. 102 AEUV

1089 Vgl. *Wolf*, in: MüKo WettbR, Bd. 1/EU, 2. Aufl. (2015), Einl. Rn. 1399; *Fuchs/Möschel*, in: *Immenga/Mestmäcker*, EU/Teil 1, 5. Aufl. (2012), AEUV Art. 102 Rn. 196; *Northdurft*, in: *Langen/Bunte*, Bd. 1/GWB, 12. Aufl. (2014), § 19 Rn. 364.

1090 Vgl. *Kling/Thomas*, Kartellrecht, 2. Aufl. (2016), § 6 Rn. 97; *Fuchs/Möschel*, in: *Immenga/Mestmäcker*, EU/Teil 1, 5. Aufl. (2012), AEUV Art. 102 Rn. 174.

1091 *Kling/Thomas*, Kartellrecht, 2. Aufl. (2016), § 6 Rn. 97; *Bulst*, in: *Langen/Bunte*, Bd. 2/EU, 12. Aufl. (2014), AEUV Art. 102 Rn. 154; *Jung*, in: *Grabitz/Hilf/Nettesheim*, 56. EL 2015, AEUV Art. 102 Rn. 344.

1092 *Bulst*, in: *Langen/Bunte*, Bd. 2/EU, 12. Aufl. (2014), AEUV Art. 102 Rn. 154.

1093 *Bulst*, in: *Langen/Bunte*, Bd. 2/EU, 12. Aufl. (2014), AEUV Art. 102 Rn. 155; *Jung*, in: *Grabitz/Hilf/Nettesheim*, 56. EL 2015, AEUV Art. 102 Rn. 344.; *Europäische Kommission*, Ent. v. 22.12.1987, IV/30.787 und 31.488, ABl. L 65/19 v. 11.3.1988, Rn. 78 – *Eurofix-Bauco/Hilti.*

1094 *Eilmannsberger/Bien*, in: MüKo WettbR, Bd. 1/EU, 2. Aufl. (2015), AEUV Art. 102 Rn. 199.

nicht unumstritten und hat bislang in der Praxis nur zurückhaltende bzw. wenig Anwendung gefunden.[1095]

Die geringe Anzahl an Fällen in der Praxis dürfte vor allem auch darauf zurückzuführen sein, dass die Bestimmung der Angemessenheit von Preisen große Schwierigkeiten bereitet und bislang keine einheitlichen Kriterien zur Bestimmung der angemessenen Höhe existieren.[1096]

Es werden aber auch grundlegende Kritiken an einer Preismissbrauchsaufsicht geäußert:

So wird von einem Teil der Literatur betont, dass die Preise selbst nicht Gegenstand des kartellrechtlichen Eingriffs sein sollten, sondern der im Rahmen des Ausbeutungsmissbrauchs möglichen Preiskontrolle lediglich eine subsidiäre Rolle zukommen könne.[1097] Denn Zweck der Missbrauchskontrolle nach Art. 102 AEUV sei die Erhaltung des unverfälschten Wettbewerbs und Preiskontrollen würden zu einer Marktergebniskontrolle führen, was die freien Prozesse im Wettbewerb einschränken würde. Es müsse darauf geachtet werden, dass durch kartellrechtliches Eingreifen in den Markt nicht dessen Selbstheilungskräfte ausgeschaltet werden.[1098] Preiskontrollen seien daher lediglich auf Märkten angezeigt, auf denen die Vorteile des Eingreifens durch die Preiskontrolle die dadurch entstehenden negativen Auswirkungen auf den Markt überwiegen.[1099] Dies sei bei den Märkten der Fall, die eine starke Beschädigung der Wettbewerbsstruktur zeigen und bei denen davon ausgegangen werden kann, dass der Wettbewerb sich nicht selbst korrigieren wird, insbesondere aufgrund sehr hoher Marktzutrittsschranken.[1100] Ansonsten sei die Preishöhenkontrolle

1095 *Bulst*, in: *Langen/Bunte*, Bd. 2/EU, 12. Aufl. (2014), AEUV Art. 102 Rn. 160; *Fuchs/Möschel*, in: *Immenga/Mestmäcker*, EU/Teil 1, 5. Aufl. (2012), AEUV Art. 102 Rn. 168 ff.

1096 *Bulst*, in: *Langen/Bunte*, Bd. 2/EU, 12. Aufl. (2014), AEUV Art. 102 Rn. 160.

1097 *Fuchs/Möschel*, in: *Immenga/Mestmäcker*, EU/Teil 1, 5. Aufl. (2012), AEUV Art. 102 Rn. 168 ff.

1098 *Fuchs/Möschel*, in: *Immenga/Mestmäcker*, EU/Teil 1, 5. Aufl. (2012), AEUV Art. 102 Rn. 168 ff.; vgl. zum Zweck des Art. 102 AEUV auch *Emmerich*, in: *Dauses*, EU-WirtschaftsR, 36. EL 2014, H. I. § 3 Rn. 55.

1099 *Fuchs/Möschel*, in: *Immenga/Mestmäcker*, EU/Teil 1, 5. Aufl. (2012), AEUV Art. 102 Rn. 168 ff.

1100 *Fuchs/Möschel*, in: *Immenga/Mestmäcker*, EU/Teil 1, 5. Aufl. (2012), AEUV Art. 102 Rn. 168 ff.; vgl. auch *Emmerich*, in: *Dauses*, EU-WirtschaftsR, 36. EL 2014, H. I. § 3 Rn. 65.

subsidiär „gegenüber marktstrukturellen Eingriffen und gegenüber der Bekämpfung von Behinderungsmissbräuchen."[1101]

Eine zurückhaltende Anwendung der kartellrechtlichen Preiskontrolle ist in jedem Fall zu befürworten und sollte nur dann erfolgen, wenn keine Möglichkeit einer Selbstregulierung des Marktes besteht. So sorgt der Markt in der Regel selbst dafür, dass sich durch den stattfindenden Wettbewerb die geforderten Preise selbst festlegen. Eine externe Festlegung greift in diesen Marktprozess ein und gibt ein Ergebnis vor, dass sich eigentlich hätte auf dem Markt selbstständig entwickeln müssen. Daher sind Maßnahmen zu bevorzugen, die zunächst die Marktstrukturen wiederherstellen und damit die Preisregulierung durch den Markt selbst wieder ermöglichen.

Das heißt allerdings nicht, dass eine Preismissbrauchskontrolle durch ein kartellrechtliches Eingreifen grundsätzlich abzulehnen ist. Es sollte nur ultima ratio sei und nur in den Fällen Anwendung finden, in denen keine Regulierung der Preise auf dem Markt durch diesen selbst stattfinden können. So kann insbesondere in Standardisierungskontexten ein Preiswettbewerb bereits dadurch ausgeschlossen sein, dass keine wettbewerbsfähigen Alternativtechnologien vorhanden sind. Eine natürliche Preisregulierung der Lizenzgebühren für SEP ist dann nicht möglich. Befindet sich der SEP-Inhaber in einer marktbeherrschenden Stellung und fordert überhöhte Lizenzgebühren ist ein kartellrechtliches Eingreifen angezeigt, da erhebliche Marktzutrittsschranken entstanden sind.

Daran schließt sich jedoch im Rahmen der kartellrechtlichen Preisfestlegung das Problem der konkreten Bestimmung der Unangemessenheit an.

b) Bestimmung des unangemessenen Preises

Nach ständiger Rechtsprechung des EuGH liegt die Voraussetzung des unangemessenen Preises vor, wenn es sich um einen Preis handelt, der im Vergleich zum wirtschaftlichen Wert des Produkts bzw. der Leistung unverhältnismäßig ist.[1102] Es handelt sich bei diesem Maßstab um eine sehr allgemeine Formulierung und

---

1101 *Fuchs/Möschel*, in: *Immenga/Mestmäcker*, EU/Teil 1, 5. Aufl. (2012), AEUV Art. 102 Rn. 172.

1102 *EuGH*, Urt. v. 13.11.1975 - 26/75, Slg. 1975, 1367 Rn. 11/12 - *General Motors*; Urt. v. 14.2.1978 - 27/76, Slg. 1978, 207, Rn. 248/257 - *United Brands*; Urt. v. 17.7.1997 - C-242/95, Slg. 1997, I-4453 Rn. 39- *GT-Link/DSB;* Urt. v. 16.7.2009 - C-385/07 P, Slg. 2009, I-6219 Rn. 142- *Der Grüne Punkt-Duales System Deutschland*; siehe auch: *Kling/Thomas*, Kartellrecht, 2. Aufl. (2016), § 20 Rn. 99; *Fuchs/Möschel*, in: *Immenga/Mestmäcker*, EU/Teil 1, 5. Aufl. (2012), AEUV Art. 102 Rn. 175; *Emmerich*, in: *Dauses*, EU-WirtschaftsR, 36. EL 2014, H. I. § 3 Rn. 68.

die Feststellung des zwischen dem Preis und dem wirtschaftlichem Wert der Leistung bestehenden Missverhältnisses stellt in der Praxis eine erhebliche Schwierigkeit der Preismissbrauchsbewertung nach Art. 102 S. 2 lit. a AEUV dar.[1103] Die Bemessung des wirtschaftlichen Wertes, der wiederum als Bewertungsmaßstab der Angemessenheit fungiert, ist problematisch[1104], da es an objektiven Kriterien zur Wertermittlung unabhängig vom Preis fehlt.[1105]

Zunächst können für die Ermittlung eines überhöhten Preises „grundsätzlich alle (wirtschaftswissenschaftlich) hinreichend zuverlässigen Methoden“[1106] in Betracht kommen.[1107] In der Rechtsprechung und Literatur sind verschiedene Methoden entwickelt und angewendet worden, mit deren Hilfe der wirtschaftliche Wert einer Ware oder Dienstleistung ermittelt werden soll.[1108]

aa) Gewinnspannenbegrenzung

Die Methode der sog. Gewinnspannenbegrenzung[1109] (alternativ auch als Methode der Gewinnspannenermittlung bezeichnet[1110]) fand durch den EuGH im Fall „United Brands“[1111] Anwendung.[1112]

1103 *Fuchs/Möschel*, in: *Immenga/Mestmäcker*, EU/Teil 1, 5. Aufl. (2012), AEUV Art. 102 Rn. 175. So führt *Busche* dazu aus: „Die Feststellung eines Preismissbrauchs stößt in der Praxis freilich auf große Schwierigkeiten, da ein „wettbewerbsgerechter“ Preis, der als Maßstab für die „wettbewerbsfremde“ Preisstellung heranzuziehen ist, immer nur näherungsweise bestimmt werden kann.“, *Busche*, in: KK-KartR, Bd. 3, 2016, AEUV Art. 102 Rn. 86.

1104 *Kling/Thomas*, Kartellrecht, 2. Aufl. (2016), § 20 Rn. 99; *Emmerich*, in: *Dauses*, EU-WirtschaftsR, 36. EL 2014, H. I. § 3 Rn. 69.

1105 *Emmerich*, in: *Dauses*, EU-WirtschaftsR, 36. EL. 2014, H. I. § 3 Rn. 69.

1106 *Deselaers*, in: *Grabitz/Hilf/Nettesheim*, 56. EL 2015, AEUV Art. 102 Rn. 397.

1107 *Deselaers*, in: *Grabitz/Hilf/Nettesheim*, 56. EL 2015, AEUV Art. 102 Rn. 397.

1108 Vgl. *Emmerich*, in: *Dauses*, EU-WirtschaftsR, 36. EL. 2014, H. I. § 3 Rn. 69.

1109 *Fuchs/Möschel*, in: *Immenga/Mestmäcker*, EU/Teil 1, 5. Aufl. (2012), AEUV Art. 102 Rn. 176; *Eilmannsberger/Bien*, in: MüKo WettbR, Bd. 1/EU, 2. Aufl. (2015), AEUV Art. 102 Rn. 205;

1110 *Schröter/Bartl*, in: *von der Groeben/Schwarze/Hatje*, 7 Aufl. (2015), AEUV Art. 102 Rn. 196; *Kling/Thomas*, Kartellrecht, 2. Aufl. (2016), § 6 Rn. 100.

1111 *EuGH*, Urt. v. 14.02.1978 – 27/76, Slg. 1978, 207 - *United Brands.*

1112 *EuGH*, Urt. v. 14.02.1978 – 27/76, Slg. 1978, 207, Rn. 248/257 – *United Brands; Fuchs/Möschel*, in: *Immenga/Mestmäcker*, EU/Teil 1, 5. Aufl. (2012), AEUV Art. 102 Rn. 176.

Im Rahmen dieser Methode ist ein Vergleich zwischen den Kosten eines Produkts und dem für dieses Produkt geforderten Preises vorzunehmen.[1113] Dabei müssen zunächst die entstandenen Kosten festgestellt werden, um sie im Anschluss mit dem verlangten Preis ins Verhältnis zu setzen.[1114] Sollte ein „übertriebenes Missverhältnis“[1115] vorliegen, ist weiter zu prüfen, „ob ein Preis erzwungen wurde, der, sei es absolut, sei es im Vergleich zu den Konkurrenzprodukten, unangemessen ist.“[1116]

Der sog. „United-Brands-Test“ geht bei der Untersuchung somit zweistufig vor.[1117] Zunächst wird beurteilt, ob ein Preis-Kosten-Missverhältnis besteht und im Anschluss wird die (Un-)Angemessenheit des Preises in Relation zum wirtschaftlichen Wert des Produkts untersucht.[1118] In der Literatur wird überwiegend angenommen, dass diese Voraussetzungen kumulativ erfüllt sein müssen.[1119]

(1) Preis-Kosten-Vergleich

Im Rahmen der Kosten-Preis-Analyse kann zur Feststellung der Gewinnspanne und ihrer angemessenen Höhe auf die „durchschnittlichen Gesamtkosten (*average total cost* – ATC)“[1120] abgestellt werden (bei tatsächlichen Kosten/tatsächlichem Preis).[1121] Dabei sieht sich die Praxis allerdings insbesondere bei der Ermittlung der Gestehungskosten des relevanten Produkts mit erheblichen Schwierigkeiten konfrontiert.[1122]

1113 *Emmerich*, in: *Dauses*, EU-WirtschaftsR, 36. EL 2014, H. I. § 3 Rn. 71; *Kling/Thomas*, Kartellrecht, 2. Aufl. (2016), § 6 Rn. 100.

1114 *Kling/Thomas*, Kartellrecht, 2. Aufl. (2016), § 6 Rn. 100; *Emmerich*, in: *Dauses*, EU-WirtschaftsR, 36. EL 2014, H. I. § 3 Rn. 71.

1115 *EuGH*, Urt. v. 14.02.1978 – 27/76, Slg. 1978, 207, Rn. 248/257 – *United Brands.*

1116 *EuGH*, Urt. v. 14.02.1978 – 27/76, Slg. 1978, 207, Rn. 248/257 – *United Brands.*

1117 *Bulst*, in: *Langen/Bunte*, Bd. 2/EU, 12. Aufl. (2014), AEUV Art. 102 Rn. 163; *Eilmansberger/Bien*, in: MüKo WettbR, Bd. 1/EU, 2. Aufl. (2015), Art. 102 AEUV Rn. 210.

1118 *Kling/Thomas*, Kartellrecht, 2. Aufl. (2016), § 6 Rn. 100; *Bulst*, in: *Langen/Bunte*, Bd. 2/EU, 12. Aufl. (2014), AEUV Art. 102 Rn. 163 f; vgl. auch *Eilmannsberger/Bien*, in: MüKo WettbR, Bd. 1/EU, AEUV Art. 102 Rn. 210 ff.

1119 *Eilmansberger/Bien*, in: MüKo WettbR, Bd. 1/EU, 2. Aufl. (2015), Art. 102 AEUV Rn. 210 f. m.w.N.; *Bulst*, in: *Langen/Bunte*, Bd. 2/EU, 12. Aufl. (2014), AEUV Art. 102 Rn. 163 ff.

1120 *Bulst*, in: *Langen/Bunte*, Bd. 2/EU, 12. Aufl. (2014), AEUV Art. 102 Rn. 164.

1121 *Bulst*, in: *Langen/Bunte*, Bd. 2/EU, 12. Aufl. (2014), AEUV Art. 102 Rn. 164.

1122 *Eilmansberger/Bien*, in: MüKo WettbR, Bd. 1/EU, 2. Aufl. (2015), AEUV Art. 102 Rn. 210; *Schröter/Bartl*, in: *von der Groeben/Schwarze/Hatje*, 7. Aufl. (2015), AEUV Art. 102 Rn. 195; *Kling/Thomas*, Kartellrecht, 2. Aufl. (2016), § 6 Rn. 101.

Zunächst ist unklar, welche Kosten konkret Berücksichtigung finden sollen. So könnten neben den, dem konkreten Unternehmen tatsächlich entstandenen Kosten, auch die (hypothetischen) Kosten eines effizienten Wettbewerbers hinzugezogen werden.[1123] Der EuGH hat in seiner Entscheidung „United Brands" ausgeführt, dass der Preis-Kosten-Vergleich unter der Berücksichtigung der tatsächlichen Kosten bzw. des tatsächlichen Preises vorzunehmen sei.[1124] In späteren Entscheidungen hat der EuGH die Kosten effizienter Wettbewerbsunternehmen zum Vergleich herangezogen.[1125] Ein Teil der Literatur stützt sich bei der Zugrundelegung der Kosten eines hypothetischen effizienten Unternehmens als grundlegender Vergleichs- und Angemessenheitsmaßstab darauf, dass höhere Kosten, die auf die „innovative Trägheit des Marktbeherrschers"[1126], bspw. in Form von mangelnden Rationalisierungsmaßnahmen, zurückzuführen sind, nicht berücksichtigt werden dürfen.[1127] Dagegen wird von einem anderen Teil der Literatur eingewendet, dass die erhöhten Kosten, die aufgrund der Verwendung veralteter Technik entstehen und sich in erhöhten Abgabepreisen auswirken, nur in seltenen Ausnahmefällen als Preismissbrauch nach Art. 102 AEUV gewertet werden dürfen und auch nur, wenn gleichzeitig eine Beschränkung der Produktion nach Art. 102 Abs. 2 lit. b AEUV vorliege.[1128] Zudem dürfe es nicht

---

1123 *Fuchs/Möschel*, in: *Immenga/Mestmäcker*, EU/Teil 1, 5. Aufl. (2012), AEUV Art. 102 Rn. 178; *Eilmansberger/Bien*, in: MüKo WettbR, Bd. 1/EU, 2. Aufl. (2015), AEUV Art. 102 Rn. 213.

1124 *EuGH*, Urt. v. 14.02.1978 – 27/76, Slg. 1978, 207, Rn. 248/257 – *United Brands.*

1125 *EuGH*, Urt. v. 13.7.1989 – 395/87, Slg. 1989, 2521, Rn. 42 – *Tournier*; Urt. v.13.7.1989 – verb. 110/88, 241/88 u. 242/88; Slg. 1989, 2811, Rn. 29 ff – *Lucazeua/SACEM*; Urt v. 10.12.1991 – C-179/90, Slg. 1991, I-5889, Rn. 19 ff – *Hafen von Genua; Fuchs/Möschel*, in: *Immenga/Mestmäcker*, EU/Teil 1, 5. Aufl. (2012), AEUV Art. 102 Rn. 178; *Eilmansberger/Bien*, in: MüKo WettbR, Bd. 1/EU, 2. Aufl. (2015), AEUV Art. 102 Rn. 213.

1126 Zitiert nach *Schröter/Bartl*, in: *von der Groeben/Schwarze/Hatje*, 7. Aufl. (2015), AEUV Art. 102 Rn. 195

1127 *Schröter/Bartl*, in: *von der Groeben/Schwarze/Hatje*, 7. Aufl. (2015), AEUV Art. 102 Rn. 195; *Bulst*, in: *Langen/Bunte*, Bd. 2/EU, 12. Aufl. (2014), AEUV Art. 102 Rn. 164; a.A. *Eilmannsberger/Bien*, in: MüKo WettbR, Bd. 1/EU, 2. Aufl. (2015), AEUV Art. 102 Rn. 213 f.

1128 *Eilmansberger/Bien*, in: MüKo WettbR, Bd. 1/EU, 2. Aufl. (2015), AEUV Art. 102 Rn. 214. Der EuGH hat in dem Fall „Hafen von Genua" den Missbrauchstatbestand des Preismissbrauchs bejaht, *EuGH*, Urt v. 10.12.1991 – C-179/90, Slg. 1991, I-5889, Rn. 19 ff – *Hafen von Genua*; ablehnend auch: *Fuchs/Möschel*, in: *Immenga/Mestmäcker*, EU/Teil 1, 5. Aufl. (2012), AEUV Art. 102 Rn. 178.

zu einer Überdehnung des Anwendungsbereichs des Missbrauchsverbotes nach Art. 102 AEUV kommen, indem Ineffizienz verurteilt würde.[1129]

Daneben ist insbesondere bei Mehrproduktunternehmen die Problematik der korrekten Zurechnung der Fixkosten eines Produkts gegeben, da nicht geklärt ist, ob und wenn ja in welchem Umfang Gemeinkosten berücksichtigt und hinzugerechnet werden.[1130]

Neben der Ermittlung der zu berücksichtigenden Kosten ist auch die Feststellung des zwischen Kosten und Preis geforderten übertriebenen Missverhältnisses unklar.[1131] Wo die Grenzen einer angemessenen Gewinnmarge anzusetzen und nach welchen Kriterien diese zu bestimmen sind, ist von der Rechtsprechung bislang nicht festgelegt.[1132]

(2) Unangemessener Preis im Verhältnis zum wirtschaftlichen Wert

Bei Vorliegen eines Missverhältnisses zwischen den Kosten und dem Preis eines Produkts muss zudem der verlangte Preis unangemessen in Relation zum wirtschaftlichen Wert des Produkts sein.[1133]

Diese zusätzliche Voraussetzung kann nach Auffassung der Literatur der Tatsache Rechnung tragen, dass der Wettbewerb durch die Aussicht auf hohe Gewinne angetrieben wird und dieser Mechanismus nicht durch die Preismissbrauchskontrolle nach Art. 102 AEUV eingeschränkt werden sollte.[1134] Sie ermögliche eine Rechtfertigung hoher Gewinnmargen aufgrund besonderer, den Wert prägender Faktoren. Zudem bestünde die Möglichkeit, den wirtschaftlichen Wert, wenn auch in begrenztem Rahmen, zum Teil unabhängig von den Gestehungskosten, zu ermitteln.[1135] Die Kommission hat sich diesbezüglich in

---

1129 *Eilmansberger/Bien*, in: MüKo WettbR, Bd. 1/EU, 2. Aufl. (2015), AEUV Art. 102 Rn. 214.

1130 *Fuchs/Möschel*, in: *Immenga/Mestmäcker*, EU/Teil 1, 5. Aufl. (2012), AEUV Art. 102 Rn. 177; *Schröter/Bartl*, in: *von der Groeben/Schwarze/Hatje*, 7. Aufl. (2015), AEUV Art. 102 Rn. 195; *Bulst*, in: *Langen/Bunte*, Bd. 2/EU, 12. Aufl. (2014), AEUV Art. 102 Rn 164; *Eilmansberger/Bien*, in: MüKo WettbR, Bd. 1/EU, 2. Aufl. (2015), AEUV Art. 102 Rn. 210, 218.

1131 *Bulst*, in: *Langen/Bunte*, Bd. 2/EU, 12. Aufl. (2014), AEUV Art. 102 Rn. 165.

1132 *Bulst*, in: *Langen/Bunte*, Bd. 2/EU, 12. Aufl. (2014), AEUV Art. 102 Rn. 165; *Emmerich*, in: *Dauses*, EU-WirtschaftsR, 36. EL 2014, H. I. § 3 Rn. 71.

1133 *Eilmansberger/Bien*, in: MüKo WettbR, Bd. 1/EU, 2. Aufl. (2015), AEUV Art. 102 Rn. 211 f.

1134 *Eilmansberger/Bien*, in: MüKo WettbR, Bd. 1/EU, 2. Aufl. (2015), AEUV Art. 102 Rn. 211; vgl. zur Wettbewerbswirkung hoher Gewinne auch *Fuchs/Möschel*, in: *Immenga/Mestmäcker*, EU/Teil 1, 5. Aufl. (2012), AEUV Art. 102 Rn. 178.

1135 *Eilmansberger/Bien*, in: MüKo WettbR, Bd. 1/EU, 2. Aufl. (2015), AEUV Art. 102 Rn. 211 f.

zwei Entscheidungen geäußert und die Auffassung vertreten, dass der Gewinn alleine als Beurteilungsgrundlage des Preismissbrauchs nicht ausreiche, sondern dass auch die den Wert beeinflussenden Faktoren, die unabhängig von den Herstellungskosten sind, berücksichtigt werden müssen.[1136]

Allerdings muss beachtet werden, dass auch die Rechtfertigungsmöglichkeit höherer Preise aufgrund des besonderen wirtschaftlichen Wertes des Produkts begrenzt ist. Denn grundsätzlich müsste die Preisbildung auch in diesen Fällen durch wirksamen Wettbewerb beeinflusst und die Höhe dadurch reguliert und dem Markt angepasst werden.[1137] Auch in dieser zweiten Stufe der Prüfung stellt sich wieder die bislang ungeklärte Frage des angemessenen Verhältnisses zwischen dem Preis und dem wirtschaftlichen Wert.

(3) Kritik

Die Methode der Gewinnspannenermittlung wird in der Literatur erheblich kritisiert.[1138] Wie bereits angesprochen stellt sich unter anderem die Ermittlung der Gestehungskosten als sehr problematisch dar.[1139] Aufgrund der schwierigen Kostenanalyse lässt sich die Gewinnmarge eines Unternehmens nur schlecht ermitteln.[1140] Neben der unzureichenden Praktikabilität wird dem Konzept der Gewinnspannenermittlung zudem eine statische Betrachtungsweise[1141] und die Gefahr der Kosten-Manipulierung[1142] vorgeworfen.[1143]

1136 *Europäische Kommission*, Ent. v. 23.7.2004, COMP/A.36-568/D3 – *Scandlines Sverige AB/Port of Helsingborg*; Ent. v. 23.7.2004, COMP/A.36.570/D3 – *Sundbusserne v Port of Helsingborg*; *Eilmansberger/Bien*, in: MüKo WettbR, Bd. 1/EU, 2. Aufl. (2015), AEUV Art. 102 Rn. 211.

1137 Vgl. *Eilmansberger/Bien*, in: MüKo WettbR, Bd. 1/EU, 2. Aufl. (2015), AEUV Art. 102 Rn. 212.

1138 *Eilmansberger/Bien*, in: MüKo WettbR, Bd. 1/EU, 2. Aufl. (2015), AEUV Art. 102 Rn. 204; weitere z.B.: *Fuchs/Möschel*, in: *Immenga/Mestmäcker*, EU/Teil 1, 5. Aufl. (2012), AEUV Art. 102 Rn. 176 ff.; *Emmerich*, in: *Dauses*, EU-WirtschaftsR, 36. EL 2014, H. I. § 3 Rn. 71; *Kling/Thomas*, Kartellrecht, 2. Aufl. (2016), § 6 Rn. 101; *Kuhn*, WuW 2006, 578 (588).

1139 Vgl. auch *Deselaers*, in: *Grabitz/Hilf/Nettesheim*, 56. EL 2015, AEUV Art. 102 Rn. 398; *Schröter/Bartl*, in: *von der Groeben/Schwarze/Hatje*, 7. Aufl. (2015), AEUV Art. 102 Rn. 197; *Kuhn*, WuW 2006, 578 (588).

1140 *Kuhn*, WuW 2006, 578 (588).

1141 *Fuchs/Möschel*, in: *Immenga/Mestmäcker*, EU/Teil 1, 5. Aufl. (2012), AEUV Art. 102 Rn. 176.

1142 *Emmerich*, in: *Dauses*, EU-WirtschaftsR, 36. EL 2014, H. I. § 3 Rn. 71.

1143 *Schröter/Bartl*, in: *von der Groeben/Schwarze/Hatje*, 7. Aufl. (2015), AEUV Art. 102 Rn. 196.

Der EuGH selbst nennt in seiner Entscheidung „United Brands" die Möglichkeit, die Angemessenheit des Preises nach anderen Methoden zu bestimmen und verweist auf die von den Wirtschaftswissenschaften diesbezüglich entwickelten Theorien.[1144] Der EuGH räumt zudem ein, dass die Feststellung des Gestehungspreises mit „nicht unerheblichen und gelegentlich sehr großen Schwierigkeiten"[1145] verbunden ist, „manchmal auf einer willkürlichen Aufteilung der unmittelbaren Kosten und der allgemeinen Betriebskosten beruht und je nach der Bedeutung des Unternehmens, seinem Geschäftsgegenstand, seiner komplexen Natur, seinem räumlichen Tätigkeitsbereich, der Einheitlichkeit oder Verschiedenartigkeit seiner Produktion, der Zahl seiner Tochtergesellschaften und deren Verflechtung erhebliche Unterschiede aufweisen kann"[1146].

Unsicher ist zudem, ob der EuGH tatsächlich eine zweistufige Prüfung beabsichtigt hat.[1147] Hinzu kommt, dass sowohl von Seiten der Kommission als auch der Literatur berechtigte Kritik geäußert wird, dass es an ausgearbeiteten Kriterien zur Konkretisierung der von der Rechtsprechung aufgestellten Formel bislang fehle.[1148] Unabhängig vom Prüfungsaufbau überwiegt die Problematik der Ermittlung der relevanten Kosten und der Feststellung des erzielten Gewinns.[1149] Zudem fehlt es in jedem Fall an Maßstäben hinsichtlich der Beurteilung der Angemessenheit.[1150]

Hinzu kommt, dass die vom marktbeherrschenden Unternehmen erzielten hohen Gewinne nicht zwangsläufig missbräuchlich i.S.d. Art. 102 AEUV sein müssen. Sie können ebenso auf die sog. economies of scale (Größenvorteile), effiziente Techniken der Produktherstellung oder neue Methoden zur Reduzierung der Produktionskosten zurückzuführen sein.[1151] Allein die marktbeherrschende

1144 *EuGH*, Urt. v. 14.2.1978 – 27/76, Slg. 1978, 207, Rn. 248/257 – *United Brands;* siehe auch: *Bulst*, in: *Langen/Bunte*, Bd. 2/EU, 12. Aufl. (2014), Art. 102 AEUV Rn. 168.

1145 *EuGH*, Urt. v. 14.2.1978 – 27/76, Slg. 1978, 207, Rn. 248/257 – *United Brands.*

1146 *EuGH*, Urt. v. 14.2.1978 – 27/76, Slg. 1978, 207, Rn. 248/257 – *United Brands.*

1147 Vgl. *Eilmansberger/Bien*, in: MüKo WettbR, Bd. 1/EU, 2. Aufl. (2015), AEUV Art. 102 Rn. 210.

1148 *Europäische Kommission*, Ent. v. 23.7.2004, COMP/A.36.570/D3, Rn. 196 – *Sundbusserne/Port of Helsingborg; Kling/Thomas*, Kartellrecht, 2. Aufl. (2016), § 20 Rn. 99; *Bulst*, in: *Langen/Bunte*, Bd. 2/EU, 12. Aufl. (2014), AEUV Art 102 Rn. 165.

1149 Vgl. *Kuhn*, WuW 2006, 578 (588).

1150 Vgl. *Kuhn*, WuW 2006, 578 (591).

1151 *Kuhn*, WuW 2006, 578 (589).

Position eines Unternehmens untersagt diesem nicht, effizient zu arbeiten und seine Gewinnmargen zu steigern.[1152]

bb) Vergleichsmarktkonzept

Das sog. Vergleichsmarktkonzept wird von der Literatur überwiegend vertreten und von der kartellbehördlichen Praxis sowie in einzelnen Entscheidungen auch von der Rechtsprechung angewendet.[1153]

Entscheidender Ausgangspunkt des Vergleichsmarktkonzeptes ist die Feststellung und Zugrundelegung eines hypothetischen Preises, der sich bei wirksamem Wettbewerb wahrscheinlich auf dem relevanten Markt eingestellt hätte.[1154] Hier wird auch von einem sog. „Als-ob-Wettbewerb“[1155] gesprochen.[1156]

Im Rahmen dieser Methode wird zur Bildung eines Wettbewerbspreises ein Vergleich „auf einer einheitlichen Grundlage“[1157] zwischen den vom Marktbeherrscher geforderten Preisen mit den durch ihn selbst oder von Dritten verlangten Preisen für gleiche oder vergleichbare Waren auf anderen Märkten vorgenommen.[1158]

Von einem Missbrauch seitens des marktbeherrschenden Unternehmens kann ausgegangen werden, wenn seine Preise wesentlich über denen liegen, die auf den Vergleichsmärkten ermittelt wurden, es sei denn es kann eine Rechtfertigung aufgrund objektiver Gründe erfolgen. Solche Gründe können bspw.

1152 Vgl. auch *Kuhn*, WuW 2006, 578 (589 f.).

1153 *Emmerich*, in: *Dauses*, EU-WirtschaftsR, 36. EL. 2014, H. I. § 3 Rn. 70 f.; *Schröter/Bartl*, in: *von der Groeben/Schwarze/Hatje*, 7. Aufl. (2015), AEUV Art. 102 Rn. 197; *Kling/Thomas*, Kartellrecht, 2. Aufl. (2016), § 6 Rn. 102; *Fuchs/Möschel*, in: *Immenga/Mestmäcker*, EU/Teil 1, 5. Aufl. (2012), AEUV Art. 102 Rn. 180 ff.; *Eilmansberger/Bien*, in: MüKo WettbR, Bd. 1/EU, 2. Aufl. (2015), AEUV Art. 102 Rn. 223 ff.; *EuGH*, Urt. v. 13.7.1989 – 395/87, Slg. 1989, 2521 – *Tournier*; *BGH*, Beschl. v. 16.12.1976 – KVR 2/76, WuW/E BGH 1445 – *Valium*.

1154 *Fuchs/Möschel*, in: *Immenga/Mestmäcker*, EU/Teil 1, 5. Aufl. (2012), AEUV Art. 102 Rn. 180; *Schröter/Bartl*, in: *von der Groeben/Schwarze/Hatje*, 7. Aufl. (2015), AEUV Art. 102 Rn. 197; *Bulst*, in: *Langen/Bunte*, Bd. 2/EU, 12. Aufl. (2014), Art. 102 AEUV Rn. 168.

1155 *Fuchs/Möschel*, in: *Immenga/Mestmäcker*, EU/Teil 1, 5. Aufl. (2012), AEUV Art. 102 Rn. 180.

1156 *Fuchs/Möschel*, in: *Immenga/Mestmäcker*, EU/Teil 1, 5. Aufl. (2012), AEUV Art. 102 Rn. 180.

1157 *Deselaers*, in: *Grabitz/Hilf/Nettesheim*, 56. EL 2015, AEUV Art. 102 Rn. 399.

1158 *Deselaers*, in: *Grabitz/Hilf/Nettesheim*, 56. EL 2015, AEUV Art. 102 Rn. 399; *Bulst*, in: *Langen/Bunte*, Bd. 2/EU, 12. Aufl. (2014), Art. 102 AEUV Rn. 168 ff.

in unterschiedlichen Rohstoff- oder Produktionskosten oder Wettbewerbslagen liegen.[1159] Hervorzuheben ist, dass ein Verkaufspreis nicht automatisch unangemessen hoch ist, wenn er über dem des Vergleichsmarktes liegt. Vielmehr ist aufgrund der Unsicherheiten im Messverfahren eine starke oder eindeutige Preisüberhöhung erforderlich. Für die Frage, ab welchem Punkt dann eine solche überhöhte Preisforderung und damit ein möglicher Preismissbrauch vorliegt, existiert allerdings noch kein konkretes Richtmaß.[1160]

Zur Ermittlung der Preisniveaus kann zwischen verschiedenen Vergleichsmarktkonzepten, abhängig davon, welche anderen Preise als Vergleichsmaßstab fungieren, unterschieden werden.[1161] Als Vergleichsmärkte können räumlich, sachlich oder zeitlich vergleichbare Märkte herangezogen werden.[1162]

(1) Räumliches Vergleichsmarktkonzept

In der Praxis überwiegt die Anwendung des räumlichen (geographischen) Vergleichsmarktkonzeptes.[1163] Bei dieser Methode wird ein Vergleich zwischen dem vom Marktbeherrscher geforderten Preis und dem Preis für dieses oder ein vergleichbares Produkt auf anderen räumlichen Märkten vorgenommen.[1164] Innerhalb der Europäischen Union kann der Preis mit denen auf anderen Teilmärkten in der Union verglichen werden.[1165] Das Vergleichsmarktkonzept ist allerdings nicht auf das Gebiet der Union begrenzt.[1166]

Dabei ist hier ein Vergleich mit den Preisen vorzunehmen, die entweder vom marktbeherrschenden Unternehmen selbst (Vergleich mit eigenen Preisen) oder

---

1159 *Deselaers*, in: *Grabitz/Hilf/Nettesheim*, 56. EL 2015, AEUV Art. 102 Rn. 399.

1160 *Fuchs/Möschel*, in: *Immenga/Mestmäcker*, EU/Teil 1, 5. Aufl. (2012), AEUV Art. 102 Rn. 185; *Eilmansberger/Bien*, in: MüKo WettbR, Bd. 1/EU, 2. Aufl. (2015), AEUV Art. 102 Rn. 227 schlagen einen Mindestunterschied von 30% zwischen den ermittelten Preisen vor.

1161 *Emmerich*, in: *Dauses*, EU-WirtschaftsR, 36. EL 2014, H. I. § 3 Rn. 70.

1162 *Kling/Thomas*, Kartellrecht, 2. Aufl. (2015), § 6 Rn. 102; *Fuchs/Möschel*, in: *Immenga/Mestmäcker*, EU/Teil 1, 5. Aufl. (2012), AEUV Art. 102 Rn. 180.

1163 *Deselaers*, in: *Grabitz/Hilf/Nettesheim*, 56. EL 2015, AEUV Art. 102 Rn. 400; *Fuchs/Möschel*, in: *Immenga/Mestmäcker*, EU/Teil 1, 5. Aufl. (2012), AEUV Art. 102 Rn. 181; *Bulst*, in: *Langen/Bunte*, Bd. 2/EU, 12. Aufl. (2014), AEUV Art. 102 Rn. 171.

1164 *Schröter/Bartl*, in: *von der Groeben/Schwarze/Hatje*, 7. Aufl. (2015), AEUV Art. 102 Rn. 198; *Bulst*, in: *Langen/Bunte*, Bd. 2/EU, 12. Aufl. (2014), AEUV Art. 102 Rn. 170.

1165 *Fuchs/Möschel*, in: *Immenga/Mestmäcker*, EU/Teil 1, 5. Aufl. (2012), AEUV Art. 102 Rn. 181; *Schröter/Bartl*, in: *von der Groeben/Schwarze/Hatje*, 7. Aufl. (2015), AEUV Art. 102 Rn. 199.

1166 *Schröter/Bartl*, in: *von der Groeben/Schwarze/Hatje*, 7. Aufl. (2015), AEUV Art. 102 Rn. 199.

von Wettbewerbern (Vergleich mit Preisen Dritter) auf dem oder den räumlichen Vergleichsmarkt bzw. -märkten veranschlagt sind.[1167]

Dabei herrscht im Idealfall auf dem Vergleichsmarkt ein voll funktionierender Wettbewerb.[1168] Ausreichend ist aufgrund der jeweiligen historischen Analyse des Einzelfalls aber auch „eine höhere Wettbewerbsintensität“[1169] auf dem Vergleichsmarkt im Verhältnis zu dem vom beherrschenden Unternehmen dominierten Markt.[1170] Grundsätzlich ist zwar ein nicht beherrschter räumlicher Vergleichsmarkt zugrunde zu legen. Lässt sich ein solcher allerdings nicht ermitteln, kann auch auf einen von einem Wettbewerber beherrschten Markt zurückgegriffen werden.[1171] In einem solchen Fall ist ein Vergleich mit den vom marktbeherrschenden Wettbewerber auf dem geographischen Vergleichsmarkt geforderten Preis vorzunehmen.[1172]

Für das räumliche Vergleichsmarktkonzept hat der EuGH ausdrücklich anerkannt, dass von einem unangemessenen Preis auszugehen ist, wenn dieser erheblich über den Vergleichspreisen liegt und keine diesbezügliche Rechtfertigung erbracht werden kann.[1173] Der wesentlich höhere Preis in dem einen Gebiet im Vergleich zu den anderen „spricht […] für seinen missbräuchlichen Charakter.“[1174]

1167 *Eilmansberger/Bien*, in: MüKo WettbR, Bd. 1/EU, 2. Aufl. (2015), AEUV Art. 102 Rn. 226; *Deselaers*, in: *Grabitz/Hilf/Nettesheim*, 56. EL 2015, AEUV Art. 102 Rn. 400; *Kuhn*, WuW 2006, 578 (581); *Bulst*, in: *Langen/Bunte*, Bd. 2/EU, 12. Aufl. (2014), AEUV Art. 102 Rn. 170; *Schröter/Bartl*, in: *von der Groeben/Schwarze/Hatje*, 7. Aufl. (2015), AEUV Art. 102 Rn. 199.

1168 *Schröter/Bartl*, in: *von der Groeben/Schwarze/Hatje*, 7. Aufl. (2015), AEUV Art. 102 Rn. 197.

1169 *Fuchs/Möschel*, in: *Immenga/Mestmäcker*, EU/Teil 1, 5. Aufl. (2012), AEUV Art. 102 Rn. 181; *Schröter/Bartl*, in: *von der Groeben/Schwarze/Hatje*, 7. Aufl. (2015), AEUV Art. 102 Rn. 197.

1170 *Fuchs/Möschel*, in: *Immenga/Mestmäcker*, EU/Teil 1, 5. Aufl. (2012), AEUV Art. 102 Rn. 181.

1171 *Kuhn*, WuW 2006, 578 (580, 581); *Fuchs/Möschel*, in: *Immenga/Mestmäcker*, EU/Teil 1, 5. Aufl. (2012), AEUV Art. 102 Rn. 181.

1172 *Bulst*, in: *Langen/Bunte*, Bd. 2/EU, 12. Aufl. (2014), AEUV Art. 102 Rn. 170; *Deselaers*, in: *Grabitz/Hilf/Nettesheim*, 56. EL 2015, AEUV Art. 102 Rn. 400.

1173 *Bulst*, in: *Langen/Bunte*, Bd. 2/EU, 12. Aufl. (2014), AEUV Art. 102 Rn. 169; basierend auf *EuGH*, Urt. v. 13.7.1989 – verb. 110/88, 241/88 u. 242/88; Slg. 1989, 2811, Rn. 29 ff – *Lucazeua/SACEM*.

1174 *Schröter/Bartl*, in: *von der Groeben/Schwarze/Hatje*,7. Aufl. (2015), AEUV Art. 102 Rn. 199.

(2) Sachliches Vergleichsmarktkonzept

Bei dem sachlichen Vergleichsmarktkonzept hingegen wird ein Vergleich zwischen den Preisen des marktbeherrschenden Unternehmens zu den Preisen ähnlicher bzw. vergleichbarer, allerdings nicht austauschbarer Produkte gezogen.[1175]

In der Praxis hat dieser Ansatz bislang nur im Fall „British Leyland"[1176] Anwendung gefunden.[1177]

(3) Zeitliches Vergleichsmarktkonzept (Sockeltheorie)

Das zeitliche Vergleichsmarktkonzept legt dem Vergleich das Preisniveau zugrunde, welches auf demselben geographischen wie sachlichen Markt zu einem früheren Zeitpunkt vorlag.[1178] Dabei wird in der Regel auf den vom Marktbeherrscher früher selbst verlangten Preis abgestellt (Sockeltheorie).[1179]

Im Rahmen des zeitlichen Vergleichsmarktkonzeptes wird untersucht, ob eine derartige Preissteigerung „unter Berücksichtigung der auf die Unternehmen zugekommenen unvermeidbaren Mehrkosten bei wirksamem Wettbewerb"[1180] ebenfalls hätte durchgesetzt werden können.[1181]

Für einen Missbrauch kann das wesentliche Anheben von Preisen nach Marktausscheiden eines aggressiven Konkurrenten sprechen. Aber auch gleichbleibende Preise, die trotz wesentlicher Kosteneinsparungen weiter vom Marktbeherrscher verlangt werden, können einen Missbrauch darstellen.[1182]

1175 *Schröter/Bartl*, in: *von der Groeben/Schwarze/Hatje*, 7. Aufl. (2015), AEUV Art. 102 Rn. 198; *Fuchs/Möschel*, in: *Immenga/Mestmäcker*, EU/Teil 1, 5. Aufl. (2012), AEUV Art. 102 Rn. 183; *Bulst*, in: *Langen/Bunte*, Bd. 2/EU, 12. Aufl. (2014), AEUV Art. 102 Rn. 170; *Kuhn*, WuW 2006, 578, 580; vgl. auch ausführlich *Deselaers*, in: *Grabitz/Hilf/Nettesheim*, 56. EL 2015, AEUV Art. 102 Rn. 401.

1176 *EuGH*, Urt. v. 11.11.1986 - 226/84, Slg. 1986, 3297, 3303 ff. - *British Leyland*.

1177 *Schröter/Bartl*, in: *von der Groeben/Schwarze/Hatje*, 7. Aufl. (2015), AEUV Art. 102 Rn. 201; *Bulst*, in: *Langen/Bunte*, Bd. 2/EU, 12. Aufl. (2014), AEUV Art. 102 Rn. 171.

1178 *Bulst*, in: *Langen/Bunte*, Bd. 2/EU, 12. Aufl. (2014), AEUV Art. 102 Rn. 170; *Schröter/Bartl*, in: *von der Groeben/Schwarze/Hatje*, 7. Aufl. (2015), AEUV Art. 102 Rn. 198; *Kuhn*, WuW 2006, 578 (580).

1179 *Schröter/Bartl*, in: *von der Groeben/Schwarze/Hatje*, 7. Aufl. (2015), AEUV Art. 102 Rn. 198; *Fuchs/Möschel*, in: *Immenga/Mestmäcker*, EU/Teil 1, 5. Aufl. (2012), AEUV Art. 102 Rn. 184; *Deselaers*, in: *Grabitz/Hilf/Nettesheim*, 56. EL 2015, AEUV Art. 102 Rn. 405.

1180 *Fuchs/Möschel*, in: *Immenga/Mestmäcker*, EU/Teil 1, 5. Aufl. (2012), AEUV Art. 102 Rn. 184.

1181 *Fuchs/Möschel*, in: *Immenga/Mestmäcker*, EU/Teil 1, 5. Aufl. (2012), AEUV Art. 102 Rn. 184.

1182 *Deselaers*, in: *Grabitz/Hilf/Nettesheim*, 56. EL 2015, AEUV Art. 102 Rn. 405.

Ebenso wie das sachliche Vergleichsmarktkonzept wurde auch das zeitliche Vergleichsmarktkonzept bislang in der Praxis wenig berücksichtigt und fand lediglich im Fall „*British Leyland*" Anwendung.[1183]

(4) Kritik

Größtes Problem des Vergleichsmarktkonzeptes ist die Ermittlung von passenden vergleichbaren Märkten, wobei hier die grundsätzliche Frage der Vergleichbarkeit im Vordergrund steht.[1184] Denn der fragliche Markt und die Vergleichsmärkte sind nicht identisch und die zwischen ihnen bestehenden Unterschiede müssen Berücksichtigung finden.[1185] So sind die Voraussetzungen der Vergleichbarkeit nur gegeben, wenn die unterschiedlichen Faktoren zur Bestimmung des Preises „anhand objektiver Kriterien quantifiziert werden können".[1186]

So sind insbesondere beim räumlichen Vergleichsmarkt strukturelle Unterschiede durch Zu- oder Abschläge zu berücksichtigen.[1187] In der europäischen Praxis fehlt es allerdings an einem diesbezüglichen einheitlichen Konzept.[1188]

Neben strukturellen Unterschieden spielen auch Produkt-, Volumen- und Qualitätsunterschiede insbesondere beim sachlichen Vergleichsmarktkonzept eine Rolle.[1189] Dabei besteht das Problem des Ausgleichs von produktspezifischen Unterschieden.[1190] Unterschiedliche Preise auf dem relevanten Markt im

---

1183 *Eilmansberger/Bien*, in: MüKo WettbR, Bd. 1/EU, 2. Aufl. (2015), AEUV Art. 102 Rn. 225; *Bulst*, in: *Langen/Bunte*, Bd. 2/EU, 12. Aufl. (2014), AEUV Art. 102 Rn. 171; *Schröter/Bartl*, in: *von der Groeben/Schwarze/Hatje*, 7. Aufl. (2015), AEUV Art. 102 Rn. 201.

1184 *Fuchs/Möschel*, in: *Immenga/Mestmäcker*, EU/Teil 1, 5. Aufl. (2012), AEUV Art. 102 Rn. 181; *Kuhn*, WuW 2006, 578 (587); *Bulst*, in: *Langen/Bunte*, Bd. 2/EU, 12. Aufl. (2014), AEUV Art. 102 Rn. 168.

1185 *Kuhn*, WuW 2006, 578 (587).

1186 *Deselaers*, in: *Grabitz/Hilf/Nettesheim*, 56. EL 2015, AEUV Art. 102 Rn. 399.

1187 *Deselaers*, in: *Grabitz/Hilf/Nettesheim*, 56. EL 2015, AEUV Art. 102 Rn. 399; *Kuhn*, WuW 2006, 578 (587); *Fuchs/Möschel*, in: *Immenga/Mestmäcker*, EU/Teil 1, 5. Aufl. (2012), AEUV Art. 102 Rn. 181; *Kling/Thomas*, Kartellrecht, 2. Aufl. (2016), § 6 Rn. 102. *Schröter/Bartl* führen an, dass eine Korrektur des ermittelten Vergleichspreises durch Zu- oder Abschläge die Vergleichbarkeit nicht immer herstellen kann und dem Marktvergleich somit Grenzen gesetzt sind. *Schröter/Bartl*, in: *von der Groeben/Schwarze/Hatje*, 7. Aufl. (2015), AEUV Art. 102 Rn. 198.

1188 *Fuchs/Möschel*, in: *Immenga/Mestmäcker*, EU/Teil 1, 5. Aufl. (2012), AEUV Art. 102 Rn. 182; *Kling/Thomas*, Kartellrecht, 2. Aufl. (2016), § 6 Rn. 102.

1189 *Kuhn*, WuW 2006, 578 (587); *Fuchs/Möschel*, in: *Immenga/Mestmäcker*, EU/Teil 1, 5. Aufl. (2012), AEUV Art. 102 Rn. 183.

1190 *Fuchs/Möschel*, in: *Immenga/Mestmäcker*, EU/Teil 1, 5. Aufl. (2012), AEUV Art. 102 Rn. 183.

Verhältnis zum Vergleichsmarkt können unter Umständen gerechtfertigt und müssen somit nicht zwangsläufig missbräuchlich sein. So können hohe Preise unter Umständen das Resultat von Kapazitätsengpässen sein.[1191]

Schwierigkeiten bereitet auch der Vergleich mit den von Wettbewerbern geforderten Preisen aufgrund der nicht unüblichen Verhaltensweise der Wettbewerber, sich an die vom marktbeherrschenden Unternehmen veranschlagten Preise anzupassen (sog. Umbrella-Effekt).[1192] Hinzu kommen Unterschiede in den Kostenstrukturen des Marktbeherrschers und seiner Wettbewerber, die eine Vergleichbarkeit erschweren.[1193]

Zum Teil wird das Vergleichsmarktkonzept in der Literatur aufgrund der Problematik der Berücksichtigung der strukturellen Unterschiede grundsätzlich als unpraktikabel abgelehnt.[1194]

Gegen die Sockeltheorie wird eingewendet, dass hier ein Vergleich mit einem früheren Preis des marktbeherrschenden Unternehmens vorgenommen wird, der als gegeben akzeptiert wird. Dafür gebe es allerdings keinen Anlass in einer Wettbewerbsordnung.[1195]

cc) Konkurrenzpreiskonzept

Zum Teil wird der Vergleich der Preise des Marktbeherrschers mit den Preisen der Wettbewerbsunternehmen auf demselben räumlichen Markt als sog. Konkurrenzpreiskonzept bezeichnet.[1196] Darüber hinaus wird in der Literatur vorgeschlagen, das Konkurrenzpreiskonzept auch auf den Vergleich mit den Preisen von Wettbewerbern auf anderen räumlichen Märkten auszuweiten. Der Unterschied zum räumlichen Vergleichsmarktkonzept liege darin, dass die eigenen Produktpreise nicht als Referenzwerte herangezogen würden.[1197]

Unabhängig von der Einordnung als eigenes Konzept oder Teil des Vergleichsmarktkonzeptes sind hier dieselben Kritikpunkte einschlägig wie oben bereits dargestellt.[1198]

1191 *Kuhn*, WuW 2006, 578 (587).

1192 *Deselaers*, in: *Grabitz/Hilf/Nettesheim*, 56. EL 2015, AEUV Art. 102 Rn. 401; *Schröter/Bartl*, in: *von der Groeben/Schwarze/Hatje*, 7. Aufl. (2015), AEUV Art. 102 Rn. 202.

1193 *Deselaers*, in: *Grabitz/Hilf/Nettesheim*, 56. EL 2015, AEUV Art. 102 Rn. 401.

1194 *Emmerich*, in: *Dauses*, EU-WirtschaftsR, 36. EL. 2014, H. I. § 3 Rn. 70.

1195 *Emmerich*, in: *Dauses*, EU-WirtschaftsR, 36. EL. 2014, H. I. § 3 Rn. 70.

1196 *Kuhn*, WuW 2006, 578, 582; *Eilmansberger/Bien*, in: MüKo WettbR, Bd. 1/EU, 2. Aufl. (2015), AEUV Art. 102 Rn. 228.

1197 *Eilmansberger/Bien*, in: MüKo WettbR, Bd. 1/EU, 2. Aufl. (2015), AEUV Art. 102 Rn. 230.

1198 Vgl. auch *Kuhn*, WuW 2006, 578 (587).

dd) Gewinnvergleichskonzept

Eine weitere in der Literatur diskutierte Methode ist das sog. Gewinnvergleichskonzept.[1199] In diesem Verfahren wäre der Gewinn des Marktbeherrschers mit dem Gewinn seiner Wettbewerber auf demselben oder einem Vergleichsmarkt ins Verhältnis zu setzen. Ebenfalls kommt ein Vergleich des Gewinns des Marktbeherrschers mit einem von ihm selbst auf einem anderen Wettbewerbsmarkt erzielten Gewinn in Betracht.[1200]

Dieses Konzept ist das wohl komplexeste und aufwendigste und wurde in der europäischen Praxis bislang lediglich vom damaligen britischen OFT (Office of Fair Trading, heute CMA – Competition and Markets Authority) angewendet.[1201] Grundsätzlich ergeben sich bei dem Gewinnvergleichskonzept dieselben Probleme der Preis-Kosten-Analyse wie im Rahmen des Gewinnbegrenzungskonzeptes.[1202]

2. Besonderheiten im nationalen Recht, § 19 Abs. 2 Nr. 2/ Nr. 3 GWB

Nach der Vorschrift des § 19 Abs. 2 Nr. 2 GWB orientiert sich die Beurteilung der Missbräuchlichkeit des geforderten Preises an einem Abweichen der Höhe mit der von Vergleichspreisen, die sich bei wirksamen Wettbewerbsverhältnissen höchst wahrscheinlich einstellen würden. Prüfungsmaßstab im nationalen Recht ist auch hier ein hypothetischer Wettbewerb.[1203] Dabei ist die Bildung des „Als-ob-Wettbewerb[es]“[1204] laut Gesetz an bestehenden wirksamen Wettbewerbsverhältnissen auf vergleichbaren Märkten auszurichten.[1205]

1199 *Kuhn*, WuW 2006, 578 (585); *Eilmannsberger/Bien*, in: MüKo WettbR, Bd. 1/EU, 2. Aufl. (2015), AEUV Art. 102 Rn. 232.

1200 *Kuhn*, WuW 2006,578 (585); *Eilmannsberger/Bien*, in: MüKo WettbR, Bd. 1/EU, 2. Aufl. (2015), AEUV Art. 102 Rn. 232.

1201 *Eilmannsberger/Bien*, in: MüKo WettbR, Bd. 1/EU, 2. Aufl. (2015), AEUV Art. 102 Rn. 233; *Kuhn*, WuW 2006, 578 (585, 591).

1202 *Eilmannsberger/Bien*, in: MüKo WettbR, Bd. 1/EU, 2. Aufl. (2015), AEUV Art. 102 Rn. 232, *Kuhn*, WuW 2006, 578 (591).

1203 *Kling/Thomas*, Kartellrecht, 2. Aufl. (2016), § 20 Rn. 164.

1204 *Kling/Thomas*, Kartellrecht, 2. Aufl. (2016), § 20 Rn. 164; *Wolf*, in: MüKo WettbR, Bd. 2/GWB, 2. Aufl. (2015), § 19 Rn. 83.

1205 § 19 Abs. 2 Nr. 2 GWB; *Wolf*, in: MüKo WettbR, Bd. 2/GWB, 2. Aufl. (2015), § 19 Rn. 84.

Ebenso wie Art. 102 S. 2 lit. a AEUV ist § 19 Abs. 2 Nr. 2 GWB auf den Schutz der vertikalen Marktgegenseite wie Unternehmen auf vor- oder nachgelagerten Wirtschaftsstufen oder Verbraucher gerichtet.[1206]

Zwar verweist die Vorschrift des § 19 Abs. 2 Nr. 2 Hs. 2 GWB „insbesondere" auf das Vergleichsmarktkonzept, dies schließt allerdings die Möglichkeit der Hinzuziehung anderer Methoden zur Ermittlung des hypothetischen Vergleichspreises nicht aus.[1207] In der nationalen Kartellrechtspraxis hat bislang neben dem Vergleichsmarktkonzept unter anderem auch das Konzept der Gewinnspannenbegrenzung Anwendung gefunden.[1208] Daneben werden ebenfalls im nationalen Bereich das Abstellen auf Erlösvergleich oder Gewinnhöhen diskutiert.[1209]

Der Gesetzeswortlaut verweist dabei in Nr. 2 explizit auf das Verhalten anderer Unternehmen als Vergleichsmaßstab. Ein Vergleich mit den vom Unternehmen selbst geforderten Entgelten auf vergleichbaren Märkten ist in § 19 Abs. 2 Nr. 3 GWB, dem sog. Strukturmissbrauch, gesondert geregelt.[1210] Im Rahmen des § 19 Abs. 2 Nr. 3 GWB wird kein hypothetischer Preis ermittelt, sondern die Preise desselben Unternehmens abgeglichen und überprüft, ob eine nicht gerechtfertigte Preisspaltung vorliegt.[1211]

Auch wenn § 19 Abs. 2 Nr. 2 GWB im Gegensatz zum Gesetzeswortlaut des § 19 Abs. 2 Nr. 3 GWB keine ausdrückliche Möglichkeit einer sachlichen Rechtfertigung enthält, hat der BGH in seiner Rechtsprechung diese auch für Nr. 2 anerkannt.[1212] Im *Valium*-Beschluss[1213] stellt er klar, dass trotz erheblicher

---

1206 *Fuchs/Möschel*, in: *Immenga/Mestmäcker*, GWB/Teil 1, 5. Aufl. (2014), § 19 Rn. 246; *Kling/Thomas*, Kartellrecht, 2. Aufl. (2016), § 20 Rn. 162.

1207 *Fuchs*, in: *Immenga/Mestmäcker*, GWB/Teil 1, 5. Aufl. (2014), § 19 Rn. 260; *Kuhn*, WuW 2006, 578 (584); *Wolf*, in: MüKo WettbR, Bd. 2/GWB, 2. Aufl. (2015) § 19 Rn. 84; *Kling/Thomas*, Kartellrecht, 2. Aufl. (2016), § 20 Rn. 166;

1208 *Kling/Thomas*, Kartellrecht, 2. Aufl. (2016), § 20 Rn. 166; *Kuhn*, WuW 2006, 578 (584).

1209 *Fuchs/Möschel*, in: *Immenga/Mestmäcker*, GWB/Teil 1, 5. Aufl. (2014), § 19 Rn. 263.

1210 *Fuchs/Möschel*, in: *Immenga/Mestmäcker*, GWB/Teil 1, 5. Aufl. (2014), § 19 Rn. 266, 286 ff.

1211 *Fuchs/Möschel*, in: *Immenga/Mestmäcker*, GWB/Teil 1, 5. Aufl. (2014), § 19 Rn. 286.

1212 *Fuchs/Möschel*, in: *Immenga/Mestmäcker*, GWB/Teil 1, 5. Aufl. (2014), § 19 Rn. 278; kritisch *Nothdurf*: Eine mögliche Rechtfertigung sei nicht plausibel, wenn das Merkmal der Erheblichkeit für einen Preismissbrauch grundsätzlich vorausgesetzt wird. *Nothdurft*, in: *Langen/Bunte*, Bd. 1/GWB, 12. Aufl. (2014), § 19 Rn. 124 ff.; *Kling/Thomas*, Kartellrecht, 2. Aufl. (2016), § 20 Rn. 184; *Bechtold/Bosch*, GWB, 8. Aufl. (2015), § 19 GWB Rn. 56; *Wolf*, in: MüKo WettbR, Bd. 2/GWB, 2. Aufl. (2015), § 19 Rn. 125.

1213 *BGH*, Beschl. v. 16.12.1976 – KVR 2/76, WuW/E BGH 1445 – *Valium*.

Preisüberschreitung kein Missbrauch vorliegt, wenn die Preisgestaltung wirtschaftlich gerechtfertigt werden kann.[1214] Im Rahmen der Rechtfertigungsprüfung ist eine umfassende Interessenabwägung unter Berücksichtigung des Interesses der Allgemeinheit an einem freien Wettbewerb vorzunehmen.[1215]

Als Rechtfertigungsgründe kommen unter anderem individuelle Eigenschaften des Unternehmens, wie bspw. die Kostenlage oder die Zielsetzungen des Unternehmens, einen durch ein Patent erlangten Vorsprung kurz- oder längerfristiger auszuschöpfen, in Betracht.[1216]

Ebenso wie im europäischen Raum existiert auch auf nationaler Ebene bislang nur wenig Fallpraxis.[1217] Es kann hier auf die bereits oben besprochene grundsätzliche Kritik der Preiskontrolle verwiesen werden.[1218]

Da die grundsätzliche Konzeption der Methoden bereits im Rahmen des Art. 102 AEUV vorgestellt wurde, soll im weiteren Verlauf lediglich auf die Besonderheiten der nationalen Vorschriften und Anwendungspraxis in Abgrenzung zur europäischen Praxis eingegangen werden.

a) Vergleichsmarktkonzept

Im Rahmen des Vergleichsmarktkonzeptes wird überprüft, ob erhebliche Unterschiede zwischen dem fraglichen Preis und den auf vergleichbaren Märkten geforderten Preisen bestehen.[1219] Dabei wird auch im nationalen Raum zwischen räumlichen, sachlichen und zeitlichen Vergleichsmärkten unterschieden.[1220]

1214 *BGH*, Beschuss v. 16.12.1976, WuW/E BGH 1445, 1454 – *Valium*; *Fuchs/Möschel*, in: *Im menga/Mestmäcker*, GWB/Teil 1, 5. Aufl. (2014), § 19 Rn. 178.

1215 *Wolf*, in: MüKo WettbR, Bd. 2/GWB, 2. Aufl. (2015), § 19 Rn. 126; *Nothdurft*, in: *Langen/Bunte*, Bd. 1/GWB, 12. Aufl. (2014), § 19 Rn. 124; *Fuchs/Möschel*, in: *Immenga/Mestmäcker*, GWB/Teil 1, 5. Aufl. (2014), § 19 Rn. 278 u. 124.

1216 *Fuchs/Möschel*, in: *Immenga/Mestmäcker*, GWB/Teil 1, 5. Aufl. (2014), § 19 Rn. 279, wobei *Fuchs/Möschel* dabei betonen, dass „die Bedeutung dieses normativen Abwägungselements im Zusammenhang von Ausbeutungsmissbräuchen insgesamt niedriger zu veranschlagen [ist] als im Rahmen der Feststellung von Behinderungsmissbräuchen." (*Fuchs/Möschel*, in: *Immenga/Mestmäcker*, GWB/Teil 1, 5. Aufl. (2014), § 19 Rn. 279)

1217 Siehe *Fuchs/Möschel*, in: *Immenga/Mestmäcker*, GWB/Teil 1, 5. Aufl. (2014), § 19 Rn. 252.

1218 Vgl. zu § 19 GWB: *Fuchs/Möschel*, in: *Immenga/Mestmäcker*, GWB/Teil 1, 5. Aufl. (2014), § 19 Rn. 248 ff.

1219 *Kling/Thomas*, Kartellrecht, 2. Aufl. (2016), § 20 Rn. 167; *BGH*, Beschl. v. 16.12.1976 – KVR 2/76, WuW/E BGH 1445, 1454 – *Valium*.

1220 *Kling/Thomas*, Kartellrecht, 2. Aufl. (2016), § 20 Rn. 170.

Der BGH fordert in seiner Rechtsprechung eine „erhebliche Überschreitung“[1221] des ermittelten Vergleichspreises. Nur aus einer derartigen Differenz könne auf einen ungerechtfertigten Preis und dessen Durchsetzung aufgrund einer marktbeherrschenden Stellung geschlossen werden.[1222]

Das Problem der Vergleichbarkeit der herangezogenen Märkte wird auch im nationalen Raum mithilfe von Zu- und Abschlägen, hier aber im Vergleich zur europäischen Praxis mit einem einheitlicheren Konzept[1223], zu lösen versucht. Die Rechtsprechung des BGH hat diesbezüglich festgelegt, dass ausschließlich marktstrukturelle Unterschiede ausgeglichen werden sollen. Unerheblich und nicht durch Zu- oder Abschläge zu berücksichtigen sind hingegen individuelle Eigenschaften des Unternehmens, wie bspw. seine Größe oder Umsätze.[1224] Zusätzlich zu diesen Zuschlägen kann im Einzelfall noch ein sog. Sicherheitszuschlag erhoben werden, um Unsicherheiten der Vergleichsbasis auszugleichen.[1225]

b) Andere Konzepte

Die Methode der Gewinnspannenbegrenzung wurde seitens des BGH zwar anerkannt[1226] und vom Bundeskartellamt im Fall TEAG angewendet[1227], findet ansonsten in der nationalen Praxis allerdings kaum und, abgesehen von den genannten Fällen, wohl nur ergänzende Anwendung.[1228] Hinsichtlich der

---

1221 *BGH*, Beschl. v. 16.12.1976 – KVR 2/76, WuW/E BGH 1445, 1454 – *Valium.*

1222 *BGH*, Beschl. v. 16.12.1976 – KVR 2/76, WuW/E BGH 1445, 1454 – *Valium;* Beschl. v. 28.6.2005 – KVR 17/04, WuW/E DE-R 1513, 1519 – *Stadtwerke Mainz; Fuchs/Möschel*, in: *Immenga/Mestmäcker*, GWB/Teil 1, 5. Aufl. (2014), § 19 Rn. 275; *Kling/Thomas*, Kartellrecht, 2. Aufl. (2016), § 20 Rn. 168; kritisch: *Nothdurft*, in: *Langen/Bunte*, Bd. 1/GWB, 12. Aufl. (2014), § 19 Rn. 121.

1223 *Fuchs/Möschel*. in: *Immenga/Mestmäcker*, EU/Teil 1, 5. Aufl. (2012), AEUV Art. 102 Rn. 182; *dies.*, in: *Immenga/Mestmäcker*, GWB/Teil 1, 5. Aufl. (2014), § 19 Rn. 268.

1224 *BGH*, Beschl. v. 28.6.2005 – KVR 17/04, WuW/E DE-R 1513, 1518 – *Stadtwerke Mainz; Fuchs/Möschel*, in: *Immenga/Mestmäcker*, GWB/Teil 1, 5. Aufl. (2014) § 19 Rn. 268; *Kling/Thomas*, Kartellrecht, 2. Aufl. (2016), § 20 Rn. 174.

1225 *Wolf*, in: MüKo WettbR, Bd. 2/GWB, 2. Aufl. (2015), § 19 Rn. 106; *Kling/Thomas*, Kartellrecht, 2. Aufl. (2016), § 20 Rn. 175; *BGH*, Beschl. v. 28.6.2005 – KVR 17/04, WuW/E DE-R 1513, 1519 – *Stadtwerke Mainz.*

1226 *BGH*, Beschl. v. 15.5.2012 – KVR 51/11, WuW/E DE-R 3632, 3634 f. – *Wasserpreise Calw*; *Kling/Thomas*, Kartellrecht, 2. Aufl. (2016), § 20 Rn. 180.

1227 *BKartA*, Beschl. v. 14.2.2003 – B11 – 45/01, WuW/E DE-V 722, 725 f. – *TEAG.*

1228 *Kling/Thomas*, Kartellrecht, 2. Aufl. (2016), § 20 Rn 180, 183; vgl. auch *Fuchs/Möschel*, in: *Immenga/Mestmäcker*, GWB/Teil 1, 5. Aufl. (2014), § 19 Rn. 262.

Kritikpunkte der Gewinnspannenbegrenzungsmethode kann auf die im Rahmen des Art. 102 AEUV ausgeführten verwiesen werden.

Eine weitere Methode ist das Kostenanalyseverfahren bzw. die Kostenkontrolle, nach der ein Vergleich nicht basierend auf den Preisen, sondern basierend auf den Kosten vorgenommen wird, um den hypothetischen Wettbewerbspreis zu ermitteln.[1229] Problematisch an dieser Methode ist, „dass die Preisbestandteile nicht über den Markt beobachtbar sind"[1230] und daher eher bei Märkten angewendet werden können, deren Einkaufspreise gut nachvollzogen werden können und solchen mit einem hohen Anteil an „standardisierten technischen Voraussetzungen"[1231].[1232] Das Kostenanalyseverfahren deckt sich mit dem Konzept der Gewinnspannenbegrenzung, wenn ausschließlich auf die unter wirksamen Wettbewerbsbedingungen hypothetisch entstehenden Soll-Kosten Bezug genommen wird und die tatsächlichen Ist-Kosten unberücksichtigt bleiben.[1233]

Daneben kommen als weitere Methoden der Vergleich der Erlöse oder ein Vergleich der Gewinne in Betracht.[1234]

c) *Erheblichkeitszuschlag*

Für die Erfüllung des Missbrauchstatbestandes des § 19 Abs. 2 Nr. GWB wird eine erhebliche Preisüberschreitung verlangt.[1235] Aus diesem Grund wird, neben den vorgenommenen Korrekturzuschlägen sowie dem eventuellen Sicherheitszuschlag, ein zusätzlicher Erheblichkeitszuschlag erhoben.[1236] In seinem Beschluss „*Stadtwerke Mainz*"[1237] führt der BGH aus, dass mithilfe des Erheblichkeitszuschlages gewährleistet werden soll, dass ein so großer Abstand zwischen dem

---

1229 *Wolf*, in: MüKo WettbR, Bd. 2/GWB, 2. Aufl. (2015), § 19 Rn. 108 ff; vgl. auch *Nothdurft*, in: *Langen/Bunte*, Bd. 1/GWB, 12. Aufl. (2014), § 19 Rn. 130.

1230 *Wolf*, in: MüKo WettbR, Bd. 2/GWB, 2. Aufl. (2015), § 19 Rn. 112.

1231 *Wolf*, in: MüKo WettbR, Bd. 2/GWB, 2. Aufl. (2015), § 19 Rn. 112.

1232 *Wolf*, in: MüKo WettbR, Bd. 2/GWB, 2. Aufl. (2015), § 19 Rn. 112.

1233 *Wolf*, in: MüKo WettbR, Bd. 2/GWB, 2. Aufl. (2015), § 19 Rn. 116.

1234 *Nothdurft*, in: *Langen/Bunte*, Bd. 1/GWB, 12. Aufl. (2014), § 19 Rn. 115, 116; *Fuchs/Möschel*, in: *Immenga/Mestmäcker*, GWB/Teil 1, 5. Aufl. (2014), § 19 Rn. 263;

1235 *Nothdurft*, in: *Langen/Bunte*, Bd. 1/GWB, 12. Aufl. (2014), § 19 Rn. 121.

1236 *Bechtold/Bosch*, § 19 GWB Rn. 61; *Wolf*, in: MüKo WettbR, Bd. 2/GWB, 2. Aufl. (2015), § 19 Rn. 106, 118 ff; *BGH*, Beschl. v. 28.6.2005 – KVR 17/04, WuW/E DE-R 1513, 1519 – *Stadtwerke Mainz;* Beschl. v. 15.5.2012 – KVR 51/11, WuW/E DE-R 3632, 3637 f. – *Wasserpreise Calw.*

1237 *BGH,* Beschl. v. 28.6.2005 – KVR 17/04, WuW/E DE-R 1513 – *Stadtwerke Mainz.*

betroffenen Wert (im Fall: Erlös) und dem Vergleichswert besteht, dass sich daraus eine Rechtfertigung des Unwerturteils ergibt.[1238]

Dabei betont der BGH zudem, dass auch in (natürlichen) Monopolsituationen ein solcher Zuschlag anzusetzen sei. Allerdings könne der Umstand eines natürlichen Monopols dahingehend Berücksichtigung finden, dass der Tatbestand des Missbrauchs bereits bei einem geringeren Zuschlag erfüllt sei, als unter normalen Marktbedingungen.[1239]

Bei der Ermittlung des Erheblichkeitszuschlags kann nach Auffassung des BGH eine Ausrichtung am Grad der Marktbeherrschung stattfinden.[1240] Eine feste Quote existiert allerdings nicht, vielmehr muss der Zuschlag im Einzelfall vom Tatrichter ermittelt werden.[1241] Bislang ist die Höhe des Zuschlags überwiegend zwischen 5% und 15% angesetzt worden.[1242]

3. *Preishöhenmissbrauch bei SEP-Lizenzgebühren*

Bspw. wurde für die Beurteilung der angemessenen Höhe von durch Urheberrechtsverwertungsgesellschaften erhobene Lizenzgebühren zum einen die kostenbezogene Methode diskutiert, in deren Rahmen die Höhe der Lizenzgebühr mit den Kosten des Lizenzgebers verglichen wird. Zum anderen wurde vorgeschlagen, die Bemessung eines hypothetischen Vergleichspreises durch Anwendung des Vergleichsmarktkonzeptes vorzunehmen.[1243] Der EuGH hat

---

1238 *BGH,* Beschl. v. 28.6.2005 – KVR 17/04, WuW/E DE-R 1513, 1519 – *Stadtwerke Mainz.*

1239 *BGH,* Beschl. v. 28.6.2005 – KVR 17/04, WuW/E DE-R 1513, 1519 – *Stadtwerke Mainz; Kling/Thomas,* Kartellrecht, 2. Aufl. (2016), § 20 Rn. 177; *Nothdurft,* in: *Langen/Bunte,* Bd. 1/GWB, 12. Aufl. (2014), § 19 GWB Rn. 121.

1240 *BGH,* Beschl. v. 28.6.2005 – KVR 17/04, WuW/E DE-R 1513, 1519 – *Stadtwerke Mainz; Nothdurft,* in: *Langen/Bunte,* Bd. 1/GWB, 12. Aufl. (2014) § 19 Rn. 121, 123; *Fuchs/Möschel,* in: *Immenga/Mestmäcker,* GWB/Teil 1, 5. Aufl. (2014), § 19 Rn. 277.

1241 *Nothdurft,* in: *Langen/Bunte,* Bd. 1/GWB, 12. Aufl. (2014), § 19 Rn. 123; *Fuchs/Möschel,* in: *Immenga/Mestmäcker,* GWB/Teil 1, 5. Aufl. (2014), § 19 Rn. 277; *Wolf,* in: MüKo WettbR, Bd. 2/GWB, 2. Aufl. (2015), § 19 Rn. 120 f; *Kling/Thomas,* Kartellrecht, 2. Aufl. (2016), § 20 Rn. 178.

1242 *Wolf,* in: MüKo WettbR, Bd. 2/GWB, 2. Aufl. (2015), § 19 Rn. 120; *OLG Düsseldorf,* Beschl. v. 17.3.2004 – VI-Kart 18/03 (V), WuW/E DE-R 1439 (1443) – *Stadtwerke Mainz; OLG Düsseldorf,* Beschl. v. 11.2.2004 – VI-Kart 4/03 (V), WuW/E DE-R 1239 (1246) – *TEAG; Kling/Thomas* leiten aus der TEAG-Entscheidung des OLG Düsseldorf einen Mindestabstand von 10% ab, *Kling/Thomas,* Kartellrecht, 2. Aufl. (2016), § 20 Rn. 178.

1243 *Fuchs/Möschel,* in: *Immenga/Mestmäcker,* EU/Teil 1, 5. Aufl. (2012), AEUV Art. 102 Rn. 196; *EuGH,* Urt. v. 13.7.1989 – 395/87, Slg. 1989, 2521, Rn. 69, 74 – *Tournier.*

sich für einen Vergleich mit den Gebühren anderer Verwertungsgesellschaften in anderen Mitgliedstaaten entschieden. In diesen Fällen neigt der EuGH eher zu einer Bejahung des Missbrauchstatbestandes, wenn die geforderten Lizenzgebühren nicht nur den Ausgleich für die Nutzungsrechte umfassen, sondern gleichzeitig durch einen hohen Anteil Verwaltungskosten der Urheberrechtsgesellschaft mitabgegolten werden.[1244] Differenzen zwischen den, in den verschiedenen Mitgliedstaaten, geforderten Tarifen können auf einen Missbrauch hindeuten.[1245] Die Vergleichbarkeit der Bemessungsgrundlage setzt allerdings voraus, dass nationale Besonderheiten herausgerechnet werden können. Eine objektive Rechtfertigung ist zudem möglich, wenn der Lizenzgeber nachweisen kann, dass „objektive und relevante Unterschiede bei der Wahrnehmung“[1246] der Rechte vorliegen.[1247] So kann sich die höhere Gebühr zum Beispiel aus einer stärken Kostenbelastung der Urheberrechtsverwertungsgesellschaften aufgrund von höheren Personal-und übrigen Verwaltungskosten ergeben.[1248]

Aufgrund der oben genannten grundsätzlichen Vorbehalte gegen eine Kontrolle der Preise durch ein Zurückgreifen auf den Missbrauchstatbestand des Art. 102 AEUV/ § 19 GWB haben sowohl die Kommission als auch die nationalen Gerichte insgesamt in wenigen Fällen eingegriffen und die Praxis zeichnet sich beim Preishöhenmissbrauch allgemein durch eher zurückhaltende Anwendung aus.[1249] So ist die Kommission überwiegend in Fällen aktiv geworden, in denen die Wettbewerbssituation durch das Vorliegen besonderer Rechte gekennzeichnet war und die Selbstheilungskräfte des Marktes somit eingeschränkt oder ausgeschlossen waren.[1250] Im Zusammenhang mit dem Innehaben besonderer,

---

1244 *Wolf*, in: MüKo WettbR, Bd. 1/EU, 2. Aufl. (2015), Einl. Rn. 1401; *EuGH*, Urt. v. 13.7.1989 – verb. 110/88, 241/88 u. 242/88; Slg. 1989, 2811, Rn. 25 ff. – *Lucazeua/ SACEM*; *EuGH*, Urt. v. 13.7.1989 – 395/87, Slg. 1989, 2521, Rn. 38 ff. – *Tournier*.

1245 *Wolf*, in: MüKo WettbR, Bd. 1/EU, 2. Aufl. (2015), Einl. Rn. 1401.

1246 *EuGH*, Urt. v. 13.7.1989 – 395/87, Slg. 1989, 2521, 2581 4. Leitsatz – *Tournier.*

1247 *Fuchs/Möschel*, in: *Immenga/Mestmäcker*, EU/Teil 1, 5. Aufl. (2012), AEUV Art. 102 Rn. 196; *EuGH*, Urt. v. 13.7.1989 – 395/87, Slg. 1989, 2521, 2581 4. Leitsatz – *Tournier.*

1248 *EuGH*, Urt. v. 13.7.1989 – 395/87, Slg. 1989, 2521, Rn. 42 – *Tournier; Wolf*, in: MüKo WettbR, Bd. 1/EU, 2. Aufl. (2015), Einl. Rn. 1401.

1249 *Eilmannsberger/Bien*, in: MüKo WettbR, Bd. 1/EU, 2. Aufl. (2015), AEUV Art. 102 Rn. 201.

1250 Vgl. *Eilsmannsberger/Bien*, in: MüKo WettbR, Bd. 1/EU, 2. Aufl. (2015), AEUV Art. 102 Rn. 201.

bspw. exklusiver Rechte, zeigt sich in der Praxis zudem eine strengere Ausgestaltung des Konzepts der Gewinnspannenbegrenzung.[1251]

Gerade im Standardisierungskontext besteht die Gefahr erhöhter Marktzutrittsschranken oder gar der Marktabschottung. Ein Einschreiten durch die kartellrechtliche Preismissbrauchskontrolle ist wie oben angesprochen angezeigt, wenn sich der Markt nicht mehr selbst regulieren kann. Jedoch sind bei der Beurteilung der (Un-)Angemessenheit der veranschlagten Lizenzgebühr nicht nur die Kosten der Innovationstätigkeit zu berücksichtigen, sondern auch die erfinderische Leistung selbst muss durch die Gewinnspanne in der Lizenzgebühr angemessen entlohnt werden, da sonst die Anreiz- und Belohnungsfunktion des Schutzrechts nicht erfüllt werden würde.

Von den vorgestellten Methoden zur Bestimmung der Unangemessenheit des Preises ist im SEP-Kontext die des Vergleichsmarktes zu bevorzugen. Die Heranziehung von geforderten Preisen auf vergleichbaren Märkten ermöglicht es am ehesten, einem vom Markt selbst bestimmten Preis am nächsten zu kommen und die mit der Preismissbrauchskontrolle zusammenhängende Gefahr der externen Preisfestsetzung zu minimieren. Vergleichbare Märkte spiegeln den Wert der Leistung auf diesen durch einen vom Wettbewerb gesetzten Preis wider und ermöglichen eine Einschätzung, in welchem Rahmen sich die fragliche Lizenzgebühr bewegen sollte. Dies heißt nicht, dass eine Ausschöpfung oder Überschreitung des Rahmens der Vergleichsmärkte zwangsläufig einen Missbrauch zur Folge hat, kann allerdings als erstes Indiz für einen solchen gewertet werden und erfordert daran anschließend eine genaue Einzelfallbetrachtung hinsichtlich einer möglichen Rechtfertigung.

Im FRAND-Kontext stellt sich in diesem Zusammenhang die Frage, ob an das Erfordernis der „wesentlichen“ oder „erheblichen“ Überschreitung ein anderer Maßstab anzusetzen ist.

II. Einfluss der FRAND-Erklärung – Verschiebung des Preismissbrauchsmaßstabes?

In der Literatur wird zum Teil die Auffassung vertreten, dass im Falle überhöhter FRAND-Lizenzgebühren ein geringerer als der in Art. 102 lit. a AEUV geforderte Maßstab anzusetzen sei.[1252] Mit Bezug auf die seitens der Kommission in

---

1251 *Eilmansberger/Bien*, in: MüKo WettbR, Bd. 1/EU, 2. Aufl. (2015), AEUV Art. 102 Rn. 205 f; 221.

1252 *Körber*, Standardessentielle Patente, 2013, S. 82. Erläuterung von *Körber* hier im Zusammenhang mit den Voraussetzungen für eine kartellrechtliche Zwangslizenz.

den Horizontalleitlinien betonte Gewährleistung des Zugangs zur Norm durch eine FRAND-Selbstverpflichtungserklärung[1253] stehe die Vermeidung eines Behinderungsmissbrauchs gem. Art. 102 lit. b AEUV und die Ermöglichung des Wettbewerbs auf dem nachgelagerten Markt im Vordergrund.[1254] So könne eine Lizenzgebühr, die den FRAND-Rahmen überschreitet, zwar aufgrund mangelnder eindeutiger Preisüberhöhung nicht unter den Ausbeutungsmissbrauch des Art. 102 lit. a AEUV fallen, jedoch nach Art. 102 lit. b AEUV den Tatbestand des Behinderungsmissbrauchs erfüllen.[1255] Entscheidend bei der Beurteilung der angemessenen Höhe der Lizenzgebühr sei vielmehr der FRAND-Maßstab und nicht die eindeutige Preisüberhöhung. Die Erfüllung des Art. 102 lit. a AEUV könne allerdings „zusätzlich" hinzutreten.[1256]

Bei FRAND-Lizenzgebühren ist vor allem entscheidend, dass für jeden Dritten die Möglichkeit besteht, Lizenzen zu erwerben, um auf dem Markt tätig werden zu können. Die Lizenzsucher sollen nicht durch überhöhte Gebühren davon abgehalten werden. Aufgrund der Standardessentialität des Schutzrechtes, bei einer auf dem Markt etablierten Norm ohne die Option auf andere Technologien auszuweichen, müssen der Lizenzgebühr durch den FRAND-Maßstab Grenzen gesetzt werden. Die Besonderheiten des Standardisierungskontextes unter Beteiligung von Schutzrechten erfordern eine solche Anpassung des Preismissbrauchsmaßstabes.

Danach kommt der FRAND-Erklärung im kartellrechtlichen Zusammenhang dahingehend eine eigenständige Bedeutung zu, dass sie einen zusätzlichen Maßstab vorgibt. So ist es denkbar, dass die Lizenzgebühr für ein standardessentielles Patent, die von einem SEP-Inhaber nach Abgabe einer FRAND-Erklärung erhoben wird, den Missbrauchstatbestand nach Art. 102 AEUV/ § 19 GWB bereits erfüllt, während eine Gebühr in derselben Höhe für ein nicht wesentliches Schutzrecht eventuell noch nicht als missbräuchlich einzustufen ist.

Die Abgabe der freiwilligen Erklärung, Lizenzen zu fairen, angemessenen und nicht-diskriminierenden Bedingungen zu erteilen, schränkt die Freiheit des SEP-Inhabers, die Gebührenhöhe festzulegen, somit zusätzlich zu den bestehenden kartellrechtlichen Grenzen materiell ein.[1257] Der zunächst eröffnete weitere

1253 *Kommission*, Horizontalleitlinien, 2011, Rz. 285.

1254 *Körber*, Standardessentielle Patente, 2013, S. 81.

1255 *Körber*, Standardessentielle Patente, 2013, S. 81.

1256 *Körber*, Standardessentielle Patente, 2013 S. 82.

1257 *Loest/Bartlik*, ZWeR 2008, 41 (52 f.); *Maaßen* geht von einer Bindung des SEP-Inhabers an objektive Kriterien wie bspw. Tabellen mit üblichen Gebührensätzen aus, *Maaßen*, Normung, 2006, S 322 Rn. 768.

Rahmen für höhere Gebührenforderungen bei Lizenzen (s.o.) wird hier wiederum aufgrund der Implementierung des Schutzrechts in einen Standard eingeschränkt und angepasst.

Insgesamt erscheint die Zuordnung zum Ausbeutungs- und/oder Behinderungsmissbrauch nicht entscheidend, sondern vielmehr dogmatischer Natur, wenn man davon ausgeht, dass in FRAND-Fällen ein geringerer Maßstab als beim grundsätzlichen Ausbeutungsmissbrauch anzusetzen ist. Darüber hinaus besteht neben diesen beiden Varianten zudem noch die Möglichkeit des Eingreifens der Generalklausel.

Diese Einschränkung des Schutzrechtsinhabers in der Bemessung der Lizenzgebührenhöhe erscheint auch sachgerecht, da der Lizenzinhaber im Gegenzug für die Abgabe der FRAND-Erklärung sein Patent in einen Standard integrieren kann und die FRAND-Erklärung freiwillig abgegeben wird. Der SEP-Inhaber muss sein Patent zudem nicht erst am Markt etablieren (bspw. durch Werbung).[1258]

Lizenzgebühren im FRAND-Kontext liegen somit aufgrund des in diesem Rahmen anzusetzenden geringeren Spielraums bei der Gebührenhöhe im Grenzbereich des Ausbeutungs- und Behinderungsmissbrauchs.

III. Begrenzung der Lizenzgebührenhöhe auf den Patentlohn

Dass der SEP-Inhaber nicht frei in der Festlegung der Lizenzgebührenhöhe ist, zeigt sich auch bei der sich anschließenden Frage, inwieweit der SEP-Inhaber Anspruch auf den durch die Aufnahme in einen Standard erfolgten Wertzuwachs seines Patentes hat.[1259] Der Wertzuwachs ist nicht das Ergebnis erfolgreicher Innovationstätigkeit, sondern begründet sich allein auf der im Rahmen des Normierungsprozesses getroffenen Entscheidung. Es ist daher zwischen dem eigentlichen, wirklichen Wert des Patentes und dem strategischen Wert, den das Patent durch die Standardisierung erlangt hat, zu differenzieren.[1260]

Grundsätzlich ist Sinn und Zweck der Verleihung eines Patentrechts die Honorierung der geleisteten erfinderischen Tätigkeit und Abgeltung der getätigten Investitionen. Im Rahmen der damit verbundenen Anreizfunktion wird dem Patentinhaber das Recht verliehen, sein Patent ausschließlich zu nutzen und anderen gegen Erhebung einer Gebühr Nutzungsrechte einzuräumen.

1258 *Maaßen*, Normung, 2006, S. 322 f. Rn. 768.

1259 *Müller*, Kollektive Normung, 2015, S. 179.

1260 *Müller*, Kollektive Normung, 2015, S. 179 f; *Körber*, Standardessentielle Patente, 2013, S. 86.

Allerdings wird durch die Standardisierung der grundsätzlich bestehende Substitutionswettbewerb ausgeschlossen, womit sich die Wettbewerbsbedingungen auf dem Markt erheblich ändern.[1261] Die zusätzliche Marktmacht des SEP-Inhabers ist aber nicht das Ergebnis eines, über konkurrierende Schutzrechte überlegenen Patentes, sondern basiert auf der Normierungsentscheidung der SSO.[1262] Vielmehr sollen „die im Netzwerk angelegten, über die Norm realisierten Externalitäten […] entsprechend dem Charakter der Norm als öffentliches Gut allen zustehen und unter gesamtwirtschaftlichen Gesichtspunkten von allen Normanwendern gleichermaßen für sich nutzbar gemacht werden können“[1263]. Es erscheint daher nicht sachgerecht, dem Patentinhaber einen zusätzlichen Lohn für den durch die Normierung zusätzlichen Wert seines Patents in Form einer höheren Lizenzgebühr zuzusprechen.[1264] Gegen einen zusätzlichen Normungslohn kann auch eingewendet werden, dass durch die Implementierung des Schutzrechts in einen Standard die Anzahl der Lizenznehmer steigen wird und regelmäßige Lizenzeinahmen gewährleistet sind.[1265]

Der Missbrauchstatbestand ist somit bereits dann erfüllt, wenn der SEP-Inhaber Lizenzgebühren fordert, die auch den normbedingten Wertzuwachs des Patents umfassen.[1266] Dies bedeutet für die Bemessung angemessener FRAND-Lizenzgebühren allerdings auch, dass eine Ermittlung des zusätzlichen Normwertes und des zugrundeliegenden Patentwertes überhaupt möglich ist, was in der Praxis mit Schwierigkeiten verbunden sein dürfte.[1267]

1261 Vgl. *Ullrich*, GRUR 2007, 817 (822).

1262 *Müller*, Kollektive Normung, 2015, S. 179 f.; *Ullrich*, GRUR 2007, 817 (822 f).

1263 *Ullrich*, GRUR 2007, 817 (822).

1264 *Müller*, Kollektive Normung, 2015, S. 180; *Heyers*, WRP 2014, 1253 (1256); *Burghartz*, Technische Standards, 2011, S. 153; *Hötte*, Die kartellrechtliche Zwangslizenz im Patentrecht, 2011, S. 124; *Körber*, Standardessentielle Patente, 2013, S. 84, 86; *Klees*, EWS 2008, 449 (454); a.A. *Weck*, NJOZ 2009, 1177 (1182, 1187).

1265 *Wolf*, in: MüKo WettbR, Bd. 1/EU, 2. Aufl. (2015), Einl., Rn. 1417; *Picht*, GRUR Int. 2014, 1 (10) bejaht den Missbrauchstatbestand bei Forderung des Standardmehrwertes im Rahmen der Fallgruppe der Forderung überhöhter Lizenzgebühren nach Nichtoffenlegung eines SEP.

1266 *Müller*, Kollektive Normung, 2015, S. 180; vgl. auch Fn. 187: *Picht*, GRUR Int. 2014, 1 (10).

1267 *Müller*, Kollektive Normung, 2015, S. 180; *Ullrich*, GRUR 2007, 817 (812).

IV. Vielzahl standardessentieller Patente

Insbesondere im IT-Bereich besteht die Problematik, dass häufig mehrere Patente wesentlich für einen einzelnen Standard sind und die Produkthersteller somit mehrere Lizenzen einholen müssen, um standardkonform produzieren zu können.

Dabei besteht zum einen die hold-up-Problematik[1268] und zum anderen die große Gefahr des sog. *royalty stacking*[1269], der Gebührenkumulation.[1270] Letzteres beschreibt den Fall der sich addierenden Gebühren für mehrere wesentliche Schutzrechte eines einzelnen Standards an verschiedene SEP-Inhaber.[1271] Um Kompatibilität mit älteren Produkten zu gewährleisten, können zudem noch Gebühren für den Vorgängerstandard anfallen.[1272] In diesem Zusammenhang können dann „multiple hold-up-Situationen"[1273] entstehen.[1274]

1. *Cross-Lizenzierung*

Zunächst besteht bei der Beteiligung mehrerer Schutzrechtsinhaber an einem Standard die Möglichkeit wechselseitiger Lizenzgewährungen (sog. cross-licensing).[1275] In einem solchen Fall vergeben sich die Patentinhaber gegenseitig Lizenzen an ihren technischen Schutzrechten.[1276] Diese Lizenzen sind gesondert von den Lizenzen der SEP-Inhaber an Standardnutzer zu betrachten, die über keine am Standard beteiligten Schutzrechte verfügen.[1277]

Kreuzlizenzverträge bergen allerdings wettbewerbliche Gefahren wie Preisabsprachen oder Marktaufteilung.[1278] Zudem können sie zur Ungleichbehandlung führen.[1279] Die Kommission sieht in ihren Technologietransferleitlinien die

---

1268 vgl. Kapitel 2 C. I.

1269 *Dorn*, Technische Standardisierung, 2014, S. 75.

1270 *Dorn*, Technische Standardisierung, 2014, S. 75; *Lemley/Shapiro*, 85 Texas L. Rev. 1991, 1992, 2009 (2007).

1271 *Dorn*, Technische Standardisierung, 2014, S. 75.

1272 *Dorn*, Technische Standardisierung, 2014, S. 77.

1273 *Dorn*, Technische Standardisierung, 2014, S. 77.

1274 *Dorn*, Technische Standardisierung, 2014, S. 77.

1275 *Picht*, Strategisches Verhalten, 2013, S. 533; *Wündisch/Bauer*, GRUR Int 2010, 641; *Tapia*, Industrial Property Rights, 2010, S. 198 Rn. 521.

1276 *Wündisch/Bauer*, GRUR Int 2010, 641 (642); *Tapia*, Industrial Property Rights, 2010, S. 198 Rn. 521.

1277 *Picht*, Strategisches Verhalten, 2013, S. 553.

1278 *Tapia*, Industrial Property Rights, 2010, S. 198 Rn. 522; *Wündisch/Bauer*, GRUR Int 2010, 641 (645).

1279 *Picht*, Strategisches Verhalten, 2013, S. 553.

Möglichkeit von wechselseitigen Lizenzen vor, betont aber, dass in solchen Fällen strengere kartellrechtliche Anforderungen zu stellen sind.[1280]

2. Patentpools

Zur Lösung der Problematik der Vielzahl standard-essentieller Patente bzw. Patentinhaber werden daher sog. Patentpools diskutiert.[1281] Bei einem solchen Pool werden die für einen Standard wesentlichen Schutzrechte von den jeweiligen SEP-Inhabern in einem Paket zusammengefasst, welches dann als Gesamtlizenzpaket an Dritte, nicht nur Poolmitglieder, lizenziert wird.[1282] Mit dieser Globallizenz erhält der Lizenznehmer alle wesentlichen Lizenzen auf einmal, um ein standardkonformes Produkt zu produzieren („*one stop shop licensing*").[1283] Grundvoraussetzung für einen funktionsfähigen Patentpool ist allerdings die Beteiligung aller SEP-Inhaber des jeweiligen Standards.[1284]

3. Lizenzgebührenobergrenze

Damit in Zusammenhang steht auch die Diskussion um die Einführung einer sog. Kappungs- oder Obergrenze der Gesamtlizenzgebühr aller Patente eines Standards.[1285] Im Rahmen einer solchen Grenze wird ex ante ein Betrag oder prozentualer Anteil festgesetzt, von dem die SEP-Inhaber einen jeweiligen Anteil erhalten.[1286] Dahinter steht die Idee, dass so eine Gebührenkumulation nach Standardsetzung vermieden werden könne.[1287]

Bspw. hat das Unternehmen Research in Motion (RIM) den Vorschlag gemacht, dass sich die Standardisierungsteilnehmer auf eine Gebührenobergrenze für einen Standard unabhängig von den einzelnen Lizenzierungsbedingungen der

---

1280 *Europäische Kommission*, Mitteilung der Kommission, Leitlinien zur Anwendbarkeit von Artikel 101 des Vertrags über die Arbeitsweise der Europäischen Union auf Technologietransfer-Vereinbarungen, Abl. C 89 v. 28.3.2014 (2014/C 98/03), Rz. 98, 100 (im Folgenden *Kommission*, TT-Leitlinien, 2004).

1281 *Fröhlich*, GRUR 2008, 205 (216), *Dorn*, Technische Standardisierung, 2014, S. 178.

1282 *Fröhlich*, GRUR 2008, 205 (216), *Dorn*, Technische Standardisierung, 2014, S. 178.

1283 *Dorn*, Technische Standardisierung, 2014, S. 178; vgl. auch *Tapia*, Industrial Property Rights, 2010, S. 198 f. Rn. 523

1284 *Dorn*, Technische Standardisierung, 2014, S. 178.

1285 *Tapia*, Industrial Property Rights, 2010, S. 165 ff.; *Geradin/Rato*, 3 ECJ 101, 138 ff. (2007); *LG Düsseldorf*, Urt. v. 11.09.2008 - 4a O 81/07, NJOZ 2009, 930 – *MEPG2-Standard-Lizenzvertrag*.

1286 *Fröhlich*, GRUR 2008, 205 (215).

1287 *Tapia*, Industrial Property Rights, 2010, S. 165 Rn. 442.

SEP-Inhaber einigen könnten.[1288] Diese Idee wurde von Seiten der Kommission so interpretiert, dass es sich um eine ex ante prozentuale Obergrenze der Umsätze des Lizenznehmers handele, die unter den SEP-Inhabern gleichmäßig aufgeteilt wird. Dies würde bspw. bei einer Obergrenze von 6% und 3 Inhabern wesentlicher Schutzrechte bedeuten, dass jeder von ihnen 2% erhielte.[1289]

Kritisiert wird an diesem Ansatz, dass es dadurch zu einer Einschränkung der positiven Wettbewerbsauswirkungen des „pure ex ante regime"[1290], insbesondere hinsichtlich des Preiswettbewerbs komme, da die Schutzrechtsinhaber bereits im Voraus die Gebühr ihres wesentlichen Patentes festlegen können.[1291]

Zudem könne die Ausgangslage der SEP hinsichtlich der Bedeutung der Lizenzgebühren unterschiedlich sein. So könnten vertikal integrierte Unternehmen niedrigere Gebühren ansetzen, da sie noch auf dem nachgelagerten Produktmarkt Gewinne generieren können. Diese Möglichkeit bestehe für Unternehmen, die ausschließlich auf dem Lizenzmarkt tätig sind, nicht, sodass für sie eine höhere Bedeutung der Lizenzgebühr bestehe.[1292]

Daneben könne es zu einer Benachteiligung von Unternehmen kommen, die ausschließlich auf dem Produktmarkt tätig sind. Dies ist der Fall, wenn die SEPs von mehreren vertikal integrierten Unternehmen ohne Beteiligung eines nur auf dem Lizenzmarkt tätigen Unternehmens gehalten werden, da sie durch Steigerung der Lizenzgebühren ihre gegenseitigen Kosten erhöhen können. Dadurch könnten Unternehmen, die ausschließlich auf dem nachgelagerten Markt tätig sind, verdrängt werden. Liegen hingegen zwei konkurrierende Technologien für einen Standard vor und am Standardisierungsprozess sind Unternehmen beteiligt, die lediglich auf dem Produktmarkt tätig sind, überwiegt hier ihr Interesse an möglichst geringen Lizenzkosten und die Einführung einer Kappungsgrenze sei unnötig.[1293]

Insgesamt würden so insbesondere innovative Unternehmen, die ausschließlich auf dem Lizenzmarkt agieren, durch Kappungsgrenzen benachteiligt werden. Es käme nur für auf dem Herstellungsmarkt agierende Unternehmen zu einer Begünstigung, vertikal integrierte Unternehmen würden hiervon nicht

---

1288 *Tapia*, Industrial Property Rights, 2010, S. 165 Rn. 442.
1289 *Tapia*, Industrial Property Rights, 2010, S. 165 Rn. 443.
1290 *Tapia*, Industrial Property Rights, 2010, S. 165 Rn. 443.
1291 *Tapia*, Industrial Property Rights, 2010, S. 165 Rn. 443.
1292 *Geradin/Rato*, 3 ECJ 101, 138 f. (2007).
1293 *Geradin/Rato*, 3 ECJ 101, 138 f. (2007).

erreicht und der Innovationsanreiz für ausschließlich auf dem Lizenzmarkt tätige Unternehmen würde geschmälert.[1294]

Die vorgeschlagene Methode werde zudem der Tatsache nicht gerecht, dass nicht alle SEPs gleichbedeutende Wertbeiträge zu einem Standard leisten.[1295]

Liege jedoch eine Bindung des Anteils der Lizenzgebühr abhängig vom Patentbeitrag zum Standard vor, bestehe die nachfolgende Problematik der Allokation, insbesondere da sich der Wert eines Patentes ändern kann.[1296] So wird „royalty allocation"[1297] zum Teil im Standardisierungskontext für grundsätzlich ungeeignet gehalten.[1298]

Befürwortet wird die Festlegung einer Kappungsgrenze allerdings gerade auch für Unternehmen von kleinerer und mittlerer Größe. Hier sei sie von Vorteil, da es deren Verhandlungsposition stärke und den Marktzugang erleichterte. Allerdings sei eine quantitative Allokation, wie sie die Kommission vorgeschlagen habe, abzulehnen, da von einer solchen Verteilung lediglich Unternehmen mit großen Patentportfolios profitieren. Vielmehr biete sich eine qualitative Verteilung abhängig von der Bedeutung des Schutzrechts für den Standard an. Die Lizenzgebührenfestlegung solle nach RIM im Rahmen bilateraler Verhandlungen der Parteien stattfinden.[1299]

Das LG Düsseldorf hat in seiner Entscheidung MPE2-Standard-Lizenzvertrag[1300] betont, dass eine Kappungsgrenze zumindest in den Fällen kartellrechtlich notwendig sei, in denen gerade keine Poollizenzen eingeholt werden können und dadurch die Gefahr der Gebührenkumulation durch die notwendige Aufnahme mehrerer Einzellizenzen besteht.[1301]

Grundsätzlich kann mittels einer festgesetzten Obergrenze eine Kumulation der erhobenen Lizenzgebühren vermieden werden. Wichtig bei der Festlegung einer Gesamtlizenzgebühr ist jedenfalls, dass diese nicht statisch ausgestaltet ist,

---

1294 *Geradin/Rato*, 3 ECJ 101, 138 f. (2007).

1295 *Geradin/Rato*, 3 ECJ 101, 138 f. (2007).

1296 *Geradin/Rato*, 3 ECJ 101, 140 (2007).

1297 *Geradin/Rato*, 3 ECJ 101, 140 (2007).

1298 *Geradin/Rato*, 3 ECJ 101, 140 (2007).

1299 *Tapia*, Industrial Property Rights, 2010, S. 165 f. Tapia verweist aber darauf, dass noch ungeklärt ist, wie eine solche Vorgehensweise in der Praxis mit Art. 101 AEUV zu vereinbaren ist. (*Tapia*, Industrial Property Rights, 2010, S. 166 Rn. 447.)

1300 *LG Düsseldorf*, Urt. v. 11.09.2008 - 4a O 81/07, NJOZ 2009, 930 – *MEPG2-Standard-Lizenzvertrag.*

1301 *LG Düsseldorf*, Urt. v. 11.9. 2008 - 4a O 81/07, NJOZ 2009, 930 (949 f.) – *MPEG2-Standard-Lizenzvertrag.*

damit eine Anpassung im Rahmen der folgenden Entwicklung, wie bspw. die Änderung der Zahl der SEP, berücksichtigt werden kann.[1302]

V. Zusammenfassung

Der Patentinhaber muss bei der Erhebung der Lizenzgebühren für sein standard-essentielles Patent nicht nur die kartellrechtlichen Vorgaben der Preismissbrauchsaufsicht nach Art. 102 S. 2 lit. a AEUV bzw. § 19 Abs. 2 Nr. 2 GWB berücksichtigen, sondern er hat sich durch die Abgabe einer FRAND-Erklärung verpflichtet, den Maßstab fairer, angemessener und nicht-diskriminierender Lizenzierung einzuhalten. Konsequenz dessen ist auch, dass zu den kartellrechtlichen Regelungen der Preismissbrauchsaufsicht ein Maßstab der angemessenen Gebührenhöhe kommt, indem diese sozusagen „FRAND-angemessen" sein muss. Das bedeutet, dass keine erhebliche Überschreitung bzw. eindeutige Preisüberhöhung[1303] zur Bejahung des Missbrauchstatbestandes aufgrund überhöhter Lizenzgebührenforderungen notwendig ist. Diese niedrige Schwelle besteht zum einen im Rahmen des kartellrechtlichen Preismissbrauchs und ist das Ergebnis der Besonderheiten des Kontextes standardessentieller Patente. Die besondere FRAND-Gebührenschwelle ist allerdings auch bei dem vertraglichen Anspruch des Lizenzsuchers auf FRAND-angemessene Lizenzgebühren aus der Selbstverpflichtungserklärung zu berücksichtigen.

Die kartellrechtliche Beurteilung angemessener Lizenzgebühren liegt im Bereich des Ausbeutungs- und Behinderungsmissbrauchs bzw. der Anwendung der Generalklausel. Daraus resultiert wiederum die Notwendigkeit, eigene Methoden der Bemessung angemessener Lizenzgebühren zu entwerfen oder die oben geschilderten grundsätzlichen Methoden der Preismissbrauchsaufsicht an die besondere Situation und Gegebenheiten der Standardisierungssituation im Zusammenhang mit dem Vorliegen einer FRAND-Erklärung des Lizenzinhabers anzupassen. Dabei müssen insbesondere die Gefahren aufgrund der immer häufigeren Konstellation einer Vielzahl wesentlicher Patente für einen Standard berücksichtigt werden.

1302 *Dorn*, Technische Standardisierung, 2014, S. 174; *Körber*, Standardessentielle Patente, 2013, S. 98.

1303 Vgl. *Körber*, Standardessentielle Patente, 2013, S. 82.

B. Konzepte zur Bestimmung von FRAND-Lizenzgebühren

Insbesondere in der Literatur, aber auch in der Praxis sind verschiedene Methoden zur Bestimmung angemessener FRAND-Lizenzgebühren entwickelt und diskutiert worden.[1304]

Die Angemessenheit der Gebührenhöhe für FRAND-Lizenzen ist stark von den individuellen Bedingungen der Beteiligten, dem jeweiligen Normierungskontext sowie dem betreffenden Wirtschaftssektor abhängig und kann demnach stark variieren. Was in dem einen Fall FRAND ist, überschreitet eventuell in einem anderen Kontext bereits den FRAND-Maßstab.[1305]

Dies führt zu einem grundlegenden Problem bei FRAND, denn die Praxis zeigt, dass die Notwendigkeit konkretisierender Begriffsdefinitionen besteht. Eine Konkretisierung steht jedoch wiederum in einem Spannungsverhältnis zur Einzelfallbezogenheit, denn eine abstrakte und allgemeine Bestimmung der Angemessenheit der Höhe von FRAND-Lizenzgebühren ohne Raum für die Gegebenheiten des Einzelfalls ist nicht zu befürworten.[1306] Vielmehr besteht der Bedarf nach allgemeinen Kriterien, die im Einzelfall der individuellen Vertragsverhandlungen zwischen den Parteien von diesen oder seitens der Kartellbehörden oder Gerichte herangezogen werden können. Gleichzeitig können solche Kriterien einen verbindlichen und abgesteckten Rahmen dessen, was FRAND allgemein und im Besonderen für die Höhe der Lizenzgebühr bedeutet, vorgeben.[1307] Auch die Kommission betont, dass weitergehende Definitionen der Maßstäbe fair, angemessen und nicht-diskriminierend möglich sind, allerdings zu beachten sei, dass „*FRAND determinations are inherently fact and case-specific.*“[1308] So lassen auch die in der Praxis diskutierten Konzepte Raum für die konkrete, einzelfallbezogene Festlegung der Höhe der jeweiligen Lizenzgebühr und „[verfolgen] nicht die Absicht, eine fixe Lizenzgebührenhöhe exogen vorzugeben.“[1309]

1304 Vgl. statt vieler *Körber*, Standardessentielle Patente, 2013, S. 84.

1305 *Picht*, Strategisches Verhalten, 2013, S. 528; *Dorn*, Technische Standardisierung, 2014, S. 116.

1306 *Körber*, Standardessentielle Patente, 2013, S. 82; *Dorn*, Technische Standardisierung, 2014, S. 116; *Picht*, Strategisches Verhalten, 2013, S. 451.

1307 *Körber*, Standardessentielle Patente, 2013, S. 83.

1308 ECSIP, Final Report, 2014, S. 189.

1309 *Dorn*, Technische Standardisierung, 2014, S. 127.

Bei der Untersuchung der angemessenen FRAND-Lizenzgebühr ist zwischen der Methode zur Ermittlung des Lizenzgebührensatzes und der Bezugsgröße als Berechnungsgrundlage zu differenzieren.[1310]

I. Europäische Kommission

Die Europäische Kommission selbst hat das Thema der angemessenen FRAND-Lizenzgebühr in den Horizontalleitlinien angesprochen. Darüber hinaus wird die Problematik in mehreren für die Kommission erstellten Veröffentlichungen thematisiert. So hat sich die Kommission selbst in einer Mitteilung zur Frage des Umgangs mit standardessentiellen Patenten geäußert.

1. Horizontalleitlinien

In ihren 2011 veröffentlichten Horizontalleitlinien nennt die Europäische Kommission mehrere mögliche Prüfungsmethoden zur Klärung der Frage, ob ein angemessenes Verhältnis der Gebühren zum wirtschaftlichen Wert der Schutzrechte und damit angemessene Lizenzgebühren vorliegen. Die Kommission bezieht sich dabei auf die Rechtsprechung des EuGH in den Fällen *United Brands*[1311] und *Der Grüne Punkt*[1312].[1313]

Bezüglich der Prüfungsmethode lehnt die Kommission allerdings die vom EuGH im Fall *United Brands* angewendete kostenbezogene Methode ab. Im Kontext der Normierung sei eine Schätzung der Kosten, die im Zusammenhang mit Patententwicklungen entstünden, schwierig.[1314]

Vielmehr bevorzugt die Kommission einen Vergleich der ex-ante Lizenzgebühren, d.h. der Gebühren, die vor Normbindung der Branche vom fraglichen Unternehmen erhoben wurden, mit denen, die ex-post, somit nach Bindung, verlangt werden. Diese Methode verlange aber, „dass der Vergleich in kohärenter und verlässlicher Weise vorgenommen werden kann“[1315].

Möglich wäre zudem die Einholung eines unabhängigen Expertengutachtens. Im Rahmen dieses Gutachtens würde eine Untersuchung über den objektiven

1310 Vgl. *Körber*, Standardessentielle Patente, 2013, S. 87.

1311 *EuGH*, Urt. v. 14.02.1978 – 27/76, Slg. 1978, 207 - *United Brands.*

1312 *EuGH*, Urt. v. 16.7.2009 – C-385/07 P, Slg. 2009, I-6219 – *Der Grüne Punkt-Duales System Deutschland.*

1313 *Kommission*, Horizontalleitlinien, 2011, Rz. 289. Siehe dazu auch Kapitel 4 A. I.

1314 *Kommission*, Horizontalleitlinien, 2011, Rz. 289; siehe auch *Müller*, Kollektive Normung, 2015, S. 178 f.

1315 *Kommission*, Horizontalleitlinien, 2011, Rz. 289.

Stellenwert des Schutzrechts und die Frage, inwieweit dieses für die fragliche Norm notwendig ist, erfolgen.[1316]

Des Weiteren könne im Falle vergleichbarer Standards, in denen dasselbe Schutzrecht implementiert ist, eine Orientierung an den in diesen Fällen geforderten Lizenzgebühren stattfinden.[1317]

Die Kommission betont allerdings, dass die von ihr genannten Methoden nicht abschließender Natur seien[1318] und hebt hervor, dass den Parteien zudem die Möglichkeit der Anrufung der nationalen Zivil- und Handelsgerichte offenstehe.[1319]

2. ECSIP Consortium study: Patents and Standards

Das Europäische Konsortium für nachhaltige Industriepolitik (ECSIP – European Competitiveness und Sustainable Industrial Policy Consortium) hat 2014 den Bericht „Patents and Standards – A modern framework for IPR-based standardization"[1320] veröffentlicht.[1321] In dem für die Europäische Kommission angefertigten Report wird dafür plädiert, dass eine nähere Konkretisierung der FRAND-Lizenzierungsbedingungen, insbesondere hinsichtlich der Berechnungsgrundlage und der Lizenzgebühr durch die SSOs erfolgen solle.[1322]

„The further clarification, within SSO IPR policies and/or the related licensing commitment documents, of the general principles on how the FRAND concepts is meant to be interpreted, for instance including notions on the royalty fee level, appropriate bases for the royalty calculation, the consideration of other essential patents for the same standard and specific terms and conditions such as reciprocity".[1323]

Dabei wird betont, dass es um die Festlegung allgemeiner Grundsätze durch die SSOs gehe und keine „one-size-fits-all"[1324]-Lösung. Eine solche sei weder möglich noch erforderlich.[1325]

1316 *Kommission*, Horizontalleitlinien, 2011, Rz. 289.
1317 *Kommission*, Horizontalleitlinien, 2011, Rz. 290.
1318 *Kommission*, Horizontalleitlinien, 2011, Rz. 290.
1319 *Kommission*, Horizontalleitlinien, 2011, Rz. 291; *Müller*, Kollektive Normung, 2015, S. 183.
1320 ECSIP, Final Report, 2014.
1321 ECSIP, Final Report, 2014.
1322 ECSIP, Final Report, 2014, S. 185.
1323 ECSIP, Final Report, 2014, S. 187.
1324 ECSIP, Final Report, 2014, S. 189.
1325 ECSIO, Final Report, S. 189.

Konkretisierungsvorschläge, wie sie inhaltlich von den SSO umgesetzt werden könnten, werden allerdings nicht gemacht.

3. *JRC Science and Policy Report*

Die Gemeinsame Forschungsstelle der Europäischen Kommission (Joint Research Centre) hat 2015 den Bericht „*Fair, Reasonable and Non-Discriminatory (FRAND) Licensing Terms*“[1326] veröffentlicht. In diesem wird unter anderem ein Überblick über die aktuelle Debatte in diesem Bereich gegeben. Dabei stützt sich der Bericht sowohl auf die einschlägige Literatur, als auch auf die unter Chatham-Haus-Regeln[1327] vorgebrachten Argumente der Teilnehmer eines Experten-Workshops am Institute for Prospective Technological Studies (IPTS).[1328]

Der Bericht verweist zunächst auf die ökonomischen Argumente, die die grundsätzliche Möglichkeit von FRAND-Verpflichtungen in Frage stellen, angemessene Lizenzgebühren zu gewährleisten (u.a. Royalty stacking[1329] und Patent hold-up[1330]).[1331] Den entwickelten Methoden zur Bestimmung der FRAND-Lizenzgebühren sei allen gemein, dass sie von einer hypothetischen Verhandlung zwischen dem Inhaber des SEP und dessen Nutzer ausgehen und daher zu erheblich abweichenden Ergebnissen führen können.[1332]. Der Bericht verweist für die Bestimmung von FRAND-Lizenzgebühren auf zwei mögliche Methoden. Zum einen auf die „ex-ante incremental value-rule“ (vgl. dazu dieses Kapitel III. 4.) und zum anderen auf die in der Rechtsprechung entwickelte „Georgia Pacific Factors“ (vgl. dazu dieses Kapitel II 1.).[1333]

1326 JRC Report, 2015.

1327 Regelungen zum Schutz der Identität des Royal Insitute of International Affairs: „When a meeting, or part thereof, is held under the Chatham House Rule, participants are free to use the information received, but neither the identity nor the affiliation of the speaker(s), nor that of any other participant, may be revealed.“ http://www.chathamhouse.org/about/chatham-house-rule (zuletzt abgerufen am 03.07.2017)

1328 JRC Report, 2015, S. 1.

1329 Vgl. dazu Kapitel 4 A. IV.

1330 Vgl. dazu Kapitel 2 C. I.

1331 JRC Report, 2015, S. 14 f.

1332 JRC Report, 2015, S. 18 f.

1333 JRC Report, 2015, S. 18 ff.

4. Mitteilung an das Europäische Parlament

In einer 2017 veröffentlichten Mitteilung der Kommission „über den Umgang der EU mit standardessenziellen Patenten"[1334] betont die Kommission zwar, dass faire Gebühren am ehesten von den Parteien selbst durch im guten Glauben geführte Verhandlungen festgelegt werden können. Sie stellt im weiteren Verlauf aber ein paar grundsätzliche Paramenter auf, die von den Parteien dabei beachtet werden sollten. Zum einen sei erforderlich, dass die ausgehandelten Bedingungen der Lizenzierung „eindeutig mit dem wirtschaftlichen Wert der patentierten Technologie in Zusammenhang stehen".[1335] Entscheidend solle vorrangig der Technologiewert unabhängig von der Einbeziehung in den Standard sein. Zudem sei auf den Gegenwartswert[1336] abzustellen und der Erfolg des unter Nutzung des SEP hergestellten Produktes solle unberücksichtigt bleiben. Patentpools oder Lizenzierungsplattformen würden sich insbesondere in Fällen einer Vielzahl wesentlicher Patente anbieten. Denn die SEPs eines Standards müssten in ihrer Gesamtheit berücksichtigt werden und eine entsprechende angemessene Standard-Gesamtgebühr festgelegt werden, um dem sog. Royalty Stacking vorzubeugen.[1337]

Die Kommission hat in ihrer Mitteilung eher allgemeine Kriterien aufgestellt und keine konkreten Vorschläge hinsichtlich geeigneter Berechnungsmethoden oder Herangehensweisen gemacht. Ein Verweis auf die Möglichkeit des Vergleichsmarktkonzeptes wie in den Horizontalleitlinien findet sich hier nicht.

In den folgenden Abschnitten werden Konzepte zur Bestimmung von FRAND-Lizenzen erläutert, welche aus der Rechtsprechung hervorgegangen oder in der Literatur entwickelt worden sind.

1334 *Kommission*, Mitteilung v. 29.11.2017.

1335 *Kommission*, Mitteilung v. 29.11.2017, S. 7 f.

1336 „Der Gegenstandswert ist der entsprechend dem Zeitpunkt des Abschlusses der Lizenzvereinbarung herabgesetze Wert." *Kommission*, Mitteilung v. 29.11.2017, S. 8 Fn. 29.

1337 *Kommission*, Mitteilung v. 29.11.2017, S. 8.

II. Rechtsprechung

1. Georgia-Pacific-Test

Der sog. Georgia-Pacific-Test wurde in den USA im Rahmen des namensgebenden Falles von der Rechtsprechung entwickelt.[1338] Es handelt sich dabei um 15 Faktoren, mithilfe derer die angemessene Höhe der Lizenzgebühren herausgearbeitet werden soll.[1339] In der Regel wird auf eine hypothetische Verhandlung zwischen den Parteien abgestellt und in diesem Rahmen eine Prüfung der 15 Kriterien vorgenommen.[1340]

Nach dem Georgia-Pacific-Test können dabei folgende Faktoren bei der Bestimmung der angemessenen Lizenzgebühr berücksichtigt werden[1341]:

1. Vom Patentinhaber für das strittige Schutzrecht erhaltene Lizenzgebühren.
2. Bereits vom Lizenznehmer entrichtete Lizenzgebühren für die Nutzung anderer, aber mit dem strittigen Schutzrecht vergleichbarerer Patente.
3. Natur (Exklusiv oder nicht-Exklusiv) und Reichweite (territoriale und/oder sachliche Einschränkungen) der Lizenz.
4. Lizenzpolitik und Marketingprogramm des Patentinhabers hinsichtlich der Aufrechterhaltung seiner Monopolstellung durch Lizenzverweigerung oder Vergabe von Lizenzenzkonditionen, die sein Monopol sichern.
5. Das wirtschaftliche Verhältnis von Lizenzgeber und Lizenznehmer (direkte Wettbewerber im selben räumlichen und sachlichen Bereich oder Erfinder und Promoter).
6. Die Auswirkungen des Verkaufs des patentierten Erzeugnisses auf die Vermarktung anderer Produkte.
7. Die Laufzeit des Patents und die Lizenzbedingungen.
8. Die Profitabilität der Produkte, die unter Patentnutzung entstanden sind, sein wirtschaftlicher Erfolg sowie seine aktuelle Popularität.
9. Vorteile und Nutzen des Patents gegenüber älteren Verfahren und Geräten.

1338 Vgl. Georgia-Pacific Corp. V. United States Plywood Corp., 318 F. Supp. 1116 (S.D.N.Y. 1970); vgl. auch *Babey/Rizvi*, WuW 2012, 808 (816); *Reitboeck*, GRUR Int. 2013, 419 (425).

1339 *Babey/Rizvi*, WuW 2012, 808 (816).

1340 *Reitboeck*, GRUR Int. 2013, 419 (425); *Babey/Rizvi*, WuW 2012, 808 (816).

1341 Georgia-Pacific Corp. V. United States Plywood Corp., 318 F. Supp. 1116, 1120 (S.D.N.Y. 1970); JRC Report, 2015, S. 32; *Reitboeck*, GRUR Int. 2013, 419 (425); zum Teil in anderer Reihenfolge: *Tapia*, Industrial Property Rights, 2010, S. 33 Fn. 150.

10. Die Beschaffenheit der geschützten Erfindung, der Charakter der kommerziellen Ausgestaltung seitens des Lizenzgebers und die Vorteile für diejenigen, die die Erfindung bereits genutzt haben.
11. Das Ausmaß der bereits erfolgten Nutzung der geschützten Erfindung durch den Rechtsverletzer.
12. Der für die Schutzrechtsnutzung übliche Profitanteil oder Gebührensatz im fraglichen Wirtschaftsbereich.
13. Der Anteil am Profit, der der Erfindung zuzuschreiben ist, in Abgrenzung zu nicht-patentierten Elemente, dem Herstellungsprozess, wesentlichen Eigenschaften oder Verbesserungen durch den Rechtsverletzer oder Geschäftsrisiken.
14. Expertengutachten.
15. Der Betrag, auf den sich vernünftige und freiwillige Parteien bei hypothetischen Verhandlungen zum Zeitpunkt des Rechtsverletzungsbeginns geeinigt hätten.

Dabei fungieren die genannten Kriterien als Rahmen, innerhalb dessen der hypothetische Wille der Parteien ermittelt werden kann.[1342]

Die Anwendung der Georgia-Pacific-Faktoren erfolgt in der Regel im Zusammenhang von Patentverletzungsverfahren zur Festlegung der Schadensersatzhöhe.[1343] Dabei stellt die angemessene Lizenzgebühr grundsätzlich den anzuwendenden Maßstab für die Bemessung des Schadensersatzes dar.[1344]

Allerdings wird in Frage gestellt, ob sich die Georgia-Pacific-Kriterien auch auf den Kontext von FRAND (bzw. RAND[1345])-Lizenzgebühren übertragen lassen.[1346] An einer Übertragung der Georgia-Pacific-Kriterien auf die Bemessung von FRAND-Lizenzgebühren wird kritisiert, dass die Kriterien unter der Prämisse entwickelt wurden, dass die Verletzung eines wirksamen Patents vorliegt. Dies sei aber gerade in FRAND-Situationen häufig unklar und umstritten.[1347]

1342 *Müller*, Kollektive Normung, 2015, S. 185 Fn. 737.

1343 Vgl. *Körber*, Standardessentielle Patente, 2013, S. 85; *Reitboeck*, GRUR Int. 2013, 419 (425).

1344 *Reitboeck*, GRUR Int. 2013, 419 (425).

1345 Vgl. Kapitel 3 zum üblichen RAND-Begriff im US-amerikanischen Raum.

1346 *Körber*, Standardessentielle Patente, 2013, S. 85; *Tapia*, Industrial Property Rights, 2010, S. 34; *Layne-Farrar/Padilla/Schmallensee,* 74 Antitrust L. J. 671, 680 f. (2007); *Geradin/Rato*, 3 ECJ 129, 147 (2010).

1347 *Körber*, Standardessentielle Patente, 2013, S. 85; *Lemley/Shapiro*, 85 Texas Law Review 1991, 2018 ff. (2007).

In der sog. *Robart*-Entscheidung hat sich 2013 erstmals ein amerikanisches Bundesgericht mit der Frage der angemessenen Höhe von Lizenzgebühren im RAND-Kontext beschäftigt.[1348] Der Richter James L. Robart hat bei der Bestimmung der Lizenzgebühren die Georgia-Pacific-Faktoren herangezogen, nahm gleichzeitig aber auch Anpassungen hinsichtlich der Besonderheiten der gegebenen Standardisierungssituation vor.[1349] So sei es unter anderem bei Punkt 1 erforderlich, dass die herangezogenen bereits erhaltenen Lizenzgebühren unter dem Kontext einer RAND-Verpflichtung oder einer dieser vergleichbaren Verpflichtung verhandelt wurden.[1350] Weiter seien beispielsweise Punkt 4 und 5 nicht anwendbar, da der SEP-Inhaber im RAND-Kontext nicht die Möglichkeit habe, durch Lizenzverweigerungen seine Monopolstellung zu sichern bzw. seine Mitbewerber zu diskriminieren. Durch die Abgabe der RAND-Erklärung sei der Patentinhaber verpflichtet, zu den genannten Bedingungen Lizenzen zu vergeben.[1351]

Richter Robart betont unter anderem auch, dass die Vermeidung von hold-up Situationen und Gebührenkumulation (royalty stacking) berücksichtigt werden müssen.[1352] So seien bei den Verhandlungen, auch die Gebühren für andere essentielle Patente und ihre Bedeutung für den Standard zu berücksichtigen.[1353]

1348 U.S. District Court, Western District of Washington at Seattle (Robart, J.), Case No. C10-1823 JLR vom 25.04.2013 – *Microsoft v. Motorola (*online einsehbar unter https://de.scribd.com/document/138032128/13-04-25-Microsoft-Motorola-FRAND-Rate-Determination zuletzt abgerufen am 25.02.2018); *Müller*, Kollektive Normung, 2015, S. 185 f.; *Picht*, GRUR Int. 2014, 1 (3 f); *Friedl/Ann*, GRUR 2014, 948 (949) die zudem auf „die Entscheidung des U.S. District Court for the Nouthern District of Illinois Eastern Division (Holderman, J.) vom 27.9.2013" hinweisen.

1349 U.S. District Court, Western District of Washington at Seattle (Robart, J.), Case No. C10-1823 JLR vom 25.04.2013 – *Microsoft v. Motorola,* S. 33 ff. (insb. Nr. 99); *Müller*, Kollektive Normung, 2015, S. 185 f.; *Picht*, GRUR Int. 2014, 1 (3 f.).

1350 U.S. District Court, Western District of Washington at Seattle (Robart, J.), Case No. C10-1823 JLR vom 25.04.2013 – *Microsoft v. Motorola,* S. 35/36 Nr. 100.

1351 U.S. District Court, Western District of Washington at Seattle (Robart, J.), Case No. C10-1823 JLR vom 25.04.2013 – *Microsoft v. Motorola,* S. 36 Nr. 101 u. 102.

1352 U.S. District Court, Western District of Washington at Seattle (Robart, J.), Case No. C10-1823 JLR vom 25.04.2013 – *Microsoft v. Motorola,* S. 39 f.

1353 U.S. District Court, Western District of Washington at Seattle (Robart, J.), Case No. C10-1823 JLR vom 25.04.2013 – *Microsoft v. Motorola,* S. 40 Nr. 112; vgl. auch *Müller*, Kollektive Normung, 2015, S. 186.

Wichtig sei allerdings auch, dass die RAND-Vereinbarung gewährleiste, dass der SEP-Inhaber einen angemessenen Lohn erhalte.[1354]

In der Literatur wurden die 15 Georgia-Pacific-Kriterien unter anderem in 3 signifikante Kriterien zusammengefasst[1355]: Die Bedeutung des Patentes für die Nachfrage auf dem Markt und für das Produkt, branchenübliche Lizenzentgelte, die für dieselbe oder ähnliche Erfindungen entrichtet werden, und Expertenmeinungen hinsichtlich des Wertes des Patentes.[1356]

2. *Instanzgerichtliche Rechtsprechung*

Entscheidungen, in denen von europäischen oder nationalen Gerichten eine konkrete Berechnung angemessener FRAND-Lizenzgebühren vorgenommen wird, waren bislang nicht vorhanden. Nun hat sich erstmals der der britische High Court of Justice umfassend in einem Urteil zu dieser Frage geäußert.

a) High Court of Justice

Das britische Patentgericht hat in seiner Entscheidung „Huawei v. Unwired Planet" am 5.4.2017 erstmals eine umfassende Auseinandersetzung mit FRAND-Lizenzgebühren vorgelegt.[1357] Richter Birss nahm in seinem Urteil unter anderem eine konkrete Berechnung der Gebühren vor.[1358]

Zentrale Punkte der ausführlichen Entscheidung sind die Auffassung von Richter Birss, dass es keinen Rahmen für die FRAND-Konformität der Lizenzgebühren gebe, sondern lediglich eine Gebühr FRAND sein könne.[1359] Daneben betont er die zivilrechtliche Verpflichtung, die sich aus der FRAND-Erklärung

---

1354 U.S. District Court, Western District of Washington at Seattle (Robart, J.), Case No. C10-1823 JLR vom 25.04.2013 – *Microsoft v. Motorola*, S. 40 Nr. 113; *Picht*, GRUR Int. 2014, 1 (4).

1355 *Lemley/Shapiro*, 85 Texas Law Review 1991, 2018 f. (2007); *Friedl/Ann*, GRUR 2014, 948 (949).

1356 *Lemley/Shapiro*, 85 Texas Law Review 1991, 2018 f. (2007); *Friedl/Ann*, GRUR 2014, 948 (949).

1357 High Court of Justice (Mr. Jurstice Birss), Urt. v. 05.04.2017, Fallnr. HP-2014-000005, [2017] EWHC 711 (Pat) – *Unwired Planet v Huawei*. Das Urteil ist vollständig online verfügbar unter: http://hbfm.link/2086 (zuletzt abgerufen am 24.02.2018); in Auszügen abgedruckt WuW 2018, 415–419; vgl. auch *Haedicke*, GRUR Int 2017, 661.

1358 *Haedicke*, GRUR Int 2017, 661 (665).

1359 High Court of Justice (Mr. Jurstice Birss), Urt. v. 05.04.2017, Fallnr. HP-2014-000005, [2017] EWHC 711 (Pat) Rn. 147 ff., 150, 806 (4) – *Unwired Planet v Huawei; Haedicke*, GRUR Int 2017, 661 (664); *Picht*, GRUR Int 2018, 569 (571).

ergibt. Sollten die Parteien vertraglich eine Gebühr vereinbaren, die dieser FRAND-Gebühr nicht entspricht, habe dies allerdings nicht zwangsläufig auch einen Verstoß gegen das Missbrauchsverbot nach Art. 102 AEUV zur Folge. Kartellrechtswidrigkeit sei erst gegeben, wenn im Verhältnis zur vertraglich angemessenen FRAND-Gebühr ein Preis gefordert wird, der weit über dieser liege. Richter Birss geht hier von einem vorrangigen vertraglichen Kontext im FRAND-Bereich aus und einem eher restriktiven Anwendungsbereich des Kartellrechts.[1360]

Ausgangspunkt für die Festlegung der FRAND-Gebühr durch das Patentgericht im konkreten Fall war das Vergleichsmarktkonzept. Auch hier zeigt sich die Relevanz des vertraglichen Kontextes für Richter Birss, denn Argument für die Heranziehung des Vergleichsmarktkonzeptes war die besondere Aussagekraft von echten, zwischen Parteien ausgehandelten Vertragsbedingungen.[1361]

Bei der Auswahl vergleichbarer Lizenzen seien erst vor kurzer Zeit erteilte Lizenzen desselben Unternehmens zu bevorzugen. Strukturelle Vergleichbarkeit zwischen dem Unternehmen, dem diese Lizenz eingeräumt wurde, und dem jetzigen Lizenzsucher sei jedoch nicht Voraussetzungen.[1362]

Im Rahmen der konkreten Gebührenberechnung diskutiert das Urteil die von den Parteien vorgeschlagenen Methoden (Modified Numeric Proportionality Approach und Huawei Patent Analysis). Im Ergebnis hält Richter Birss keinen dieser Ansätze für geeignet und wählt, mangels einer alternativen Methode, einen Mittelwert zwischen den von den Parteien vorgeschlagenen Gebühren.[1363]

Zu befürworten ist die Feststellung der vertraglichen Verbindlichkeit der FRAND-Erklärung. Hingegen kann der Auffassung von Richter Birss, dass nur eine Lizenzgebühr FRAND sein kann, nicht zugestimmt werden. Aufgrund der vielfältigen, individuellen Gegebenheiten und der neben der FRAND-Gebühr

---

1360 High Court of Justice (Mr. Jurstice Birss), Urt. v. 05.04.2017, Fallnr. HP-2014-000005, [2017] EWHC 711 (Pat) Rn. 147 ff.– *Unwired Planet v Huawei*; *Haedicke*, GRUR 2017, 661 (664).

1361 High Court of Justice (Mr. Jurstice Birss), Urt. v. 05.04.2017, Fallnr. HP-2014-000005, [2017] EWHC 711 (Pat) Rn. 170, 179, 806 (10) – *Unwired Planet v Huawei*; *Haedicke*, GRUR 2017, 661 (665).

1362 High Court of Justice (Mr. Jurstice Birss), Urt. v. 05.04.2017, Fallnr. HP-2014-000005, [2017] EWHC 711 (Pat) Rn. 175 – *Unwired Planet v Huawei*; *Haedicke*, GRUR 2017, 661 (666).

1363 High Court of Justice (Mr. Jurstice Birss), Urt. v. 05.04.2017, Fallnr. HP-2014-000005, [2017] EWHC 711 (Pat) Rn. 273 ff., 374 ff. – *Unwired Planet v Huawei*; *Haedicke*, GRUR 2017, 661 (666).

hinzutretenden weiteren Lizenzbedingungen bedarf es für die Parteien eines FRAND-Rahmens, innerhalb dessen die für die Parteien „richtige" Lizenzgebühr zu finden ist.[1364]

Das Urteil des britischen Patentgerichtes zeigt allerdings auch, dass die Verwendung des Vergleichsmarktkonzeptes im FRAND-Kontext möglich ist und (zumindest) einen Ausgangspunkt bei der Festlegung von FRAND-Lizenzgebühren darstellen kann.

b) Deutsche Gerichte

Die nationalen deutschen Gerichte haben bislang keine konkrete Berechnung von FRAND-Lizenzgebühren vorgenommen.

Grundsätzlich bedienen sich deutsche Gerichte bei der Festsetzung der Höhe im Rahmen von Schadensersatzansprüchen im Zusammenhang mit Patentverletzungsverfahren ähnlicher Kriterien, wie denen des amerikanischen Georgia-Pacific-Testes.[1365] Die Berechnung des Schadens erfolgt in der Regel im Wege der Lizenzanalogie.[1366] Allerdings besteht in Patentverletzungsprozessen das grundsätzliche Wahlrecht zwischen 3 Berechnungsmethoden.[1367] Die Lizenzanalogie ist aber wohl am anerkanntesten und in § 139 Abs. 2 S. 3 PatG gesetzlich verankert.[1368] Diese Methode setzt allerdings voraus, dass vergleichbare Lizenzverträge vorliegen.

Der Schadensersatz wird anhand von ähnlichen Fällen unter der Prämisse ermittelt, welche Gebühr der Patentverletzer gezahlt hätte, hätte er eine Lizenz eingeholt.[1369] Nutzt der Inhaber eines wesentlichen Schutzrechts zur Lizenzierung standardisierte Verträge, können diese ohne Prüfung der Vertragsbedingungen auf Angemessenheit und Üblichkeit herangezogen werden.[1370] In Betracht kommt darüber hinaus eine angemessene Erhöhung der ermittelten Lizenzgebühr als Ausgleich für die Vorteile, die dem Patentverletzer erwachsen sind.[1371]

1364 Vgl. auch *Haedicke*, GRUR Int 2017, 661 (669); *Picht*, GRUR Int 2018, 569 (579).

1365 *Groß/Rohrer*, Lizenzgebühren, 3. Aufl. (2012), S. 172; *Babey/Rizvi*, WuW 2012, 808 (816).

1366 *Kühnen*, Hdb. Patentverletzung, 6. Auflg. (2012), Rn. 2242; *Babey/Rizvi*, WuW 2012, 808 (816).

1367 *Groß/Rohrer*, Lizenzgebühren, 3. Aufl. (2012), S. 64 ff.

1368 *Kühnen*, Hdb. Patentverletzung, 6. Aufl. (2012), Rn. 2242.

1369 *Kühnen*, Hdb. Patentverletzung, 6. Aufl. (2012), Rn. 2242; *Babey/Rizvi*, WuW 2012, 808 (816 f.)

1370 *Kühnen*, Hdb. Patentverletzung, 6. Aufl. (2012), Rn. 2249.

1371 *Kühnen*, Hdb. Patentverletzung, 6. Aufl. (2012), Rn. 2249.

Erstmals hat sich das LG Düsseldorf in einem Teilurteil vom 31.03.2016[1372] mit dem inhaltlichen Umfang eines FRAND-Lizenzangebotes beschäftigt und das Angebot der Klägerin mit einer Stücklizenzgebühr von 0,26 USD pro Mobiltelefon als den FRAND-Vorgaben entsprechend bewertet.[1373] Das von der Streithelferin unterbreitete Gegenangebot zu 0,033 USD pro Stück hat das LG als zu gering abgelehnt.[1374]

Darüber hinaus hat das LG festgestellt, dass erhobene Lizenzgebühren nicht zwingend unangemessen sind, wenn für das gleiche Schutzrecht geringere Lizenzgebühren in einem größeren Lizenzpool erhoben werden als in einem kleinen Lizenzpool.[1375] Eine Berechnung, welche Gebühr FRAND wäre, hat das Gericht jedoch nicht vorgenommen.

III. Ansätze der Literatur

In der Literatur sind vielfältige Ansätze und Methoden zur Bestimmung angemessener Lizenzgebühren im FRAND-Kontext entwickelt und diskutiert worden. Im Folgenden werden daher ohne Anspruch auf Vollständigkeit einige, ausgewählte Methoden vorgestellt.

1. Shapley-Wert

Auf einer kooperativen Spieltheorie beruht die 1953 von Lloyd Shapley entwickelte Methode zur Ermittlung des sog. Shapley-Wertes[1376], die von *Layne-Farrar/Padilla/Schmallensee* auf die Berechnung angemessener FRAND-Lizenzgebühren übertragen wurde.[1377]

Die Shapley-Methode zielt darauf ab, den Wertbeitrag eines Einzelnen an einem Endprodukt im Rahmen seiner Beteiligung an einer kooperativen Gruppe festzulegen. Dabei ist die Höhe des Anspruchs des Einzelnen auf Auszahlung seines Anteils oder auf Kostenbeteiligung abhängig von seinem durchschnittlichen

---

1372 *LG Düsseldorf*, Teilurteil v. 31.3.2016 – 4a O 73/14 (zitiert nach juris).

1373 *LG Düsseldorf*, Teilurteil v. 31.3.2016 – 4a O 73/14, Rn. 229 ff. (zitiert nach juris).

1374 *LG Düsseldorf*, Teilurteil v. 31.3.2016 – 4a O 73/14, Rn. 288, 298 (zitiert nach juris).

1375 *LG Düsseldorf*, Teilurteil v. 31.3.2016 – 4a O 73/14, 8. Leitsatz (zitiert nach juris).

1376 *Dorn*, Technische Standardisierung, 2014, S. 135 ff. Methode wird auch als Shapley-value-Ansatz bezeichnet. Vgl. *Babey/Rizvi*, WuW 2012, 808 (816).

1377 *Layne-Farrar/Padilla/Schmalensee*, 74 Antitrust L.J. 671, 674 ff. (2007); *Dorn*, Technische Standardisierung, 2014, S. 135 ff.; vgl. auch *Dehez/Poukens*, 10 (3) Rev. Law Econ. 265 ff. (2014).

marginalen Wertbeitrag zu allen möglichen Kooperationen innerhalb der Gruppe.[1378]

Übertragen auf den FRAND-Kontext kann nach *Layne-Farrar/Padilla/Schmallensee* die SSO mit ihren Mitgliedern, die Inhaber standardessentieller Patente sind, eine solche Kooperationsgruppe darstellen.[1379]

Der Wert eines Standards als eine Einzelkooperation innerhalb der Kooperationsgruppe verteilt sich über alle an ihm beteiligten essentiellen Patente. Innerhalb des Standards orientiert sich der jeweilige Wert der einzelnen Patente an ihrem jeweiligen Beitrag für den Standard. Daneben wird die mögliche Beteiligung des Patentes an anderen alternativen Kooperationen geprüft. Hat ein Patent keinen Wertbeitrag („dummy"[1380]), liegt seine Auszahlungssumme bei null. Die durchschnittliche Wertbeteiligung an allen möglichen alternativen Standardentwürfen, unabhängig davon, welcher am Ende beschlossen wird, bildet dann den auszuzahlenden Anteil am Gesamtertrag des am Ende beschlossenen Standards bzw. der in ihm enthaltenen Technologien. Diese Berechnungsmethode kann zur Folge haben, dass ein Patentinhaber, dessen SEP nicht am endgültigen Standard beteiligt ist, jedoch an einer möglichen Alternative wertbeteiligt war, trotzdem eine anteilige Auszahlung erhält.[1381]

Der sog. *Shapeley-Value*-Ansatz bietet sich nach Einschätzung von *Layne-Farrar/Padilla/Schmalensee* insbesondere für den Europäischen Raum und den dortigen FRAND-Kontext im Gegensatz zum US-amerikanischen RAND an, da in der Europäischen Union neben dem Merkmal der ökonomischen Effizienz auch der Fairness-Gedanke eine Rolle spiele.[1382] So würden eben auch Mitglieder am Ertrag beteiligt, deren Technologie im endgültig verabschiedeten Standard doch nicht implementiert sei, die jedoch an seiner Entwicklung aufgrund ihres eingebrachten Beitrags beteiligt waren.[1383]

In der Literatur wird die Shapley-Value-Methode trotz Betonung der Fairness-Aspekte unter anderem aufgrund mangelnder Praktikabilität kritisiert.[1384]

1378 *Dorn*, Technische Standardisierung, 2014, S. 135 f.; *Babey/Rizvi*, WuW 2012, 808 (816), *Layne-Farrar/Padilla/Schmalensee*, 74 Antitrust L.J. 671, 693 (2007).

1379 *Layne-Farrar/Padilla/Schmalensee*, 74 Antitrust L.J. 671, 693 (2007).

1380 *Layne-Farrar/Padilla/Schmalensee*, 74 Antitrust L.J. 671, 694 (2007).

1381 *Layne-Farrar/Padilla/Schmalensee*, 74 Antitrust L.J. 671, 694 ff. (2007); *Dorn*, Technische Standardisierung, 2014, S. 136.

1382 *Layne-Farrar/Padilla/Schmalensee*, 74 Antitrust L.J. 671, 674 (2007).

1383 *Dorn*, Technische Standardisierung, 2014, S. 136.

1384 *Dorn*, Technische Standardisierung, 2014, S. 137 f.; ablehnend auch *Weber*, 34 World Competition 51, 58 (2011).

Gerade im Falle großer Kooperationsgruppen sei eine Bestimmung der einzelnen Wertbeiträge an den Teilkoalitionen kaum möglich. Auch bilde die Shapley-Methode nicht den Fall ab, dass ein Teilnehmer mehrere SEP innehabe.[1385] Zudem bestehe die Schwierigkeit der Bestimmung des Wertes eines neuen Produktstandards. Aufgrund neuer, noch nicht auf dem Markt eingeführter Produkte stünde auch der endgültige Standardwert noch nicht fest und so könne mangels vorhandenem Basiswert keine Verteilung nach dem Shapley-Wert vorgenommen werden.[1386]

Es erscheint nicht sachgerecht, auch nicht unter dem Aspekt der Fairness, dass eine Auszahlung auch an die Mitglieder erfolgt, die am Ende keinen Wertbeitrag zu dem verabschiedeten Standard geleistet haben, sondern nur aufgrund ihrer Beteiligung an einem (verworfenen) Alternativentwurf beteiligt sind. Zudem muss der Kritik zugestimmt werden, dass bei Konstellationen von mehreren tausend wesentlichen Schutzrechten an einem Standard und voraussichtlich noch wesentlich mehr beteiligten Patenten im Standardauswahlverfahren eine Ermittlung nach der Shapley-Methode praktisch nicht durchführbar ist.

2. Numerische Proportionalität/ Minimum Change Optimum Impact

Der Ansatz der Numerischen Proportionalität wurde von Seiten der Antragsteller in zwei amerikanischen *Qualcomm-Verfahren*[1387] vorgeschlagen.[1388] Die modifizierte Ausgestaltung des Ansatzes, die sog. Minimum Change Optimum Impact (MCOI)-Methode, haben verschiedene Unternehmen dem ETSI als Lösungsmöglichkeit der Lizenzgebührenstreitigkeiten vorgelegt.[1389]

Bei beiden Methoden spielt der Aspekt der Proportionalität eine wichtige, wenn auch unterschiedlich geartete Rolle.

Das Konzept der Numerischen Proportionalität sieht eine proportionale Aufteilung der Gesamtlizenzgebühr aller Technologien eines Standards, abhängig

1385 *Dorn*, Technische Standardisierung, 2014, S. 137.

1386 *Dorn*, Technische Standardisierung, 2014, S. 138.

1387 Braodcom Inc. v. Qualcomm, Inc., 2006 U.S. Dist. LEXIS 62090, 13 (D.N.J. 31.08.2006); Nokia v. Qualcomm, Inc., 2006 WL 2521328 (D. Del. 29.08.2006); vgl. auch *Dorn*, Technische Standardisierung, 2014, S. 138 Fn. 413.

1388 *Dorn*, Technische Standardisierung, 2014, S. 138.

1389 *Dorn*, Technische Standardisierung, 2014 S. 138 ff.; *Layne-Farrar/Padilla/Schmalensee*, 74 Antitrust L.J. 671, 682 ff. (2007); *Tapia*, Industrial Property Rights, 2010, S. 149 Rn. 402; *Frain*, Patents in Standards & Interoperability, 2006, 7.

vom Anteil der am Standard beteiligten wesentlichen Schutzrechte vor.[1390] Beispielhaft würde das bei einem Standard, der 100 Patente umfasst, bedeuten, dass einem SEP-Inhaber, der 10 wesentliche Patente an dem Standard hält, 10% der Gesamtlizenzgebühr zustehen. Einem Inhaber von 20 Patenten würden dann insgesamt 20% zustehen.[1391] Im Vergleich zum Shapley-Wert werden bei dieser Methode ausschließlich die Patente berücksichtigt, die wirklich am Standard beteiligt sind.[1392]

Der Ansatz der MCOI-Methode geht ebenfalls zunächst von einer Gesamtlizenzgebühr aller Patente eines Standards aus. Die proportionale Aufteilung erfolgt dann allerdings nicht auf numerischer Grundlage, sondern unter Berücksichtigung des jeweiligen spezifischen Wertes des Schutzrechts für den Standard.[1393]

Basierend auf einer „‚*ex ante* investment‘“[1394]-Analyse würde jeder Schutzrechtsinhaber zunächst die aggregierten Kosten seines/seiner SEP kalkulieren und dann die Höhe der aggregierten Lizenzgebühr festlegen, die für die Nutzung seines Schutzrechts entrichtet werden sollte.[1395]

Der MCOI-Ansatz umfasst dabei zwei Konzepte: Zum einen die Voraussetzung, dass die Lizenzbedingungen insgesamt objektiv wirtschaftlich angemessen sind, das bedeutet die Berücksichtigung eines objektiv wirtschaftlich angemessenen Umfangs der Gesamt(lizenzgebühren)belastung für die Standardnutzung (*Aggregated Reasonable Terms (ART)*) und die *Proportionalität* abhängig vom Wert des Schutzrechts.[1396] Dieser dem ETSI vorgetragene Ansatz wurde von der SSO jedoch mangels Konsensfähigkeit abgelehnt.[1397] Das LG Düsseldorf hingegen erwägt in einer Entscheidung die Möglichkeit einer anteiligen Lizenzgebühr im Verhältnis zur Gesamtzahl der wesentlichen Patente.[1398]

1390 *Dorn*, Technische Standardisierung, 2014, S. 138; *Layne-Farrar/Padilla/Schmalensee*, 74 Antitrust L.J. 671, 682 ff. (2007).

1391 *Layne-Farrar/Padilla/Schmalensee*, 74 Antitrust L.J. 671, 682 (2007); *Geradin/Layne-Farrar*, 27 SCCHITLJ 763, 780 (2011).

1392 *Dorn*, Technische Standardisierung, 2014, S. 138.

1393 *Dorn*, Technische Standardisierung, 2014, S. 138 f.; vgl. auch *Fröhlich*, GRUR 2008, 205 (217); *Frain*, Patents in Standards & Interoperability, 2006, 7 f.

1394 *Tapia*, Industrial Property Rights, 2010, S. 150 Rn. 403.

1395 *Tapia*, Industrial Property Rights, 2010, S. 150.

1396 *Tapia*, Industrial Property Rights, 2010, S. 150 f.; *Fröhlich*, GRUR 2008, 205 (217); *Chappatte*, 5 ECJ 319, 339 f. (2009); *Frain*, Patents in Standards & Interoperability, 2006, 8.

1397 *Fröhlich*, GRUR 2008, 205 (217); *Dorn*, Technische Standardisierung, 2014, S. 139.

1398 *LG Düsseldorf*, Urt. v. 13.02.2007 – 4a O 124/05, Rn. 74 (zitiert nach juris); *Dorn*, Technische Standardisierung, 2014, S. 139.

Vorteil der Proportionalitätsmethoden ist jedenfalls die Möglichkeit, die Gesamtbelastung, die auf Standardnutzer zukommt, zu berücksichtigen, da im ersten Schritt zunächst eine angemessene Gesamtgebühr bestimmt wird und erst anschließend die anteiligen (numerisch oder wertabhängig) Lizenzgebühren ermittelt werden. Mit dieser Vorgehensweise kann dem Problem des royalty stacking vorgebeugt werden.[1399]

Dem Konzept der Numerischen Proportionalität wird allerdings wohl zu Recht vorgeworfen, dass es extrem anfällig für Manipulationen sei, die beteiligten Patente in der Regel nicht gleichwertig für einen Standard seien und größere Unternehmen mit umfassenderen Patenportfolios eindeutig bevorzugt würden.[1400] Die Anwendung der Numerischen Proportionalität dürfte aufgrund der Wertunterschiede der Patente daher nur in begrenzten Fällen, beispielsweise bei annähernder Gleichwertigkeit der Patente, anwendbar sein.[1401]

3. *Rule of Thumb/ Profit-Split-Methode*

Weitere vorgeschlagene und diskutierte Bemessungsmethoden sind sog. „Daumenregeln“[1402]. Nach einer Variante wird eine Daumenregel angesetzt, nach welcher die Lizenzgebühr 5% des Produktumsatzes des Produktherstellers betragen soll.[1403] In anderer Ausgestaltung wird eine Daumenregel von 25% der erwarteten operativen Gewinnmarge des Lizenznehmers angesetzt und dem SEP-Inhaber als Lizenzgebühr zugesprochen (sog. *„25 Per Cent Rule“*[1404]).[1405] Nach dieser Form der *„Profit-Split-Methode“*[1406] erfolgt eine Aufteilung der durch die Nutzung des standard-essentiellen Patentes erwarteten Ergebnisse des

1399 *Dorn*, Technische Standardisierung, 2014, S. 139.

1400 *Dorn*, S. 140 ff.; vgl. auch *Geradin/Layne-Farrar*, 27 SCCHTLJ 2011, 765 (780 f); ablehnend auch *Picht*, Strategisches Verhalten, 2013, S. 534 f.

1401 *Layne-Farrar/Padilla/Schmalensee*, 74 Antitrust L.J. 671, 685 (2007).

1402 *Nestler/Ordosch*, GRUR-Prax 2012, 372 (373); *Nestler*, BB 2013, 2027 (2027 f.); *Körber*, Standardessentielle Patente, 2013, S. 85; *Geradin/Layne-Farrar*, 27 SCCHTLJ 769, 779 f (2011).

1403 *Geradin/Layne-Farrar*, 27 SCCHTLJ 769, 779 (2011); *Körber*, Standardessentielle Patente, 2013, S. 85.

1404 *Goldschneider/Jarosz/Mulhern*, les Nouvelles 2002, 123; *Nestler/Ordosch*, GRUR-Prax 2012, 372 (373)

1405 *Goldschneider/Jarosz/Mulhern*, les Nouvelles 2002, 123; *Tapia*, Intellectual Property Rights, 2010, S. 35 Rn. 96 ff.; *Geradin/Layne-Farrar*, 27 SCCHTLJ 769, 778 (2011); *Nestler/Ordosch*, GRUR-Prax2012, 372 (373); *Nestler*, BB 2013, 2027.

1406 *Nestler/Ordosch*, GRUR-Prax 2012, 372 (373).

Produktherstellers.[1407] Aufgrund der höheren Risiken des Lizenznehmers unter anderem bei der Produktion und dem Absatz des Produktes solle diesem ein höherer Anteil am Gewinn zustehen. Aber auch dem Lizenzgeber sind im Rahmen der Patententwicklung zum Teil hohe Investitionskosten entstanden und ihm steht eine angemessene Vergütung für die Nutzungsüberlassung zu.[1408] Bei der Aufteilung des Profits werden zum Teil aber auch abweichende Daumenregeln von einem oder zwei Dritteln angesetzt.[1409]

Dabei ist zu beachten, dass beide Daumenregeln auf die vom Lizenznehmer zu zahlende Gesamtlizenzgebühr abstellen, somit 5 bzw. 25% insgesamt an die Inhaber aller am Produkt beteiligten Schutzrechte und nicht an jeden einzelnen SEP-Inhaber zu entrichten sind.[1410]

Gegen die 25%-Regelung kann eingewendet werden, dass Unternehmen, die effizient arbeiten und dadurch eine höhere Gewinnmarge als andere Unternehmen aufweisen, durch diesen Ansatz benachteiligt würden.[1411] Trotzdem wird diese Methode in der Literatur zumindest in Fällen großer Lizenzportfolios befürwortet, da sie einen ersten Ansatzpunkt für Lizenzverhandlungen zwischen den Parteien darstellen könnte.[1412]

Andere hingegen kritisieren an der Daumenregel gerade, dass sie sich für komplexe Fälle nicht eigne und keine Bewertung des Patents sowie der Bedeutung des Schutzrechts für das Endprodukt ermögliche. Insbesondere im Falle eines Patentportfolios oder einzelnen Patentes, wenn dieses erheblich zu dem Wert des Produktes beiträgt, dürfte das Ergebnis von 25% Gewinnanteil zu gering sein. Hingegen bestünde bei mehreren Patentinhabern die Gefahr zu hoher Belastung des Lizenznehmers.[1413]

Zum Teil wird in der Literatur zwar eine starre Regelung abgelehnt, die Profit-Split-Methode aber grundsätzlich befürwortet.[1414] Es solle vielmehr eine

1407 *Nestler/Ordosch*, GRUR-Prax 2012, 372 (373); *Nestler*, BB 2013, 2027.

1408 *Nestler*, BB 2013, 2027 (2028); *Nestler/Ordosch*, GRUR-Prax2012, 372 (373).

1409 *Nestler*, BB 2013, 2027 (2028).

1410 *Tapia*, Intellectual Property Rights, 2010, S. 36 Rn. 98; *Körber*, Standardessentielle Patente, 2013, S. 85.

1411 *Tapia*, Intellectual Property Rights, 2010, S. 36 Rn. 98.

1412 *Tapia*, Intellectual Property Rights, 2010, S. 36 Rn. 98.

1413 *Geradin/Layne-Farrar*, 27 SCCHTLJ 769, 779 (2011). Dabei scheinen *Geradin/Layne-Farrar* allerdings davon auszugehen, dass nicht auf die Gesamtlizenzgebühr abzustellen ist: „..,but clearly if four or more patent holders are present and each applies this rule there would be no operating profit left for the licensee." (*Geradin/Layne-Farrar*, 27 SCCHTLJ 769, 779 (2011).

1414 *Nestler/Ordosch*, GRUR-Prax2012, 372 (373).

Aufteilung der erwirtschafteten Ergebnisse des Lizenznehmers, basierend auf einem Chancen-Risiken-Profil vorgenommen werden. Um die FRAND-Anforderungen zu gewährleisten, müssten allerdings zudem die marktüblichen Entwicklungen der Ergebnisse und Gewinnmargen analysiert werden.[1415] Darüber hinaus „sind die erwarteten Ergebnisse z.B. bereinigt, um ungewöhnliche und nicht mit dem Patent in Verbindung stehende Aufwendungen zu eliminieren“[1416].

Auch wenn die Festlegung eines konkret bezifferten Prozentsatzes eine klare Regelung vorgeben würde, ist diese doch wiederum sehr starr und kann die individuellen Besonderheiten des Einzelfalls nicht berücksichtigen. Allerdings wird zu befürworten sein, dass sie grundsätzlich geeignet ist, einen ersten Anhaltspunkt zu geben, als alleinige und ausschließliche Methode ist sie jedoch abzulehnen.

4. *Ex ante incremental value*

Nach dem sog. „ex-ante incremental value“[1417]-Ansatz fungiert der ermittelte inkrementelle Wert als Maßstab für eine angemessene Lizenzgebühr. Überschreiten die geforderten Lizenzgebühren diesen Wert, wäre der FRAND-Maßstab nicht eingehalten.[1418]

Der inkrementelle Wert eines Patentes richtet sich nach einem Vergleich mit der nächstbesten Alternativtechnologie zum Zeitpunkt der Standardsetzung, jedoch bevor eine Schutzrechtsimplementierung erfolgte.[1419] Dies korrespondiert wiederum mit dem Vergleich der Lizenzgebühren, die der (spätere) SEP-Inhaber vor Standardsetzung im Rahmen hypothetischer Verhandlungen bei wirksamem Wettbewerb erzielt hätte.[1420]

Mittels dieser Methode soll der hold-up-Problematik vorgebeugt werden, indem der Wert der Technologie für die Lizenzgebühr ausschlaggebend ist und nicht der Wert des SEP, der aus der Standardnutzung resultiert.[1421]

Die Methode wird allerdings aufgrund ihrer schwierigen Umsetzbarkeit in der Praxis kritisiert.[1422] Das Auswechseln zweier Patente innerhalb eines

---

1415 *Nestler/Ordosch*, GRUR-Prax2012, 372 (373); vgl. auch *Nestler*, BB 2013, 2027 ff.

1416 *Nestler/Ordosch*, GRUR-Prax2012, 372 (373).

1417 *Geradin*, 21 Geo. Mason L. Rev. 919, 945 (2014).

1418 *Geradin*, 21 Geo. Mason L. Rev. 919, 945 (2014); *Blind/Pohlmann*, GRUR 2014, 713 (714).

1419 JRC Report, 2015, S. 19; *Blind/Pohlmann*, GRUR 2014, 713 (714); *Sidak*, 9 JCLE 933, 971 (2013).

1420 JRC Report, 2015, S. 19; *Geradin*, 21 Geo. Mason L. Rev. 919, 945 (2014).

1421 JRC Report, 2015, S. 19.

1422 JRC Report, 2015, S. 19.

Standards sei problematisch und könne sich zudem auf vielfältige Weise auf die Leistung und den Wert des Standards auswirken.[1423] Zudem wird vorgebracht, dass diese Methode zulasten der Patentinhaber gehen und dem Lizenznehmer alle Verhandlungsmacht zuspielen würde. Problematisch in diesem Zusammenhang seien die versunkenen Forschungs- und Entwicklungskosten des Lizenzgebers. Denn es werde zwar auf einen Preiswettbewerb ex ante abgestellt, jedoch seien die Kosten des Lizenzgebers bereits versunken/irreversibel (sunk costs), seine Position wird damit aus ex-post Perspektive betrachtet. Der SEP-Inhaber wäre somit gezwungen, den ermittelten inkrementellen Wert zu akzeptieren, unabhängig davon, ob seine Investitionen damit überhaupt gedeckt werden.[1424]

Zunächst stellt sich bei diesem Ansatz das grundsätzliche Problem der Vergleichsmöglichkeit, da zunächst eine Alternativtechnologie überhaupt vorhanden sein muss, welche darüber hinaus noch über die Eignung zur Standardimplementierung verfügt.[1425] Zudem können Ergebnisse, die die Kosten der Patentinhaber nicht decken, nicht zielführend sein, denn dies würde dazu führen, dass diese von weiteren Investitionen in Forschungstätigkeit absehen. Allerdings können, wenn vorhanden, substituierbare Technologien zum Zeitpunkt der Standardauswahl als ein Maßstab bei der Betrachtung der Lizenzgebühren herangezogen werden.[1426]

5. *Ex-ante Auktion*

In der US-amerikanischen Literatur haben *Swanson/Baumol* zur Bestimmung angemessener Lizenzgebühren ein sog. ex-ante-Auktionsmodell vorgeschlagen. Damit RAND-Lizenzgebühren das Kriterium der Angemessenheit erfüllen, sei es notwendig, auf einen ex-ante-Wettbewerb abzustellen, beispielsweise auf den Wettbewerb vor der Auswahl des Standards, wenn die jeweiligen Technologien noch in aktivem Wettbewerb miteinander stehen.[1427] Zur Festlegung der angemessenen Gebühr könne dann ein von der SSO ausgerichtetes Auktionsverfahren für den zu verabschiedenden Standard verwendet werden. Die Patentinhaber könnten dergestalt um den Standard bieten, dass sie ihre Technologie

1423 JRC Report, 2015, S. 19.

1424 JRC Report, 2015, S. 19; *Geradin*, 21 Geo. Mason L. Rev. 919, 948 (2014); *Sidak*, 9 JCLE 933, 976 ff. (2013).

1425 Vgl. *Dorn*, Technische Standardisierung, 2014, S. 134.

1426 *Geradin*, 21 Geo. Mason L. Rev. 919, 948 (2014).

1427 *Swanson/Baumol*, 73 Antitrust L.J. 1, 10, 15 ff. (2005); *Dorn*, Technische Standardisierung, 2014, S. 168 ff.; *Weber*, 34 World Competition 51, 57 (2011).

zusammen mit der RAND-Erklärung und den dazugehörigen Lizenzbedingungen als Angebot einreichen.[1428] *Swanson/Baumol* schlagen beispielsweise das niederländische Auktionsmodell vor, bei dem jeder Teilnehmer ein „best and final"[1429]-Angebot abgeben könne.[1430] Gewinnen würde dann die beste technische Lösung.[1431] Allerdings funktioniert das Modell nur bei Annahme mehrerer Prämissen, wie eingetretenen irreversiblen Entwicklungskosten (*sunk costs*) und der Voraussetzung, dass der Patentinhaber keine zusätzlichen Kosten wie bspw. für die Betreuung von Kunden oder weitere Entwicklungen über die Lizenzgebühr generieren möchte. Darüber hinaus setzen die Autoren unter anderem voraus, dass der SEP-Inhaber selbst nicht auf dem Produktmarkt tätig ist und andere Unternehmen unter Nutzung des Patentes perfekte Substitute herstellen.[1432] Das Ergebnis der Auktion wäre eine Lizenzgebühr in Höhe der Kosten zuzüglich der Wertdifferenz zur nächstbesten Alternative.[1433]

An diesem Ansatz wird kritisiert, dass das Modell ausschließlich auf einfache Konkurrenzsituationen anwendbar sei und insbesondere auf komplexe Standardisierungen nicht übertragen werden könne, wenn mehrere Patentinhaber, unter Umständen mit großen Patentportfolios, an der Normierung von Multikomponentenprodukten beteiligt sind.[1434] Dagegen spreche auch die unklare Patentlage zum Zeitpunkt der Auktion. In der ex-ante Situation sei häufig noch gar nicht abschließend geklärt, ob und welche Schutzrechte wirklich wesentlich für die Norm sind.[1435] Zudem werde dem Lizenzgeber die Möglichkeit genommen, seine Preise an die Wertentwicklungen des Standards über die Zeit anzupassen.[1436] Beziehungsweise könne das Modell in den Fällen nicht funktionieren, in denen zum Zeitpunkt der Standardsetzung der Wert einer technischen Lehre noch nicht feststeht.[1437] Darüber hinaus setzt das Modell voraus, dass die

1428 *Swanson/Baumol*, 73 Antitrust L.J. 1, 16 ff. (2005); *Dorn*, Technische Standardisierung, 2014, S. 168 ff.

1429 *Swanson/Baumol*, 73 Antitrust L.J. 1, 17 (2005).

1430 *Swanson/Baumol*, 73 Antitrust L.J. 1, 16 ff. (2005); *Dorn*, Technische Standardisierung, 2014, S. 168 ff.

1431 *Layne-Farrar/Padilla/Schmalensee*, 74 Antitrust L.J. 671, 686 (2007).

1432 *Swanson/Baumol*, 73 Antitrust L.J. 1, 18 f. (2005); Dorn, Technische Standardisierung, 2014, S. 169.

1433 *Swanson/Baumol*, 73 Antitrust L.J. 1, 19 (2005); *Layne-Farrar/Padilla/Schmalensee*, 74 Antitrust L.J. 671, 686 (2007).

1434 *Dorn*, Technische Standardisierung, 2014, S. 170.

1435 *Dorn*, Technische Standardisierung, 2014, S. 170 f.

1436 *Weber*, 34 World Competition 51, 57 (2011).

1437 *Geradin/Rato*, 3 ECJ 101, 133 (2007).

Schutzrechtsinhaber Angebote abgeben, die hoch genug sind, um wirklich ihre Kosten zu decken. Allerdings ist auch der Fall denkbar, dass Patentinhaber strategisch vorgehen und extrem niedrige Preise verlangen, um die Konkurrenz zu verdrängen, auch wenn dies bedeuten würde, dass sie wirtschaftliche Verluste in Kauf nehmen müssten.[1438]

Grundsätzlich ist das Abstellen auf einen Wettbewerb vor Standardsetzung zu befürworten. Allerdings ist die Funktionsfähigkeit des Auktionsmodells an vielfältige Voraussetzungen, welche in der Praxis häufig nicht gegeben sein dürften, geknüpft und daher insbesondere in komplexen Fällen von Standards mit einer Patentvielzahl nicht praktikabel.

6. *Bindendes Schiedsverfahren*

Für den Fall, dass zwischen den Parteien keine Einigung erzielt werden konnte, wird vorgeschlagen, dass der SEP-Inhaber zum Eintritt in ein bindendes Schiedsverfahren mit jedem willigen Lizenzsucher verpflichtet sei.[1439] Diese Methode könne die gerichtliche Klärung von FRAND-Streitigkeiten erheblich verringern.[1440]

Mithilfe dieser Methode sollen bilaterale Verhandlungen nach Implementierung des Standards (ex post) zu Lizenzgebühren führen, die das Ergebnis eines ex ante Technologiewettbewerbs widerspiegeln.[1441]

Dabei favorisieren *Lemley/Shapiro* ein Schiedsverfahren im „baseball-style“[1442] („Final-Offer-Arbitration“[1443]). Damit ist gemeint, dass jede Partei dem Schiedsrichter/Vermittler ein finales Angebot vorlegt, aus denen dieser dann eines auswählt.[1444] Die Parteien haben die Möglichkeit, dem Schiedsrichter ihre Beweise und Argumente vorzutragen und dann ein konkretes Angebot einer Lizenzgebühr abzugeben.[1445] Dies führe dazu, dass die Parteien angemessene Angebote abgeben, da bei zu hohen Forderungen die Gefahr bestehe, dass das Angebot nicht gewählt wird.[1446] Dieses Verfahren sei zudem von Vorteil, da in

---

1438 *Geradin/Rato*, 3 ECJ 101, 133 (2007).
1439 *Lemley/Shapiro*, 28 Berkeley Tech. L. J. 1135 ff. (2013); ebenfalls ein Schiedsverfahren befürwortend: *Verbruggen/Lõrincz*, GRUR Int 2002, 815 (828 f.).
1440 *Lemley/Shapiro*, 28 Berkeley Tech. L. J. 1135, 1164 (2013).
1441 *Lemley/Shapiro*, 28 Berkeley Tech. L. J. 1135, 1138 (2013).
1442 *Lemley/Shapiro*, 28 Berkeley Tech. L. J. 1135, 1138 (2013).
1443 *Baumann*, GRUR 2018, 145 (152).
1444 *Lemley/Shapiro*, 28 Berkeley Tech. L. J. 1135, 1138 (2013).
1445 *Lemley/Shapiro*, 28 Berkeley Tech. L. J. 1135, 1144 (2013).
1446 *Lemley/Shapiro*, 28 Berkeley Tech. L. J. 1135, 1144 (2013).

diesem Rahmen nicht darüber entschieden werden müsse, ob es sich um ein wirksames (standardessentielles) Patent handele und ob eine Patentverletzung vorliege.[1447] Grundvoraussetzung sei allerdings, dass es sich um einen „willing licensee“[1448] handele. Das bedeutet, dass der Lizenzsucher ebenfalls zu einer reziproken FRAND-Erklärung bereit ist.[1449]

Die Autoren betonen, dass es sich bei der FRAND-Erklärung um eine rechtlich bindende Verpflichtung handeln müsse und dass der Maßstab für die Angemessenheit von Lizenzgebühren diejenigen Gebühren seien, die ein Patentinhaber in einem offenen Technologiewettbewerb fordern könne.[1450] Somit sei auf den Zeitpunkt hypothetischer Verhandlungen zum Zeitpunkt des Standardisierungsverfahrens abzustellen.[1451]

Den Standardisierungsorganisationen käme die Aufgabe zu, sog. „best practices“[1452] für das Schiedsverfahren aufzustellen.[1453] Dies beinhalte auch eine Übersicht für den Schiedsrichter, nicht nur über das Portfolio, über das entschieden werden soll, sondern über alle für den konkreten Standard wesentlichen Schutzrechte. Damit soll das Problem der Gebührenkumulation berücksichtigt werden.[1454]

Besonderheiten der vorgeschlagenen Methode für FRAND-Fälle gegenüber einem Patentverletzungsprozess seien zum einen, dass keine Notwendigkeit bestehe, die angemessenen Lizenzgebühren auf einer „patent-by-patent“[1455] Basis zu berechnen, und zudem die Frage der Patentwirksamkeit und -verletzung nicht im Raum stehe.[1456]

Grundsätzlich kann die Durchführung eines Schiedsverfahrens im FRAND-Kontext für die Parteien vorteilhaft sein. Zum einen verlaufen diese Verfahren in der Regel schneller als gerichtliche, zum anderen können die Parteien nicht nur durch zeitliche Vorgaben zur Dauer des Schiedsverfahrens Einfluss auf dieses nehmen. Zwei von den grundsätzlich drei Schiedsrichtern werden von den Parteien selbst ausgewählt. Dies ermöglicht zum einen die Involvierung von

1447 *Lemley/Shapiro*, 28 Berkeley Tech. L. J. 1135, 1145 (2013).
1448 *Lemley/Shapiro*, 28 Berkeley Tech. L. J. 1135, 1142 (2013).
1449 *Lemley/Shapiro*, 28 Berkeley Tech. L. J. 1135, 1142 (2013).
1450 *Lemley/Shapiro*, 28 Berkeley Tech. L. J. 1135, 1140 (2013).
1451 *Lemley/Shapiro*, 28 Berkeley Tech. L. J. 1135, 1147 (2013).
1452 *Lemley/Shapiro*, 28 Berkeley Tech. L. J. 1135, 1141 (2013).
1453 *Lemley/Shapiro*, 28 Berkeley Tech. L. J. 1135, 1141, 1166 (2013).
1454 *Lemley/Shapiro*, 28 Berkeley Tech. L. J. 1135, 1149 f. (2013).
1455 *Lemley/Shapiro*, 28 Berkeley Tech. L. J. 1135, 1151 (2013).
1456 *Lemley/Shapiro*, 28 Berkeley Tech. L. J. 1135, 1151 (2013).

speziellen, im Bereich FRAND-Lizenzierung qualifizierten Schiedsrichtern, zum anderen schafft es ein Gleichgewicht zwischen den Parteien, da beide jeweils einen Schiedsrichter ausgewählt haben. Dies trägt zur Neutralität des Verfahrens, insbesondere bei Beteiligung unterschiedlicher Jurisdiktionen bei.[1457]

Allerdings besteht nach dem von *Lemley/Shapiro* vorgeschlagenen baseball-style-Modell die Gefahr, dass der FRAND-Rahmen von keinem der beiden abgegebenen Angebote getroffen wird. Das Schiedsgericht wäre dann allerdings trotzdem gezwungen eines der beiden Angebote auszuwählen. Es würde eine nicht FRAND-angemessene Lizenzgebühr gesetzt, die unter Umständen in anderen Fällen wiederum als FRAND-Vergleichsmaßstab herangezogen würde, obwohl die FRAND-Konformität der Gebühr nicht vorlag.[1458]

Eine einfache Regelung in den Statuen der SSOs, in der lediglich festgehalten ist, dass Streitigkeiten durch Schiedsgerichte zu klären sind, dürfte daher nicht ausreichend sein. Vielmehr müssten Erweiterungen in der Schiedsklausel aufgenommen werden, wie in Fällen zu verfahren ist, in denen keine Einigung hinsichtlich eines FRAND-konformen Lizenzangebotes erreicht werden kann. So kann ein Schiedsverfahren für die Parteien durchaus, aufgrund der genannten positiven Aspekte von Neutralität und Schnelligkeit, einen guten Weg zu einer Einigung darstellen. Eine final-offer-Arbiration, in der das Schiedsgericht zwingend eines der beiden abgegebenen Angebote auswählen muss, ist allerdings abzulehnen.[1459] Vielmehr könnte die Abgabe der jeweiligen Angebote durch die Parteien den ersten Schritt im Schiedsverfahren darstellen. Wenn nach Auffassung des Schiedsgerichts, das von den Parteien gerade auch hinsichtlich seiner Kompetenz in diesem Bereich ausgewählt wurde, keines der Angebote den FRAND-Kriterien entspricht, sollte die abschließende Festlegung der Lizenzgebühr durch das Schiedsgericht selbst erfolgen. So kann die oben beschriebene Gefahr vermieden werden, dass es zu Gebührenfestsetzungen kommt, die nicht dem FRAND-Maßstab entsprechen. Für die Parteien bestünde gerade in dieser Ausgestaltung des Verfahrens der Anreiz, ein FRAND-konformes Angebot abzugeben, da der FRAND-Rahmen entweder von den Parteien selbst oder letztlich durch das Gericht gewahrt wird. Zu hohe oder zu niedrige Angebote würden sofort herausfallen. Es lohnt sich also für die Parteien, ernsthafte Angebote abzugeben.

1457 *Baumann*, GRUR 2018, 145 (151).
1458 *Baumann*, GRUR 2018, 145 (152).
1459 Vgl. auch *Baumann*, GRUR 2018, 145 (152).

So ist innerhalb der ETSI die Möglichkeit der Einrichtung eines eigenen Schlichtungsverfahrens diskutiert, im Ergebnis aber mit dem Verweis auf die Möglichkeit der Nutzung der vorhandenen außergerichtlichen Einrichtungen abgelehnt worden.[1460]

7. Efficient Component Pricing Rule – ECPR

Eine weitere in der Literatur diskutierte Methode ist die *Efficient Component Pricing Rule* (ECPR).[1461] Mithilfe dieser Methode sollen Preisdiskriminierungen durch vertikal integrierte Unternehmen, also solche, die sowohl auf dem vorgelagerten Lizenzmarkt, als auch auf dem nachgelagerten Produktmarkt aktiv sind, ermittelt werden.[1462] Maßstab der Gebührenhöhe sind die Kosten des Unternehmens, die diesem bei eigener Produktherstellung für die Nutzung des Patents selbst entstehen. Der Preis, welchen das Unternehmen vom Lizenznehmer für diese Technologie fordert, darf diese Kosten dann nicht übersteigen.[1463] Wird das ECPR-Level überschritten, kann eine Verletzung des Nichtdiskriminierungserfordernisses vorliegen.[1464] Ergebnis dieser Methode sollen wettbewerbsneutrale Lizenzkosten sein, die den SEP-Inhaber dabei sowohl für die inkrementellen Kosten als auch die Opportunitätskosten entschädigt.[1465] Im Ergebnis wäre es für den Patentinhaber somit gleich, ob er Produkte selber herstellt oder Lizenzen der benötigten Schutzrechte an Wettbewerber vergibt (*Principle of Indifference*).[1466] Die Höhe der Lizenzgebühr ist somit mit dem eigenen Produktpreis des SEP-Inhabers gekoppelt. So müsse im Falle wettbewerbsbedingter Endproduktpreissenkungen, beispielsweise durch den Eintritt von Wettbewerbern in den Markt, bei gleichbleibenden übrigen Kosten, die Lizenzgebühr entsprechend sinken.[1467]

Swanson/Baumol knüpfen das ECPR-Konzept an das Nicht-Diskriminierungserfordernis von FRAND-Lizenzgebühren bei vertikal integrierten

1460 *Fröhlich*, GRUR 2008, 205 (217).

1461 *Dorn*, Technische Standardisierung, 2014, S. 128; *Swanson/Baumol*, 73 Antitrust L. J. 1, 30 (2005).

1462 *Dorn*, Technische Standardisierung, 2014, S. 128 ff.

1463 *Dorn*, Technische Standardisierung, 2014, S. 128.

1464 *Swanson/Baumol*, 73 Antitrust L. J. 1, 29 (2005).

1465 *Layne-Farrar/Padilla/Schmalensee*, 74 Antitrust L. J. 671, 686 f. (2007).

1466 *Layne-Farrar/Padilla/Schmalensee*, 74 Antitrust L. J. 671, 687 (2007); *Swanson/Baumol*, 73 Antitrust L. J. 1, 36 (2005).

1467 *Dorn*, Technische Standardisierung, 2014, S. 129; *Swanson/Baumol*, 73 Antitrust L. J. 1, 36 (2005).

Unternehmen.[1468] Im Verhältnis zu ihrem oben beschriebenen Auktionsmodell gehen die Autoren davon aus, dass beide Konzepte in der Regel zu gleichen Ergebnissen führen.[1469]

Als weiterer positiver Effekt der ECPR wird die Entstehung eines „*Level-Playing-Fields*“[1470] angeführt. Ausschließlich Konkurrenten des SEP-Inhabers, deren Produktion ebenso effizient, d.h. mit niedrigen Kosten verbunden ist, wie die des Lizenzgebers, können mit diesem konkurrieren und trotz Lizenzgebühr Gewinne erzielen. Auf dem relevanten Markt würde somit bei einer Preisbemessung nach ECPR automatisch eine Verteilung der Anteile abhängig von der Effizienz der Teilnehmer stattfinden.[1471]

Gegen die ECPR wird allerdings eingewendet, dass sie sich ausnahmslos auf vertikal-integrierte Unternehmen beziehe und aufgrund des Effizienzschwerpunktes im US-amerikanischen Raum den Aspekt der Fairness in FRAND im europäischen Raum nicht berücksichtige.[1472] Zudem bestehe auch bei dieser Methode die Problematik der internen Preisermittlung und die damit zusammenhängende Gefahr der Manipulation.[1473] Eigentlicher Schwachpunkt der Methode sei allerdings, dass eine Erfassung des Machtzuwachses auf dem Lizenzierungsmarkt durch die Standardsetzung nicht möglich sei.[1474]

Die ECPR-Methode zielt darauf ab, den Marktzugang zum nachgelagerten Produktmarkt und den Lizenzzugang zu gewährleisten. Gleichzeitig sollen aber auch eventuelle Gewinneinbußen des SEP-Inhabers durch die angemessene Höhe der Lizenzgebühr ausgeglichen werden.[1475] Allerdings kann das Modell nur bedingt herangezogen werden, da es ausschließlich vertikal integrierte Unternehmen betrifft. Zudem besteht die Gefahr, dass die Methode zu geringeren Lizenzgebühren führt als bei einem Unternehmen, das ausschließlich auf dem Technologiemarkt tätig ist. Dies könnte wiederum zu einem Qualitätsverlust bei der Standardsetzung führen, wenn sich eine Beteiligung für die (potenziellen) Inhaber wesentlicher Schutzrechte nicht lohnt und somit eventuell gute technische Lösungen von vornherein für den Standard wegfallen.[1476]

1468 *Swanson/Baumol*, 73 Antitrust L. J. 1, 25 ff., 27 (2005).
1469 *Swanson/Baumol*, 73 Antitrust L. J. 1, 37 (2005).
1470 *Dorn*, Technische Standardisierung, 2014, S. 130.
1471 *Dorn*, Technische Standardisierung, 2014, S. 130; *Swanson/Baumol*, 73 Antitrust L. J. 1, 40 (2005).
1472 *Dorn*, Technische Standardisierung, 2014, S. 132.
1473 *Dorn*, Technische Standardisierung, 2014, S. 130 f.
1474 *Dorn*, Technische Standardisierung, 2014, S. 132 f.
1475 *Babey/Rizvi*, WuW 2012, 815 Fn. 37.
1476 Vgl. *Dorn*, Technische Standardisierung, 2014, S. 132 f.

8. *Kostenorientierte Ansätze*

Es bestehen mehrere kostenorientierte Ansätze, bei denen die Kosten des Patentinhabers die Grundlage für die Bemessung der Lizenzgebühr darstellen. Zu den Innovationskosten kommt dann noch ein Aufschlag einer Gewinnmarge.[1477]

Abhängig von der jeweiligen Ausgestaltung des Ansatzes werden unterschiedliche Kosten berücksichtigt. So können die marginalen Kosten (MC), , die durchschnittlichen variablen Stückkosten (AVC) oder die durchschnittlichen Gesamtkosten (ATC) zu Grunde gelegt werden.[1478] Weiter besteht die Möglichkeit, auf die (zukünftigen) langfristigen inkrementellen Durchschnittskosten abzustellen [(Forward Looking) Long Run Average Incremental Costs ((FL-) LRAIC)].[1479]

Die kostenbasierten Ansätze werden zum Teil grundsätzlich mit der Betonung abgelehnt, dass berücksichtigt werden müsse, dass, während die Innovationstätigkeit mit hohen Fixkosten verbunden sei, bei der Vergabe von Lizenzen hingegen geringe, wenn nicht gegen null gehende, (variable) Kosten entstünden. Daher müssten die Forschungs- und Entwicklungskosten den ausschlaggebenden Kostenfaktor darstellen.[1480] Darüber hinaus knüpfe daran das Folgeproblem an, welche Kosten Bestandteil der zu berücksichtigenden Forschungs- und Entwicklungskosten sein sollen.[1481] So würden Lizenzgebühren, die basierend auf kostenorientierten Ansätzen festgesetzt werden, dazu führen, dass Innovationen, die hohe Kosten verursacht haben, höhere Lizenzgebühren erzielen als solche Erfindungen, bei denen es sich um einen „Geniestreich“[1482] handele, obwohl solchen eigentlich die höheren Gebühren zustehen müssten.[1483]

Rein kostenorientierten Ansätzen steht schon die mangelnde Praktikabilität entgegen, da die Ermittlung der Kosten mit erheblichen Schwierigkeiten verbunden ist.[1484]

1477 *Geradin/Layne-Farrar*, 27 SCCHTLJ 769, 781 (2011).

1478 *Geradin/Layne-Farrar*, 27 SCCHTLJ 769, 781 (2011).

1479 *Babey/Rizvi*, WuW 2012, 808 (815 Fn. 37); *Geradin/Layne-Farrar*, 27 SCCHTLJ 769, 781 (2011).

1480 *Geradin/Layne-Farrar*, 27 SCCHTLJ 769, 781 (2011).

1481 *Geradin/Layne-Farrar*, 27 SCCHTLJ 769, 781 f. (2011).

1482 *Geradin/Layne-Farrar*, 27 SCCHTLJ 769, 783 (2011).

1483 *Geradin/Layne-Farrar*, 27 SCCHTLJ 769, 783 (2011).

1484 Vgl. dazu Kapitel 4 A. I. 1.

9. *Vergleichsmarktorientierter Ansatz*

Ein weiterer Ansatz ist die Bestimmung von FRAND-Lizenzgebühren mittels der marktorientierten Bewertung anhand der üblichen für vergleichbare Technologien verlangten Lizenzgebühren.[1485] Die ermittelten Preise geben dann den Rahmen für die FRAND-Lizenzgebühr vor.[1486]

Ein mögliches Über- oder Unterschreiten könne aber in geringen Ausnahmefällen, aufgrund der Unterschiede der verglichenen Konstellationen, möglich sein.[1487]

Bei dieser Vorgehensweise besteht das grundsätzliche Problem der Vergleichbarkeit der herangezogenen Lizenzen. Zum einen können Informationen zu solchen nicht vorliegen oder aber wirklich vergleichbare Lizenzen sind aufgrund der Einzigartigkeit von Patenten nur schwer zu finden oder eventuell gar nicht vorhanden.[1488] Daher müssen in der Regel, um die Vergleichbarkeit herzustellen, Modifikationen vorgenommen werden.[1489] Trotz dieser Schwierigkeiten wird von der Literatur vertreten, dass diese Methode zumindest theoretisch für Mehrkomponentenfälle geeignet sei, da die Vergleichspreise „are grounded in commercial market value, which will vary depending on the perceived contribution of the various patents“[1490].

Im Rahmen des zeitlichen Vergleichsmarktkonzeptes könne für die Ermittlung der Lizenzgebühr für standardessentielle Patente der Technologiewert vor Standardsetzung herangezogen werden.[1491]

Grundsätzlich kann, bei gegebenen Vergleichsmöglichkeiten eine Orientierung an anderen Lizenzkonditionen ex-ante erfolgen, und diese können unter Berücksichtigung gegebener Unterschiede und individueller Abweichungsmöglichkeiten einen sinnvoll begrenzten FRAND-Rahmen vorgeben.[1492]

1485 *Nestler/Ordosch*, GRUR-Prax 2012, 372 (373); *Geradin/Layne-Farrar*, 27 SCCHITLJ 769, 783 (2011).

1486 *Geradin/Layne-Farrar*, 27 SCCHITLJ 769, 783 (2011).

1487 *Picht*, Strategisches Verhalten, 2013, S. 533.

1488 *Nestler/Ordosch*, GRUR-Prax 2012, 372 (373); *Geradin/Layne-Farrar*, 27 SCCHITLJ 769, 783 (2011).

1489 *Nestler/Ordosch*, GRUR-Prax 2012, 372 (373).

1490 *Geradin/Layne-Farrar*, 27 SCCHITLJ 769, 783 (2011).

1491 *Nothdurft*, in: *Langen/Bunte*, Bd. 1/GWB, 12. Aufl. (2014), § 19 Rn. 364.

1492 Vgl. auch *Picht*, Strategisches Verhalten, 2013, S. 533.

10. *Ex-ante Offenlegung*

Das ETSI bietet seinen Mitgliedern die freiwillige Möglichkeit, ihre Bedingungen für die Vergabe einer Lizenz vorab, d.h. vor Implementierung des Patentes in den Standard, offenzulegen.[1493] Diese auch von der Europäischen Kommission befürwortete Möglichkeit soll den Preiswettbewerb vor Standardsetzung begünstigen und der Entstehung von Ausbeutungsmissbrauch bereits im Vorhinein vorbeugen.[1494]

Die Offenlegung der Lizenzierungsbedingungen soll zusätzlich zur geforderten FRAND-Erklärung und der Offenlegung wesentlicher Schutzrechte erfolgen und macht diese nicht entbehrlich.[1495]

In der Literatur wird der ökonomische Vorteil, die Effizienz dieser Methode der ex ante Offenlegung von Lizenzbedingungen, betont, allerdings müsse sich, um der Gefahr der Kumulation der Lizenzgebühren bei Multikomponentenprodukten vorzubeugen, an die Offenlegung eine Aggregation ex ante anschließen.[1496] Die Offenlegung der Bedingungen solle so erfolgen, „dass aus der kumulierten Lizenzgebühr keine Rückschlüsse auf die einzelnen Technologielieferanten möglich sind“[1497]. Die Aggregation erfolge so in nicht öffentlicher Form („*private aggregation*“[1498]). Damit solle den kartellrechtlichen Risiken bei der Zusammenarbeit von Wettbewerbsunternehmen vorgebeugt werden.[1499]

Zum Teil wird im Zusammenhang mit der privaten Zusammenfassung der Lizenzgebühren auch die Begrenzung durch eine Obergrenze der Lizenzgebühren für möglich gehalten.[1500]

Neben den kartellrechtlichen Bedenken eines möglichen Verstoßes gegen Art. 101 AEUV bei der Offenlegung der Lizenzbedingungen vor Standardsetzung wird an dieser Methode kritisiert, dass sie unter anderem zu nicht korrekten Ergebnissen bei der Kalkulation führen könne, da gerade im Bereich

---

1493 ETSI, IPR Policy, 2017, Clause 4; *Fröhlich*, GRUR 2008, 205 (215); *Dorn*, Technische Standardisierung, 2014, S. 172 f.

1494 *Fröhlich*, GRUR 2008, 205 (215); vgl. auch *Tapia*, Industrial Property Rights, S. 169 Rn. 452.

1495 *Fröhlich*, GRUR 2008, 205 (215).

1496 *Dorn*, Technische Standardisierung, 2014, S. 173.

1497 *Dorn*, Technische Standardisierung, 2014, S. 173.

1498 *Dorn*, Technische Standardisierung, 2014, S. 173; vgl. auch *Lemley/Shapiro*, 85 Texas Law Review 1991, 2042 f. (2007).

1499 *Dorn*, Technische Standardisierung, 2014, S. 173.

1500 *Lemley/Shapiro*, 85 Texas Law Review 1991, 2042 (2007); ablehnend *Dorn*, Technische Standardisierung, 2014, S. 174. Vgl. Kapitel 4 B. IV. 3.

der sich schnell entwickelnden Technologie große Unsicherheiten vorlägen.[1501] Auch könne dieses Verfahren bei verbindlicher Ausgestaltung dazu führen, dass insbesondere Mitgliedsunternehmen mit großen Patentportfolios die SSO verlassen.[1502]

Eine frühzeitige Offenlegung vor Standardsetzung ermöglicht eine Vereinbarung der Lizenzgebühr ohne Einfluss der Auswirkungen der Standardsetzung und kann so einen „standardfreien“ Preiswettbewerb fördern.

11. Ex-ante Festlegung

In Zusammenhang mit der ex-ante Offenlegung steht die weitere Option der ex-ante Festlegung der Lizenzbedingungen und -gebühren.[1503] Es wird angeführt, dass vor Standardsetzung eine bessere Möglichkeit bestehe, zu kontrollieren, ob die Bedingungen den FRAND-Kriterien fair und angemessen entsprechen. Die Marktmacht könne so im Vorhinein begrenzt werden und besser zur Förderung des Wettbewerbs beitragen.[1504] Die Kommission hält eine solche ex ante Festlegung bei Poollizenzgebühren explizit für kartellrechtlich zulässig. Effizienzgesichtspunkte könnten für eine ex-ante Festsetzung sprechen, um eine Gebührenerhöhung durch Marktmachtzuwachs der SEP-Inhaber nach Standardsetzung zu vermeiden.[1505]

In der Literatur wird davon ausgegangen, dass keine verbotene Kartellabsprache vorliege, da eine Absprache der Beteiligten den Wettbewerb um den Standard nicht ersetze, sondern die offerierten Lizenzkonditionen dem Markttest unterliegen. Denn nur derjenige Standard habe am Markt Erfolg, der sowohl wirtschaftlich als auch technisch die besten Variante darstelle.[1506] *„Die Gefahr einer Preisabsprache ist außerdem umso geringer, je höher die Anforderungen an die Wesentlichkeit der in den Standard einbezogenen Schutzrechte sind.*

1501 *Tapia*, Industrial Property Rights, 2010, S. 169 f. Rn. 453 f.

1502 *Tapia*, Industrial Property Rights, 2010, S. 170 Rn. 454.

1503 *Fuchs*, in: *Lange/Klippel/Ohly* (Hrsg.), Geistiges Eigentum und Wettbewerb, 2009, S. 147 (172); *Loest/Bartlik*, ZWeR 2008, 41 (54 f.); Dorn, Technische Standardisierung, 2014, S. 175 ff.; *Ohana/Hansen/Shah*, 24 ECLR 644 ff (2003).

1504 *Fuchs*, in: *Lange/Klippel/Ohly* (Hrsg.), Geistiges Eigentum und Wettbewerb, 2009, S. 147 (172); *Loest/Bartlik*, ZWeR 2008, 41 (54 f.).

1505 *Kommission*, TT-Leitlinien, 2014, Rz. 268; *Fuchs*, in: *Lange/Klippel/Ohly* (Hrsg.), Geistiges Eigentum und Wettbewerb, 2009, S. 145 (172); *Loest/Bartlik*, ZWeR 2008, 41 (54 f.); *Tapia*, Industrial Property Rights, 2010, S. 159 Rz. 427.

1506 *Fuchs*, in: *Lange/Klippel/Ohly* (Hrsg.), Geistiges Eigentum und Wettbewerb, 2009, S. 147 (172).

Gegebenenfalls sind Höchstpreisbindungen vorzusehen, die es den Unternehmen freistellen, niedrige Preise anzubieten.“[1507]

Für die ex-ante Festlegung der Gebühren im Rahmen gemeinsamer Lizenzverhandlungen zwischen den Standardisierungsteilnehmern spreche im Gegensatz zur Gebührenfestlegung ex post, dass eben nur vor Standardsetzung die Möglichkeit bestehe, den Standardwert nicht miteinzubeziehen. Zudem biete die Preisfestsetzung für die Nutzung der standardessentiellen Schutzrechte die Chance, dem hold-up-Problem zu begegnen. Sollte es zu einer Ausnutzung kommen, bestünde aufgrund des festgesetzten Preisumfangs nur noch die Option, die Erträge zwischen den Parteien anders zu verteilen. Der Umverteilung wiederum würde durch die transparenten Schutzrechtsanteile begegnet werden können.[1508]

Die Festlegung der Lizenzgebühren könne im Rahmen gemeinsamer Verhandlungen zwischen den SEP-Inhabern und Mitgliedern der SSO erfolgen.[1509] So wird zudem vorgeschlagen dafür innerhalb der SSO eigene Gremien, die getrennt von denjenigen, welche mit der Standardsetzung befasst sind, zu bilden. Die Mitglieder solcher „Lizenzgremien“[1510] sollten sich dann aus unabhängigen Experten sowohl aus dem technischen als auch rechtlichen Bereich sowie Marktakteuren und soweit bekannt potenziellen SEP-Inhabern zusammensetzen.[1511]

Die Einigung auf die Lizenzgebührenhöhe im Vorfeld der Standardsetzung ist zu befürworten. So kann der wirkliche technologische Wert des Patentes berücksichtigt werden, ohne dass der durch die Standardisierung hinzukommende eventuell hohe Normwert durch die Lizenzhöhe beeinflusst wird.

IV. Berechnungsgrundlage für FRAND-Lizenzen

Bei der Berechnung einer Lizenzgebühr wird zwischen dem Lizenzsatz (royalty rate) und der Bezugsgröße (royalty base) differenziert.[1512]

1507 *Fuchs*, in: *Lange/Klippel/Ohly* (Hrsg,), Geistiges Eigentum und Wettbewerb, 2009, S. 147 (172); vgl. auch *Loest/Bartlik*, ZWeR 2008, 41 (54).

1508 *Dorn*, Technische Standardisierung, 2013, S. 175; *Ohana/Hansen/Shah*, 24 ECLR 644, 648 f. (2003).

1509 *Ohana/Hansen/Shah*, 24 ECLR 644, 648 (2003).

1510 *Picht*, Strategisches Verhalten, 2013, S. 543.

1511 *Picht*, Strategisches Verhalten, 2013, S. 543 ff.

1512 *Kühnen*, Hdb. Patentverletzung, 6. Aufl. (2013), Rn. 2258, 2264; *Körber*, Standardessentielle Patente, 2013, S. 87; *Geradin/Layne-Farrar*, 27 SCCHITLJ 763, 764 (2011).

1. Umsatz- oder Stückzahl

Allgemein wird bei der Berechnung von Patentlizenzgebühren auf den erzielten Umsatz der mit der patentierten Technologie hergestellten Produkte als Bemessungsgrundlage abgestellt. Der Patentinhaber könne so angemessen an den vom Schutzrechtsnutzer gezogenen Vorteilen beteiligt werden.[1513] Dabei ist der Nettoumsatz zugrunde zu legen.[1514] Problematisch wird dieses Vorgehen, wenn der für die unter SEP-Nutzung hergestellten Produkte verlangte Preis jedoch nicht den Marktgegebenheiten entspricht, z.B. bei wesentlich günstigeren Preisen.[1515] Der Schutzrechtsinhaber wird in einem solchen Fall gerade nicht angemessen beteiligt, sondern erhält vielmehr zu wenig Gebühren aufgrund des nicht dem Markt entsprechenden Preises.

Schwierigkeiten der angemessenen Berücksichtigung entstehen zudem, wenn, wie in SEP-Kontexten häufig, eine Vielzahl von Patenten an einem Produkt beteiligt ist. Der geforderte Produktpreis spiegelt auch die Wertigkeit des Produktes für die Kunden und ihre damit einhergehende Bereitschaft, viel oder wenig für ein Produkt zu bezahlen, wieder. Sind nun mehrere Patente an der Norm beteiligt, müsste genau aufgeschlüsselt werden, welche geschützte Lehre wie und in welchem Umfang zu der Wertigkeit des Produktes beiträgt, damit der SEP-Inhaber angemessen beteiligt werden kann.[1516]

Möglich ist allerdings auch die Vereinbarung einer Stücklizenz. Der Patentinhaber hat in einem solchen Fall einen Anspruch auf einen festgesetzten Betrag für jedes veräußerte Teil, unabhängig von dem vom Produzenten mit dem Verkauf erzielten Erlös.[1517]

Vorteil der Vereinbarung wäre ein im Vorhinein feststehender, zwischen den Parteien konkret vereinbarter Betrag.

Beide Grundlagen können abhängig vom Einzefall als Berechnungsgrundlage geeignet sein. Es sollte individuell anhand des zugrundeliegenden Sachverhaltes entschieden werden, welche Grundlage im jeweiligen Fall den Wünschen der Parteien (am ehesten) entspricht.

1513 *Kühnen*, Hdb. Patentverletzung, 6. Aufl. (2013), Rn. 2262; *Friedl/Ann*, GRUR 2014, 948 (949 f).

1514 *Kühnen*, Hdb. Patentverletzung, 6. Aufl. (2013), Rn. 2262; den Nettoumsatz im FRAND-Kontext ablehnend: *Friedl/Ann*, GRUR 2014, 948 (949 f).

1515 *Kühnen*, Hdb. Patentverletzung, 6. Aufl. (2013), Rn. 2263.

1516 *Friedl/Ann*, GRUR 2014, 948 (951).

1517 *Kühnen*, Hdb. Patentverletzung, 6. Aufl. (2013), Rn. 2263.

2. *Endgerätepreis oder smallest saleable patent-practicing unit*

Als Bezugsgröße für die Lizenzberechnung kann zunächst auf das Endprodukt, welches auf der geschützten Technologie basiert, abgestellt werden.[1518] Darüber hinaus ist es aber auch möglich auf einen Teil oder eine Komponente abzustellen, soweit diese selbstständig vertrieben werden kann.[1519]

Im FRAND-Kontext wird diesbezüglich in der Literatur unter Verweis auf die US-amerikanische Rechtsprechung vorgeschlagen, auf „den Preis der kleinsten, das SEP nutzenden, selbstständig handelbaren Komponente (*smallest saleable patent-practicing unit*) als Bezugsgröße abzustellen“[1520]. Dieses Verfahren sei bei komplexen Endgeräten, die in diverse, einzeln handelbare Komponenten aufgeteilt werden können, zu bevorzugen. In einem solchen Fall das Endgerät als Berechnungsbasis heranzuziehen, könne dann nur in Ausnahmefällen angebracht sein, wenn die das SEP-nutzende Komponente derart wertprägend für das Endprodukt ist, dass die anderen Komponenten zu vernachlässigen sind.[1521] Ein solcher Fall sei in komplexen SEP-Konstellationen allerdings kaum möglich, da bereits kaum der jeweilige Anteil an der Wertschätzung ermittelt werden könne. Bspw. seien bei einem Handy sowohl der Speicher als auch der Prozessor oder Akku wesentlich und für die Funktion des Endgerätes notwendig.[1522]

Für die Wahl der kleinsten handelbaren Komponente als Bezugsgröße spreche zudem, dass häufig erst die Zusammenstellung verschiedener Komponenten den Mehrwert eines Produkts ausmache, das Endprodukt somit einen höheren Wert hat als die Summe seiner Einzelteile.[1523] Bei einem Abstellen auf das Endprodukt als Bezugsgröße würde die eigene Innovationsleistung des Produzenten des Endprodukts quasi vom SEP-Inhaber mit „besteuert“.[1524]

Der Einwand, dass man mittels eines flexiblen Lizenzsatzes auch bei dem Endprodukt als Bezugsgröße zu angemessenen Lizenzgebühren kommen könne, sei nicht überzeugend, da dies eine Bestimmung des Wertes der einzelnen

1518 *Kühnen*, Hdb. Patentverletzung, 6. Aufl. (2013), Rn. 2258 f.; ablehnend für Fälle komplexer Endgeräte: *Körber*, Standardessentielle Patente, 2013, S. 87 ff.

1519 *Kamlah* in: *Haedicke/Timmann*, Hdb. Patentrecht, 2012, § 10 Rn. 100.

1520 *Körber*, Standardessentielle Patente, 2013, S. 87; *Kühnen*, Hdb. Patentverletzung, 6. Aufl. (2013), Rn. 2261.

1521 *Körber*, Standardessentielle Patente, 2013, S. 88.

1522 *Körber*, Standardessentielle Patente, 2013, S. 89.

1523 *Körber*, Standardessentielle Patente, 2013, S. 90; *Geradin/Layne-Farrar*, 27 SCCHITLJ 763, 773 (2011).

1524 *Körber*, Standardessentielle Patente, 2013, S. 91.

Komponenten erfordere. Dies wiederum sei praktisch nur anhand der Orientierung am Preis der Einzelkomponente möglich.[1525]

C. Bewertung

I. Zusammenfassende Stellungnahme

Bei der Bestimmung angemessener Lizenzgebühren muss zwischen zwei Ausgangssituationen unterschieden werden. Zunächst gibt es den Fall der grundsätzlichen Gebührenfestsetzung in FRAND-Kontexten. Eine andere Situation ist daneben die Bestimmung der Gebühren durch Dritte in Streitfällen.

Für beide Konstellationen gibt das Kartellrecht bereits einen Rahmen vor, der SEP-Kontext fordert allerdings zusätzliche, spezifische Regelungen.

Grundvoraussetzung für eine angemessene FRAND-Lizenzgebühr ist, dass der geforderte Preis im Vergleich zum wirtschaftlichen Wert des Patents verhältnismäßig ist.

Dabei sind im FRAND-Kontext strengere Anforderungen zu stellen, als in der allgemeinen Preismissbrauchskontrolle, d.h. dass der Tatbestand eher erfüllt sein kann als in nicht SEP-Situationen.

Ausschlaggebend sollte der Wert des Patents zum Zeitpunkt des Standardisierungsverfahrens sein. Es sollte dabei nicht nur auf einen abstrakten „inneren" Technologiewert unabhängig vom Standardisierungskontext abgestellt werden.[1526] Vielmehr sollte der Wert kurz vor Standardsetzung entscheidend sein, sodass die Eignung der geschützten Technologie zur Standardimplementierung und der Marktwettbewerb um eine Beteiligung an dem Standard bei der Ermittlung des Wertes berücksichtigt werden können.[1527] Denn Ziel einer angemessenen FRAND-Gebühr ist nicht eine bewusst niedrige Lizenzgebühr, sondern eine Gebühr, die den Wert des Patents im Rahmen des Standards angemessen berücksichtigt, ohne ihn unter-, aber auch nicht überzubewerten. Letzteres wäre der Fall, würde der Wert, den das Schutzrecht durch die Standardsetzung und Etablierung auf dem Markt erlangt, in die Gebühr miteinfließen. Dagegen spricht auch, dass dieser Wert unter anderem auf der Innovationsleistung der Produkthersteller beruht, die Komponenten neu zusammen zu stellen.[1528]

1525 *Körber*, Standardessentielle Patente, 2013, S. 92.

1526 Vgl. *Picht*, Strategisches Verhalten, 2013 S. 530.

1527 *Picht*, Strategisches Verhalten, 2013 S. 530.

1528 *Körber*, Standardessentielle Patente, 2013, S. 90 f; vgl. *Fuchs*, in: *Lange/Klippel/Ohly* (Hrsg.), Geistiges Eigentum und Wettbewerb, 2009, S. 147 (172).

Ob als Lizenzierungsbasis Stück- oder Umsatzlizenzen, das Endprodukt oder Einzelkomponenten herangezogen werden, kann im Ergebnis dahinstehen, solange die Lizenzgebühr insgesamt im Ergebnis FRAND ist.[1529] Allerdings ist in komplexen Standardisierungskontexten ein Abstellen auf die kleinste, selbstständig handelbare Einheit zu befürworten.

Keine der dargestellten Methoden bietet eine perfekte Lösung, die alle möglichen Fallgruppen gut umfasst. Aber dies dürfte auch aufgrund der vielfältigen Konstellationen und komplexen Situationen gar nicht möglich sein. Allerdings ist eine strikte und feste einheitliche Regelung auch gar nicht wünschenswert, da sie den Einzelfällen nicht gerecht werden würde.

Denkbar ist daher im Rahmen der Aufstellung eines Kriterienkataloges auch eine Auswahl verschiedener Methoden.

Hinsichtlich der Festlegung des Lizenzgebührensatzes ist eine ex-ante-Festlegung kurz vor Standardsetzung wünschenswert. Sie berücksichtigt bei der Gebührenermittlung den Wettbewerb um den Standard, allerdings ohne Wertzuwachs nach Etablierung des Standards auf dem Markt.[1530]

Sollte dies nicht möglich sein, oder sollten entsprechende Versuche fehlschlagen, ist auch bei einer ex-post-Ermittlung auf einen hypothetischen ex-ante-Wettbewerb abzustellen.

Dabei sollte in Streitfällen jedoch in Betracht gezogen werden, ein vorheriges Fehlverhalten der Parteien zu berücksichtigen und eventuell im Rahmen der Preisermittlung zu sanktionieren.[1531] So sollte es sich weder für den SEP-Inhaber, noch den Standardnutzer „lohnen", entsprechende Lizenzverhandlungen zu erschweren oder gar zu verweigern. Ein Auswirken des Verhaltens auf die Lizenzgebührenhöhe kann einen Anreiz schaffen, einvernehmliche, für beide Parteien passende Einigungen zu erzielen.

Vergleichsmarktorientierte Kriterien sind als Maßstab für die Ermittlung der angemessenen Lizenzgebühr in Abgrenzung zu kostenbasierten Methoden dabei zu bevorzugen. Andere vergebene Lizenzkonditionen können einen Richtwert für die Ermittlung der konkret diskutierten Lizenzgebühr vorgeben.[1532]

Würden nur die Kosten berücksichtigt, könnte im Standardisierungskontext nicht berücksichtigt werden, dass die technische Erfindung zur Standardintegration geeignet ist. Die reinen Kosten spiegeln unter Umständen die erfinderische

---

1529 *Körber*, Standardessentielle Patente, 2013, S. 87.

1530 Vgl. statt vieler *Körber*, Standardessentielle Patente, 2013, S. 86

1531 *Wolf*, in: MüKo WettbR, Bd. 1/EU, 2. Aufl. (2015), Einl., Rn. 1417.

1532 *Picht*, Strategisches Verhalten, 2013, S. 532 f.

Leistung des Schutzrechts nicht wider, diese sollte aber bei den Gebühren Berücksichtigung finden.

Patentpools bieten bei einer Vielzahl standard-essentieller Patente in einem Standard eine gute Lizenzierungsvariante, eine Beteiligung aller SEP-Inhaber notwendig vorausgesetzt. Auch die Vereinbarung einer Gebührenobergrenze spricht nicht gegen eine ex-ante-Methode. Vielmehr sind Vereinbarungen denkbar, dass nach Standardsetzung und einer gewissen Laufzeit die Lizenzbedingungen auf ihre Aktualität (bspw. die Anzahl der beteiligten Schutzrechte und die diesbezügliche Beteiligung der SEP-Inhaber an der Gesamtlizenz) überprüft und wenn nötig angepasst werden.

Überwiegend wird eine Festlegung einer weitergehenden inhaltlichen Konkretisierung der FRAND-Bedingungen durch die SSO gefordert.[1533] So ist eine Verankerung in den jeweiligen IPR Policies zu befürworten, da dies ermöglicht, den konkreten Standardisierungskontext bzw. spezifische Branchenbesonderheiten bei den FRAND-Kriterien zu berücksichtigen.[1534]

Die SSO sind Ausgangspunkt für den jeweiligen Standard und daher sollten auch die Lizenzierungsbedingungen des entsprechenden Standards an derselben Stelle verankert sein.

II. Vorschlag zweier Kriterienkataloge zur Bestimmung von FRAND-Gebühren

In Anlehnung an die dargestellten Konzepte und Methoden von Europäischer Kommission sowie aus der Rechtsprechung und Literatur erfolgt hier ein Vorschlag für einen (nicht abschließenden) Kriterienkatalog zum einen für eine ex-ante Festlegung der Gebühren sowie für die Fälle, die eine ex-post-Betrachtung bspw. durch Gerichte erfordern:

1. Begründung/Erläuterung

Ausgangspunkt der vorgeschlagenen Kriterienkataloge ist das Ziel der Festlegung einer Lizenzgebühr, die den Wert der geschützten Technologie vor Standardsetzung widerspiegelt. Dafür kann bei einer ex-ante Festlegung der bestehende, oder wenn nicht vorhanden, der hypothetische Wettbewerb zum Zeitpunkt des bereits laufenden, aber noch nicht abgeschlossenen Standardisierungsverfahrens

---

1533 *Müller*, Kollektive Normung, 2015, S. 72. Für gesonderte „Lizenzgremien" innerhalb der SSO *Picht*, Strategisches Verhalten, 2013, S. 543.

1534 Vgl. *Picht*, Strategisches Verhalten, 2013, S. 541; 543 ff.

herangezogen werden. Bei einer ex-post-Betrachtung ist auf den hypothetischen Wettbewerb abzustellen.

Grundsätzlich ist eine ex-ante Festlegung von Lizenzgebühren zu bevorzugen, eine ex-post Festlegung nach Standardsetzung sollte nur in Ausnahme- oder Streitfällen vorgenommen werden, wenn eine vorherige Festlegung nicht mehr möglich ist.

Anschließend sollten die Gegebenheiten auf dem entsprechenden Markt ausschlaggebend für die erste Eingrenzung der Lizenzgebührenhöhe sein. Die Heranziehung der Lizenzkonditionen für vergleichbare, substituierbare Technologien bietet dabei die besten Vergleichsmöglichkeiten.

Sollten keine substituierbaren Patente vorhanden sein, kann auf der nächsten Stufe ein Vergleich mit außerhalb des Standardisierungskontextes vergleichbaren Lizenzen stattfinden. Ebenfalls möglich ist ein Vergleich mit anderen in der jeweiligen Branche bereits eingeräumten FRAND-Lizenzen.

Bei einer Festlegung ex-post sind zudem die Lizenzgebühren bei der Bewertung miteinzubeziehen, die der Schutzrechtsinhaber unter Umständen bereits für das fragliche Patent oder vergleichbare Patente vor der Festlegung des Standards erhoben hat.

Bei unklarer oder geringer Vergleichslage oder grundsätzlich auf Wunsch der Parteien kann eine Ermittlung durch unabhängige Gutachter zu empfehlen sein.

Basierend auf diesem vergleichsmarktorienten Ansatz könnten die folgenden Kriterienkataloge, abhängig davon ob es sich um eine ex-ante oder ex-post Festlegung handelt, eine erste Eingrenzung des FRAND-Lizenzgebührenrahmens vorgeben und wie folgt aussehen:

2. *Ex-ante Festlegung der Gebühren*

(1) Ausgangspunkt für die Wertermittlung des Patentes: (Hypothetischer) Wettbewerb zum Zeitpunkt des Standardisierungsverfahrens, vor Standardsetzung

(2) (Wenn vorhanden) Vergleich mit Lizenzgebühren und -konditionen für alternative, substitutive Patente, die ebenfalls zur Standardisierung geeignet sind

(3) Wenn alternative Technologien nicht vorhanden, dann Vergleich mit üblichen Lizenzkonditionen, allerdings können diese nur einen sehr groben Rahmen vorgeben, da der (konkrete) Standardisierungskontext nicht berücksichtigt ist

(4) Vergleich mit anderen, in der jeweiligen Branche vereinbarten FRAND-Lizenzkonditionen

(5) Einholung von Gutachten unabhängiger Experten
(6) bei Vielzahl von Patenten ist die Größe des Patentpools zu berücksichtigen und eine Gebührenobergrenze in Betracht zu ziehen

3. *Ex-post-Festlegung der Gebühren*

(1) Ausgangspunkt für die Wertermittlung des Patentes: Hypothetischer Wettbewerb zum Zeitpunkt des Standardisierungsverfahrens, vor Standardsetzung
(2) (Wenn vorhanden) Vergleich mit Lizenzgebühren und -konditionen für alternative, substitutive Patente, die ebenfalls zur Standardisierung geeignet sind
(3) Wenn alternative Technologien nicht vorhanden, dann Vergleich mit üblichen Lizenzkonditionen, allerdings können diese nur einen sehr groben Rahmen vorgeben, da der (konkrete) Standardisierungskontext nicht berücksichtigt ist
(4) Vergleich mit anderen, in der jeweiligen Branche vereinbarten FRAND-Lizenzkonditionen
(5) Vergleich der ex-post geforderten Gebühren mit denen, die der SEP-Inhaber für dasselbe Patent oder für vergleichbare Schutzrechte vor Standardsetzung erhoben hat
(6) Einholung von Gutachten unabhängiger Experten
(7) Bei Vielzahl von Patenten ist die Größe des Patentpools zu berücksichtigen und eine Gebührenobergrenze in Betracht zu ziehen
(8) Berücksichtigung des (Fehl-)Verhaltens der Parteien

Kapitel 5 Zusammenfassung

FRAND-Lizenzerklärungen sind ein wichtiges Instrument, um im Bereich standardessentieller Patente den Zugang zur Norm und einen adäquaten Ausgleich zwischen den Interessen der Beteiligten zu gewährleisten. Auch wenn das FRAND-Konzept Schwächen hinsichtlich der Unbestimmtheit der Lizenzierungskriterien fair, angemessen und nicht-diskriminierend aufweist, ist es sinnvoll und in vollem Umfang zu befürworten.

Denn auch wenn das Kartellrecht einen Zugang zur Norm bei missbräuchlicher Verweigerung gewährleistet, so kann eine parallele vertragliche Lizenzierungspflicht aus der FRAND-Erklärung selbst missbräuchliches Verhalten unter Umständen bereits im Vorfeld unterbinden.

Daher ist zu hoffen, dass nicht nur eine differenziertere Ausgestaltung der FRAND-Kriterien erfolgen wird, sondern die SSO auch verbindlichere Regelungen zur Abgabe einer Erklärung sowie Sanktionsmöglichkeiten bei Verstößen (auch gegen die Offenlegungspflicht) etablieren.

Im Folgenden werden die wesentlichen Ergebnisse der vorliegenden Arbeit kurz zusammengefasst:

1. FRAND-Lizenzierungserklärungen liegen im Schnittstellenbereich von Regelungen des Immaterialgüter- und Kartellrechts. Ihnen kommt die Aufgabe zu, die zum Teil divergierenden Interessen der Standardisierung, der Schutzrechtsinhaber und des freien Wettbewerbs in einen angemessenen Ausgleich zu bringen.
2. Standardisierung ermöglicht Interoperabilität und Kompatibilität, kann den technischen als auch wirtschaftlichen Fortschritt begünstigen, Effizienzgewinne generieren und den Wettbewerb auf den bestehenden oder auch neuen Märkten fördern.[1535] Gleichzeitig können Standards den Wettbewerb aber durch koordiniertes Marktauftreten von Wettbewerbern, Marktzutrittsschranken und Lock-in-Effekte gefährden und einschränken. Gerade bei Integration wesentlicher Patente in Normen können erhebliche Zugangsprobleme zum Standard aufgrund der Marktmacht und der damit einhergehenden Kontrollmöglichkeit des SEP-Inhabers entstehen.[1536]

1535 Vgl. Kapitel 2 A. I. 3.

1536 Vgl. Kapitel 2 C. I.

3. Aufgrund der wettbewerblichen Gefahren können Normvereinbarungen unter das Kartellverbot fallen. Lizenzerklärungen dienen dabei im Vorfeld der Einhaltung kartellrechtlicher Vorgaben für die Vereinbarung formeller Standards.[1537]
4. Die unbestimmten Kriterien der Lizenzerklärung, Lizenzen zu fairen, angemessenen und nicht-diskriminierenden Bedingungen zu erteilen, geben einen groben Rahmen für den Inhalt der individuell zu vereinbarenden Lizenzen vor. Grob zusammengefasst bedeutet dies unter anderem, dass faire Verhandlungen zwischen den Parteien ebenso Voraussetzung sind, wie die Vereinbarung angemessener Lizenzkonditionen, insb. -gebühren und die Gleichbehandlung gleicher Sachverhalte.[1538]
5. Auf die jeweilige FRAND-Erklärung ist nach der ROM I-VO das Recht anzuwenden, dass die Vertragsparteien gewählt haben. Bei fehlender Rechtswahl ist das Recht des Staates anzuwenden, zu dem die engste Verbindung besteht.[1539]
6. Nach der hier vertretenen Auffassung handelt es sich bei der FRAND-Erklärung nach nationalem Recht um einen bedingten Vorvertrag zugunsten Dritter i.S.d. § 328 BGB. Beiden Vertragsparteien obliegt die Verpflichtung redlichen Verhaltens, was bedeutet, dass der Lizenzinhaber gegen den Lizenzsucher keine Patentverletzungsklagen erhebt. Es umfasst aber auch die Obliegenheit des Lizenzsuchers zu Verhandlungen nach den Grundsätzen von Treu und Glauben und der Bereitschaft der Entrichtung eines angemessenen Lizenzentgeltes.[1540]
7. Der SEP-Inhaber ist grundsätzlich Adressat des Verbots des Missbrauchs einer marktbeherrschenden Stellung. Eine widerlegbare Vermutung spricht für die marktbeherrschende Stellung des Schutzrechtsinhabers.[1541]
8. Verweigert der SEP-Inhaber die Vergabe von Lizenzen oder fordert er Lizenzen zu Bedingungen, die nicht dem FRAND-Maßstab entsprechen, kann dies einen kartellrechtlichen Kontrahierungszwang begründen. Die FRAND-Erklärung kann dabei dazu führen, dass höhere Anforderungen an das Verhalten des SEP-Inhabers zu stellen sind und damit einhergehend der Missbrauchstatbestand eher erfüllt ist.[1542]

1537 Vgl. Kapitel 2 C. II. 4.
1538 Vgl. Kapitel 3 A. III.
1539 Vgl. Kapitel 3 B. II.
1540 Vgl. Kapitel 3 C. V., VI.
1541 Vgl. Kapitel 3 D.
1542 Vgl. Kapitel 3 D.

9. Die Erhebung von Unterlassungsklagen und Patentverletzungsklagen auf Rückruf eines SEP-Inhabers können einen Missbrauch darstellen. Der Patentnutzer kann einer solchen Klage bei Vorliegen der Tatbestandsvoraussetzungen einen kartellrechtlichen Zwangslizenzeinwand entgegenhalten.[1543]
10. Die FRAND-Erklärung führt dazu, dass insgesamt strengere Maßstäbe an das kartellrechtskonforme Verhalten des SEP-Inhabers zu stellen sind. Die Handlungsfreiheit des Schutzrechtsinhabers wird durch die Abgabe einer Lizenzerklärung zu FRAND-Bedingungen eingeschränkt.[1544]
11. Die FRAND-Erklärung begründet zudem eine selbstständige zivilrechtliche Lizenzierungspflicht. Jedoch ist eine Umgehung der zivilrechtlichen Wirkung einer FRAND-Erklärung mangels Sukzessionsschutzes möglich.[1545]
12. Die allgemeinen Kriterien der Preismissbrauchsaufsicht finden auch auf die Forderung unangemessener Lizenzgebühren Anwendung. Im Kontext von FRAND-Gebühren tritt die angesprochene Einschränkung der Handlungsfreiheit des SEP-Inhabers ein und der Tatbestand des Preismissbrauchs kann eher erfüllt sein. Die Forderung überhöhter Lizenzgebühren kann daneben auch unter die Generalklausel oder den Behinderungsmissbrauch fallen.[1546]
13. Dem SEP-Inhaber steht der durch die Standardisierung zusätzlich erwachsende Normungslohn für sein Patent nicht zu.[1547]
14. Bei einer Vielzahl standardessentieller Patente an einem Standard ist die Einrichtung von Patentpools sinnvoll, vorausgesetzt, dass alle SEP-Inhaber daran beteiligt sind.[1548]
15. Zur Vermeidung einer Gebührenkumulation bei einer Vielzahl wesentlicher Patente kann die Setzung einer Lizenzgebührenobergrenze sinnvoll sein, allerdings darf diese nicht statischer Natur sein.[1549]
16. Angemessene FRAND-Lizenzgebühren sollten aus einer ex-ante Perspektive festgelegt werden. Dabei ist ein vergleichsmarktorientiertes Vorgehen zu bevorzugen.[1550]

1543 Vgl. Kapitel 3 D.
1544 Vgl. Kapitel 3 D.
1545 Vgl. Kapitel 3 E.
1546 Vgl. Kapitel 4 A.
1547 Vgl. Kapitel 4 A. III.
1548 Vgl. Kapitel 4 A. IV.
1549 Vgl. Kapitel 4 A. IV.
1550 Vgl. Kapitel 4 B., C.

17. Eine Konkretisierung der FRAND-Bedingungen sollte in den IPR-Policies der Standardisierungsorganisationen verankert sein.[1551]

1551 Vgl. Kapitel 4 B., C.

Literaturverzeichnis

Apel, Katharina, Die kartellrechtliche Zwangslizenz im Lichte des europäischen Wettbewerbsrechts, Baden-Baden 2015 (zugl. Diss. Göttingen 2013), zitiert als: *Apel*, Kartellrechtliche Zwangslizenz, 2015.

Appl, Clemens, Technische Standardisierung und Geistiges Eigentum, Wien 2012 (zugl. Diss. Wien 2011).

Auf'mkolk, Hendrik, Der reformierte Rechtsrahmen der EU-Kommission für Vereinbarungen über horizontale Zusammenarbeit, WuW 2011, 699–712.

Babey, Fabio/Rizvi, Salim, Die FRAND-Selbstverpflichtung, Fair, Reasonable and Non-Discriminatory terms (FRAND) im Lichte des Kartellrechts, WuW 2012, 808–818.

Bamberger, Georg/Roth, Herbert (Hrsg.), Kommentar zum Bürgerlichen Gesetzbuch, Band 1, §§ 1-610, CISG, 3. Aufl., München 2012, zitiert als: *Bearbeiter*, in: *Bamberger/Roth*, BGB, Bd. 1. 3. Aufl. (2012).

Barthelmeß, Stephan/Gauß, Nicolas, Die Lizenzierung standardessentieller Patente im Kontext branchenweit vereinbarter Standards unter dem Aspekt des Art. 101 AEUV, WuW 2010, 626–636.

Barthelmeß, Stephan/Rudolf, Lars-Peter, Die „Unbedingtheit" eines Lizenzangebotes als Voraussetzung des kartellrechtlichen Zwangslizenzeinwands im patentrechtlichen Unterlassungsverfahren, Zugleich Anmerkung zu den Beschlüssen des OLG Karlsruhe im Patentstreit zwischen Motorola und Apple, WuW 2013, 116–125.

Baumann, Antje, Einschaltung von Schiedsgerichten zur Bestimmung der FRAND-Konditionen, GRUR 2018, 145–153.

Bechtold/Bosch, Kartellgesetz, Gesetz gegen Wettbewerbsbeschränkungen (§§ 1-96, 130, 131), Kommentar, begr. v. *Bechtold, Rainer*, weitergeführt v. *Bosch, Wolfgang*, 8. Aufl., München 2015, zitiert als: *Bechtold/Bosch*, GWB, 8. Aufl. (2015).

Benkard, Patentgesetz, Gebrauchsmustergesetz, Patentkostengesetz, Kommentar, bearb. v. *Asendorf, Claus Dietrich/ Bacher, Klaus, Deichus, Hermann* u.a., 11. Aufl., München 2015, zitiert als: Benkard/*Bearbeiter*, PatG, 11. Aufl. (2015).

Blind, Knut/Pohlmann, Tim, Patente und Standards: Offenlegung, Lizenzen, Patentstreitigkeiten und rechtspolitische Diskussionen, GRUR 2014, 713–719.

Block, Jonas, Achtzehn Monate nach EuGH „Huawei/ZTE", Die Rechtsprechung der deutschen Instanzgerichte, GRUR 2017, 121–127.

Bodewig, Theo, Einige Überlegungen zur Erschöpfung bei Zwangslizenzen an standardessentiellen Patenten, GRUR Int 2015, 626–635.

Breulmann, Günter, Normung und Rechtsangleichung in der Europäischen Wirtschaftsgemeinschaft, Berlin 1993 (zugl. Diss. Münster 1992/1993), zitiert als: *Breulmann*, Normung und Rechtsangleichung, 1993.

Buntscheck, Martin, Die Durchsetzung standardessentieller Patente als Missbrauch einer marktbeherrschenden Stellung, NZKart 2015, 521–525.

Burghartz, Heribert, Technische Standards, Patente und Wettbewerb, Berlin 2011 (zugl. Diss. Berlin 2009/2010), zitiert als: *Burghartz*, Technische Standards, 2011.

Busse, Patentgesetz, Kommentar, hrsg. v. *Keukenschrijver, Alfred*, 7. Aufl., Berlin 2013, zitiert als: Busse/*Bearbeiter*, PatentG, 7. Aufl. (2013).

Chappatte, Philippe, FRAND Commitments – The Case for Antitrust Intervention, 5 ECJ 319–346 (2009).

Das Recht der Europäischen Union, begr. v. *Grabitz, Eberhard*, fortgeführt v. *Hilf, Meinhard*, hrsg. v. *Nettesheim, Martin*, Kommentar, Band II: EUV/AEUV, Loseblattsammlung, 60. EL, München Oktober 2016, zitiert als: *Bearbeiter*, in: *Grabitz/Hilf/Nettesheim*, EL der zitierten Kommentierung.

Dauses, Manfred A. (Hrsg.), Handbuch des EU-Wirtschaftsrechts, red. *Mund, Gerald*, Bd. 1, Loseblattsammlung, 40. EL, München Juni 2016, zitiert als: *Bearbeiter*, in: *Dauses*, EU-WirtschaftsR, EL der zitierten Kommentierung.

de Bronett, Georg-Klaus, Gemeinschaftsrechtliche Anmerkungen zum „Orange-Book-Standard"-Urteil des BGH, WuW 2009, 899–908.

Dehez, Pierre/Poukens, Sophie, The Shapley Value as a Guide to FRAND Licensing Agreements, 10 (3) Rev. Law Econ. 265–284 (2014).

Deichfuß, Hermann, Die Rechtsprechung der Instanzgerichte zum kartellrechtlichen Zwangslizenzeinwand nach „Orange-Book-Standard", WuW 2012, 1156–1162.

Dreier, Thomas/Schulze, Gernot, Urheberrechtsgesetz, Kommentar, 5. Aufl., München 2015, zitiert als: *Bearbeiter*, in: *Dreier/Schulze*, UrhG, 5. Aufl. (2015).

Drexl, Josef, Die neue Gruppenfreistellungsverordnung über Technologietransfer-Vereinbarungen im Spannungsfeld von Ökonomisierung und Rechtssicherheit, GRUR Int 2004, 716–727.

Dobler, Christian/Sattler, Sven, Das Spannungsfeld von Wettbewerb, geistigem Eigentum und Standardisierung – Problemaufriss, Konfliktfelder und Lösungsansätze, in: Kartellrecht in Theorie und Praxis, Festschrift für Cornelius Canenbley zum 70. Geburtstag, München 2012, S. 139–154; zitiert als: *Dobler/Sattler*, in: FS Canenbley, 2012, S. 139.

Dorn, Stephan, Technische Standardisierung im Spannungsfeld von Immaterialgüterrecht, Kartellrecht und Innovation, Hamburg 2014 (zugl. Diss. Bonn 2013), zitiert als: *Dorn*, Technische Standardisierung, 2014.

Eckel, Philipp, Anspruch auf Lizenzeinräumung aus FRAND-Erklärungen bei standardessentiellen Patenten - Teil 2, NZKart 2017, 469–475.

Falke, Josef, Techniksteuerung durch Normung im europäischen Rechtsvergleich, in: *Vieweg, Klaus* (Hrsg.), Techniksteuerung und Recht, Referate und Diskussionen eines Symposiums an der Universität Erlangen-Nürnberg, Köln, Berlin, Bonn, München 2000, S. 177–223, zitiert als: *Falke*, in: *Vieweg* (Hrsg.), Techniksteuerung und Recht, 2000.

Fischmann, Filipe, Die Pflicht zur Lizenzerteilung in Patent-Ambush-Fällen nach deutschem und europäischem Kartellrecht, GRUR Int 2010, 185–195.

Frankfurter Kommentar zum Kartellrecht, hrsg. v. *Jaeger, Wolfgang/ Kokott, Juliane/ Pohlmann, Petra/ Schroeder, Dirk*, Bd. II Allgemeiner Teil Art. 101 AEUV Fallgruppen, Loseblattsammlung, 88. Lfg, Köln März 2017, zitiert als: *Bearbeiter*, in: FK KartR, Lfg. der zitierten Kommentierung.

Fräßdorf, Henning, Rechtsfragen des Zusammentreffens gewerblicher Schutzrechte, technischer Standards und technischer Standardisierung, Wiesbaden 2009 (zugl. Diss. Hamburg 2008), zitiert als: *Fräßdorf*, Rechtsfragen, 2009.

Fröhlich, Michael, Standards und Patente - Die ETSI IPR Policy, GRUR 2008, 205–218.

Friedl, Gunther/Ann, Christoph, Entgeltberechnung für FRAND-Lizenzen an standardessenziellen Patenten, GRUR 2014, 948–955.

Fuchs, Andreas, Entwicklung und Praktizierung von Industriestandards im Spannungsfeld von Immaterialgüter- und Kartellrecht, in: *Lange, Knut Werner/ Klippel, Diethelm/ Ohly, Ansgar* (Hrsg.), Geistiges Eigentum und Wettbewerb, Tübingen 2009, S. 147–176, zitiert als: *Fuchs*, in: *Lange/Klippel/Ohly* (Hrsg.), Geistiges Eigentum und Wettbewerb, 2009, S. 147.

Fuchs, Andreas, FRAND-Lizenzerklärungen im Spannungsfeld von Patent-, Zivil- und Kartellrecht, in: Rechtsdurchsetzung, Rechtsverwirklichung durch materielles Recht und Verfahrensrecht, Festschrift für Hans-Jürgen Ahrens zum 70. Geburtstag, Köln 2016, S. 79–100, zitiert als: *Fuchs*, in: FS Ahrens, 2016, S. 79.

Fuchs, Andreas, Kartellrechtliche Schranken für patentrechtliche Unterlassungsklagen bei FRAND-Lizenzerklärungen für standardessentielle Patente – Perspektiven nach dem Urteil des EuGH im Fall „Huawei Technologies/ ZTE" -, NZKart 2015, 429–436.

Fuchs, Andreas, Anforderungen an die Geltendmachung des kartellrechtlichen Zwangslizenzeinwands – Entwicklungslinien in der Rechtsprechung und offene Fragen, Vortrag auf der GRUR Jahrestagung 2017 in Hamburg, Folien online abrufbar unter: http://www.grur.org/uploads/tx_meeting/Fuchs.pdf (zuletzt abgerufen am 25.02.2018), zitiert als: *Fuchs*, Anforderungen an die Geltendmachung des kartellrechtlichen Zwangslizenzeinwands, 2017.

Gallego, Beatriz Conde, Die Anwendung des kartellrechtlichen Missbrauchsverbots auf „unerlässliche" Immaterialgüterrechte im Lichte der IMS Health- und Standard-Spundfass-Urteile, GRUR Int 2006, 16–28.

Geradin, *Damien*, The Meaning of Fair and Reasonable in the Context of Third-Party Determination of FRAND Terms, 21 Geo. Mason L. Rev. 919–956 (2014).

Geradin, *Damien/Layne-Farrar*, *Anne*, Patent Value Apportionment Rules for Complex, Mulit-Patent Products, 27 SCCHITLJ 763–792 (2011).

Geradin, *Damien/Rato*, *Miguel*, Can Standard-Setting Lead to Exploitative Abuse? A Dissonant View on Patent Hold-up, Royalty Stacking and the Meaning of FRAND, 3 ECJ 101–161 (2007).

Geradin, Damien/Rato, Miguel, FRAND Commitments and EC Competition Law: A Reply to Philippe Chappatte, 3 ECJ 129–178 (2010).

Glöckner, *Jochen*, Kartellrecht – Recht gegen Wettbewerbsbeschränkungen, Stuttgart 2012, zitiert als: *Glöckner*, Kartellrecht, 2012.

Goldschneider, *Robert/Jarosz*, *John/Mulhern*, *Carla*, Use of the 25 Per Cent Rule in Valuing IP, les Nouvelles 2002, 123–133.

Götting, *Horst-Peter*, Der Begriff des Geistigen Eigentums, GRUR 2006, 353–358.

Götting, *Horst-Peter*, Gewerblicher Rechtsschutz, Patent-, Gebrauchsmuster-, Design- und Markenrecht, 10. Aufl., München 2014, zitiert als: *Götting*, Gewerblicher Rechtsschutz, 10. Aufl. (2014).

Groß, *Michael/Rohrer*, *Oswald*, Lizenzgebühren, 3.Aufl., Frankfurt a.M. 2012.

Haedicke, *Maximilian*, Lehren aus der Huawei v. Unwired Planet-Entscheidung für das deutsche Patentrecht, GRUR Int 2017, 661–669.

Haedicke, *Maximilian/Timmann*, *Hendrik* (Hrsg.), Handbuch des Patentrechts, München 2012, zitiert als: *Bearbeiter*, in: *Haedicke/Timmann*, Hdb. Patentrecht, 2012.

Hartmann, *Eva*, Patenthinterhalte in Normungsprozessen, Tübingen 2016 (zugl. Diss. Osnabrück 2015), zitiert als: *Hartmann*, Patenthinterhalte, 2016.

Hartlieb, *Bernd/Kiehl*, *Peter/Müller*, *Norbert*, hrsg. v.: DIN Deutsches Institut für Normung e.V., Normung und Standardisierung, Grundlagen, Berlin, Wien, Zürich 2009, zitiert als: *Hartlieb/Kiehl/Müller*, Normung und Standardisierung, 2009.

Hauck, Ronny, Das Phänomen „Patent Privateering", Auswirkungen und wettbewerbsrechtliche Zulässigkeit strategischer Patentübertragungen, WRP 2013, 1446–1454.

Hauck, Ronny, „Erzwungene Lizenzverträge – Kartellrechtliche Grenzen der Durchsetzung standardessentieller Patente, NJW 2015, 2767–2770.

Heinemann, Andreas, Standardessentielle Patente in Normenorganisationen, Kartellrechtliche Vorgaben für die Einlösung von Lizenzierungsversprechen, GRUR 2015, 855–859.

Heinemann, Andreas, Gefährdung von Rechten des geistigen Eigentums durch Kartellrecht? Der Fall „Microsoft" und die Rechtsprechung des EuGH, GRUR 2006, 705–713.

Heinemann, Andreas, Immaterialgüterrecht und Wettbewerbsrecht: Divergenz oder Konvergenz?, MR-Int 2014, 85–94.

Heinemann, Andreas, Kartellrechtliche Zwangslizenzen im Patentrecht, Die Spundfass-Entscheidung des BGH vom 13.07.2004, ZWeR 2005, 198–206.

Heinemann, Andreas, Anmerkung zu BGH: Missbräuchlichkeit bei Verweigerung eines Lizenzvertrags – Orange-Book-Standard, LMK 2009, 286659.

Heinemann, Andreas, Immaterialgüterschutz in der Wettbewerbsordnung, Eine grundlagenorientierte Untersuchung zum Kartellrecht des geistigen Eigentums, Tübingen 2002, zitiert als: *Heinemann*, Immaterialgüterschutz, 2002.

Heusch, Clemens-August, Missbrauch marktbeherrschender Stellung (Art. 102 AEUV) durch Patentinhaber, „Orange-Book-Standard" und was die Instanzgerichte daraus gemacht haben, GRUR 2014, 745–750.

Heutz, Stefan, Das Spannungsverhältnis zwischen den Immaterialgüterrechten und der kartellrechtlichen Kontrolle marktbeherrschender Unternehmen, Zugleich eine Arbeit zur Bestimmung des Schutzzwecks der gewerblichen Schutzrechte und des Urheberrechts, Frankfurt a.M. 2010 (zugl. Diss. Düsseldorf 2009), zitiert als: *Heutz*, Spannungsverhältnis, 2010.

Heyers, Johannes, Standard Essential Patent Ambush, Chancen und Grenzen vertrags-, wettbewerbs- und immaterialgüterrechtlicher Instrumente gegen Missbrauch standardessentieller Patente, WRP 2014, 1253–1260.

Hilty, Reto M./Slowinsky, Peter R., Standardessentielle Patente – Perspektiven außerhalb des Kartellrechts, GRUR Int 2015, 781–792.

Holtorf, Marc L./Traumann, Julia, Kartellrechtlicher Zwangslizenzeinwand nach „Huawei Technologies/ZTE", GRUR-Prax 2016, 83.

Hötte, Daniel Antonius, Die kartellrechtliche Zwangslizenz im Patentrecht, Münster 2011 (zugl. Diss. Münster 2010).

Hügel, Stefan (Hrsg.), Beck'scher Online-Kommentar GBO, 29. Edition (Stand: 01.05.2017), München 2017, zitiert als *Bearbeiter*, in: Beck'scher Online Kommentar GBO, 29. Edition, 2017.

Hülsewig, Matthias, Grenzen des „Nachschiebens" von FRAND-Angeboten, GRUR-Prax 2019, 40.

Immenga, Ulrich/Mestmäcker, Ernst-Joachim (Hrsg.), Wettbewerbsrecht, Kommentar,

- Band 1, EU/Teil 1, Kommentar zum Europäischen Kartellrecht, 5. Aufl., München 2012, zitiert als: *Bearbeiter*, in: *Immenga/Mestmäcker*, EU/Teil 1, 5. Aufl. (2012).
- Band 1, EU/Teil 2, Kommentar zum Europäischen Kartellrecht, 5. Aufl., München 2012, zitiert als: *Bearbeiter*, in: *Immenga/Mestmäcker*, EU/Teil 2, 5. Aufl. (2012).
- Band 2, GWB/Teil 1, Kommentar zum Deutschen Kartellrecht, 5. Aufl., München 2014, zitiert als: *Bearbeiter*, in: *Immenga/Mestmäcker*, GWB/Teil 1, 5. Aufl. (2014).

Jakobs, Moritz, Standardsetzung im Lichte der europäischen Wettbewerbsregeln, Baden-Baden 2012 (zugl. Diss. Göttingen 2010), zitiert als: *Jakobs*, Standardsetzung, 2012.

Jakobs, Moritz, Standardessentielle Patente und FRAND-Selbstverpflichtungen – Konkretisierung der kartellrechtlichen Maßgaben durch jüngste Kommissionsentscheidungen und die neuen Technologietransfer-Leitlinien, NZKart 2014, 394–399.

Jung, Peter, Die Zwangslizenz als Instrument der Wettbewerbspolitik, ZWeR 2004, 379–411.

Kaestner, Jan, Missbrauch von Immaterialgüterrechten, Europäische Rechtsprechung von Magill bis IMS Health, München 2005 (zugl. Diss. Münster 2003/2004), zitiert als: *Kaestner*, Missbrauch von Immaterialgüterrechten, 2005.

Kau, Christian, Umsetzung der FRAND-Entscheidung des EuGH in der deutschen Instanzrechtsprechung, GRUR-Prax 2017, 65–67.

Kempel, Leonie, Die Anwendbarkeit von Art. 102 AEUV auf geistiges Eigentum und Sacheigentum, Frankfurt a. M. 2011 (zugl. Diss. Berlin 2010/2011).

Klees, Andreas, Standardsetzung und „patent ambush" im US-amerikanischen und europäischen Wettbewerbsrecht, EWS 2008, 449–455.

Kling, Michael/Thomas, Stefan, Kartellrecht, 2. Aufl., München 2016.

Koenig, Christian/Neumann, Andreas, Standardisierung – ein Tatbestand des Kartellrechts?, WuW 2009, 382–394.

Korp, Katharina Dorothea, Der Patenthinterhalt, Missbrauch essentieller Patente im Rahmen der Standardisierung, Berlin 2015 (zug. Diss. Bonn 2014).

Kölner Kommentar zum Kartellrecht, hrsg.v. *Busche, Jan/Röhling, Andreas*, Band 3, Art. 101–106 AEUV, Gruppenfreistellungsverordnungen, Köln 2016, zitiert als: Bearbeiter, in: KK-KartR, Bd. 3, 2016.

Körber, Torsten, Standardessentielle Patente, FRAND-Verpflichtungen und Kartellrecht, Eine Analyse unter besonderer Berücksichtigung der deutschen ‚Orange-Book-Standard'-Rechtsprechung, Baden-Baden 2013, zitiert als: *Körber*, Standardessentielle Patente, 2013.

Körber, Torsten, Kartellrechtlicher Zwangslizenzeinwand und standardessentielle Patente, NZKart 2013, 87–98.

Körber, Torsten, Orange-Book-Standard Revisited, Zugleich Anmerkung zu EuGH, 16.07.2015 - C-170/13 - Huawei Technologies/ZTE u.a., WRP 2015, 1167–1172.

Kraßer, Rudolf/Ann, Christoph, Patentrecht, Lehrbuch zum deutschen und europäischen Patentrecht und Gebrauchsmusterrecht, 7. Aufl., München 2016, zitiert als: *Kraßer/Ann*, Patentrecht, 7. Aufl. (2016).

Kuhn, Tilman, Preishöhenmissbrauch (excessive pricing) im deutschen und europäischen Kartellrecht, WuW 2006, 578–592.

Kübel, Constanze, Zwangslizenzen im Immaterialgüter- und Wettbewerbsrecht, Köln, Berlin, München 2004 (zugl. Diss. Erlangen-Nürnberg 2003), zitiert als: *Kübel*, Zwangslizenzen, 2004.

Kühnen, Thomas, Handbuch der Patentverletzung, 6. Aufl., Köln 2012, zitiert als: *Kühnen*, Hdb. Patentverletzung, 6. Aufl. (2012).

Langen/Bunte, Kartellrecht, Kommentar, hrsg. v. *Bunte, Josef*,

- Band 1, Deutsches Kartellrecht, 12. Aufl., Köln 2014, zitiert als: *Bearbeiter*, in: *Langen/Bunte*, Bd. 1/GWB, 12. Aufl. (2014).
- Band 2, Europäisches Kartellrecht, 12. Aufl., Köln 2014, zitiert als: *Bearbeiter*, in: *Langen/Bunte*, Bd. 2/EU, 12. Aufl. (2014).

Layne-Farrar, Anne/Padilla, A. Jorge/Schmalensee, Richard, Pricing Patents for Licensing in Standard-Setting Organizations: Making Sense of FRAND Commitments, 74 Antitrust L.J. 671–706 (2007).

Lemley, Mark A., Intellectual Property Rights and Standard-Setting Organziations, 90 Cal. L. Rev. 1889–1980 (2002).

Lemley, Mark A./Shapiro, Carl, A Simple Approach to Setting Reasonable Royalties for Standard-Essential Patents, 28 Berkeley Tech. L. J. 1135–1166 (2013).

Lempley, Mark A./Shapiro, Carl, Patent Holdup and Royalty Stacking, 85 Texas Law Review 1991–2049 (2007).

Loest, *Thomas/Bartlik*, *Martin*, Standards und Europäisches Wettbewerbsrecht, ZWeR 2008, 41–57.

Loewenheim, *Ulrich/Meessen*, *Karl/Riesenkampff*, *Alexander* (Hrsg.), Kartellrecht, Europäisches und Deutsches Recht, Kommentar, 2. Aufl., München 2009, zitiert als: *Bearbeiter*, in: *Loewenheim/Meesen/Riesenkampff*, 2.Aufl. (2009).

Loewenheim, *Ulrich/Meessen*, *Karl/Riesenkampff*, *Alexander/Kerstin*, *Christian/Meyer-Lindemann*, *Jürgen* (Hrsg.), Kartellrecht, Europäisches und Deutsches Recht, Kommentar, 3. Aufl., München 2016, zitiert als: *Bearbeiter* in: *Loewenheim/Meessen/Riesenkampff/Kersing/Meyer-Lindemann*, 3. Aufl. (2016).

Lubitz, *Markus*, Zwangslizenzierung bei standardessentiellen Patenten (SEP) im Lichte von Sisvel/Haier, NZKart 2017, 618–623.

Maaßen, *Stefan*, Normung, Standardisierung und Immaterialgüterrechte, Köln, Berlin, München 2006 (zugl. Diss. Freiburg 2005), zitiert als: *Maaßen*, Normung, 2006.

Maume, *Philipp/Tapia*, *Claudia*, Der Zwangslizenzeinwand ein Jahr nach *Orange Book Standard* – mehr Fragen als Antworten, GRUR Int 2010, 923–930.

McGuire, *Mary-Rose*, Anwendbares Recht, Rechtsnatur und Bindungswirkung am Beispiel eines ETSI-Standards, GRUR 2018, 128–135.

Mestmäcker, *Ernst-Joachim/Schweitzer*, *Heike*, Europäisches Wettbewerbsrecht, 3. Aufl., München 2014.

Mes, *Peter*, Patentgesetz, Gebrauchsmustergesetz, Kommentar, 4. Aufl., München 2015, zitiert als: *Mes*, PatG, 4. Aufl. (2015).

Monopolkommission, Wettbewerbspolitik oder Industriepolitik, IX. Hauptgutachten 1990/1991, BT-Drs. 12/3031, zitiert als: *Monopolkommission*, IX. Hauptgutachten, 1990/1991.

Müller, *Katharina Johanna*, Kollektive Normung und wesentliche Schutzrechte aus der Perspektive des europäischen Wettbewerbsrechts, Unter besonderer Berücksichtigung der Horizontalleitlinien der Europäischen Kommission, Hamburg 2015 (zugl. Diss. Bonn 2014), zitiert als: *Müller*, Kollektive Normung, 2015.

Müller, *Tilman*, Der kartellrechtliche Zwangslizenzeinwand im Patentverletzungsverfahren, Drei Jahre nach der BGH-Entscheidung „Orange-Book-Standard", GRUR 2012, 686–691.

Müller, *Tilman/Henke*, *Volkmar*, Patentdurchsetzung als Kartellrechtsverstoß. Die Entscheidungen der EU-Kommission in Sachen Samsung und Motorola, GRUR Int 2014, 662–665.

Münchener Kommentar, Europäisches und Deutsches Wettbewerbsrecht, Kartellrecht, Missbrauchs- und Fusionskontrolle, hrsg. v. *Bornkamm, Joachim/ Montag, Frank/Säcker, Franz Jürgen*,

- Band 1, Europäisches Wettbewerbsrecht, 2. Aufl., München 2015, zitiert als: *Bearbeiter*, in: MüKo WettbR, Bd. 1/EU, 2. Aufl. (2015).
- Band 2, Gesetz gegen Wettbewerbsbeschränkungen (GWB) §§ 1-96, 130, 131, 2. Aufl., München 2015, zitiert als: *Bearbeiter*, in: MüKo WettbR, Bd. 2/GWB, 2. Aufl. (2015).

Münchener Kommentar zum Bürgerlichen Gesetzbuch, hrsg. v. *Säcker, Franz Jürgen/Rixecker, Roland/Oetker, Harmut/Limperg, Bettina*

- Band 1, Allgemeiner Teil, §§ 1-240, ProstG, AGG, red. v. *Säcker, Franz Jürgen*, 7. Aufl., München 2015, zitiert als: *Bearbeiter*, in: MüKo BGB, Bd. 1, 7. Aufl. (2015).
- Band 2, Schuldrecht -Allgemeiner Teil, red. v. *Krüger, Wolfgang*, 7. Aufl., München 2016, zitiert als: *Bearbeiter*, in: MüKo BGB, Bd. 2, 7. Aufl. (2016).
- Band 10, Internationales Privatrecht I, Europäisches Kollisionsrecht, Einführungsgesetz zum Bürgerlichen Gesetzbuche (Art. 1-24), red.v. *v. Hein, Jan*, 6. Aufl., München 2015, zitiert als: *Bearbeiter*, in: MüKo BGB, Bd. 10, 6. Aufl. (2015).

Nägele, Thomas/Jacobs, Sven, Zwangslizenzen im Patentrecht – unter besonderer Berücksichtigung des kartellrechtlichen Zwangslizenzeinwands im Patentverletzungsprozess, WRP 2009, 1062–1075.

Nestler, Anke, Angemessene Lizenzbewertung anhand der Profit-Split-Methode: Was man von der Knoppe-Formel lernen kann, BB 2013, 2027–2029.

Nestler, Anke/Ordosch, Michael, Angemessene Lizenzierung nach FRAND, GRUR-Prax 2012, 372–374.

Ohana, Gil/Hansen, Marc/Shah, Omar, Disclosure and Negotiation of Licensing Terms Prior to Adoption of Industry Standards: Preventing Another Patent Ambush?, 24 ECLR 644–656 (2003).

Ohly, Ansgar, „Patenttrolle" oder: Der patentrechtliche Unterlassungsanspruch unter Verhältnismäßigkeitsvorbehalt? Aktuelle Entwicklungen im US-Patentrecht und ihre Bedeutung für das deutsche und europäische Patentsystem, GRUR Int 2008, 787–798.

Palandt, Bürgerliches Gesetzbuch, Kommentar, bearb. v. *Brudermüller, Gerd/ Ellenberger, Jürgen/ Götz, Isabell u.a.*, 76. Aufl., München 2017, zitiert als: Palandt/*Bearbeiter*, BGB, 76. Aufl. (2017).

Palzer, Christoph, Patentrechtsdurchsetzung als Machtmissbrauch – der Zwangslizenzeinwand aus unionsrechtlicher Sicht, EuZW 2015, 702–706.

Picht, Peter, Strategisches Verhalten bei der Nutzung von Patenten in Standardisierungsverfahren aus der Sicht des europäischen Kartellrechts, Bern 2013 (zugl. Diss. München 2012), zitiert als: *Picht*, Strategisches Verhalten, 2013.

Picht, Peter, Standardsetzung und Patentmissbrauch – Schlagkraft und Entwicklungsbedarf des europäischen Kartellrechts, GRUR Int 2014, 1–17.

Picht, Peter, Unwired Planet v. Huawei: A Seminal SEP/FRAND Decision from the UK, GRUR Int 2018, 569–579.

Pierson, Matthias/Ahrens, Thomas/Fischer, Karsten, Recht des geistigen Eigentums, Patente, Markten, Urheberrecht, Design, 3. Aufl., Baden-Baden 2014; zitiert als: *Bearbeiter*, in: *Pierson/Ahrens/Fischer*, Recht des geistigen Eigentums, 3. Aufl. (2014).

Pregartbauer, Maria, Der Anspruch auf Unterlassung aus standardessentiellen Patenten im Telekommunikationssektor, online veröffentlicht, verfügbar unter: https://edoc.hu-berlin.de/bitstream/handle/18452/19276/pregartbauer.pdf?sequence=3&isAllowed=y (zuletzt abgerufen am 25.01.2018) (zugl. Diss. Berlin 2017).

Prütting, Hanns/Wegen, Gerhard/Weinreich, Gerd (Hrsg.), Bürgerliches Gesetzbuch, Kommentar, 11. Aufl., Köln 2016, zitiert als: *Bearbeiter*, in: *Prütting/Wegen/Weinreich*, BGB, 11. Aufl. (2016).

Pohlmeier, Julia, Netzwerkeffekte und Kartellrecht, Baden-Baden 2004 (zugl. Diss. Tübingen 2003), zitiert als: *Pohlmeier*, Netzwerkeffekte und Kartellrecht, 2004.

Reitboeck, Georg, Das rechtliche Umfeld für (und gegen) nicht operative Patentinhaber in den USA – Ein Überblick über wichtige Entscheidungen der letzten Jahre, GRUR Int 2013, 419–428.

Sack, Rolf, Der Erschöpfungsgrundsatz im deutschen Immaterialgüterrecht, GRUR Int 2010, 610–616.

Schmidtchen, Dieter, Zur Beziehung zwischen dem Recht geistigen Eigentums und dem Wettbewerbsrecht – eine ökonomische Analyse, in: *Lange, Knut Werner/Klippel, Diethelm/Ohly, Ansgar* (Hrsg.), Geistiges Eigentum und Wettbewerb, Tübingen 2009, S. 27–51, zitiert als: *Schmidtchen*, in: *Lange/Klippel/Ohly* (Hrsg.), Geistiges Eigentum und Wettbewerb, 2009, S. 27.

Schulte, Josef/Just, Christoph (Hrsg.), Kartellrecht, GWB, Kartellvergaberecht, EU-Kartellrecht, Kommentar, Köln 2012, zitiert als: *Bearbeiter*, in: *Schulte/Just*, KartellR, 2012.

Sidak, J. Gregory, The Meaning of FRAND, Part I: Royalties, 9 JCLE 933–1055 (2013).

Stender, Solvei, Marktmachtmissbrauch von Patentinhabern und kartellrechtlicher Zwangslizenzeinwand, Neue Vorgaben des EuGH zu standardessentiellen Patenten, WuW 2015, 1188–1197.

Straus, Joseph, Das Regime des European Telecommunications Standards Institute – ETSI: Grundsätze, anwendbares Recht und die Wirkung der ETSI gegenüber abgegebenen Erklärungen, GRUR Int 2011, 469–480.

Swanson, Daniel G./Baumol, William J., Reasonable and Nondiscriminatory (RAND) Royalties, Standards Selection, and Control of Market Power, 73 Antitrust L.J. 1–58 (2005).

Tapia, Claudia, Industrial Property Rights, Technical Standards and Licensing Practices (FRAND) in the Telecommunication Industry, Köln 2010, zitiert als: *Tapia*, Industrial Property Rights, 2010.

Temple Lang, John, Eight Important Questions on Standards under European Competition Law, 7 COMLINTL 32–43 (2011).

Teece, David J./Sherry, Edward F., Standards Setting and Antitrust, 87 Minn. L. Rev. 1913–1994 (2002-2003).

Ullrich, Hanns, Patente, Wettbewerb und technische Normen: Rechts- und ordnungspolitische Fragestellungen, GRUR 2007, 817–830.

Ullrich, Hanns, Patente und technische Normen: Konflikt und Komplementarität in patent- und wettbewerbsrechtlicher Sicht, in: *Leistner, Matthias* (Hrsg.), Europäische Perspektiven des Geistigen Eigentums, Tübingen 2010, S. 14–98, zitiert als: *Ullrich*, in: *Leistner* (Hrsg.), Europäische Perspektiven des Geistigen Eigentums, 2010.

Ullrich, Hanns, Lizenzkartellrecht auf dem Weg zur Mitte, GRUR Int 1996, 555–568.

Verbruggen, Johann/Lõrincz, Anna, Patente und technische Normen, GRUR Int 2002, 815–829.

Von der Groeben, Hans/ Schwarze, Jürgen/ Hatje, Armin, Europäisches Unionsrecht, Kommentar, Bd. 2: Art. 67 bis 105 AEUV, 7. Aufl.; Baden-Baden 2015, zitiert als: *Bearbeiter*, in: *von der Groeben/Schwarze/Hatje*, 7. Aufl. (2015).

Walter, Michael/Baumgartner, Ulrich, Standardisierungs-Kooperationen und Kartellrecht, WuW 2008, 158–167.

Walz, Axel, Patentverletzungsklagen im Lichte des Kartellrechts, In Sachen Europäische Kommission gegen Orange-Book, GRUR Int 2013, 718–731.

Weber, Rolf H., Competition Law versus FRAND Termins in IT Markets, 34 World Competition 51–71 (2011).

Wiedemann, Gerhard (Hrsg.), Handbuch des Kartellrechts, 3. Aufl., München 2016, zitiert als: Wiedemann/*Bearbeiter*, Kartellrecht, 3. Aufl. (2016).

Wiesendahl, Stefan, Technische Normung in der Europäischen Union, Berlin 2007 (zugl. Diss. Trier 2006), zitiert als: *Wiesendahl*, Technische Normung, 2007.

Wittmann, Heinz, Marktmachtmissbrauch durch Inhaber standardessentieller Patente, MR-Int 2014, 52–54.

Wündisch, Sebastian/Bauer, Stephan, Patent-Cross-Lizenzverträge – Terra incognita?, GRUR Int 2010, 641–649.

Zhang, Liguo, How IPR Policies of Telecommunication Standard-Setting Organizations Can Effectively Address the Patent Ambush Problem, IIC 2010, 380–410.

Internetquellen

Bundesnetzagentur:

- https://www.bundesnetzagentur.de/DE/Sachgebiete/Telekommunikation/Unternehmen_Institutionen/Technik/Standardisierung/Funkanwendungen/funkanwendungen-node.html (zuletzt abgerufen am 18.07.2017).
- https://www.bundesnetzagentur.de/DE/Sachgebiete/Telekommunikation/Unternehmen_Institutionen/Technik/Standardisierung/Funkanwendungen/5G/5G-node.html (zuletzt abgerufen am 18.07.2017).
- http://emf2.bundesnetzagentur.de/pdf/WLAN-BNetzA.pdf (zuletzt abgerufen am 29.01.2018).
- https://www.bundesnetzagentur.de/SharedDocs/Downloads/DE/Sachgebiete/Telekommunikation/Unternehmen_Institutionen/Anbieterpflichten/OeffentlicheSicherheit/TechnUmsetzung110/Downloads/TR%20TKUEV%20Version%207.0%20pdf%20deutsch.pdf?__blob=publicationFile&v=1 (zuletzt abgerufen am 24.02.2018).

Bundesregierung: Antwort der Bundesregierung auf die Kleine Anfrage der Abgeordneten Andrej Hunko, Jan Korte, Frank Tempel, weiterer Abgeordneter und der Fraktion DIE LINKE. – Drucksache 18/6723 – Punkt 18 (online abrufbar unter http://dip21.bundestag.de/dip21/btd/18/068/1806890.pdf., zuletzt abgerufen am 24.02.2018).

CEN Europäisches Komitee für Normung, Satzung des CEN, 2015, online verfügbar unter: ftp://ftp.cencenelec.eu/CEN/AboutUs/Governance/Statutes/Satzung_CEN-DE.pdf (zuletzt abgerufen am 19.07.2017), zitiert als: CEN Satzung, 2015.

CENELEC Europäisches Komitee für Elektrotechnische Normung, Die Satzung des CENELEC, 2015, online verfügbar unter: ftp://ftp.cencenelec.eu/CENELEC/

ArticlesOfAssociation/3_CLC_ArticlesOfAssociation2015_DE.pdf (zuletzt abgerufen am 19.07.2017), zitiert als CENELEC Satzung, 2015.

CEN/CENELEC Geschäftsordnung,

- Teil 1, 2017, online verfügbar unter: https://boss.cen.eu/ref/IR1_D.pdf (zuletzt abgerufen am 19.07.2017)
- Teil 2, 2017, online verfügbar unter: https://boss.cen.eu/ref/IR2_D.pdf (zuletzt abgerufen am 19.07.2017)
- Teil 3, 2015, online verfügbar unter: https://boss.cen.eu/ref/IR3_D.pdf (zuletzt abgerufen am 19.07.2017)

DIN Deutsches Institut für Normung e.V.,

- DIN Satzung, Berlin 2015, online verfügbar unter: http://www.din.de/blob/75564/b5ecaadf153628dda1fe16ae06ee8cf7/satzung-din-data.pdf (zuletzt abgerufen am 19.07.2017), zitiert als DIN Satzung, 2015.
- DIN, Vertrag zwischen der Bundesrepublik Deutschland, vertreten durch den Bundesminister für Wirtschaft und dem DIN Deutsches Institut für Normung e.V., vertreten durch dessen Präsidenten, 1975, online verfügbar unter: http://www.din.de/blob/79648/de461d1194f708a6421e0413fd1a050d/vertrag-din-und-brd-data.pdf (zuletzt abgerufen am 19.07.2017), zitiert als DIN Vertrag, 1975.
- DIN 820 Grundlagen Normungsarbeit: http://www.din.de/de/ueber-normen-und-standards/din-norm/regeln-der-normung-187188 (zuletzt abgerufen am 19.07.2017).
- DIN Grundsätze der Normungsarbeit: http://www.din.de/de/ueber-normen-und-standards/din-norm/grundsaetze (zuletzt abgerufen am 19.07.2017).

ETSI European Telecommunication Standards Institute

- ETSI Directives, Version 37, April 2017, https://portal.etsi.org/directives/37_directives_apr_2017.pdf (zuletzt abgerufen am 22.06.2017), zitiert als ETSI Directives, 2017.
- ETSI Statutes, ETSI Directives Version 37, April 2017, S. 5–9, zitiert als: ETSI Statutes, 2017.
- ETSI Rules of Procedure, ETSI Directives Version 37, April 2017, S. 11–50, zitiert als: ETSI Rules of Procedure, 2017.
- ETSI Rules of Procedure, Annex 6: ETSI Intellectual Property Rights Policy, April 2017, ETSI Directives Version 37, April 2017, S. 35–45; als Einzeldokument abrufbar unter: http://www.etsi.org/images/files/IPR/etsi-ipr-policy.pdf (zuletzt abgerufen am 22.06.2017), zitiert als ETSI IPR Policy, 2017.
- ETSI Guide on Intellectual Property Rights (IPRs), ETSI Directives Version 37, April 2017, S. 51–72, zitiert als: ETSI Guide on IPRs, 2017.

European Competitiveness and Sustainable Industrial Policy Consortium, Patents and Standards, a modern framework for IPR-based standardization, final report, 2014, online verfügbar unter http://ec.europa.eu/DocsRoom/documents/4843/attachments/1/translations (zuletzt abgerufen am 06.07.2017), zitiert als ECSIP, Final Report, 2014.

Europäische Kommission, Pressemitteilung v. 21.12.2012: Kartellrecht: Kommission übermittelt Samsung Mitteilung der Beschwerdepunkte wegen möglichen Patentmissbrauchs auf dem Mobiltelefonmarkt, IV/12/1448, online verfügbar unter: http://europa.eu/rapid/press-release_IP-12-1448_de.htm (zuletzt abgerufen am 27.2017), zitiert als: *Europäische Kommission*, Pressemitteilung v. 21.12.2012, IP/12/1448.

Europäische Kommission, Pressemitteilung v. 29.4.2014: Kartellrecht: EU-Kommission nimmt bindende Verpflichtungszusagen von Samsung Electronics zu Unterlassungsverfügungen bei standardessentiellen Patenten an, IV/14/490, online verfügbar unter: http://europa.eu/rapid/press-release_IP-14-490_de.htm (zuletzt abgerufen am 23.07.2017), zitiert als: *Europäische Kommission*, Pressemitteilung v. 29.4.2014, IV/14/490.

Europäische Kommission, MEMO v. 29.4.2014: Antitrust decisions on standard essential patents (SEPs) – Motorola Mobility and Samsung Electronics – Frequently asked questions, MEMO/14/322, online verfügbar unter: http://europa.eu/rapid/press-release_MEMO-14-322_en.pdf (zuletzt abgerufen am 23.07.2017), zitiert als: *Europäische Kommission*, MEMO v. 29.4.2014.

Europäische Kommission, Mitteilung der Kommission an das Europäische Parlament, den Rat und den Europäischen Wirtschafts- und Sozialausschuss über den Umgang der EU mit standardessenziellen Patenten v. 29.11.2017, COM(2017) 712 final, online verfügbar unter: http://eur-lex.europa.eu/legal-content/DE/TXT/PDF/?uri=CELEX:52017DC0712&from=DE (zuletzt abgerufen am 25.02.2018), zitiert als *Kommission*, Mitteilung v. 29.11.2017.

Frain, Tim, Patents in Standards & Interoperability, World Intellectual Property Organization, 2006, online verfügbar unter: http://www.wipo.int/export/sites/www/meetings/en/2006/patent_colloquia/11/pdf/frain_paper.pdf, (zuletzt abgerufen am 06.07.2017), zitiert als *Frain*, Patents in Standards & Interoperablity, 2006.

IEC International Electrotechnical Commission, Statutes and Rules of Procedure, 2015, online verfügbar unter: http://www.iec.ch/members_experts/refdocs/iec/stat_2001-2015e.pdf (zuletzt abgerufen am 19.07.2017), zitiert als: IEC Statutes, 2015.

ISO International Organization for Standardization, ISO Statutes, 2016, online verfügbar unter: https://www.iso.org/files/live/sites/isoorg/files/archive/

pdf/en/statutes.pdf (zuletzt abgerufen am 19.07.2017), zitiert als: ISO Statutes, 2016.

– Standards and Patents, https://www.iso.org/iso-standards-and-patents.html (zuletzt abgerufen am 19.07.2017).

ISO/IEC Directives, Part 1, 2016, online verfügbar unter: http://www.iec.ch/members_experts/refdocs/iec/isoiecdir-1%7Bed12.0%7Den.pdf (zuletzt abgerufen am 19.07.2017).

ITU International Telecommunication Union, About ITU http://www.itu.int/en/about/Pages/default.aspx (zuletzt abgerufen am 19.07.2017).

Ménière, Yann/Thumm, Nikolaus, JRC Science and Policy Report: Fair, Reasonable and Non-Discriminatory (FRAND) Licensing Terms, 2015, online verfügbar unter: http://publications.jrc.ec.europa.eu/repository/bitstream/JRC96258/jrc96258.pdf (zuletzt abgerufen am 06.07.2017), zitiert als: JRC Report, 2015.

OECD Organisation for Economic Co-operation and Development, Intellectual Property and Standard Setting, Background note by the Secretariat, DAF/COMP(2014)27 v. 5.11.2014, online verfügbar unter: http://www.oecd.org/officialdocuments/publicdisplaydocumentpdf/?cote=DAF/COMP(2014)27&doclanguage=en (zuletzt abgerufen am 21.07.2017), zitiert als: OECD Secretariat, IP and Standard Setting, 2014.

WSC World Standards Cooperation, About, https://www.worldstandardscooperation.org/about/ (zuletzt abgerufen am 19.07.2017).

Osnabrücker Schriften zum Unternehmens- und Wirtschaftsrecht

Herausgegeben von Marcus Bieder, Andreas Fuchs, Lars Leuschner, Markus Stoffels und Dirk A. Verse

Band 1 Malte Richter: Die Verwendung von Ratings zur Regulierung des Kapitalmarkts. Eine vergleichende Untersuchung nach US-amerikanischem und deutschem Recht. 2008.

Band 2 Dietmar Haffa: Lock-up Vereinbarungen – Veräußerungsbeschränkungen für Altaktionäre beim Börsengang. 2008.

Band 3 Martin Eimer: Zeichnungsverträge und Zeichnungsvorverträge. Zu den Rechten und Pflichten aus dem Vertrag über die Vorerhöhungsgesellschaft. 2009.

Band 4 Tobias Mischitz: Die Bedeutung von Nachfragemacht für die Beurteilung von Einkaufskooperationen im EG-Kartellrecht. 2008.

Band 5 Matthias Decker: Öffentlich-rechtlicher Rechtsschutz der Zielgesellschaft und ihrer Aktionäre in Übernahmesituationen. Eine materiell- und prozessrechtliche Analyse. 2009.

Band 6 Tim Gero Joppich: Die Kodifikation des Transparenzgebots in § 307 BGB. Die Prinzipien der Transparenzkontrolle unter besonderer Berücksichtigung der Arbeitsvertragskontrolle. 2009.

Band 7 Rachid René Wiersch: Der gutgläubige Erwerb von GmbH-Anteilen. 2009.

Band 8 Oliver Kirchwehm: Reformen der Corporate Governance in Japan und Deutschland. Eine gesellschaftsrechtliche Betrachtung. 2010.

Band 9 Christian Spruß: Die Einbeziehung Allgemeiner Geschäftsbedingungen im deutschen Recht unter besonderer Berücksichtigung des europäischen Rechts und des UN-Kaufrechts. 2010.

Band 10 Jost Onstein: Der Beirat einer mittelständischen GmbH als Instrument guter Unternehmensführung. Ein Beitrag zur Corporate Governance-Diskussion in kleinen und mittleren Familienunternehmen. 2010.

Band 11 Verena Förster: Die Vereinbarung variabler Zinssätze in AGB. 2010.

Band 12 Christian Karbaum: Kartellrechtliche Compliance - Rechtsgrundlagen und Umsetzung. 2010.

Band 13 Dirk Schnelle: Die Berufsbildung der Volontäre und Praktikanten. 2010.

Band 14 Hanno Teuber: Die Beeinflussung von Börsenkursen. Kurspflege und Marktmanipulation. 2011.

Band 15 Michael Berkemeyer: Die Leihgabe von Berufssportlern. 2011.

Band 16 Adrian Jaglarz: Die fusionskontrollrechtliche Behandlung von Immaterialgüterrechtsakquisitionen im US-amerikanischen, europäischen und deutschen Recht. 2012.

Band 17 Philipp Loosen: Reformbedarf im Spruchverfahren. Empirische Analyse, Rechtsvergleich mit US-amerikanischem Recht und Reformvorschläge. 2013.

Band 18 Zacharias-Alexis Schneider: Kapitalschutz nach dem Bilanzrechtsmodernisierungsgesetz. 2014.

Band 19 Miriam Sprink: Vertragliche Gestaltung von Urlaub. Möglichkeiten und Grenzen. 2015.

Ab Band 20 läuft die Reihe unter einem neuen Reihentitel

Schriften zum Unternehmens- und Wirtschaftsrecht

Herausgegeben von
Marcus Bieder, Andreas Fuchs, Lars Leuschner, Markus Stoffels und Dirk A. Verse

Band 20 Lars Jeschke: Der Rechtsrahmen für Vorstandsvergütungen in Deutschland und Australien. Ein Rechtsvergleich. 2015.

Band 21 Anne Praß: Die betriebsbedingte Kündigung von Leiharbeitnehmern. 2016.

Band 22 Larissa Pewny: Das Übergangsmandat des Betriebsrats. Gestaltungsmöglichkeiten unter besonderer Berücksichtigung gewillkürter Betriebsratsstrukturen gemäß § 3 BetrVG. 2017.

Band 23 Andreas G. Mahret: Pflichtenkollisionen von Geschäftsleitern. 2017.

Band 24 Jochen Seier: Das fingierte Arbeitsverhältnis nach § 10 Abs. 1 AÜG. 2017.

Band 25 Nora Brosent: Strategische Insolvenzen – Grenzen der Instrumentalisierung des Insolvenzplanverfahrens zur Lösung von Gesellschafterkonflikten. 2019.

Band 26 Michel Hoffman: Individualschutz im Betriebsverfassungsrecht. 2019.

Band 27 Sara Isabell Heitkamp: FRAND-Bedingungen bei SEP – Die Lizenzbereitschaftserklärung und das Problem der Bestimmung einer angemessenen Lizenzgebühr. 2020.

www.peterlang.com

www.ingramcontent.com/pod-product-compliance
Ingram Content Group UK Ltd.
Pitfield, Milton Keynes, MK11 3LW, UK
UKHW021842290926
8980IPUK00005B/610

9 783631 804315